KB186970

재일한인 외교문서 연구총서 제1권

외교문서로 보는 재일한인의 귀환·송환·봉환

동의대학교 동아시아연구소 **편**

박미아 · 박희영 · 소명선 · 엄기권 · 이경규

이행화 · 이수경 · 이재훈 · 임상민 **공저**

박문사

발간사

    본 재일한인 외교문서 연구총서 제1권은 동의대학교 동아시아연구소 인문사회연구소 지원사업(2020년 선정, 과제명 「해방이후 재일조선인 관련 외교문서의 수집 해제 및 DB구축」)을 통해서 진행된 해방 이후 1960~70년대까지의 재일한인 관련 외교문서를 중심으로 살펴본 연구성과물로 구성되어 있다. 해방 이후부터 1960~70년대까지의 한국정부가 생산한 재일한인 관련 외교문서를 중심으로 한국정부의 재일한인 정책을 비판적이고 상대적인 관점에서 통합적인 연구를 추진하는 것을 목적으로 간행된 것이다. 특히, 재일한인의 북한송환 문제, 북송교포 망명 기도 사건, 사할린 동포 귀환 문제, 재일한인의 유골봉환 등에 관련된 외교문서를 중심으로 다루었다.

    1945년 8월 15일 일본의 패전으로 일본에 거주하던 재일한인들은 모국 귀환과 북한 송환의 방식으로 크게 두 차례의 귀환이 이루어졌다. 해방 당시부터 이듬해인 1946년 3월까지 재일한인 240만 명 중 130만 명 이상이 모국으로 귀환하였다. 그리고 1959년 8월 인도 캘거

타에서 일본적십자사와 북한적십자회 간 합의에 의해 1959년 11월부터 북한 송환의 형태로 9만 3천 명 정도의 재일한인들이 귀환하였다. 북송 귀환은 1959년부터 1984년까지 25년 동안 계속되었는데 북한 당국과 총련 등이 귀환 협정의 연장을 지속적으로 요구했기 때문이다. 1965년 한일수교가 이루어지기 전까지 한국정부는 일본정부와 수교 협상중이었기 때문에 재일한인에 대한 구체적인 정책을 실현하지 못하는 상황이었다. 일본은 재일한인들을 한국으로 귀환시키려는 의도를 갖고 있었지만, 한국정부로서는 받아들일 만한 여건이 마련되지 않았기 때문에 이들의 귀환을 전면적으로 수용할 수 없는 입장이었다. 이에 대해 일본정부는 북한으로의 송환이 재일한인 문제를 손쉽게 해결할 수 있는 방법이라고 판단했다. 그러므로 한일 수교협상에서 한국정부는 귀국문제가 아니라 재일한인이 일본에 거주할 수 있도록 하는 협정영주권 문제에 집중하였으며, 일본정부로서는 북한이 요구하는 북송사업 추진에 나서게 되는 배경이 되었던 것이다. 이에 「북한송환사업」 관련 외교문서는 1959년부터 수차례에 걸쳐 북한으로의 전후 최대 집단이주 과정은 물론, 당시 한국과 일본, 북한 등의 국제적인 역학관계를 이해할 수 있는 귀중한 자료라고 볼 수 있다.

그리고 1965년 한일협정 이전까지 재일한인 관련 문제의 가장 큰 이슈는 재일한인의 북송문제였기 때문에 1958년 2월 박노학 등이 화태억류자 귀환을 위해 펼쳐진 사할린 한인동포 귀환운동은 큰 반향을 일으키지 못했다. 그때까지 사할린 한인동포 귀환문제는 국내외적으로 주목받기 힘든 정치적 상황에 있었다. 한일협정 체결 중에도 사할린 한인동포 귀환문제는 제대로 협상테이블에도 오르지 못했다.

한국정부는 사할린 한인동포 귀환문제에 대해 줄곧 소극적인 입장을 보여왔는데, 한일국교 정상화 과정을 거치면서 적극적이고 주체적인 입장으로 바뀌어가게 된다. 「사할린 한인동포 귀환문제」 관련 외교문서는 사할린 한인동포 귀환을 위한 한국정부의 대응과 관련 국가 간의 협의 과정, 그리고 수많은 진정서 및 귀환 과정의 스토리 등이 담겨져 있는 외교문서로서, 사할린 한인동포 귀환 문제를 둘러싼 초기 단계의 다양한 해결방안을 모색하고자 했던 정황을 이해할 수 있는 귀중한 자료이다.

또한, 해방 이후 한국인 유골 봉환 문제에 대한 한국정부와 일본정부의 협상이 지지부진하게 이어져 왔다. 그러다가 1950년대 중반부터 1969년 8월의 제3차 한일각료회의에 이르기까지 한일 간의 유골 봉환을 둘러싼 한국정부와 일본정부의 다양한 교섭 과정과 국내외 관련 시민단체들의 적극적인 활동이 계속된다. 이들 「재일한인 유골 봉환」 관련 외교문서는 재일한인의 유골봉환을 둘러싼 한국정부의 일본정부 및 시민단체와의 끊임없는 교섭 양상과 국내외 시민단체들의 동향을 파악할 수 있는 기초적인 자료이다.

이 외에도 본 연구총서에서는 「출입국관리법 제정」과 「조선대학교 설립과 인가」, 「한국인 원폭피해자 문제」 등에 관련된 연구성과물을 다루었다. 지금까지 재일한인 관련 외교문서에 대한 선행연구는 한일회담 관련 외교문서를 연구하는 과정 속에서 일부 재일한인의 북한송환사업 및 법적지위협정 문제를 다루고 있을 뿐, 해방 이후부터 현재까지의 전체상을 파악할 수 있는 연구는 전무한 상태이다. 특히, 한국인 연구자는 재일한인 연구를 통해 일본의 내셔널리즘을 점검・수정하는 것에 집중한 나머지, 재일한인 사회와 문화에 한국이 어떠한 형태로 개입해 왔는지에 대해서는 그다지 관심을 두지 않았다.

따라서 본 연구팀에서는 한국정부의 재일한인 정책을 비판적이고 상대적인 관점에서 통합적 연구를 추진하기 위해, 한국정부의 재일한인 관련 외교문서는 물론이고 민단을 비롯한 재일한인단체가 발행한 자료를 수집하여 심화연구를 진행할 계획이다. 이를 통해, 재일한인을 연구하는 한국인 연구자의 중립적인 포지션을 비판적으로 사유하고, 한국인의 내셔널리즘까지 포괄적으로 점검·수정할 수 있는 새로운 연구방법론을 모색·제시하고자 한다.

2023년 4월
동의대학교 동아시아연구소

소장 이경규

목차

발간사 · 003

011 어느 「재일 권투선수」의 선택과 1960년대 한국 외교   박미아
「북송교포 김귀하 망명 기도 사건」문서를 중심으로

1. 들어가며   012
2. 김귀하라는 재일권투선수   015
3. 외교 문서로 보는 김귀하 망명 기도 사건   026
4. 사건의 여파와 후일담   037
6. 나가며   044

047 사할린 한인동포 귀환 관련 문제점과 외교문서 연구   박희영
1957년~1970년까지의 외교문서를 중심으로

1. 들어가며   048
2. 사할린 한인동포 귀환문제의 역사적 흐름과 인식의 변화 050
3. 외교문서 속의 사할린 한인동포 귀환문제   057
4. 나가며   088

091 외교문서(1968~1971)로 본 한국인 원폭피해자 문제   소명선

1. 방치된 한국인 원폭피해자   092
2. 원폭피해자를 외면한 한일회담   095
3. 원폭피해자에 대한 대응의 격차   100

4. 한국인 원폭피해자, 스스로 일어서다 108
5. 문서철『한국 원폭피해자 구호 1968-71』의 주요 내용 112
6. 우리 정부의 대응에 나타난 문제점 132

141 재일한국인 유골봉환과 한국 외교문서 엄기권
모리무라 세이이치 「사사노보효(笹の墓標)」를 중심으로

1. 들어가며 142
2. 모리무라 세이이치와 소설 「사사노보효」 143
3. 1950년대 한일 간의 유골 봉환 교섭 147
4. 1970년대의 유골 봉환과 한국 외교문서 160
5. 홋카이도의 소라치민중사강좌와 유골 봉환 사업 164
6. 나가며 169

173 일본의 출입국관리법 제정과 재일한인 사회 이경규·이행화

1. 들어가는 말 174
2. 출입국관리법안 제정 움직임 176
3. 일본의 출입국관리법안 국회 상정과 반대 투쟁 180
4. 나가는 말 193

223 일본 조선대학교 설립 및 인가 과정에서 보는 이수경
시대 상황과 사회 동향

1. 들어가며 224
2. 조선민주주의인민공화국·조총련의 최고교육기관
   조선대학교의 설립과 그 주변 정황 228
3. 해방 후의 귀국운동과 민족교육의 전개 239
4. 조선대학교의 설립 및 인가 과정 244
5. 나가며─조선대학교의 인가 취득 이후 270

277 외교문서로 보는 민단　　　　　　　　　　　　　이재훈
1975년까지의 사료를 중심으로

　1. 들어가며　　　　　　　　　　　　　　　　　　　278
　2. 외교문서 속의 민단의 역할　　　　　　　　　　　280
　3. 나가며　　　　　　　　　　　　　　　　　　　　307

309 재일문학과 공진하는 북송 외교문서　　　　　　임상민
김달수 「직함없는 남자」를 중심으로

　1. 들어가며　　　　　　　　　　　　　　　　　　　310
　2. 냉전과 언어적 아이덴티티　　　　　　　　　　　313
　3. 북송과 한국 외교문서　　　　　　　　　　　　　318
　4. 「낙원」으로서의 북송과 직업　　　　　　　　　　328
　5. 나가며－1965년 한일협정 이후의 북송　　　　　333

참고문헌·339
찾아보기·351

어느 「재일 권투선수」의 선택과 1960년대 한국 외교

「북송교포 김귀하 망명 기도 사건」문서를 중심으로

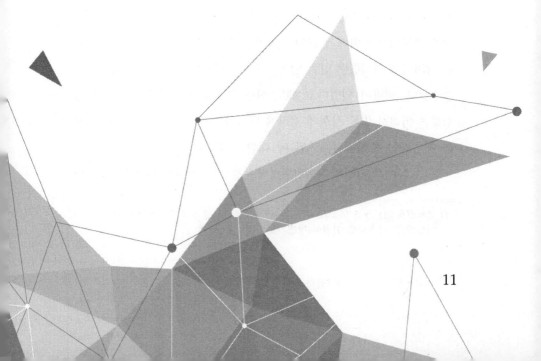

박미아

(서강대학교 인문과학연구소 연구원)

1. 들어가며

본 연구는 1966년 12월, 재일 권투선수 김귀하(金貴河)의 망명 기도 사건을 대한민국 외교부 공개문서[1]에 기반을 두고 분석한 것이다. 김귀하는 재일 2세 권투선수로서 캄보디아에서 망명 요청을 하였으나 캄보디아·북한·일본·한국·국제적십자사 등의 관계가 복합적으로 얽힌 상태에서 그의 망명 기도는 실패로 끝났다.

중립을 표방하였지만 사회주의 노선에 가까웠던 캄보디아는 북한 측의 편을 들며 사건을 종결하였고, 일본은 한국에 거짓 정보를 흘리면서 가능하면 개입을 피하려고 하였다. 캄보디아 주재 한국 수교 국가들은 구두선(口頭禪)에 그친 조언만을 주었으며, 국제적십자사는 실질적으로 아무런 움직임을 보이지 않았다. 사건 결과 김귀하는 북한으로 송환되었고, 주 캄보디아 한국 총영사관은 폐쇄, 총영사는 사퇴하였다. 한국 외교사에 있어 실패가 명백했던 사건이라 하겠다.

그런데 사건이 미쳤던 파장에 비해서 이와 관련된 연구는 현재까지 찾아보기 어렵다. 뿐만 아니라 재일 스포츠의 역사에서도 그의 이름은 짧게 거론되거나 아예 언급되지 않기도 한다. 김귀하는 1960년대 전일본 챔피언을 차지했던 만큼 일본 권투 역사에서도 그 기록이 남아있는 선수였다. 해방이 되었다고 해도 식민지 지배 시기의 「조선인 멸시」 경향은 여전히 일본 사회에 강하게 남아있었고, 제도적인 차별을 당하는 재일한인 사회에서는 「힘」에 대한 외경심이 있었다.

「국적조항」으로 인해 재일한인의 번듯한 취업 자리가 원천적으로 봉쇄

---

1) 분류번호 743.73CA/JA 1966-67 / 등록번호 96 / 생산과 동북아주과 / 생산년도 1967 / 기능명칭: 북송교포 김귀하 망명기도 사건; 1966-67.

된 현실을 원망하며 극단적인 경우에는 야쿠자가 되는 이들도 있었는데 이 역시 「강한 힘」만이 일본 사회에서 생존할 수 있다고 믿었기 때문일 것이다. 그런데 이런 음성적인 방식이 아닌, 스포츠를 통해 「정정당당하게 일본인을 쓰러뜨리는 재일조선인」[2]은 영웅 대접을 받을 수밖에 없었다. 패전의 열패감에 시달리던 일본인들이 백인 레슬러를 상대로 호쾌한 승리를 거둔 리키도잔(역도산)[3]에게 열광했던 것도 일본식의 「힘」에 대한 외경심이라고 할 수 있을 것이다. 하지만 일본의 국민적 영웅인 리키도잔은 재일 사회 구성원들이 쉬쉬하면서 자랑스러워 했던 재일한인이었다. 리키도잔은 일제 강점기부터 스모 선수로 일본에서 활약을 하였지만 출생을 속여야만 했고, 일본 정통 스포츠인 스모에서 설 자리가 없다는 것을 알게 된 후 레슬링으로 전업한 사례였다. 일본 사회의 재일한인에 대한 처우가 어떠한지 잘 알고 있는 까닭에 대외적으로는 자신의 정체성을 드러내지 않았지만 생전에 북한에 생존한 처자를 챙기기도 하였고, 한일회담 성사를 위해 민간 외교관 역할을 한 것으로도 알려져 있다.

리키도잔과 달리 전후 일본에서 두각을 나타낸 유명 야구선수들 중에도 한인 혈통이지만 일본의 제도교육을 받고 자란 이들은 자신의 정체성에 대해 은폐하려는 경향이 강했다. 60년대 이후에는 2세대에 해당

---

2) 재일(在日)의 명칭은 여전히 논쟁 중이다. 「재일조선인」과 「재일한국인」은 1차적으로 국적의 귀속성에 따라 분류하고 있지만 취득 국적과 상관없이 역사성, 정체성 측면에서 자신을 「재일조선인」으로 인식하는 경우도 있다. 경향성을 지닌 용어들의 논쟁을 피하기 위해 자이니치, 재일코리안 등이 대체용어로 쓰이는 것은 그만큼 용어의 진영성을 반영하는 것이다. 본 연구 대상인 김귀하는 대한민국 국민등록증을 취득하기는 하였으나 「재일조선인」 서사의 전형성을 지니고 있고, 북한을 선택했으므로 「재일조선인」이라고 지칭할 것이다. 다만 정황상 재일조선인의 명칭이 맞지 않는 경우는 재일코리안 등으로 대체하기로 한다.
3) 서양인을 이기면서 일본의 영웅이 되었던 리키도잔(力道山, 역도산: 1925~1963)은 식민지 시기 스모 선수 시절 자신의 출신지를 속였고, 프로 레슬러로 최고 인기를 구가하던 시절에도 그의 출신지는 공공연한 비밀이었다.

하는 재일한인들이 일본 주류 사회의 스포츠인으로서 유명세를 떨치게 되었으나 장훈 정도를 제외하면 많은 경우 그 사실이 대외적으로 알려지지 않았다.

김귀하는 이들과는 궤를 달리하는 유형의 스포츠인이라고 할 수 있는데 그것은 그가 조선학교 출신이라는 것과 무관하지 않을 것이다.[4] 그는 자신의 뿌리에 대해 「커밍아웃」을 하는 당당함을 보이기도 하였다.

권투선수로서의 김귀하, 그리고 이후 그의 선택을 보면 다양한 서사가 많은 재일한인들 안에서도 주목할 만한 서사라고 할 수 있는데 한국과 일본, 심지어 재일 사회에서도 필자가 아는 한 그에 대한 선행연구가 진행된 적이 없다.[5] 특히 재일 사회 안에서 이에 대해 주목하지 않았다는 점은 의문이라 하겠다. 짐작하건대 그의 망명 시도와 처리를 둘러싸고 다각적 이해 관계가 얽혀있다는 점, 어느 진영에서도 명백하게 설명하기 어려운 그의 행보와 사건의 결말 등 흑백논리가 날카롭게 대립했던 재일 사회의 분위기를 감안한다면 그의 사안은 함부로 손대기 힘든 「뜨거운 감자」 같은 이슈가 아니었을까 한다.

김귀하 망명기도 사건은 한국, 일본, 캄보디아, 북한의 4각 외교가 개입된 사건이기도 하지만 한국 현대사의 예민한 부분과 다 접촉점을 가지고 있다. 첫째, 재일 「귀국·북송 사업」[6] 문제가 크게 대두된다. 둘째, 한일 수교 직후의 사건이었던 만큼 일본과의 외교 교섭의 문제를

---

4) 일본의 교육과 스포츠 시스템에서 육성된 스타급 재일 스포츠인들과 달리 김귀하는 고등학교까지 조선학교를 다녔다.

5) 재일스포츠에 대한 선행연구는 다수 있지만 대부분 축구와 야구 등의 인기종목에 치중되어 있고, 리키도잔, 최영의(최배달), 장훈 등의 인물사 중심, 또는 스포츠 단체에 대한 분석이 주종을 이루고 있다.

6) 재일의 호칭만큼 이 용어 역시 논쟁의 대상이다. 재일 사회에서는 「조국」으로 돌아가는 것인만큼 귀국으로 부르고 있지만 민단과 한국 정부는 이를 「북송」으로 보았으므로 본 연구에서는 귀국·북송을 병기할 것이다.

거론할 수 있다. 셋째, 1960년대 제3세계 국가와의 관계 설정과 그 한계이다. 넷째, 귀국사업의 한 주축이었던 국제적십자사 활동의 명분과 한계, 그리고 실체적인 사업 내용에 대한 문제점이다. 다섯 번째, 김귀하라는 전일본 권투 챔피언이 가진 재일 스포츠 내의 위상에 대한 재해석과 이를 둘러싼 국제적 현실이라는 면이다.

이러한 사안들은 각각 별도의 관점에서 심화, 확산연구가 가능할 것이라고 보인다. 본 연구에서는 공개된 대한민국 외교문서를 중심으로 김귀하 망명 기도사건과 그 파장에 관해 분석해 보고자 한다.

2. 김귀하라는 재일권투선수

김귀하는 1939년 1월 30일 효고현 니시노미야(兵庫県西宮) 출신으로 일본명 가네다 모리오(金田森男)이다.[7] 일본 복싱선수 연감을 비롯해 사건 당시 한국 보고서의 기록에는 이렇게 알려져 있다. 하지만 그가 북한으로 가기 전인 1965년, 데라야마 슈지의 「가네다 모리오라는 이름의 권투선수」라는 기고문[8]에는 다른 내용이 있다.

김귀하는 제주도 출생으로, 아버지 사망 후 재가한 어머니를 따라 일본으로 왔다.[9] 계부에게도 「처자」가 있었다고 하니 어머니는 첩의 신분이었을 것이다. 재일 한인 남성들에게는 중혼이나, 또는 첩살림은

---

7) 재일코리안 대다수는 통명(通名)이라는 일본식 이름을 가지고 있다. 식민지 시기 창씨개명에 의해 강요되기도 하였지만 차별을 피하고, 무난한 일상생활을 위해서이기도 하다.

8) (1965.12.) 『太陽』, pp.140~142.

9) 이 기사에서 김귀하는 출신을 숨기고자 하는 여느 재일 유명인사들과 달리 그의 본명과 배경을 솔직하게 밝혔다.

능력의 문제였지 도덕의 문제가 아니었다. 한국 외교문서에는 김선수의 일본인 아내가 진술한 가족 사항이 다음처럼 적혀 있다.

「남아 2명, 친모는 동경 거주, 친부는 사망, 의부는 조총련계로 효고현 니시노미야시에서 별거, 누나는 오사카의 제화직공과 결혼,[10] 누이동생은 폐질환으로 3년째 가료 중」 등이다. 이 설명만 본다면 「가난하고 불우한 가정 형편」의 전형으로 보이기도 한다. 하지만 일제 강점기를 통과해 왔던 재일 가정의 많은 경우는 이런 전형성을 보이고 있으므로 김귀하의 경우가 유달리 더 불우하다거나 더 가난했다고 하기는 어려울 것이다.

그는 「돼지의 도살이 행해지던 어두운 조선인 부락」에서 빈궁한 청소년 시기를 보냈고, 재일코리안의 주요 직업이었던 밀주 제조 돕기, 동선(銅線) 훔치기,[11] 신문배달 등을 하면서 돈을 벌었다. 일본인들로부터 「조선인」이라는 손가락질을 당하며 일상화된 차별을 접할 때마다 그는 성공을 꿈꾸었다. 어촌의 소년 노동자 출신으로 유명 권투선수가 된 사와다 지로(沢田二郎)는 그의 롤모델이었다.

김귀하는 니시고베 조선고급학교 2학년이던 1956년, 선배의 권유로 권투계에 입문했고, 권투 명문 클럽 데이켄(帝拳) 오사카 지부에 들어가 프로선수가 되었다. 연승을 거두면서 1957년에는 전일본 페더급 신인왕 자리에 올랐고, 신주쿠에서 파친코 가게를 하던 누나 부부를 연고로 도쿄로 와서 유명 권투클럽인 도쿄 데이켄에서 훈련을 받게 되었다.

유망 신인선수로 인정은 받았지만 챔피언이 되기까지는 의외로 시간

---

10) 김귀하가 무명 시절, 도쿄에서 살 때 누나 부부는 파친코점을 운영 중이었는데 사건 당시에는 제화업에 종사했던 것 같다.

11) 한국전쟁 당시 고철 등 금속류는 무기 제조용으로 판매되어 호황을 누렸다. 재일한 인들의 직업 중 고물상은 높은 비중을 차지하고 있었는데 물자가 모자라면 공공연하게 도난을 하기도 했다. 일본인의 관점에서 본다면 비난을 받을 만한 일이었으나 그만큼 궁핍했던 재일 사회의 현실을 반영하는 모습이기도 하다.

前満グロッキー 第6ラウンド、金田（金）の

ッシュにダウン寸前のチャンピオン（八木市最会ら）

전일본 미들급 챔피언에 등극하게 되었던 경기의 모습(1963년 8월 13일 『朝日新聞』)

이 오래 걸렸다. 『복싱 매거진(ボクシング・マガジン)』의 편집장 출신 야마모토 시게루는 김귀하와 동시대 선수들은 잘 기억하지만 김귀하의 시합을 직접 본 적이 없었고, 어딘가 유약한 이미지여서 그에 대한 기억은 흐릿하다고 하였다. 하지만 그의 시합을 본 이들은 「장신에서 나오는 스트레이트가 멋있는 정통파 복서」, 「온화하지만 고지식한 청년」으로 그를 기억한다고 했다.[12]

그가 챔피언이 된 것은 미들급으로 체급을 올린 이후였다. 1963년 8월 그는 전일본 미들급 챔피언 타이틀 자리를 획득하였다.

---

12) (1991.7.) 『月刊公論』, p.112. 이 기사에 묘사된 김귀하는 상냥하고 예의 바르지만 마음 약한 청년이었다. 결정타를 날려야 할 때 약한 모습을 보이는 등 이해할 수 없는 경기 태도로 인해 소속클럽의 회장이 그를 방출하기도 했다. 데라야마의 인터뷰에서도 「미워하지 않는 사람을 왜 때려야 하는가」 하는 고민을 했다고 한다. 챔피언이 되기까지 시간이 오래 걸렸던 것도 그런 성격이 한몫했을 것이다. 북한행과 망명 기도 역시 그런 성격의 일면이 아닌가 한다.

하지만 2년 후인 1965년 5월 10일, 챔피언 방어전에서 도전자 가이즈 후미오(海津文雄)에게 패하면서 챔피언 자리에서 내려오게 되었다.13) 일본 챔피언 타이틀을 빼앗긴 이후에 데라야마 슈지와 인터뷰를 하였는데 이는 김귀하라는 인물이 가졌던 「민족의식」에 대해 잘 보여주는 드문 자료라고 할 수 있다. 인터뷰를 담당했던 데라야마는 경마와 권투 애호가14)이기도 했다. 그는 현직 챔피언도 아닌 가네다 모리오, 혹은 김귀하라는 권투선수의 민족적 배경과 투지에 개인적으로 매력을 느낀 듯 길지 않은 기사 속에 애정과 관심을 투영하였다.

기사는 「아무도 그의 본명을 모른다」라는 제목으로 시작한다. 권투 선수 가네다 모리오가 실은 김귀하라는, 부모에게 받은 이름15)을 숨기고 살아왔던 사람임을 처음부터 밝힌 것이다. 김귀하는 「나는 한국인16)

---

13) 가이즈는 이 경기 이전에 한국선수 김기수와 동양챔피언 타이틀을 놓고 싸웠지만 패배했다.

14) 데라야마 슈지(寺山修司, 1935~1983)는 시, 영화, 연극, 음악 등 다양한 방면에서 아방가르드 예술 활동을 펼쳤다. 그는 60년대말~70년대초 일본 문화의 아이콘이 된 권투만화 『내일의 죠(あしたのジョー)』의 등장인물인 리키이시의 가상 장례식 위원장을 맡고, 주제가를 작사할 정도로 권투 애호가였다.

15) 일본식 이름 뒤에 자신의 아이덴티티를 숨겨야 했던 재일의 사정을 데라야마는 이해하고 있었다. 재일 사회에서 「본명 부르기」는 1970년대에 들어서서야 캠페인으로 시작되었다.

16) 조선학교 출신인 김귀하가 자신을 「조선인」이 아닌 「한국인」이라고 확실하게 정의했을지 기사 전체를 보면 의문이 생긴다. 같은 기사 안에서도 김귀하를 「재일조선인」 「조선인」 「북선(北鮮)계」로 혼용해 기술하고 있기 때문이다. 또한 「일본에 있는 모든 한국 소년」도 당시 재일 사회의 일반적인 표현은 아닐 것이다. 기록을 보면 한국 국적을 취득한 이들도 「한국」보다는 「조선」을 관습적으로 사용하는 경향이 있었기 때문이다. 1960년대 일본 지식인 사회의 풍조는 일본 정부에 비판적이고, 식민지 지배 문제를 제대로 파악하고자 하는 자기성찰적 성향이 강했다. 데라야마는 김귀하가 본명을 숨겼던 것은 「가난한 조선인이 차별과 싸우며 살아가기 위한 어쩔 수 없는 방편」임을 알고 있지만 「한국」과 「조선」이라는 용어에 각기 다른 정치적 해석이 있다는 점은 충분히 몰랐던 것 같다. 만일 「한국인」이라고 했다면 1964년에 한국 국민등록을 했던 김귀하가 국적을 강조하기 위해 의도적으로 한 발언일 수도 있다.

이다. 나는 일본에 있는 모든 한국 소년들의 우상이 되고 싶다」라고 자신의 포부를 밝혔다. 데라야마는 일본 사회에서 차별받고 주눅 든 재일 청년이 아니라, 보란 듯이 자신을 드러내는 그의 당당함에 감동을 받았다. 김귀하는 「재일」로서의 자신을 부정하거나 비하하지 않았던 것이다.

1960년대 일본 주류 사회를 향해 민족적 「커밍아웃」을 하는 것은 흔한 일이 아니었다. 그만큼 자신에 대해 당당하고, 그가 지닌 「민족의식」이 차별의식을 감내할 만큼 강건한 것이었음을 입증하는 것일지도 모른다. 하지만 인터뷰에서 당당하고 자신만만했던 이 재일청년의 주변환경은 그의 의지와는 다른 방향으로 진행되었다.

권투에 모든 것을 다 걸었던 그는 여전히 재기의 기회를 노리고 있었다. 먼저 그에게 왔던 기회는 한국 김기수와의 대전이었다. 김기수는 1965년 1월 10일 가이즈를 이기고, 미들급 동양챔피언 타이틀을 획득하였다. 김기수는 다음 대전 상대로 가네다 모리오가 유력하다고 언급하였다.[17] 그런데 김기수에게 패한 가이즈는 그 해 5월, 김귀하를 이기고 일본 챔피언이 된 선수였다. 가이즈는 일본 챔피언이 된 이후, 같은 해 6월 19일 김기수와 재대결을 벌였지만 다시 패배하였다. 김귀하는 일본 챔피언 자리에 재도전했지만 이번에도 가이즈에게 패배하고 말았다.

한편 동양챔피언 김기수는 1966년 3월 26일 김귀하를 방어전 상대로 지명했다. 방어전 상대로 지명되기 전인 1966년 1월 19일, 김귀하는 경기를 가졌지만 이 경기에서도 패배하였다.[18] 김기수의 입장에서는 패

---

17) (1965.1.12.) 『경향신문』, 김귀하는 당시 미들급 일본 챔피언이었다.
18) (1991.7.) 『月刊公論』, p.114. 이 경기가 공식적으로 김귀하의 마지막 경기가 되었다.

「世界챔피언에의 저울질」
「두려운 存在」이나 對戰은 樂觀
運命건 金田, 레프트 잽이 長技

김기수의 대전 상대로 지목된 김귀하((『조선일보』 1966년 3월 17일)

배를 이어가는 김귀하가 보다 쉬운 방어전 상대라는 계산도 있었을 것이다. 그런데 김기수와의 경기를 열흘 정도 앞둔 3월 중순에 돌연 시합을 취소한다는 발표가 나왔다. 김귀하의 눈에 문제가 있고, 그 치료에 3개월이 소요된다는 것이 이유였다.[19]

하지만 시합 취소와 그의 북한행 사이에 몇가지 석연치 않은 정황들이 보인다. 눈 치료가 필요해서 시합도 취소했던 그가 1966년 4월 10일, 후쿠시마에서 열린 후배의 경기에 도우미로 나타난 것이다. 이날은 일본의 동료들이 그를 마지막으로 보았다고 증언하는 날이기도 하다.

이런 정황들을 미루어 보건대 그의 시합 취소 발표에는 다른 이유가

---

19) (1966.3.17.) 『경향신문』, 그런데 1주일 후, 『조선일보』 기사에는 그가 이 경기를 원하고 있으며 상처 또한 대수로운 것은 아니라고 했다. 경기 취소는 총련계의 방해공작이라는 것이 한국측의 주장이었다.

있었고, 이는 북한행과 관련된 것으로 여겨진다. 김귀하는 후배의 경기가 끝난 후 동료들과 같은 숙소에서 지낸 다음, 이튿날 일찍 인사도 없이 사라졌다고 한다. 그로부터 얼마 후 그가 귀환선을 타고 북한으로 갔다는 소식이 알려졌다.[20]

이후 김기수는 김귀하 대신 다카다 히데아키(高田英昭)를 상대로 골라 방어전을 승리로 이끌었다. 그리고 몇 달 후인 1966년 6월 25일, 이탈리아의 벤베누티(Giovanni Nino Benvenuti)를 상대로 승리해 마침내 한국 최초로 미들급 세계 챔피언 자리에 올랐다. 어디까지나 가정에 지나지 않지만 만약 김귀하와 김기수의 대전이 이루어지고, 김귀하가 승리했다면 김기수가 도전했던 세계 챔피언 타이틀전에 김귀하가 섰을 가능성을 무시할 수 없을 것이다. 그리고 그 경기가 승리로 끝났다면 김귀하는 한인 최초의 세계 챔피언이자 재일동포 출신의 최초 챔피언이라는 타이틀을 얻고 새롭게 역사를 썼을 것이다.

한편, 경기 취소와 김기수의 세계 챔피언 획득 시기 사이인 1966년 5월 9일에「金田 선수가 북괴의 권투코치로 최근 북한에 들어갔다」는 기사가 보도되었다.[21] 후에 알려지기로 그의 북한행은 4월이었다고 하니, 후쿠시마 경기 직후에 일본을 떠난 셈이 된다.

그의 망명 기도 실패 이후, 한국의 외교문서나 언론에서는 그의 북한행을「조총련의 협박」정도로 치부했지만 그렇게 단순하게 설명할 문제는 아니다. 1950~60년대 재일 사회는 투쟁과 이슈 선점에 강하고, 생활문제 전반에 실질적인 도움을 주는 총련의 세력이 압도적이었고, 친북한 정서도 강할 수밖에 없었다. 그리고 그는 북한의 원조를 받는

---

20) (1991.7.)『月刊公論』, p.114.
21) (1966.5.9.)『경향신문』.

조선학교 출신이었다. 일본 챔피언이 된 이후, 영웅이 필요한 총련에서 그를 특별취급한 것은 당연한 것이었다.[22] 1964년 도쿄 올림픽 당시, 김귀하는 북한 올림픽 대표단을 맞이하러 니가타까지 가기도 하였다. 그리고 그곳에서 이산가족 비극의 상징처럼 여겨진 신금단[23]을 만나 그녀의 손을 잡고 격려까지 했다.[24] 한국에서 분석하듯이 북한이나 총련과 접점이 없거나 강요된 교류를 했던 것이 아니라 그의 일상 생활 반경은 조선학교와 총련계 인사들과 밀접한 관계가 있었고, 그 스스로도 이런 역할을 기꺼이 받아들였던 것이다.

데라야마는 그의 이러한 「민족의식」에 깊은 감명을 받았던 것으로 보인다. 인터뷰 기사에서 김귀하에게 「두 개의 조선」은 없고, 강물보다 오래된 조선인의 피가 흐르고 있을 뿐이라고 하였다. 이는 김귀하 본인이 명확하게 입장을 밝히지 않았다면 추정만으로 쓸 수 없는 내용이다.

또한 복싱 잡지 편집장 야마모토는 아무에게도 알리지 않고, 가족도 뒤로 한 채 단신으로 북한으로 간 그가 이상주의와 애국심으로 가득한 청년이라고 생각했다. 업계 관계자들에게 김귀하는 뚜렷하고 강렬한 민족관을 가진 인물로 투영된 것은 부정할 수 없는 사실인 것이다.

그런데 흥미로운 것은 망명기도 당시 밝혀진 것으로 조선학교를 졸

---

22) 한국 신문기사에는 그의 후원회장이 총련계 인사라고 하였다.
23) 1938년생. 1958년 9월부터 육상 선수생활을 시작하면서 여러 대회에서 두각을 나타냈다. 제1차 가네포 대회를 비롯해 선수 생활 중 11번의 세계신기록을 수립했다. 1964년 도쿄 올림픽에서도 메달 획득이 유력시되었다. 그녀의 활약이 알려지자 한국전쟁 때 남하한 아버지 신문준이 올림픽에서 그녀와 만남을 시도하였다. 하지만 북한 선수단은 후술할 가네포 대회 건 때문에 올림픽 경기에서 철수하게 되고, 부녀의 만남을 각각의 선전도구로 생각한 남북 정부에 의해 두 사람은 단 몇 분만 해후하였다. 신금단 부녀의 이야기는 이산가족의 상징으로 세간의 큰 화제를 모았다.
24) (1965.12.) 『太陽』, p.142.

업하고, 총련계 인사들의 후원을 받고, 결국 북한행을 택했지만 사실은 한국 국민등록증이 있었다는 것이다.[25] 선수 활동을 열심히 하던 무렵은 아직 한일 양국이 정식으로 수교가 되지 않았고 그가 총련계 인사들과 교류가 더 많았던 까닭에 외형적으로는 편중된 「조국 사랑」으로 보일 수도 있을 것이다. 그런 입장을 미루어 보아 김귀하의 등록증 국적 취득 사실은 의외로 보이기도 하지만 오히려 그가 가진 실용적 「민족관」의 한 단면일지도 모른다고 여겨진다.

그가 북한행을 택한 것은 한국 언론의 보도처럼 총련의 「협박」이 없었다고 할 수는 없을 것이다. 하지만 그보다는 인간적으로 집요하게 「설득」하고 「회유」[26]했던 측면이 더 강해 보인다. 데라야마와의 인터뷰 이후, 그리고 김기수와의 대전 포기 이후 겨우 몇 달 만에 급작스럽게 북한행을 택하게 된 것은 그 자신만이 설명해 줄 수 있을 것이다. 망명 기도를 하게 된 것은 후에 그가 밝혔듯이 「상상했던 것과 너무 다른 현실」에 대해 실망하였고, 가족들의 북송이 결정되었다는 통보를 듣고 이를 막기 위한 것으로 북한행과 망명 기도 모두 깊은 장고 끝에 내린 결정이라기보다 충동적인 면이 작용했을 가능성도 있어 보인다. 북한행과 망명 기도 모두 주변 정황에 휘둘렸다 하더라도 결과적으로 이는 결국 그가 결정하고 실행한 행동이었다는 점은 변함없다.

스스로 재일 소년들의 롤모델이 되고 싶었다던 그가 어느 시기에, 어떤 심경으로 북한행을 결정했는지는 알 수 없다. 북한행 몇 달 전에

---

25) 국제 스포츠 경기 참가나 사업상 편의 문제도 작용했을 것이다.
26) 그의 아내는 총련에서 남은 가족에게 월급을 주었지만 몇 번 정도에 그쳤다고 한다. 김귀하는 북한에서 일본보다 3배 정도 많은 급여를 받았는데 당시 두 나라의 경제 규모를 비교해 본다면 북한 일반인들에 비해 수십배나 많은 최상류층 소득이 었을 것이다.

있었던 데라야마와의 인터뷰에서 그는 조그만 사업체도 꾸리고 있었고,[27] 「지금 내게 권투를 빼고 나면 아무것도 남은 게 없다」라고 할 정도로 권투에의 열정은 여전하였다. 「조국」을 사랑하고, 자신의 뿌리에 대해 당당했지만 연이은 패배로 말미암은 장래에 대한 불안감, 김기수와의 경기 취소 상황에 이르기까지 여러 복잡한 속사정이 있었을 것이다.

권투에 대한 열망은 누구보다 강했지만 「재일」이라는 현실, 권투 선수로서 하락세에 들어섰다는 불안감, 동양 챔피언전에 개입한 진영논리와 방해공작이 이어지는 상황에서 북한의 「조국을 위한 권투 봉사」라는 설득, 안정된 고정수입 제공은 「조국애」와 현실을 동시에 충족시키는 요인이었을 것이다.

그가 북한으로 간 후, 평양에서 카퍼레이드로 대대적인 환영 인사를 받았다는 소식이 일본 공산당 기관지인 『아카하타(赤旗)』에 보도되었

다. 데이켄 클럽에서 선수들의 누나 노릇을 했던 여성 매니저 나가노 하루[28]는 후쿠시마에서 경기가 있던 그날 밤, 김귀하 및 동료 선수들과 함께 숙소에서 지냈다. 그런데 평소에 예의 바른 그가 다음 날 아침 일찍 인사도 없이 떠났던 점을 의아하게 생각했다. 후에 김귀하가 북한에서 보낸, 검열 표시

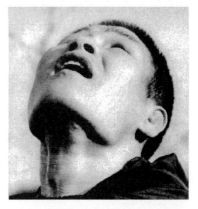

1965년 당시 김귀하(『太陽』, 1965년 12월호)

---

27) 건재회사였다고 한다. 토목 부문은 재일 사회에서 매우 비중이 높은 직업군이었다.
28) 부친이 조선에서 판사를 했었고, 일본 패전 이후 일본에 홀로 귀국했다. 데이켄 클럽에서 사무직으로 일하다 매니저가 된 여성인데 김귀하를 동생처럼 많이 아껴 주었다.

가족들과 함께 일요일을 보내고 있는 모습(『太陽』, 1965년 12월호)

가 있는 편지에는 「제대로 인사도 못하고 떠났다. 폐가 될까 봐 염려해서 그랬다」는 내용이 있었다고 한다. 나가노는 동료들의 사진을 동봉한 답장을 보냈지만 그로부터 연락은 없었다.

동료들은 1966년 겨울, 다른 방식으로 그의 소식을 접했다. 캄보디아에서 개최된 가네포(GANEFO : Games of the New Emerging Forces)[29] 경기에 김귀하가 북한 대표선수로 참석했다는 것이다. 가네포는 자유진영 국가들이 참여한 제5회 태국 아시안 게임[30]에 대한 「맞불 작전」

---

29) 1962년 자카르타에서 열린 제4회 아시안 게임에서 인도네시아는 중화인민공화국과 이스라엘 선수들에게 대회용 비자를 발급해 주지 않았다. 국제 올림픽 위원회(IOC)는 이를 정치적이라고 비난하며 인도네시아를 제명하였다. 이러한 방침에 대해 인도네시아, 중화인민공화국, 아랍 연합공화국을 비롯해 유럽, 아시아, 아프리카 12개국이 신흥국 경기 연맹을 창설하고, 1963년 11월 10일 인도네시아 자카르타에서 제1회 가네포 경기를 개최하였다. 주로 사회주의 신흥국가들이 많이 참여하였는데 IOC는 이를 인정하지 않았고, 가네포 참여 선수들은 올림픽 참여를 금지하였다.

으로 개최되었다. 일본 권투팀을 이끄는 감독이 김귀하를 알아보고「그는 프로선수다」라며 이의를 제기하였고, 김귀하의 대회 참가는 무산되었다. 그가 일본 대사관에 나타났던 것은 이 사건이 벌어진 이후였다.

3. 외교 문서로 보는 김귀하 망명 기도 사건

김귀하 망명 기도 사건을 다룬 문서철은 사건 자체에 관한 전문과 보고서 등을 포함해 200여 페이지가 넘는 분량이다. 기간은 주 프놈펜 일본대사관에 망명을 요청한 1966년 12월 7일 저녁부터 북한으로 강제 인도된 날짜로 여겨지는 12월 13일까지이지만 그 이후 생산된 기록과 언론 보도, 사후 보고서 등도 포함되어 있다. 내용은 본 사건을 비롯해 사건 후 반공단체의 궐기대회 계획서, 한국부인회 총본부의 항의문, 캄보디아 국가원수 노로돔 시아누크가 김선수의 아내에게 보낸 전문, 사건 1년 후 김선수 가족의 소식 등으로 구성되어 있다.

사건 발생부터 전개 과정, 한국 정부가 다각적으로 취했던 외교 행보 등이 촘촘하게 기록되어 있는데 촌각을 다투는 사안이었던 만큼「긴급」종 문서의 비중이 높고, 오타 및 잘못 알려진 정보도 많다. 관련 실무자들의 심경이 문서에 고스란히 반영되었다는 것이 느껴진다. 사건의 추이는 마치 한편의 잘 구성된 스릴러 영화를 방불케 한다.

주 프놈펜 총영사관을 비롯해 대한민국 정부는 사건 내내 백방으로 노력을 취해 보지만 관련 국가들의 복잡하게 얽힌 외교적·정치적 계

---

30) 1966년 12월 9일~20일 개최.

산, 「인도주의」를 내세우면서 정치적 결정을 염두에 둔 국제적십자 위원회의 방관적 태도 등 국제 질서의 파워게임 속에서 한국의 노력은 무위로 돌아갔다.

문서는 1966년 11월에 한국 언론에 등장[31]한 그의 동정을 소개하는 것으로 시작한다. 내용은 「재일 한국인 金田森男이 11월 26일부터 시작되는 제1회 아시아 신생국 경기대회의 일원으로 나타나 특히 일본 선수들을 놀라게 했다」는 것이다. 이는 일본 권투감독이 김귀하의 출전에 항의를 제기하면서 알려진 사실로 보인다.

1차 보고는 주프놈펜 총영사 한기봉이 장관에게 지급으로 보낸 착신 암호 전보다. 이후 문서들은 첫 번째 전보의 사실에 내용이 추가되거나 수정된 것이다. 보고 내용은 프놈펜 일본대사관의 구리노 참사관이 12월 7일 오후 한 총영사를 방문해, 「북괴」[32] 김귀하 복싱선수가 대사관에 와서 일본으로의 귀환을 요청했다고 통보한 것이다.

구리노 참사관은 김귀하는 재일교포 직업 권투선수로, 「북송사업」에 의해 이북에 간 자로 추정된다고 하였다. 김귀하는 일본으로 가고 싶다는 의사를 밝혔지만 불가능하다면 한국에라도 가겠다고 하였다. 그런데 그는 대한민국 국민등록증을 소유하고 있어 주프놈펜 총영사관에 연락한 것이다. 한국 측은 이 처리에 대해 일본대사관과 연락하면서 행동하겠지만 주재국인 캄보디아와의 상의하에 검토되어야 할 것이라는 내용이다.

외무부는 국민증이 있으므로 당연히 한국으로 귀환해야 한다, 하지만 캄보디아와의 관계로 그 시도가 어렵다면 표면적으로는 일본행인

---

31) (1966.11.25.) 『동아일보』.
32) 이 시기 외교문서에는 북한을 「북괴」라는 표현으로 부르고 있다. 북한을 「괴뢰집단」으로 낮추어 부르는 정부의 태도가 반영된 것이다.

것으로, 실제로는 한국행을 하게 하라고 답하였다. 그렇지만 이어지는 보고에서는 캄보디아 정부도 이미 이를 알고 있고, 국가원수 시아누크가 김선수 인도를 지시하였다고 한다. 본격적인 외교전쟁이 벌어지게 된 것이다.

사건 발생과 동시에 상황이 매우 급박하게 전개되었으므로 이를 일목요연하게 살펴보기 위해 이하의 표로 전개 과정을 정리해 보았다. 이 내용은 1966년 12월 15일자 「김귀하 사건경위와 활동상황」이라는 50여쪽의 보고서와 기타 보고 내용을 종합해 정리한 것이다.

〈시간대별로 살펴본 사건의 전개 과정〉

날짜	시간대	내용
12.07.	14:30	- 일본대사관 집무 시간 종료 후 김귀하가 가네포 관계일로 방문했다고 함. - 대사관 고용의 캄보디아인이 가네포 담당관 소노야마 1등 서기관 집을 알려줌. - 소노야마는 같은 건물의 나까가와 1등 서기관에게 김의 보호를 부탁한 뒤, 구리노 참사관에게 보고.
	16:45분경	- 구리노, 한기봉 주 프놈펜 총영사 관저를 방문, 내용 전달.
	17:15분경	- 총영사, 사무실에서 부하직원(이성율 영사, 최경윤·이종업 부영사)들을 소집하고 대책 논의.
	17:20분경	- 중앙정보부 국장과 서기관 연석회의 참석.
	19:20~19:30 사이	- 회의 결과 이 영사와 최 부영사가 구리노 방문, 김귀하와의 면담 요청. - 다무라 일본 대사가 파티 참석 중이므로 그의 귀가 이후 의논해 연락하겠다고 함.[33]
	23:30~23:45 사이	- 구리노, 한 총영사 방문하여 캄보디아의 외무차관 대리 리친리가 20시에 와서 시아누크공의 명령이라며 김의 인도 요청했다는 사실 전달. - 일본 대사는 이 사실을 모르고 있다고 전함.[34]

33) 대사가 파티 참석 중이기도 하였지만 구리노 참사관은 대응 방안에 관해 한 총영사와 일본대사관 사이 이야기가 있기 전에는 면회를 받아들이기가 어렵다고 거절하였다.

34) 동 보고서에 사건 이후 밝혀진 내용이 기재되어 있다. 일본 대사는 파티 석상에서 리친리에게 이미 김에 대해 보고하였으며 이들은 바로 일본대사관에 와서 김의 인도를 요청한 것이다. 이는 사건 종료 이후인 12월 15일 12시 구리노가 한 총영사에게 말한 것으로 사건 당일 일본 대사가 김의 소식을 몰랐다는 말은 거짓이었다.

날짜	시간대	내용
12. 08.	8:10	- 한 총영사, 이 영사 대동해 일본대사 관저 방문. - 대사, 하인 통해 사무실에서 대기 요청.
	8:20	- 한 총영사, 이 영사 대동 일본대사관 방문, 구리노 참사관과 요담.
	8:45분경	- 구리노 요담 중인 8:45분경, 김이 한 총영사 관저에 들어와 있다는 보고 입수.
	8:50분경 까지	- 구리노 면담 후 일본대사 만나 요담.
	이후	- 한 총영사, 공관에 와서 회의를 하고 부하들을 관저로 보내 김귀하 설득 지시. - 관저로 갔으나 김은 이미 나가고 없음.
	12:00	- 한 총영사, 호주대사 방문. - 호주대사는 한국이 이 사건 관여의 근거를 묻고, 캄보디아 측이 결정할 일이라고 함.[35]
	12:45	- 소노야마 서기관, 한 총영사 방문 김의 연행 사실 알림. - 오전 10시경, 김귀하 일본대사관 방문해 캄보디아 현지 고용원에게 한국 총영사관 안내 요청, 시클로를 타고 가던 중 노상에서 경찰 검문 후, 여권이 미소지로 10:30분경 연행되어 감.
	13:15	- 이 영사와 최 부영사 리친리 방문, 북한 귀환 거부한 김의 자유의사 존중할 것을 요청.
12. 09.	8:30	- 구리노 참사관 총영사관 관저 방문. - 캄보디아 외무성과 어떤 접촉을 하였는지 알아보고자 함. - 김의 처자가 12월 20일 북송 예정, 이를 저지해야 김의 태도가 변하지 않을 것이며 한국 측도 북송 저지에 노력해 달라고 함.[36]
12. 10.	8:55~9:40	- 한 총영사와 이 영사 손산[37] 방문. - 손산은 공적으로 관여할 입장이 아니지만 김의 의사 존중 의견. - 한국이 관여에 회의적, 한국의 월남 파병 사실 언급. - 가네포 경기 중 북한 심판이 월맹에 편파 판정을 했다고 시아누크공이 불쾌함 표시했다고 전해줌.[38]
	9:50	- 한 총영사, 영국대사 사무실 방문. - 영국대사, 각 자유국(우방국) 대사 중심으로 여론 조성하자고 조언하지만 직접 캄보디아 당국을 상대하겠다는 언질은 하지 않음.
12. 11.	15시	- 김귀하 아내 안도 요시에가 보낸 구출 호소 전문 접수.

35) 한국에서는 「우방국」 중심으로 접촉을 하였으나 이들 국가는 한국의 직접 개입을 말렸다. 호주 대사는 한국 정부가 김귀하 문제에 왜 개입하는지 되물을 정도로 재일동포의 실정을 모르는 것으로 보인다.
36) 김선수의 아내는 일본 국민인데도 일본대사관 측은 사건 진행 중 거짓말을 하거나 소극적 태도를 보였다. 모든 외국 대사들이 한국의 직접 개입은 힘들 것이고, 일본

날짜	시간대	내용
12. 12.	7시	- 한 총영사, 손산 재차 방문 부재를 이유로 만나지 못함.
	8시	- 한 총영사, 이영사 대동 리친리 사무실 방문. - 리친리, 김이 혼란스러워 하고 혼자 있기를 원하므로 진정해야 한다고 전함. - 한국이 이 문제에 간섭하지도, 김을 만나지도 말라고 함. - 한 총영사, 김의 아내가 보낸 전보 제시.
	8:55~9:15	- 한 총영사 구리노 사무실 방문. - 일본 신문기사에 「김이 망명을 희망했다」고 보도되었지만 구리노는 망명으로 간주되지 않는다고 말함.[39] - 김귀하 가족의 전보를 "적당한 기회"에 캄보디아 측에 비공식으로 전하라는 지시를 받았지만 그 기회가 없었다고 말함.[40]
	10:20	- 최·이 부영사가 보안성 특별경찰국장 방문, 김의 신병에 관해 요담. - 경찰국장, 김이 건강하고 식사 대접도 잘하고 있다고 함. - 가네포 경기 도중 아내로부터의 전보가 도망의 동기가 되었다고 함.[41] - 북한도 여러번 김의 면회를 요청했지만 불허했고, 상부에 객관적 보고를 하였다고 함. - 모든 접촉은 외무성을 통해 달라고 함.
	10:30	- 최 부영사, 론놀 수상 비서실장에게 총영사의 수상 면회를 요청. - 비서실장은 수상 일정을 대며 면회 약속을 따로 잡겠다고 함.
	10:30	- 이 부영사, 캄보디아 관영통신 편집인을 만남. - 12월 9일의 북한 대사대리 기자회견에서 김의 언급이 있었는지 문의.
	10:50	- 최·이 부영사, 캄보디아 적십자사 부총재와 요담. - 부총재, 김의 문제는 인도적 면이 있으나 정치적이므로 시아누크의 결정에 달려있다고 말함.
	11:40	- 이성율 영사, 필리핀 대사관 총영사 방문 김의 건으로 요담.
	13시경	- 총영사 부영사 대동, 론놀 수상을 면담 요청하였으나 부재 중.
	15시	- 총영사 필리핀 대사 방문.
	18시	- 총영사 이종업 부영사 대동, 캄보디아 적십자사 총재 라스미 공주 관저 방문 김의 건 요담.

이 문제 해결에 큰 역할을 할 것이라고 하였는데도 일본이 역으로 한국 측의 노력을 부탁하는 것은 일종의 「알리바이 만들기」였던 것이 아닌가 한다.
37) 손산은 시아누크의 신임이 두터운 인물로 전 부수상을 지냈고, 시아누크의 경제 고문이었다.
38) 손산은 가네포 경기 중 북한의 편파 판정이나 신사적이지 못한 시합 태도로 인해 시아누크가 북한을 불쾌하게 여긴다고 전했지만 이는 외교적 립서비스였을 것이다. 캄보디아는 북한의 가네포 개회식 장식, 매스게임 지도 및 및 자재를 지원으로 인해 크게 감사를 표했다. 1965년 북한을 처음 방문한 시아누크는 평생 김일성과 형제처럼 가까운 관계였다.

날짜	시간대	내용
12. 13.	10:15	- 총영사 프랑스 대사 사무실 방문. - 프랑스 대사, 캄보디아 정부가 가네포 대회 후 김을 북한 넘길 가능성 피력. - 북한 마지막 팀이 귀국 때까지 넘겨주지 않는다면 낙관적일 가능성 언급.[42)] - 사건 발생 당일 시아누크의 사무실에서 일본대사관으로 전화해 사건 관여하지 말라고 했다는「미확인 정보」언급.[43)]
	20시	- 총영사, 신임 영국대사 환영 일본 대사 주최 만찬 참석. - 구리노 참사관, 이하의 내용을 말함. - 13일 12시, 외무성 리친리에게 김을 복송 중지 요청, 가족과의 재회 희망사항으로 전달.. - 12일 캄보디아 각의에서 김을 북괴에 넘기지 않도록 결정했다는「미확인 정보」언급.[44)] - 한국 외무부 차관의 주한 일본 대사 강력 항의 건, 서울 일본어 방송에 외교관 이름을 거명하며 자세히 보도한 것에 대해 유감 표함.[45)]
12. 14.	9:30	- 최경윤 부영사 보안성 특별경찰국장 방문. - 경찰국장, 13일 오전 김의 외무성 인계 사항 전함[46)]
	10:00	- 총영사 이 영사 대동, 론놀 수상 방문

39)「김선수 문제에 대한 주재국 태도」라는 문서를 보면 북한이 실종 통고와 수색을 의뢰하여 캄보디아 정부는 이를 실시한 것이다.「주재국 정부가 김선수의 의사를 존중하여 정치 망명자로 취급할 경우에만 인도적 입장에서 이 문제를 다룰 수 있음」이라고 하였지만 캄보디아 정부는 김의 의사가 아닌, 북괴선수단의 이탈자로 취급하면서 인도적, 법적 고려에 앞서 이를 정치적 입장에서 해결하고자 한 것이라고 하였다. 즉, 인도적 입장의「정치적 망명」이라는 성격을 부여하지 않겠다는 것이다.

40) 외교적 언사로 보이지만 전체적으로 보면 일본 측은 방관적인 태도로 일관했고,「그 기회」를 만들 의도가 없었던 것으로 보인다.

41) 일본 측에 의하면 김귀하의 가족은 12월 20일에 북송 예정이었다고 한다. 김은 4월에 북으로 향했다고 하니 몇 달 동안의 북한 생활이 그의 기대에 못 미쳤다고 짐작할 수 있다.

42) 호주, 영국, 프랑스 대사 모두 문제 해결과는 관련 없는 외교적 언사를 구사하였지만「미확인 정보」임을 전제하면서 실체적 진실을 알려주었다. 프랑스 대사가 언급한「미확인 정보」도 그러하였다.

43) 사건 종료 이후인 15일, 구리노 참사관의 발언으로 일본 대사가 사건 당일 이에 대해 몰랐다는 것은 거짓이었다는 것이 밝혀졌다. 프랑스 대사의「미확인 정보」에 의하면 캄보디아는 이미 일본대사관에 압력을 행사했고, 사건 전개에서 일본대사관 측의 미온적이고, 방관적인 대처는 이와 연관이 있었을 것이다.

44) 보고서에서는 구리노의 전언과는 정반대의 내용인 (이 사실은 캄보디아 정부가 김을 북괴에 넘기기 위한 결정을 한 것으로 보임)이라고 괄호를 쳐서 보고하였다. 일본 외교관들은 여러 번에 걸친 거짓말을 하면서 혼선을 야기했다.

45) 구리노가 전한「미확인 정보」는 이후 진행된 내용을 보아도 정반대였는데 이런

김귀하의 운명이 결정된 것은 12월 8일 오전의 상황들이었다. 일본 대사관을 떠나 한국 총영사 관저에 별안간 김귀하가 나타났다. 초기 보고에는 방문 당시 총영사의 중국인 부인과 가정부만 있었는데 의사소통이 되지 않았고, 배가 고파 식사를 청했지만 대접해 주지 않아 떠나게 된 것으로 알려졌다.

하지만 후에 알려진 내용은 좀 다르다. 이 시간대에 총영사는 사건 해결을 위해 일본대사관을 방문 중이었다. 총영사 부인은 방문자가 김귀하임을 알아채고 급하게 남편에게 연락했지만 전화가 되지 않아[47] 시클로를 타고 총영사관으로 갔다고 한다. 또한 가정부는 그에게 홍차와 빵을 대접했지만 김귀하는 이를 거절하고 물을 요청했다. 불안하고 초조한 기색이던 그는 결국 얼마 지나지 않아 관저를 떠나 일본대사관으로 향했고, 캄보디아인의 안내를 받아 한국 영사관으로 가는 도중 경찰에게 체포된 것이다.

그런데 훗날 한국 국회 본회의에서 총영사의 부인과 가정부가 중국인이라는 점이 문제시되었다.[48] 결혼이라는 개인적 결정을 국적이 좌

속임수가 의도적인지, 실제로 그런 오인 정보가 있었는지 확인할 수는 없다. 캄보디아 정부로부터 받은 지시에 대해서는 사건이 끝날 때까지 함구하거나 거짓으로 전했으면서 한국 측의 「외교적 결례」에 대해서는 매우 예민한 반응을 보였다는 것은 분명하다.

46) 12일 오전 방문에서는 잘 보호하고 있다고 하였으나 구리노 참사관이 「미확인 정보」라고 흘린 12일 각의에서 그의 인도가 긴급하게 결정된 것으로 보인다. 각의 결정에 따라 13일 오전에 이미 김귀하는 인도되었지만 13일 저녁 구리노는 「미확인 정보」라며 각의 결정을 정반대로 알려주었다.

47) 캄보디아의 통신 인프라가 열악해 전화가 불통되는 일이 잦았다고 한다. 공교롭게도 이날 이 시간이 그러했다.

48) 「국회회의록」, 1966년 12월 20일 제49차 본 회의. 한기봉 총영사는 영어, 불어, 중국어에 유창한 인물이라고 국회 발언에서 언급된다. 하지만 국회의원들은 외교관 배우자의 출신국과 언어능력을 지적하였다. 한 총영사의 중국인 아내와 가정부가 한국어에 능통했더라면 불안해 하던 김귀하를 진정시키고 더 오래 머무르도록

우할 수는 없지만 외교관이라는 특수 직업군은 배우자의 언어 능력이 감안되어야 할 것이다. 특히 김귀하 사건에서는 언어 소통 문제가 사건의 방향을 바꾼 한 요인이었다고 여겨진다.

김귀하는 처음부터 일본대사관을 찾았지만 그는 한국 국민등록증을 가진, 북한 귀국 재일동포인 까닭에 일본으로서도 대처하기가 난감했을 터였다. 상황의 복잡함을 눈치챈 김귀하는 일본대사관원의 집을 빠져나와 한국 총영사 관저로 온 것인데 관저를 영사관으로 착각했을 가능성도 있다. 그런데 관저에서 언어소통이 되지 않는 여성들을 대하자 불안이 더욱 증폭되고, 일본 대사관에 다시 가서 한국 총영사관으로 향하겠다는 복잡한 상황을 만든 것인데 이미 지명수배되어 있는 상태에서 불심검문에 바로 걸린 것이다.

김귀하가 연행된 후 한국은 캄보디아 정부와 일본, 우방국 대사 등을 통한 외교 활동 외에도 국제적십자 위원회(이하 국적, ICRC : International Committee of the Red Cross)를 통해 해결을 꾀하고자 하였다. 국적은 이 사건과 깊이 관련이 있는 단체였다. 국적은 1959년부터 시작된 이른바 「귀국·북송사업」에서 「인도주의」를 표방하며 그 이전부터 사업을 진행했던 주도세력 중 한 축이었다. 한국 정부로서는 국적의 영향력과 역할을 기대했지만 국적은 캄보디아 적십자의 부총재의 「인도적 문제지만 정치적이기도 하다」는 입장이었다.[49]

주제네바 한국 대사는 김귀하 강제송환 이후인 12월 16일 국적 상임이사(Executive Director) 갤로핀을 방문하였지만 그는 선약을 이유로

유도할 수 있었을 것이다.

49) 사건 발생 이후 캄보디아 적십자와 국적 사이 상의가 없지는 않았을 것이다. 하지만 국적 담당자는 일정과 교통 사정을 이유로 업무를 미루었고, 사건 종결 이후에는 출장의 이유가 없어졌다면서 캄보디아를 방문하지 않았다.

만남을 미루었다. 긴급한 면담 요청에 의전상 문제가 있었는지도 모르지만 적어도 국적이 이 문제를 우선순위에 두지 않았다는 일면은 엿볼 수 있다. 그 이후 성사된 만남에서도 국적 측은 그의 강제송환은 유감이라는 표현에만 그쳤다. 국적 총회의 결의에 따르면 국적은 각 회원에게 의무를 이행토록 요구하는 것으로 그 활동 범위가 제한되어 있으며 「정치적 성격이 개재된 사건이 발생하면 더욱 활동이 제한된다」라고 하면서 사건 불개입의 원칙만을 강조했다.

국적이 정치적 사안에 거리를 두는 것은 사실이지만 정치적 성격이 분명한데도 사안에 따라 「인도주의」를 표방한 활동은 적지 않았다. 그들이 적극적으로 나선 「귀국 사업」 역시 그러한 것이었다. 그런데도 이에서 파생된 김귀하 사건에 대해 오불관언의 태도를 보인 것은 국적의 한계 내지는 책임회피라고 하겠다.

주제네바 대사는 「금일 본직이 요청한 ICRC의 사후 조치에 대해서도 조심성 있는 대답으로 대하였다는 점으로 보아 이후 ICRC에 보다 강경한 조치는 요청할 수 없을 듯함」이라고 보고하였는데 「강경한 조치」를 아무리 요구해도 국적의 자의적 판단에 의해 「조심성 있는 대답」밖에 나올 수 없는 현실을 보여준다.

김귀하가 송환 당한 이후인 12월 14일 한국 외교관들을 만난 론놀 수상은 김귀하가 「종국에는 북으로 돌아갈 것을 결심했다, 우리 정부는 그의 의사를 존중했다」고 말했다. 하지만 과연 김귀하의 의사가 정말 그러했는지 확인할 수는 없는 것이다. 론놀은 이 사건을 「조그마한 일」로 치부하면서도 이 일로 양국간의 우의에 지장을 초래하지 않기를 원한다는 모순된 의견을 피력했다.

사건 종료 이후 홍종철 공보부 장관은 「일본 정부가 당초 망명(요청)

처리에 즉각적인 행동을 기피하였음은 매우 유감스러운 일」이며 「정치적 이해관계 때문에 존엄한 자유인의 권리를 희생시킨 캄보디아 정부의 처사는 인도주의적 입장으로 보아서도 도덕적 최악」이라고 일본과 캄보디아 정부의 대처를 비난하였다. 보고서는 이 사건이 성공하지 못한 원인을 (1) 시아누크의 기본외교정책 (2) 북괴와의 관계 (3) 일본대사관의 졸속과 미온적 태도 등으로 분석하였다.

문서철에는 시아누크가 사건 종료 후 김의 아내 안도 요시에에게 보낸 전문도 첨부되어 있다. 시아누크는 도움을 요청했던 그녀에게 「비통한 가족 문제에 대하여 깊이 동정하는 바」라면서 「애석하지만 본인의 힘으로는 어쩔 수 없는 것」이었다고 하였다. 자신은 「귀하의 가혹한 사정을 충분히 이해」하고 있으며 「심심한 유감과 동정의 뜻을 전할 수 있고 신이 귀하의 기도에 무심히 않으며 귀하의 정당한 소원이 조속히 성취되기를 바라는」 자신의 「열렬하고 진지한 희망이 전달」 되기를 원하고 있다고 마무리하였다.

사건 당시 각국 외교관들과 캄보디아의 관련 인사 모두가 최종 결정자는 시아누크라는 일치된 의견을 피력했음에도 이 전문을 보면 시아누크는 아무런 결정을 할 수도 없었다는듯 책임 회피적 표현으로만 일관하고 있다.

한국에서는 사건 직후 반공단체와 한국부인회 등의 단체들이 궐기대회를 개최하기도 했다. 북한해방통일촉진회[50]라는 단체는 정부에 소요경비 등을 포함한 협조전을 보냈는데 이 궐기대회가 반공단체 중심의 관제데모임을 보여준다. 한국부인회 회장인 임영신은 일본에 있는 김 귀하의 가족들을 돕자는 캠페인을 펼치기도 했다.[51]

---

50) 장충동의 자유센터에 그 주소가 있다.

김귀하 사건에는 한국 언론도 기사와 사설을 통해 많은 관심을 보였다. 논조는 김선수의 강제 송환을 방치한 것으로 보이는 일본 정부, 총련과 북한의 체제비판, 한국 외교부의 대처 방식에 대한 비판이 주를 이룬다. 그런데 이런 언론의 태도 또한 그들이 비판하는 대상과 별다른 점이 없다. 한국 언론은 김기수의 대전 상대가 되기 이전까지 그를 줄곧 일본 선수로 소개하였다. 김기수가 동양 챔피언이 된 이후 다음 대전 상대로 언급될 때도 그는 가네다 모리오였고, 김기수와의 경기가 결정된 이후에야 김귀하라는 본명을 병기하기도 했다.[52] 하지만 시합 취소가 알려지자 그 배경에 「조선학교」와 「조련계」가 있다는 점을 강조하였다. 그의 경기 취소는 「조련계」의 「끈덕진 방해와 압력」[53] 때문이라고 하였지만 총련계의 일방적인 방해공작이라고 매도하기에는 어려운 정황이 있다.

경기 취소를 알리는 신문보도(『조선일보』 1966년 3월 24일)

이 기사보다 이전인 데라야마의 기고에 「그가 동양 타이틀

---

51) (1967.1.13.) 『경향신문』.
52) (1966.3.17.) 『조선일보』.
53) (1966.3.24.) 『조선일보』, 한국 권투위원회가 알린 소식에 의하면 「金田 선수가 한국에 못 오는 큰 이유는 조련계인 그의 후원회 임원들의 압력과 방해 때문」이라는 것이었다. 김귀하 본인은 국제전화를 통해 서울에서 게임을 갖기를 원한다고 밝혔다.

매치를 해서는 안 된다는 한국 정부의 방침이 그러하다. 현재 동양 미들급 챔피언 김기수는 한국인이지만 니시고베조선중고급학교 출신인 가네다는 「북선계」의 빨갱이 복서라고 하는 것이다」는 문장에서 한국 측에서 이전부터 김귀하의 타이틀 매치에 반대 입장이었다는 것을 알 수 있다.

어느 쪽이 먼저 방해 공작을 벌였는지 알 수 없지만 김귀하를 사이에 두고 양 진영이 이전투구를 벌였던 것만은 분명하다. 사건 발생 1년 전까지만 하더라도 「빨갱이 복서」라서 챔피언전을 벌이면 안 된다고 주장하던 입장에서 망명 기도와 실패만으로 「적의 치하에 떨어진 소중한 우리 동포」 운운 하는 것은 한국이 가진 감탄고토(甘呑苦吐), 아전인수(我田引水)격의 이중적 재일동포관을 고스란히 보여준 셈이라고 하겠다.

4. 사건의 여파와 후일담

본 문서철에 등장하지는 않지만 한기봉 총영사는 사건 이후, 한국으로 소환되어 사표를 제출하였다.[54] 정부는 국가공무원법 제73조 2의 1항 2호(직무수행능력이 부족하거나 직무성적이 극히 불량한 자)에 의거, 2월 1일자로 그를 면직 발령했다.[55] 또한 1967년 1월 캄보디아 총영사관은 폐쇄되었으니 김귀하 사건이 가져온 후폭풍은 한국 외교사에 있어 결코 무시할 수 없는 일이었다.[56]

---

54) (1966.12.19.) 『중앙일보』.
55) (1967.1.25.) 『중앙일보』.

1969년에는 베트남전에 참전한 한국 군인과 파견 기술자가 캄보디아에서 500일 정도 억류되어 있다 풀려나는 사건이 있었다. 이들은 1968년 구정공세 때 다낭에서 「월맹군」에게 잡혀 북한 강제 호송 도중 도망쳤으나 캄보디아군에 다시 붙잡혀 간첩 혐의로 강제 억류되었던 것이었다.57) 정부는 모든 외교 루트를 통해 협상하였는데 김귀하 사건의 여파가 이 과정에도 영향을 미쳤다. 두 나라는 외교 단절로 인해 직접 협상이 어려워 협상 과정이 난항을 겪었다. 다행히도 이들은 석방되어 1969년 6월 18일 한국으로 돌아왔는데 정상적인 외교관계였다면 더욱 빨리 석방되었을 것이다.58) 1970년대 신문 지면에서 다루었던 「오늘의 소사」에는 매년 김귀하 사건이 들어가 있을 정도였다.

김귀하의 북한행과 망명 기도, 강제송환은 개인적인 고뇌와 외부적 환경 등 여러 요인이 복합적으로 작용했고, 국제 정치라는 장기판 위에서 승부가 결정난 경기이기도 했다.

북한행을 결행한 시점도 유의해 볼 만하다. 그가 떠난 1966년 4월은 한일협정 체결 이후였고, 한국측의 줄기찬 항의로 인해 일본 각의에서는 1966년 연초부터 「귀국사업」 종료 논의가 있었다. 이 사업을 최초 발의한 총련과 북한은 이에 대해 당연히 반대하였다. 사업종료가 예견되는 시점에서 김귀하 같은 유명인의 북한행은 「귀국사업」의 정당성과 우수성에 대한 선전이 되는 것이므로 더욱 무리해서 그의 북한행을 추진했던 것이 아닌가 한다.59)

---

56) 캄보디아와는 1970년에 다시 공식 외교관계가 수립되었으나 1975년 크메르루즈 집권 이후 공관이 철수되었고, 1997년에 외교관계가 재개되었다.
57) (1969.3.17.) 『중앙일보』, (1969.3.24.) 『중앙일보』.
58) 한편 이 억류자 석방 교섭이 이듬해 외교 수립에 영향을 미쳤다고 한다.
59) 1966년 7월 북한은 「귀국사업」 연장을 건의했지만 몇 번의 결렬과정을 거쳐 1968년 일시 중지되었다 71년에 재개되었다. 사업종료는 실질적으로 1984년에 이루어졌다.

김귀하의 강제송환 후 그의 행적은 알려지지 않았다. 그가 죽었을 것이라는 소문이 돌기도 했다. 그를 동생처럼 아꼈던 데이켄 클럽의 나가노 매니저는 그의 망명 기도 실패 이후, 「꿈 속에서 그가 나타난다. 푸른색 수의를 입고 있었다」며 안부를 걱정했다.[60] 냉전 체제가 극한적 대치를 이루던 시기에 김귀하의 망명 시도와 「실패」는 다분히 정치범 취급을 받을 가능성이 있었기 때문에 이런 의식이 지인의 꿈에 반영된 것으로 보인다. 그리고 그가 돌아간 이후 전혀 소식이 알려지지 않았기 때문에 이런 생각을 하는 것도 이례적인 것은 아니라 할 것이다.

하지만 그의 소식은 다음해 한국발 뉴스로 알려지게 되었다. 1967년 3월, 북한의 조선중앙통신사 부사장이던 이수근[61]이 판문점을 통해 귀순을 하는 일이 있었다. 국영 통신사의 부사장이라는 거물급의 귀순이었던 까닭에 생생한 북한의 실정이 알려지게 되었다. 귀순 후 일정 시간이 경과한 후 가진 기자회견에서는 한국측 기자가 「김귀하 선수는 건재한가?」라는 질문을 던졌다.

그러자 이수근은 「캄보디아 정부가 당시 김선수를 북괴에 인도할 때 김선수의 생명을 보장한다는 서약서를 받고 넘겼기 때문에 김선수가 살아 있긴 하다. 하지만 체육활동을 못하는 것은 물론, 자유를 잃었다. 물론 이 사건은 북괴가 보도를 봉쇄했지만 김선수가 무사히 돌아온 사

---

60) (1991.7.) 『月刊公論』, p.114.
61) 북한 조선중앙통신사 부사장이었던 이수근은 1967년 3월 22일 판문점을 통해 남측으로 귀순했다. 이후 한국에서 결혼까지 했던 그는 1969년 1월 위조한 여권으로 홍콩을 거쳐 캄보디아로 향하다 간첩 혐의로 체포되었다. 그는 「위장귀순」, 「이중간첩」으로 비난받으며 6개월 만에 사형 당했다. 하지만 그는 귀순 이후 통제와 감시 생활에 환멸을 느껴 중립국가로 망명을 시도하려 한 것일 뿐 간첩이라고 할 수는 없다. 2005년 「진실화해를 위한 과거사 정리위원회」는 그의 사건을 다시 조사하였고, 2008년 12월 19일 서울고등법원은 「이수근을 위장간첩으로 인정할 증거가 없다」고 판단하였다.

실을 세계에 알리기 위해 김선수가 비행기에서 내리는 사진을 찍어 통신망을 통해 각국에 전송했다」[62]라고 그의 근황을 알렸다.

그의 망명 시도와 실패는 전세계적으로 주목을 받았던 뉴스였기 때문에 북한으로서도 일반적인 정치범 취급을 하기는 어려웠을 것이라고 짐작된다. 여러 논란을 무릅쓰고 돌려보낸 시아누크의 체면도 있었기 때문에 신변 보장은 잘 지켜졌던 상황도 알 수 있다.

하지만 이수근은 북한 실정을 비판하고 귀순한 이였기 때문에 다음과 같은 내용도 덧붙였다. 「보도 관제의 장본인은 중앙통신 부사장인 나였다. 김선수가 돌아오는 날 나는 당 중앙위로부터 김선수가 비행기에서 내리는 장면의 사진을 크게 찍으라는 지령을 받았다. 나는 김선수의 귀환을 자연스럽게 표현하기 위해 안 넣어도 되는 선수들의 이름까지 기사에 쓰게 했다. 그런데 당 중앙위에서 벼락이 떨어졌다. 김선수 사진이 웃지 않고 있다는 것이었다. 김선수의 입장에서 그때 어떻게 웃을 수 있었겠는가」[63]라는 것이다. 북한의 입장에서는 「병 주고 약 주면서」 김선수를 체제 선전에 이용하려 했음을 알 수 있다.

한편, 이 보도 얼마 후에는 김귀하의 송환에 극력 반대하고 절대 자신은 북한으로 가지 않을 것이라고 했던 아내 안도 요시에가 두 아들을 데리고 5월 19일 북한으로 향했다는 기사가 보도되었다.[64] 그리고 이는 떠도는 풍문이 아니라는 것을 입증하듯이 외교부 문서철의 가장 말미에는 1967년 7월 15일자 보고로 「국적 동경주재 대표 테츠 박사는

---

62) (1967.4.1.) 『동아일보』.
63) (1967.4.2.) 『조선일보』, 강제송환 후 비행기에서 내릴 때 웃는 얼굴이 찍히지 않았다고 한다. 이수근은 웃을 수 없는 상황을 강제로 연출하려 하였다고 증언하였다.
64) (1967.7.6.) 『경향신문』, 거류민단에서 아내에게 일자리를 알선해 주었다는 보도 이후 겨우 4개월째이고, 아내는 처음부터 줄곧 절대 북한행을 반대하는 입장이었음을 볼 때 이러한 결정도 여러 가지로 의문스러운 점이 있다.

김의 가족이 5월에 니이가타에서 수송선 편으로 북한으로 떠났으며 일시 여행이 아닌 북한에서 살기 위하여 간 것 같다」는 내용이 수록되어 있다.

안도는 처음부터 북한행을 결사 반대하는 입장이었다. 한국 외교부와의 면담에서도 그러했고, 국적과 시아누크에게 보내는 탄원서를 보더라도 그녀는 북한행을 전혀 원하지 않았다. 김귀하가 망명을 시도하였을 때 결정적 원인으로 작용한 것이 1966년 12월로 예정되어 있던 가족의 북한행65)이었다는 점을 감안해도 그녀의 북한행은 전혀 의외였다.

1967년 1월 시점에서도 그녀는 남편의 귀환에 대한 희망을 걸고 있었다. 그녀는 「설사 남편으로부터 북으로 오라는 서신이 있더라도 저는 안 가겠어요. 그것은 분명히 시켜서 억지로 쓴 편지일 거예요」라며 남편이 끝내 못 돌아올 경우에도 (손가락에서) 반지를 빼지 않겠다고 하였다.66) 그런 그녀를 회유하기 위해 「모측으로부터 압력」이 가해진다는 내용도 있다.

김귀하 망명 기도가 실패로 끝나자 한국에서는 임영신을 비롯해 한국권투위원회는 남은 가족을 위해 지원 활동을 벌이기 시작했다. 거류민단은 직장까지 알선해 주었다고 한다. 하지만 이런 움직임이 시작된 지 불과 몇 개월도 지나지 않아 그토록 극력 반대하던 북한행을 택했던 것에는 역시 알지 못할 속사정이 있었던 것 같다. 한국에서는 이에 대해 총련의 「갖은 술책과 감언이설, 협박」이 있었다고 하였지만 이는 김귀하의 북한행 때도 마찬가지 주장이었고, 결과 역시 동일했던 셈이다.

---

65) 안도의 주장에 의하면 자신들이 알지도 못하는 사이에 총련에 의해 기획된 일이라고 하였다.
66) (1967.1.11.) 『경향신문』.

다만 남편의 망명 기도가 여러 외교문제를 불러 일으키고, 결국 남편이 강제 송환된 이후 남은 가족이 일본에서 생활을 이어나가기 어려운 상황이 아니었을까 추정할 뿐이다.

그 이후 김귀하의 소식은 오랜 세월 동안 알려지지 않았다. 그런데 조선학교 출신으로 역시 권투선수가 된 후배에 의해 80년대에 그의 근황이 알려졌다. 그에 대해 문의한 이는 센리마 게이토쿠(천리마 계덕)[67]였다. 센리마는 김귀하처럼 고베에서 조선고급학교를 졸업하였고, 김귀하와 같은 체급인 미들급으로 전일본 챔피언이 되었다. 많은 공통점이 있다는 점에서 그는 챔피언이 된 이후 총련을 통해 김귀하에 대해 수소문하였다.

그 결과 김이 평안남도 순천시에 거주하고, 순천시 체육위원회 권투교관으로 일한다는 것을 알게 되었다. 김계덕은 김귀하에게 자신의 시합 전적이 실린 기사와 함께 소개 편지를 보냈다. 그로부터 반년이 지난 1983년 10월 김계덕은 김귀하로부터 답장을 받았다.

김귀하의 답장에는 「정말로 생각지도 못한 편지를 받아 크게 감동받고 깜짝 놀랐다. 성의를 가지고 보낸 신문, 잡지, 경기 사진을 몇 번이나 다시 보면서 정말 기뻤다. 링네임도 사회주의 국가의 위대한 수령님이 구축해 오신 조국을 상징하고 있으니 이 얼마나 훌륭한 이름인지 모르겠다」는 내용이 있었다고 한다.[68] 그를 따라 북한으로 온 일본인

---

67) 1957년생. 센리마 게이토쿠(千里馬啓德)는 링네임으로 본명은 김계덕(金啓德)이다. 1983년에 일본 챔피언이 되었다. 링네임인 센리마는 1950년대에 시작한 북한 천리마운동의 명칭을 땄고, 본명인 계덕을 그대로 사용해 자신의 정체성을 확실하게 밝힌 선수였다.

68) 두 사람 모두 그들이 속한 사회에서 유명인이었고, 북한의 서신 검열 상황을 생각한다면 이러한 표현은 이를 의식한 것이라 할 수 있다. 그런 한편, 「애국주의」「민족주의」적 감성과 자신과 같은 길을 걸어온 후배에 대한 진실한 감정을 드러냈다고 할 수 있다.

아내와 3명의 아들과 함께 잘 살고 있으며 「수령님의 자비로움 덕택에 사회주의 국가에서 유능한 청소년을 육성하고 있다」고 밝혀 어떠한 정치적 보복도 없이 그 이후로도 무탈하게 살고 있음을 확인시켜 주었다.

그리고 그 이후에도 그의 건재를 확인할 수 있는 몇 가지 소식들을 알 수 있다. 북한에서는 그의 공로를 인정해 2013년 체육실화도서 『주먹은 넋을 부른다』라는 책이 출간되었고, 이 책은 같은 해 북한 잡지 『통일화보』 6호에 소개되었다고 한다.[69] 뿐만 아니라 그의 자녀들도 대를 이어 권투인으로 지내왔음을 알 수 있다. 북한 대외용 잡지 『금수강산』[70]에 의하면 그의 아들 김성덕은 북한 청천강 체육단 여자권투감독을 역임하였다.

김성덕은 안도가 1967년 북한으로 갈 때 동행했던 자녀였다. 그는 「저 공화국 기발은 바라만 보아도 힘이 솟구칩니다. 5살의 자그마한 손에 공화국 기발을 들고 일본에서 은혜로운 조국의 품에 안긴 나입니다」라고 그 시기를 회고하였다. 기사에는 짧게나마 김귀하에 관한 내용도 언급되어 있다.

「나라의 혜택 속에 무료 의무교육[71]을 마치고 체육계에 나선 아들에 대한 아버지의 관심은 남달랐다. 일본 프로권투계에서 손꼽히던 성덕의 아버지

김성덕 감독(『금수강산』 2015년 12월호)

69) (2015.12.2.) 『통일뉴스』,
　　http://www.tongilnews.com/news/articleView.html?idxno=114659.
70) (2015.12.) 『금수강산』.
71) 김성덕은 조선체육대학을 졸업하였다.

김귀하는 아들에게 체육은 한 인간의 명예나 삶을 위한 선택이 아니라 나라와 민족을 위한 선택이라는 것을 심어주었다」라는 문장을 통해 건재함을 확인할 수 있다.

북한에서 발행한 잡지이다 보니 체제 우수성 선전과 국가주의를 개인보다 앞세우는 논지가 강조되어 있고, 여러 우여곡절을 겪었던 망명 기도 사건에 대한 내용도 일체 없다. 다만 이 짧은 내용을 통해 그와 가족은 북한에서 좋은 대접을 받으며 지내왔고, 원하던 일을 계속 이어 왔음을 알 수 있다.

야마모토는 김귀하가 「냉전의 골짜기로 사라져간 기구한 복서」라고 정의하였지만 진영논리를 배제하고 본다면 개인 김귀하는 오히려 성공한 권투인에 해당할지도 모른다. 시아누크는 그의 북한 송환을 추진하면서 「인도주의적 결정」[72]임을 누차에 걸쳐 강조했다. 북한 역시 세계가 주목하는 사정을 무시할 수 없었기 때문에 김귀하는 모두의 우려처럼 어떤 피해도 입지 않고, 권투인으로서 「조국을 위한 봉사」를 이어갈 수 있었다.

6. 나가며

본 연구가 기본 자료로 삼은 1966년 외교문서를 통해 재일 권투선수 김귀하의 존재와 당시 한국 외교의 현주소를 확인할 수 있었다. 문서

---

72) 김귀하가 안전하게 잘 살아야 시아누크의 결정이 옳았다는 것을 입증하는 것이 된다. 시아누크와 김일성은 사망 때까지 상호 교류하며 친분을 가진 것으로 유명한데 그 덕분인지 김귀하는 송환 이후 세간의 우려와 달리 일생을 권투인으로서 살아갈 수 있었다.

철은 사건에 관한 대한민국 정부의 각종 정치적, 외교적 행위와 결정
이 공문서로 정리되어 있는 것이다. 하지만 필자에게는 갑작스런 북한
행, 목숨을 건 망명 기도, 허망한 강제송환 등 문서가 말하지 않는,
말할 수 없는 27세 재일 청년의 롤러코스터 같았던 삶이 강렬하게 감
지되었다.

재일코리안 관련 연구를 지속해 왔던 필자는 재일 사회에서 명멸했
던 스포츠 인사들의 이름은 적지 않게 접했지만 본 연구 이전까지 김귀
하는 생소한 이름이었다. 일본에서 활동하고 여생을 보내는 재일 스포
츠인들과 달리, 김귀하는 굴곡 많은 역사의 한 시점에서 북한을 택하고,
후일담조차 알려지지 않아 자연스럽게 잊혀진 인물이 아닌가 한다.

김귀하 망명 기도 사건은 넓게 보자면 일본의 식민지 지배와 한반도
의 분단이라는 한국 현대사의 근원적인 비극에서 비롯된 것이다. 범위
를 축소하면 일본 사회의 「조선인 내몰기」73) 기획, 「조국 부흥」과 체제
선전에 재일동포를 이용한 북한, 재일동포에 관한 한 북한보다 협량한
자세74)를 보였던 한국의 무기력한 외교 현실 등이 복합적으로 작용했
다고 할 수 있을 것이다.

국민들의 반대를 무릅쓰고 강행된 한일 수교, 엄혹한 동서냉전 상황
하에서 한계가 명확했던 1960년대 한국의 외교, 전후 개발도상에 있는
한국의 위상 등 그를 둘러싼 시대적 현실은 그가 장기판의 말처럼 이용

---

73) 많은 재일조선인은 경제적 하층부에 있었고, 일본 복지제도에 기대어 살고 있었다.
고도 경제성장을 이룬 일본은 재일조선인의 축출로 복지 재정을 절약할 수 있다는
계산이 있었다. 물론 「귀국사업」의 외피는 「인도주의적」 결정으로 포장하였다.
74) 재임 당시 한일수교를 하지 않았던 이승만 정부는 재일동포를 방기하는「기민정책」
에 가까웠고, 박정희 정부 때도 재일동포 정책은 포용보다는 진영논리에 따른 배제
와 분열정책이었다. 김귀하의 망명 전후 한국의 언론이 보여준 이중적인 태도도
이를 반영한다.

당할 수밖에 없는 상황이었다.

하지만 관점을 비틀어 보자면 그는 「냉전의 골짜기」에 매몰당한 희생자였다기보다 오히려 이를 적절히 활용하고, 잘 헤쳐 나온 승리자라고 볼 수도 있을 것이다. 조선학교 출신으로 총련 인사들의 후원을 받고, 북한 올림픽단을 직접 만나 응원하기도 하였지만 비슷한 시기에 한국 국민등록을 할 정도로 자신의 주변환경을 이용할 줄 알았다.

「귀국사업」 중단까지 거론되던 1966년은 이미 귀환동포들의 실정이 입소문으로 알려져 있었다. 환상만 품고 북한으로 향하던 사업 초기가 아닌 것이다. 하향세에 접어들기는 하였지만 김기수의 대전 상대로 거론될 만큼 실력을 인정받던 자본주의 프로권투선수였던 그가 모든 걸 뒤로 하고 사회주의 「조국」으로 돌아간 것은 어느 한 단면만으로 판단하기 어려울 정도이다. 당시 시대 상황에서 병치될 수 없었던 조건 사이를 줄타기하듯 오간 것이다.

고심 끝에 택한 북한행이 이상과 너무나 달랐던 것을 체감하고, 망명을 기도했지만 송환을 받아들인 것을 보면 상황 판단과 현실 순응도 빠른 인물이었을 것이다. 망명 기도의 주요 요인이었던 가족의 북한행이 그의 송환 이후 빨리 진척된 것도 현실에 순응한 그의 설득 때문으로 보인다. 그리고 이 모든 것은 결국 그의 결정과 선택이었다.

이상으로 김귀하 망명 기도 사건과 이를 둘러싼 시대적 정황, 외교 내용 등을 살펴보았다. 선행연구가 없는 까닭에 본 연구는 여러 가지로 미흡할 수밖에 없는 내용이다. 다만 서두에서 기술한 것처럼 이 사건을 통해 재일 사회와 한국의 외교 등 다양한 분석이 가능할 것으로 보이며 이 연구를 바탕으로 향후 보다 확장된 연구가 이어지기를 바라는 바이다.

사할린 한인동포 귀환 관련 문제점과 외교문서 연구

1957년~1970년까지의 외교문서를 중심으로

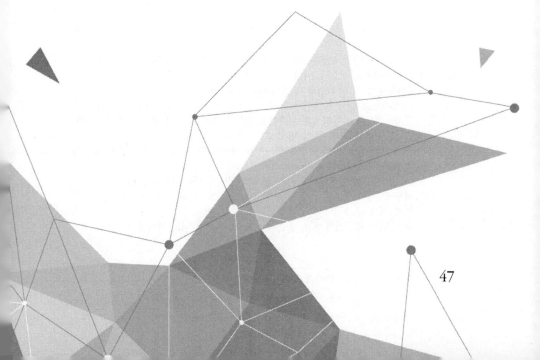

박희영

(한밭대학교 인문사회대학 일본어과 조교수)

47

1. 들어가며

　본고는 사할린 한인동포 귀환문제와 관련하여 우리 정부의 대응과 관련 국가들과의 협의 사항, 사할린 한인동포 귀환을 위한 수많은 진정서와 사할린 교민 귀환 과정 등의 내용을 담고 있는 다양한 시대별 외교 문서들을 바탕으로 하고 있다. 1957년에서 1970년까지의 각 외교문서에는 시기와 내용을 조금씩 달리하고는 있지만 주로 사할린 한인동포 귀환문제를 둘러싼 비교적 초기 단계의 다양한 해결 방안 등이 모색되고 있음을 살펴볼 수 있다.

　먼저 사할린 한인동포 귀환문제와 관련하여 현재(2022년 9월) 시점에서 충분히 만족할만한 수준은 아니지만 각계 각층의 부단한 노력 끝에 상당한 소득을 얻게 되었고, 제도적, 법률적 효력을 갖추게 되어 「사할린동포 지원에 관한 특별법」이 제정(2020년 4월 29일), 공포(2020년 5월 26일)되어 「사할린동포 지원에 관한 특별법(사할린동포법)」 및 그 시행령과 시행규칙이 시행(2021년 1월 1일)되었다.[1] 이것은 사할린 한

---

1) 「사할린동포 지원에 관한 특별법」 및 하위법령 시행에 관한 구체적 내용은 다음과 같다.
　* 2020.5.26. 공포된 「사할린동포 지원에 관한 특별법("사할린동포법")」 및 그 시행령과 시행규칙이 2021.1.1.(금)부터 시행된다.
　* 사할린동포법 및 하위법령 주요 내용은 아래와 같다.
　　○ (사할린동포법) △사할린동포 지원 정책의 수립·시행 등에 관한 국가의 책무 규정, △기존 시행되어온 사할린동포 영주귀국 및 정착 지원 사업의 법제화 및 대상 범위 확대 등의 법적 근거 마련
　* (기존) 사할린동포 1세, 배우자 및 장애자녀 → (확대) 사할린동포 1세, 배우자 및 직계비속 1인과 그 배우자
　　○ (사할린동포법 시행령) △사할린동포의 명예회복을 위한 기념사업의 추진, △ 법률에서 위임한 영주귀국 및 정착 지원의 신청 절차와 지원 여부의 결정 기준 등에 대해 구체적으로 규정
　　※ 동법 시행규칙에서는 영주귀국 및 정착 지원 신청서식을 규정

인동포들이 일제강점기 사할린으로 강제 동원되고 해방 이후에도 강제 억류된 지 약 82년 만에 이루어진 일이다.

일찍이 1948년 「화태·천도 재류 동포 환국 운동에 관한 청원」부터 시작해서 1968년 「사할린 억류 한인동포 송환 촉진에 관한 건의안」, 1973년, 1989년, 2011년까지 국회를 통과한 각종 결의안과 17대 국회부터 20대 국회에 이르기까지, 국내외의 지난한 과정과 노력을 거쳐 비로소 대한민국에서 법률로 제정된 최초의 특별법이란 측면에서 큰 의미도 담고 있다.[2]

이처럼 사할린 한인동포 귀환문제가 약 82년이 지나서야 비로소 빛을 보게 된 복잡한 흐름과 이유, 그와 관련한 특별법의 제정, 공포, 시행과 관련한 지난한 과정들은 우리에게 많은 시사점을 남겨주고 있다. 사할린 한인동포 귀환문제는 현시점에서는 제도적, 법률적으로 상당 부분 정리가 되었고, 남아 있는 문제는 아직 귀환하지 못한 사할린 한인동포들이 하루빨리 고국의 품으로 돌아올 수 있도록 무엇보다 신속히 실행에 옮기는 것뿐이다.

하지만 이와 같이 사할린 한인동포 귀환문제가 일정부분 해결되기까지 해방 이후 오랜 시간이 흐를 수밖에 없었던 이유에는 국내 안팎으로

---

* 이번 법령 제정으로 사할린동포 및 그 동반가족의 영주귀국과 정착을 보다 체계적으로 지원하게 됨에 따라 사할린동포의 지원 및 피해구제가 강화될 것으로 기대된다.

2) 사할린동포 1세대 21명이 「사할린 동포 지원에 관한 특별법」의 첫 대상자로 선정되어 2021년 11월 27일 영주 귀국길에 올랐다. 외교부 당국자는 2021년 11월 25일 기자들과 만나 「금년도 사할린 동포법이 시행됨에 따라 정부는 일제강점기 당시 러시아 사할린에 이주했으나, 고국으로 귀환하지 못하고 사할린에서 살아온 동포와 그 동반가족의 영주귀국 및 정착 지원 사업을 관계 부처 간 긴밀한 협업을 통해 진행해 왔다」라며 「337명이 이 사업 대상자로 지원을 받을 예정」이라고 밝혔다. 사할린동포가 적십자사 지원으로 귀국한 적은 있지만, 1월 시행된 「사할린동포 지원에 관한 특별법」에 근거해 공식 정착하는 것은 이번이 처음이다.

다양한 문제점이 있었음을 인식하게 되고, 그 문제점을 극복하는데 사회적, 정치적, 역사적으로 복잡한 국가 간 이해관계가 자리 잡고 있었음을 알 수 있게 된다. 이것은 또한 사할린 한인동포 귀환 문제뿐만 아니라 다른 재외동포를 포함하여 한나라의 정부가 처한 시대적 상황에 따라서 재외동포에 대한 대처 방식이 다를 수 있다는 안타까운 상황 논리와 시대인식에 기초하고 있다.

따라서 본고에서는 먼저 사할린 한인동포 귀환문제의 문제점과 국내외적 이해관계의 역사적인 흐름과 의미, 문제점을 분석하고자 하는 데에 목적을 두고자 한다.3) 본고에서는 1957년에서 1970년까지의 사할린 한인동포 관련 주요 외교문서로 한정하여 사할린 한인동포 귀환문제의 처리 과정과 문제점, 그들을 바라보는 인식과 시선의 변화와 의미를 중심으로 분석해보고자 한다.

2. 사할린 한인동포 귀환문제의 역사적 흐름과 인식의 변화

사할린은 러시아 연해주 동쪽과 일본 홋카이도 북쪽 오호츠크해에 위치한 섬으로 겨울이 매우 추운 곳으로 유배지로 여겨질 만큼 사람이 살기에 척박한 환경이다. 이와 같이 매서운 칼바람이 불어 닥치는 사할린이지만 석탄 등의 자원이 풍부한 천혜의 보고이기도 하다. 이것은 한편으로는 당시 수많은 비극적인 강제노동과 징용, 그리고 해방 이후 사할린 한인동포의 귀환문제의 장애를 초래하는 결과의 단초가 되었다

---

3) 이 흐름과 과정은 사할린 한인의 이주 시점부터 사할린 한인동포 귀환문제가 대두되는 초기 단계인 1965년 한일기본협정 체결 전후 시기까지로 한정하기로 한다.

고도 볼 수 있다. 또한 현재 이곳은 러시아 영토이지만 역사적으로 일본과 러시아 양국의 이해관계 속에서 공동 관할구역이었던 곳이기도 하다.[4] 그리고 사할린 한인동포는 보통 일제 치하에서 강제로 사할린에 이주를 당하였다가 일본이 제2차 세계대전에서 패망한 후, 사할린에 남겨진 우리의 동포들과 그 일족들을 부르는 표현이다.

1897년 당시 사할린에는 불과 몇 십명 정도의 소수의 한인이 있었다고 한다. 하지만 일본이 1905년 러일전쟁에서 승리하면서 사할린섬 북위 50도 이남의 남사할린(미나미카라후토: 南樺太)을 획득한 일본은 식민지 조선인의 노동력을 동원하여 석탄을 채굴케 하였다.[5] 한혜인에 따르면 「한인동포가 본격적으로 남사할린에 이주하게 된 것은 가라후토청(樺太庁)[6]의 정책적 판단의 결과」로 보고 있다. 1910년 중반부터 가라후토청은 개발을 본격화하였고 지속적으로 노동이 가능한 정주노동자의 고용 형태가 필요한 시점이었다. 초기 일본인 노동자들은 사할린의 기후, 교통, 감옥노동 등 모든 조건이 열악하였기 때문에 기피하였

---

4) 사할린은 1855년 맺어진 러일화친조약 이후 사할린은 양국의 공동 관할구역이 되었다. 이후 상트페테르부르크 조약으로 인해 쿠릴 열도 전도를 일본이 영유하는 대신 사할린은 러시아 영토가 된다. 하지만 러일전쟁 이후 체결된 포츠머스 강화조약에 의해 북위 50도 이남의 사할린 남부는 일본령으로 편입되었다. 한편 1905년 이후에도 북사할린은 러시아의 영토로 남았으나, 혁명으로 러시아 제국이 붕괴한 뒤 시베리아 출병으로 간섭한 일본군에게 1925년까지 지배되면서 일시적으로 사할린 전체가 일본령이 되게 된다. 하지만 1945년 일본 패망 후, 소련 영토로 반환되었고 따라서 현재는 러시아의 영토가 되었다.

5) 19세기에 러시아 연해주로 건너간 조선인 중 일부가 러시아 영토인 사할린 섬 북부로 넘어간 경우가 있었다. 또한 러일전쟁 이후 일본이 전리품으로 사할린 섬 남부 절반을 차지하고 여기에 가라후토청을 세우자 일본 거주 조선인 중 일부가 사할린으로 건너간 경우도 있었다. 하지만 이러한 인원은 소수였고, 더군다나 북사할린으로 이주한 이주민들은 고려인들과 함께 1930년대 중앙아시아로 강제 이주 당했다. 이후 1930년대 말부터 태평양 전쟁으로 인해 일제의 군국주의가 본격적으로 한반도를 휩쓸기 시작하면서 고난의 사할린 한인사가 본격화된다.

6) 가라후도(樺太)는 사할린의 일본명이다.

다. 이에 따라 계획한 노동자를 확보하기 위하여 한인 노동자의 유입을 결정하였다고 한다.[7]

이와 같이 초창기 석탄 광물 채굴을 위한 노동자의 필요성과 이후 이어지는 일제강점기 상황 속 제국주의 확산은 노동력 부족을 야기하였고, 이는 일제에 의한 한인동포들의 강제동원을 촉발하게 하는 결정적인 계기를 만들었다.[8]

그리하여 사할린에 거주하는 한인동포들의 수가 급증하여 1934년에는 5000여명에 이르렀고, 1945년 일본의 패전 이후 당시 사할린에 남아 있던 한인동포들은 약 43,000명 정도로 추산되고 있다.

따라서 한인동포들의 사할린지역의 본격적 이주는 일본이 제국주의 정책하에 중일전쟁, 태평양전쟁을 감행하면서 조직적인 강제 동원에 의하여 본격화되었다고 볼 수 있다.[9]

---

7) 한혜인(2011)「사할린 한인 귀환을 둘러싼 배제와 포섭의 정치」『史學硏究』제102호, 한국사학회, p.164.

8) 한혜인은 일본의 사할린 한인동포 귀환의 책임을 져야할 이유에 대하여「전시 강제동원 책임과 식민지 지배 책임」을 구분하여 설명하고 있다.「일제가 전쟁수행을 위하여 동원한 전시 강제동원 책임뿐만 아니라 남사할린 개발을 위하여 이주노동자가 되기를 강요했던 식민지 지배 책임」을 동시에 함께 가져야 한다는 취지이다. 한혜인(2011) 앞의 논문, pp.164-169.

9) 일본은 전쟁을 확산하면서 당시 관동군에 자국민인 일본인은 물론, 조선인까지 징집해 닥치는 대로 동원하자 노동력 부족이 극심해진다. 사할린 지역의 노동력 부족을 해결하기 위해 일본 제국주의 정부는 강제적으로 한인동포를 동원하였다. 김성종에 따르면 식민 통치하에 있던 한인의 동원은 국가총동원령에 의해「모집, 관알선, 강제징용」3가지 방식으로 이루어졌다고 한다. 내용을 살펴보면「모집에 의한 강제연행은 1939년부터 1942년 사이에 이루어졌고, 중국침략전쟁의 확대로 부족한 물자와 노동력을 충원하기 위해 국가총동원법을 공포, 기획원의 노동동원계획이 수립되었다. 1939년 1월 국민직업신고령이 실시되고 7월 내각의 결정에 의해 국민징용령이 발표되어 대대적 동원이 시작되었다. 관알선 방식의 동원은 1942년 2월부터 조선인내지이입시행요강(朝鮮人內地入施行要綱)의 제정에 따른 조직적이고 강화된 강제연행방식이다. 산정된 노무자는 응모하지 않을 자유가 있었으나 현실적으로는 각자의 의사와 관계없이 강제적으로 연행되었다. 일본의 국민동원계획에 의하면 한국인 노동자 13만 명의 공출을 결정하였다. 태평양전쟁의

또한 사할린에 강제 동원된 한인동포들은 주로 탄광, 토목 공사장, 군수공장 등에서 고된 노동에 시달려야 했는데 그 생활은 비참하였다고 한다.[10]

이후 전쟁 막바지 소련은 일본에 1945년 8월 8일 선전포고를 하고 사할린에 소련군이 진주하였다. 이에 따라 사할린 한인동포들은 이제와는 다른 어려움에 직면하게 되었다. 이때 상황을 황선익은 다음과 같이 설명하고 있다. 「소련군 진주와 함께 사할린 각 지역을 철저히 통제하여, 일본군 병력을 무력화시키고 사람들의 각 지역 이동을 금지하였다. 하지만 전황(戰況)을 잘 알던 일본인들은 미리 사할린을 떠나거나 하였지만, 한인동포들은 그런 사정을 잘 알 수도 없었고, 일본인에 의하여 학살당하기도 하였다」고 한다.[11] 게다가 소련은 사할린의 한인들을

확전으로 인력과 물자의 부족이 더욱 심해지자 1944년 9월에는 국민징용령을 발동하여 이를 해소하려고 하였다. 국민징용령으로 1944년부터 약 1년 사이에만 40만 명 이상의 한국인이 강제연행 되었다. 사할린동포법률구조회에 의하면 약 86만 명의 한국인이 강제로 연행되었으며 이중 약 15만명 정도가 사할린으로 연행된 것으로 알려지고 있다」고 자세히 설명하고 있다. 김성종(2006) 「사할린 한인동포 귀환과 정착의 정책과제」『한국동북아논총』제40집, 한국동북아학회, pp.197-198.

10) 내용을 살펴보면 「당시의 노동자의 노동환경은 매우 열악하여 광산의 갱도가 무너지거나 광물운반 열차에 깔려 죽는 사고가 많았고, 약속한 임금이 원래대로 지급되지 않았으며, 실제로는 필요경비를 공제하고 용돈 수준의 돈만 지급되었다」고 한다. 이처럼 「보통 14시간에 이르는 많은 노동과 혹사, 그리고 사고에 당시 한인동포들은 삶의 근원을 부정당하는 불안과 고통의 시간을 보냈다고 한다」 김성종(2006) 앞의 논문, p.198.

11) 황선익에 따르면 사할린 한인의 수난은 전쟁 종결 전부터 시작되고 있었다고 한다. 내용을 살펴보면 「소련군의 진주를 예상한 일본 헌병 및 경찰은 각지에서 한인에 대한 집단학살을 자행했고, 경찰서에 억류되어 있던 한인들을 총살하고, 사체를 유기방화했다. 소위 가미시스카 한인 학살사건은 치안유지를 책임지는 일본 군경의 지휘관에 의해 조직적으로 자행되었으며, 이외에도 수에도리학살사건 등 여러 유형의 학살사건이 일어났는데, 이러한 패전상황에서 조직적으로 이뤄진 한인학살사건의 전모는 아직까지 모두 밝혀지지 않았다고 한다. 이처럼 사할린에 있던 한인은 소련군이 진주하며 외교적 보호도 받지 못한 채 사실상 방치되었고, 그런 가운데 일본군경에 의해 학살당하는 등의 수난을 겪으며, 소련군에 의해 억류되는

귀국시키지도 않았고 일본은 사할린 한인동포를 본국에 송환할 책임을 회피할 뿐이었다.[12]

이후 사할린 잔류민의 공식적인 일본 귀환 논의는 1946년 3월 「인양에 관한 기본지령(引揚に関する基本指令)」으로 시작하여, 1946년 11월 「소련지구송환 미소잠정협정」 체결로 이어졌지만, 귀환 대상에 포함된 것은 일본인으로 한정되었다고 한다. 내용을 살펴보면 「북한과 소련점령지역에 억류되어 있던 일본군 포로 및 일반 전쟁재민과 38도 이북 조선에 적을 둔 일본인의 총괄적 교환·송환에 관한 협정이 연합군최고사령부과 소련대표와의 사이에서 체결되어서, 1946년 12월부터 1949년 7월까지 292,590명의 일본인이 귀환했다」고 한다. 하지만 당시 아직까지 「사할린 한인동포는 법적으로 일본인이었기 때문에, 본국으로의 귀환을 당연하게 생각하였지만, 일본은 카이로선언에 의하여 조선은 완전한 독립국이 되었음을 선언했다는 것을 이유로 들어 일본인의 범위에서 제외하여 귀환에서 배제시켰다」는 것이다.[13]

당시 상황은 일본 측이 제공하는 정보에만 의지하여 사할린에 한인동포가 거주하고 있는 것조차 제대로 알려지지 않은 채로 미소 간의 협정은 체결되었다고 한다. 이후 다시 사할린 한인동포 귀환문제가 다시 논의가 되었지만 소련측의 불성실한 태도로 이어지지 못하였다. 이처럼 소련 측의 묵살과 더불어 미군정의 미온적인 태도는 상황을 악화

이중적 고난을 겪게 되었다」고 당시의 비극적인 상황을 설명하고 있다. 황선익 (2012) 「사할린지역 한인 귀환교섭과 억류」『한국독립운동사연구』제43집, 한국독립운동사연구소, pp.439-440.

12) 사할린 한인과 일본인의 노동생산성을 높이 평가하고 있었던 소련은 후에 일본인의 귀환으로 인한 노동력 손실을 염려해, 일본인 숙련 노동을 대체할 수 있는 한인 노동자를 최대한 정주시키기로 하였다.

13) 한혜인(2011) 앞의 논문, p.169.

시키는 결과를 초래하였다.[14)]

이러한 당시의 해방 이후 미국과 소련의 수동적이고 미온적인 태도와 부족한 사할린 한인동포에 대한 인식과 해방 이후 국내외 복잡한 상황, 일본의 무책임한 회피적인 태도, 그리고 한국 정부의 방관적인 태도는 결국 사할린 한인동포와 귀환 문제를 오랜 기간 해결되지 못하게 만든 단초로 작용하게 되었다.

이처럼 암울한 상황이 지속되었지만 1948년 대한민국의 건국을 계기로 사할린 한인동포들은 해방된 조국이 자신들을 귀환시켜줄 것이라고 희망과 기대가 대단히 컸다. 하지만 그들의 기대와는 달리 당시의 대한민국 정부는 좌우로 치닫는 이념 갈등, 지속적인 내부 혼란, 이어지는 6·25전쟁 등으로 인하여 저 멀리 사할린 한인동포들에게까지 관심을 가질 수 있는 여건과 환경이 조성되지 못하였다.

한편 1952년 4월 샌프란시스코 평화조약의 발표 이후 사할린 한인동포들은 일본 국적을 상실하게 되었고, 남한 출신의 대부분 사할린 한인동포들은 소련과 국교가 없는 상태에서 무국적자로 분류되었다.[15)] 이후 일

---

14) 김성종에 따르면 사할린 한인동포 귀환문제는 미군정사령부에서 세 번 논의되었다고 한다. 모두 외부 청원에 의한 것인데 그 내용을 정리해보면 다음과 같다. 「첫 번째는 1944년 사할린에서 일본으로 건너가 일본에서 광복을 맞이한 광부 18명이 사할린에 남은 가족의 귀국을 미군정사령부에 호소하여, 1945년 연합군 내부에서 사할린 한인동포 문제가 검토되어 1946년 소련 대표에게 이들 광부의 가족들을 남한으로 귀환시키도록 요청하였지만 소련 측의 묵살이 있었다. 두 번째는 1947년 민간단체인 「사할린 한인 조기 귀환 연맹」이 보낸 청원이 계기가 되어 귀환을 소련 측에 제의하기로 의견을 모아 사할린에 남아있는 한인동포 수, 그들의 귀환 희망 여부 등의 문제와 관련하여 소련 측의 회답을 촉구하였지만 소련 측은 대부분이 남쪽 출신인 한국인의 귀환 요구를 묵살하였다. 세 번째는 1949년 한국 정부대표의 제의를 계기로 사할린에 남겨진 한인동포의 귀환을 요구하였지만 앞서 두 차례와 마찬가지로 소극적인 자세를 보이며 별다른 성과를 얻지 못하였다」고 한다. 김성종(2006) 앞의 논문, pp.200-201.
15) 사할린에 남아있던 한인동포들은 대부분 국적이 없었다. 당시 상황을 살펴보면 「국적이 없을 경우 공산당에 가입도 할 수 없었고, 또한 대학은 물론 직업학교,

소 간의 귀환협상이 진행되었지만 귀환대상은 일본인과 일본인을 배우자로 가진 한국인뿐이었고 한인동포의 귀환길은 여전히 요원하였다.

이 시기인 1956년 10월 일소 간의 국교정상화가 성립되고 1957년부터 1959년까지 소련에 남아있던 일본인들이 본국으로 귀국하게 되었는데, 이때 한인 남편을 둔 사할린 거주 일본인 여성들이 가족과 함께 일본으로 귀국하게 되었다. 당시 일본 본토로 돌아온 일본인 처는 766명, 그 조선인 가족들은 1,541명으로 합해서 약 2,307명에 달했다고 한다.[16] 당시 사할린에서 일본인 처와 함께 일본에 돌아온 박노학은 남아있는 한인동포의 조기 귀환을 위하여 1958년 2월 「화태억류귀환한국인회」[17]를 결성했다. 이후 일본국회에 한인동포 귀환문제 진정서를 제출하였고, 대표자들이 일본의회 의장 등을 만나 귀환과 관련한 협력을 호소하였다. 이와 더불어 국제적십자사, 일본적십자사, 후생성, 외무성, 법무성 등 이외에도 한국 대한적십자사, 한국 외무부, 법무부 장관에게도

소년훈련소 입학, 연금법, 장애자 혜택, 생명보험 등의 혜택도 제대로 받을 수 없는 등 여러 측면에서 불리하였다」고 한다. 이에 따라 소련의 국적을 취득하려는 사람들이 매년 증가하였다. 1958년 국적 취득 희망 조사에 따르면 무국적으로 있기를 원하는 한인도 있었는데, 대부분 남한 출신으로 언젠가는 한국으로 귀국하기를 희망했기 때문이라고 한다.

16) 이연식(2014) 「사할린한인 귀환문제에 대한 전후 일본정부의 대응」 『동북아역사논총』 제46호, 동북아역사재단, p.324.

17) 1958년에 사할린 한인의 귀환 운동을 펴나가려고 박노학을 중심으로 일본 도쿄에서 결성된 단체로, 사할린 한인과 한국 가족의 서신 교환을 비롯하여 귀국 희망자 명단 작성, 재판 추진, 가족 상봉 추진 등 다양한 활동을 통하여 사할린 한인의 귀환을 공론화시켰다. 1958년 1월에 일본으로 귀환하는 배에서 한인들은 사할린 한인 귀환운동을 추진하기로 계획하였고, 이어서 2월 6일에 박노학(朴魯學) · 이희팔(李羲八) · 심계섭(沈桂燮) 등 50여 명의 한인들이 모임을 만들어 한국과 일본 정부에 탄원서를 제출하면서 활동을 시작하였다. 특히 박노학은 사할린 코르사코프(Korsakov)에서 한인 조직인 향우회를 결성하여 활동한 경험이 있었으므로, 30년 동안 회장으로 이 단체를 이끌었다. 처음에는 「화태억류귀환자 동맹본부」라고 불렀지만, 이어서 「제2차대전시 한국인 희생자연합회」, 「화태억류귀환한국인회」, 「화태귀환재일한국인회」 등으로도 불렀다.

진정서를 제출하는 등 다각도로 노력을 하였다.[18]

다음 장에서는 실제 대한민국 외교부에서 간행한 사할린 관련 외교문서 사례를 통하여 사할린 한인동포와 귀환문제의 의미와 문제점을 확인해 나가기로 한다.

3. 외교문서 속의 사할린 한인동포 귀환문제

여기서는 사할린 한인동포 귀환문제와 관련하여 1957년부터 1970년까지 사할린 한인동포 관련 각 외교문서에 담겨있는 내용을 중심으로 분석하여, 앞서 확인한 사할린 한인동포 귀환문제의 역사적인 흐름과 의미에 대한 세부적 이해를 더하고자 한다.

먼저「사할린 교포 귀환문제, 1957-65」외교문서[19]의 주요 내용을 살펴보면 다음과 같다. 외교문서는 재일본대한민국거류민에 의하여 1959년 2월 25일에 발표된 문서로 시작된다.

在日僑胞を死地へ追いやるな‼
―――日本国民の良識に訴える―――

僑胞北韓送還は政治的陰謀

日本政府は十三日遂に、一部在日僑胞の所謂北韓送還を閣議決定しました。韓日会談が進行中にある折も折、日本側のこのようなやり方は、日頃日本国民との友好を望みかつ努力しているわれわれ韓僑にとつて、

---

18) 김성종(2006) 앞의 논문, p.201.
19) 동북아주 제791.44, 1957-65호「사할린 교포 귀환문제, 1957-65」1965년.

全く不可解なことであります。まして僑胞北韓送還なるものは北韓共産侵略政権の指令によつて動く朝総連と、これに協調する日本の左翼傾分子らの政治的陰謀であります。にも拘らず、人道主義という口実のもとに、僑胞をして欺えて北韓の死地へ追いやろうとする非友好的な日本政府の態度に対し、われわれは斷乎抗議するとともに、日本国民の皆さんに、その事実を強く訴えるものであります。

　北韓傀儡集団は何故僑胞の集団送還を呼びかけるか

　従来まで日本の赤化運動を指令していた北韓傀儡が、突然朝総連を通じて集団帰還をよびかけてきたのは、(一) 中共軍の撤退及び、数百万に上る同胞の越南によつて生じた労働力と人的戦争資源を補うため、(二) 日本政府に北韓集団帰還を認めさせるという既成事実を積み上げ、これを契機に傀儡政権を認めさせようとするため、(三) 韓日会談を妨害し、あわよくば韓日両国間に紛争を惹起させて、自由アジアの団結を破壊しようとするため、などであり、これが実現しない場合でも、職場のないこと、生活の困窮などを口実に、日本政府の生活斗争を合理化しようとするのが、その目的であります。

　われわれは僑胞北韓送還を何故反対するか

　われわれ在日僑胞は全て、韓国における唯一の合法政府である大韓民国の国民であり、従つて大韓民国こそわれわれの祖国であります。その祖国に、再び侵略の砲火を浴びせようと虎視眈々機を覗つている北韓傀儡集団の地に、どうしてわれわれの同胞を送ることができましょうか。(一) 現在韓国には共産主義の非人道的な暴政に耐えかね、五百万に上る越南者がいる。(二) 北韓傀儡集団は、集団送還のために巨額な政治資金を送り、朝総連をして架空的数字の送還運動を展開させその署名運動としては、白紙に捺印、帰国嘆願書の偽造、金品による白紙委任状の買収などの悪辣な手段を奔している。(三) 朝総連は送還運動の成果を誇示しながら、予期に反して日本政府が送還に踏切つたことにあわて、地方幹部と中央幹部との間に対立が起つている一方、赤十字国際委員会による解決方法は引延ばし策だと反対、その欺瞞性を暴露している。などをみ

ても、集団送還は政治的陰謀以外の何ものでもないことがわかる答で
す。ましてわれわれ在日同胞の諸問題は韓日会談の法的地位委で討議解
決されるべきものであります。それを日本政府の一方的な考えによつ
て、北韓送還に踏切つたことは、韓国の主権を侵すものとして、断じて
容認できるものではありません。

　　今こそ日本国民の良識を望む

　　以上によつて日本国民の皆さんは、この在日僑胞北韓送還なるもの
が、およそ人道主義とはかけ離れた、政治的陰謀であることに気がつい
たことと思われます。従つて、これが実施されようとしている今日、韓
日両国の間はかつてない重大事態に直面したのであります。日本国民の
皆さん！韓日両国の友好のためには、いかなることがあつても、この北
韓送還は絶対阻止されなければなりません。この故にわれわれは今こそ
日本国民の良識が発揮され、両国間のこの危機が未然に防げるよう切に
望むものであります。

　　一、藤山外相よ！共産陣営に協力せず、自由陣営に協力せよ！
　　一、北韓送還強行せず、まず韓日会談を成立させよ！
　　一、岸内閣は北韓送還を即時断念せよ！
　　一、僑胞北韓送還は韓日両国の友好を阻むものだ！
一九五九年二月二十五日

在日本大韓民国居留民

　앞의 외교문서「재일한인동포를 사지로 몰지마라」라는 호소문은 한
인동포 북한송환은 정치적 음모이고, 북한괴뢰집단은 왜 한인동포의
집단송환을 요구하고 있으며, 우리가 왜 반대를 하고 있는지를 설명하
며 이러한 상황을 일본국민의 양심에 호소한다는 내용으로 이루어져
있다. 당시 1959년 1월에 일본외상이 기자회견에서 재일조선인의 북조
선송환이 곧 시작될 것이라고 발표한 이후 재일한인동포 북한송환은

첨예한 이슈가 되었다.[20] 이처럼 1965년 한일협정 체결 이전에 한인동포 관련 문제의 가장 큰 이슈는 재일동포의 북송문제[21]가 있었기 때문에, 비슷한 시기였던 1958년 2월 박노학 등이 「화태억류자귀환동맹」을 결성하고 사할린 한인동포 귀환운동을 시작하였지만 큰 반향을 일으키지 못하였다.[22] 이처럼 1965년 한일협정 이전까지 사할린 한인동포 귀환문제는 국내외적으로 중심문제로 대두될 수 없는 정치적 환경과 흐름에 놓여있었다고 볼 수 있다.

이후 박정희 정부가 들어서면서 그간 난항을 거듭해오던 한일국교정

---

20) 재일조선인북송사업(在日朝鮮人北送事業)은 1959년부터 1984년까지 조선민주주의인민공화국, 재일본조선인총련합회, 일본정부 간에 실행된 조총련계 재일동포의 북송을 말한다. 이 문제는 한일회담을 결렬시킴으로써 자신의 존재와 지위를 국제적으로 인정시키고 노동력의 부족을 메우려는 북측의 정책과 재일 60만 한인동포에 대한 정책적 차별대우 및 해외추방을 바라던 일본정부의 이해가 일치한 데서 생겨났다. 1959년부터 1984년까지 북송된 9만 3천여명 가운데 7만여 명 이상이 1959~1962년 사이에 북송된 것을 확인해 보면 당시의 뜨거웠던 북송 상황을 알 수 있다.

21) 당시 이승만 정권은 1952년 4월부터 한일교섭을 시작하여 식민지 지배 및 전쟁피해 배상에 대한 논의를 공식화했다. 내용을 살펴보면 「이승만 정권은 일본과 식민지 지배 및 전쟁피해 배상을 요구하면서도 국내에서의 정권의 정당성을 인정받기 위해 일본과는 그 정책적 기조를 「한일방공협조」를 강조하였고, 국내에서는 「반일이데올로기」를 내세우는 전략을 취했다. 사할린 한인의 귀환문제는 시급한 사안임에도 불구하고 방공협조의 틀 속에서 적극적으로 일본의 책임을 물을 수 없는 문제이므로 그 구체적인 언급을 하지 않았다. 그러나 일본정부는 한국전쟁 특수를 이용하여 일소국교회복, 중국과의 경제교류추진, 북한과의 민간교류 등 사회주의권과도 적극적으로 접촉했다. 이러한 일본정부의 태도에 이승만정권은 「한일방공협조」에 어긋나는 일본정책 기조를 비난하면서 보다 강력한 반일이데올로기를 파급시켰다. 1958년 일본의 「재일조선인북송문제」는 더 이상의 두 정부의 한일교섭 논의를 불가능하게 했다. 결국 이승만 정권은 「재일조선인북송문제」를 비난하면서 사할린 한인의 한국귀환에 관한 문제를 제기했으나 이승만 정권의 극단적인 배일정책 및 일본의 무성의로 성과를 보지 못하고 망각되었다. 이승만 정권은 사할린 한인의 귀환문제를 일본의 식민지지배 책임을 묻고 그 선상에서 해결하려고 했던 것이 아니라, 정권유지를 위한 도구로 이용하려 했기 때문에 결과적으로 아무런 정책적 성과를 얻지 못하고 사할린 한인을 방치하게 되는 결과」를 초래하였다. 한혜인 (2011) 앞의 논문, pp.175-176.

22) 이연식(2014) 앞의 논문, pp.321-322.

상화와 관련한 협상이 진척되었고 1965년 6월 협상이 이루어져 한일기본조약과 함께 부속 협정으로 「재산과 청구권에 관한 문제의 해결 및 경제협력에 관한 일본국과 대한민국간의 협정」이 체결되게 된다. 하지만 이 협상 속에서도 사할린 한인동포 귀환문제는 제대로 협상테이블에서 다루어지지 않았다. 하지만 사할린 한인동포 귀환문제에 대해 무책임하고 소극적 자세를 보여온 한국정부가 한일국교정상화 과정을 거치면서 늦게나마 적극적이고 주체적인 입장에서 교섭을 진행하며 조금씩 국제적십자사와 각국의 적십자사에게 영향력 있는 움직임을 보이게 되었다.

이어지는 외교문서는 1965년 한일협정 이후인 1965년 8월 「가라후도」 거류 한인동포 실태 보고로 구성되어 있다.

주일본 대한민국 대표부

주일영 (2) 725-1279 1965. 8. 20.
수신: 외무부장관
참조: 아주국장
제목: "가라후도" 거류 교포 실태 보고

지난 8월 1일 쏘련 선박편으로 가라후도로부터 일본에 입국한 교포 "권이건"을 통하여 수집한 가라후도 거주 교포들의 실태에 관하여 다음과 같이 보고합니다.

다음

1. "가라후도"에 현재 거류중인 교포수는 약 4만명 가량이라 함.
2. 이중 약 반수는 한국인 부녀자와 가정을 이루고 있으나 잔여는 독신자, 혹은 쏘련 여성과 결혼하여 생활하고 있다는 바 일본여성과 가정을 이루고 있는 자의 수는 약 200명가량 된다 함.

3. 일본 여성과 가정을 이루고 있는 자들은 일본인으로서의 일본입국 수속을 취하고 있다하는 바 쏘련 측으로부터의 허가가 있는 대로 일본에 도라올 것이라 함.

4. 전기 일본인과의 결혼자 이외의 교포들도 대부분이 한국이나 일본으로 도라올 것을 희망하고 있으나 쏘련이 허가치 않기 때문에 체념하고 있는 실정이라 함.

5. 교포들의 직업은 대다수가 토목공사의 노동자로서 일하고 있으며 기타는 농업(감자농사) 및 잡역에 종사하고 있다하는 바 생활형편은 겨우 먹고 사는 정도라고 함. (개인 기업은 허용치 않는다 함)

6. 교포들의 출신지는 전부가 남한 출신이라 하며 북한 출신자는 극소수라고 함.

7. 지난 8월1일 귀환한자의 인적사항

 1) 본적: 경남 함양군 함양면 궤산리

 2) 일본 내 연락처: 일본 북해도 찌도세군(

 3) 성명: 권 이 중(   )

 4) 생년월일: 1920. 8. 7.

 5) 가족사항: 남아 3명, 녀아 5명, 부인은 일본인

 6) 본적지의 가족상항 (본적지에 생존자)

 모 74세

 형 권봉남 (54세)

 누이 2명 (출가)

주일대사 김동조

본 외교문서는 8월 1일 소련 선박편으로 가라후도로부터 일본에 입국한 한인동포「권이건」을 통하여 수집한 거주 한인동포들의 실태에 대한 보고서이다. 내용을 살펴보면 가라후도 거류 한인동포수는 약 4만 명 가량이며, 이중 반은 한국인 부녀자와 가정을 이루고 있으나 나머지

는 소련 또는 일본인 여성과 가정을 이루고 있다고 한다. 대부분 한국과 일본 귀환을 희망하나 소련이 허가하지 않아 체념하고 있다는 사실과 대다수가 토목공사 노동자로 일하며 겨우 먹고 사는 정도 등의 정보를 제공하고 있다.

다음 외교문서는 1965년 10월 오스트리아에서 열린 국제적십자위원 회와의 회의 개관이다.

회 의 개 관

1. 일시 : 1965.10.2-9
2. 장소 : 오스트리아, 비엔나
3. 구성 : 정부대표 126
   적십자사 대표 106
   국제적십자위원회, 국제적십자사 연맹 대표
4. 전망 : 가. 최종적으로 채택될 협정, 규칙 안건은 없음.
   나. 그러나 2,3개 안건에 관하여는 실질적으로 중요한 토의가 있을 것임.
   다. 적십자운동의 순 인도주의적인 성격에도 불구하고 각종의 정치적 성격을 지닌 발언이 있을 가능성이 있음.
   라. 북괴의 정치적 책동이 우려됨. 특히 남북인사송환문제, 남 북한서신교환, 거주지선택자유문제 등이 제기될 가능성이 있음.

우리나라에서의 국제적십자 활동과 관련된 제반현안 문제 화태(樺太) 에 있는 우리나라 교포의 행방조사 및 귀환조치, 2차대전 중 일본이 화태 로 징용해갔던 우리나라 국민이 종전 후 일부는 쏘련 또는 일본으로 귀화 하여 현재 약 4만명의 우리나라 국민이 그대로 잔류하고 있는 바 이들 중 약 1000명의 연고자로부터 귀환조치 신청이 있었음. 국제적십자위원회로 적극적으로 이 문제에 개입하여 귀환희망자명단을 전반적으로 작성하여 제출한 것을 요청하여 왔으나 그 후 연고자들로부터 신청이 없었을 뿐만 아니라 그들 교포들의 소재도 불확실하여 우리나라 적십자사나 정부도 아직 이 문제를 적극적으로 추진하지 못하고 있음.

본 외교문서 회의 전망에서는 북괴의 정치적 책동을 우려하고 특히 특히 남북인사 송환문제, 남북한 서신교환, 거주지 선택 자유문제 등이 제기될 가능성이 있음을 암시하고 있다. 그리고 화태에 잔류하고 있는 이들 한인동포 중 약 1000여 명의 연고자로부터 귀환조치 신청이 있어서 국제적십자위원회로부터 귀환 희망자명단의 작성 제출 요청이 있었으나, 이후 잔류 한인동포 연고자로부터의 신청이 없어서 이를 적극적으로 추진하지 못하고 있음을 적시하고 있다.

다음 외교문서는 1965년 12월 「화태억류귀환한국인회」의 회장 박노학 등에 의한 진정서이다.

樺太抑留僑胞에 関한 陳情書

東京部足立区六月町六二九ノ一四
樺太抑留帰還韓國人會
會長　朴　魯　學
　外　二名
大韓赤十字社
總裁　貴下

陳　情　書　項
　一. 樺太抑留韓國人의 帰還 陳情에 対한 日本政府의 態度와 陳情文

陳情書

우리들이 樺太에 渡航한 것은 日本의 戰爭政策에 依해서 一九四三年으로부터 同四五年 上半期에 亘하야 徵用又는 募集(强制)者로써 産業戰士의 名目下에 渡航한 것이고, 戰爭中은 日本人에게 酷使되고 戰後에는 또 다시 쏘連人에게 酷使되였읍니다.

우리들은 日本女性과 結婚한 関係로 日本人의 同伴遺族으로써 十五, 六年만에 帰還하였읍니다만은 其他의 韓國人은 抑留되고 있는 것입니다.

戰後二十年 異域他郷에서 父母, 妻子, 兄弟의 安否로 가슴을 태워가며 郷愁와 不幸에 허덕이는 人生, 이와 같은 悲慘한 國民이 世上에 또 잇겟읍닛가.

当時二十才의 사람은 이미 四十才, 四十才의 사람은 六十才가 되는대 生命은 限度가 있는 것입니다. 昨年度 日本서는 구암島에 남은 日本兵事一, 二 名을 為해 國家的으로 努力하엿읍니다. 이에 比해서 數万人이 되는 樺太 同胞는 엇더함닛가,

寒心하기 짝이 없읍니다.

然이나 八月以後樺太서 帰還한 僑胞의 말과 在樺僑胞의 書信에 依하온 즉 在樺僑胞가 所持하고 잇는 身分証明書(但書)에 最終国籍이 日本으로 된 者는 日本國으로 帰還이 可能케 되야 골사고 브 (大府)만 해도 一〇三 名(內四三名 北韓証明書所持)의 者가 今年五月에 帰還手續을 햇다고 함 니다. 日本政府가 入國許可를 한다면 쏘連政府는 何時든지 出國許可를 한 다고 해서 在樺同胞는 帰還을 苦待하고 잇다는 것입니다.

以上과 같은 狀態를 日本政府에 陳情햇든 것입니다.

日本 外務省은 十一月十七 東改課小林氏(引揚担当官)와 厚生省은 十一月二十四日 援護局 庶務課 橋詰氏(厚生担当官)를 面会하고 陳情한대 対한 答弁은 上司에게 連絡한다고 하고 確答을 回避하얏읍니다.

十二月一日은 法務省入國審査課長補 佐酒井氏와 同日, 日本赤十字社 本社 外事部 調査課長 太田氏를 各々 面会하고 陳情書를 提出하고 陳情을 하니, 이 두곳에는 滿足한 回答은 못될 망정, 우리들이 企待하는 答弁이엿 읍니다.

其答弁의 趣旨는 如左합니다.

韓国과 쏘連은 国交과 없다 보니 韓国人이 쏘連 地域에서 日本国을 経由하고, 또는 港口에서 数日間 船便関係로 滯留하는 것은 許容하겟으나, 日本居住를 目的으로 帰還하는 것은 絶対不許한다고 합니다.

今後韓國政府와도 打合할 것도 말하얏읍니다.

特히 太田氏의 声明은 日本政府各省과 이미 合意를 본 結論이라고 確言하얏든 것입니다. (同行한 金周奉 牧師도 同席함) 同日, 代表部 政務課長을 面会하고 以上의 事実를 陳述하오니 많은 関心을 가지시고 在樺僑胞가 帰還手續을 한 者의 名單을 速히 보내 달나고 해서 樺太로 即時 名單을 持送할 것을 連絡한 바이올시다.

十二月二十一 椎名 日本外相이 本国을 訪問한다오니 此 機会에 在樺僑胞의 帰還을 促進식혀 주시기를 懇切히 바라나이다.

本会가 創設以來 八年만에 效果가 나오는 것입니다. 十数次의 陳情과 努力이 虛実없이 조흔 結実이 맷기를 바라나이다.

一九六五年 十二月 十二日

東京部足立区六月町六二九ノ一四
樺太抑留帰還韓國人会
会　　長　　朴魯學
企画部長　　沈계섭
涉外部長　　李羲八

본 진정서의 내용은 다음과 같이 ① 일본에 의하여 화태에 징발된 한인의 귀환을 고대하고 있음. ② 소련정부는 일본정부가 일본입국을 허가하면 언제든지 재화한인의 출국을 허가하고 있음. ③ 일본법부성, 적십자사에 진정하였지만 한국과 소련과는 국교 관계가 없음으로 재화한인이 제3국행을 위하여 일본을 경유함은 허가하겠으나, 일본으로 귀환하여 거주함은 절대 불허할 방침이라는 답변. ④ 주일대표부를 방문하고 일본정부의 태도를 진술하였는데, 주일대표부는 귀환수속을 마친 재화한인의 명단을 요청하므로 화태로 그 명단 송부를 요청하였음. ⑤ 이번 시이나 일본외상의 방한을 이용하여 재화한인의 귀환을 촉진하여 줄 것을 요청함 등으로 구성되어 있다.

이와 같이 〈사할린 교포 귀환문제, 1957-65〉 외교문서는 1965년 6월 한일협정 전후의 한국, 일본, 소련, 북한과의 복잡한 국제정세 속에서 사할린 한인동포 귀환문제가 조금씩 대두되는 시기의 상황을 설명하고 있다. 하지만 한일협정에서 사할린 한인동포 귀환문제는 다루어지지 않았지만, 본 외교문서의 협정 이후의 보고서 내용을 통하여 사할린 한인동포 귀환문제에 대한 논의가 조금씩 국내외적으로 주목을 받고 해결을 위한 움직임이 있었음을 보여주고 있다. 하지만 실질적인 의미에서 큰 진전이 있었던 것은 아니었다.

다음으로 〈사할린 교포 귀환문제, 1966〉 외교문서[23]는 한일협정 이후 1966년 1년간의 사할린 한인동포 귀환문제와 관련한 박노학의 진정서와 한국의 미디어 보도와 외무부의 반응, 한국과 일본, 소련의 논의에 초점으로 구성되어 있다.

박노학은 관계 기관에 진정서를 지속적으로 올리면서 사할린 한인동포와 한국의 가족들 사이에서 서신 왕래를 중개하고 1966년 1월 귀환을 희망하는 사람들의 명부를 작성하기 시작하였다. 이것이 한국의 동아일보와 KBS를 통하여 소개되어 커다란 반향을 일으키게 된다. 당시 한국은 소련과 국교가 체결되지 않았기 때문에 한국의 가족과 사할린의 한인동포는 서신을 주고받을 수도, 서로 간에 생사조차 확인할 수도

---

23) 동북아주 제791.44, 1966호 「사할린 교포 귀환문제, 1966」 1966년.

없는 상태였기 때문이다. 이후 방송을 통해서 사할린 한인동포에게도 박노학의 활동이 전해지게 되었고 서신의 왕래도 급증하였다고 한다. 귀환운동 회원들의 부단한 노력으로 1967년 무국적, 소련 국적 합해서 약 7,000명의 귀환 희망자 명단이 작성되었다(한국 희망자 5,348명, 일본 희망자 1,576명).[24] 이와 같이 사할린 한인동포 귀환문제에 대한 한국 내 여론이 올라가게 되자 한국은 일본에게 사할린에 남아있는 한인 동포귀환에 협력해줄 것을 요청하게 된다.

그리고 당시 한국정부는 사할린 한인동포 귀환에 대하여 다음과 같은 입장을 견지하였다. 따라서 〈사할린 교포 귀환문제, 1966〉 외교문서에서는 다음과 같은 현황 파악이 계속 진행되고 있었음을 확인할 수 있었다. 외교문서의 전문을 그대로 인용하면 다음과 같다.

"재화태 억류 교포에 대한 송환 문제"

1. 재화태 교포의 억류경위와 현황:
   가. 일정하 강제징용으로 현쏘련지구로 된 화태로 끌려갔던 한국인은 약 43000명으로 추산되였는데 종전과 더불어 이들은 동지구를 점령한 쏘련의 지배하에 놓이게 된것임.
   나. 이들의 출신은 대부분이 남한이며, 직업은 거의 노무자로서 생활을 유지하고있는 형편이고 이들중 약 과반수가 한국 부녀자와 가정을 이루고 있음(65.8.20. 주일영(2)725-1279호)
   다. 1955년이래, 쏘련정부는 이들중 약 25%에게 쏘련 공민증을 교부하였고, 1958년에는 쏘련주재 북괴총영사가 화태에 출장 선전하여

---

24) 이 명부는 1969년 8월에 한국정부를 통하여 일본측에 전달되었고, 다시 소련대사관에 전달되어 출국희망자의 유무 조사 및 출국허가 교섭의 구체적 자료로 이용되었다고 한다. 이연식(2014) 앞의 논문, p.324.

65%의 교포에게 북괴공민증을 교부하였음.(65.11.25. 진정서)

라. 한편 쏘련정부는 일본정부에 대하여 일본인들은 일본으로 송환하는 동시에 1957년 한국인으로서 일본인처를 가진자들도 송환자범주에 포함, 4차에 걸쳐 270세대 1354명의 한국인을 송환하였음. (외무행정 10년 438면)

마. 정부(자유당집권때)는 이들 송환자의 대부분이 일정하 강제징용으로 현쏘련지구가 된 화태에서 본의아닌 노무자들이 된점을 참작하여 일정당국에 적극 교섭, 이들 송환교포에 대한 적절한 대우와 생활보장을 해줄것을 요구하였으며, 이들 대부분이 일인처의 연고지에 정착하였음(외무행정 10년 438면)

2. 송환범주에서 제외된 억류교포에 대한 정부의 조치 경과:

가. 억류교포들은 일본인처와 일본으로 송환되는 교포를 통하여 누차 송환을 요망하는 진정서를 제출하여왔으며 또한 대한적십자사로부터 이들의 국내 연고자에 대한 조사요청이 있어서 연고자신청을 공표하였던바 약 1000명의 연고자로부터 귀환조치를 요망하는 신청이 있었는데, 당시 정부는 이들이 장기간 쏘련정부하에서 세뇌를 받은 자라하여 당시의 국내사정에 감하여 적극적인 귀환조치를 취하지 않았으며 이들에 대하여 1년에 6-7회 위로방송을 하였을뿐임(주일대사앞 진정서). 따라서 이들 교포의 송환에 관하여 아무더한 방침도 수립되어있지 않던것임.

나. 억류교포중에는 일본으로 송환을 희망하는자가 있으나 일본 정부는 이들의 입국거주를 허가하지 않은것이므로 일본 송환은 불가능하며 본국으로 귀환을 희망하는자에 대하여는 쏘련정부의 송환에 대한 태도와 이들의 수 및 인적사항(가족을 포함) 파악이 필요하며 이를 위하여는 국제적십자사의 중계역활을 요청하기에 앞서 우선 정부의 이들에 대한 인수여부방침이 결정되어야 할것이며 만일 정부의 인수방안이 확립된후 국제적십자사의 거주지 선택 자유의 원칙에 따라 이들의 본국귀환을 인도적으로 주선토록

요청함이 요망됨.

"재화태 억류 교포 송환 문제" 귀환희망자 66.12.10 現在 1,799世帶7,193名

1. 재화태교포의 억류 경위와 현황 :
   가. 제2차 대전중 일본의 "전시노동법"에 의하여 당시 일본 영토인 남화태로 강제 징용당해 갔던 한국인은 (종전당시 약 5만내지 7만에 달하였음) 현재 약 1-2 만명으로 추산됨. (주 1) (JAW-02169보고)
   나. 남화태 (the Southern part of Sakhalin(Saghalien) Island)는 현재 쏘련 영토로 되어있으며 이들 재화태 교포의 대부분이 직업은 노무에 종사하고 (개인 기업 불인정) 생활은 겨우 식생활을 할수 있는 정도임. 과반수가 한국 여자와 결혼하고 기타 쏘련여자와 사는 자, 독신자로 되어있음. (주2)
   다. 국적관계는 쏘련 공민증 소지자가 25%, 북괴공민증 소지자가 65%, 무국적자 (국적 불인정)가 10%이며 이중 무국적자는 심한 차별대우를 받고 있다함. (주3, 주4)
   라. 재화태 교포중 일본 여자와 결혼한 교포들은 쏘련 정부에서 "일본인의 동반가족"이라는 자격으로 1957년 8월 1일부터 1958년 2월 7일까지 6차에 걸쳐 394세대, 1794명을 일본에 송환하였으며 정부는 이들에 대한 생활대책등을 요구하여 현재 이들은 일본인처의 연고지에 정착하고 있음. (주5, 주6)

외아교 725.6-129(66.3.9)호 참조

2. 정부의 그간의 조치 :
   가. 재화태 교포에 관한 누차의 진정서에 의하여 정부에서도 국제적십자 기구등을 통하여 (주7) 많은 노력을 하였으나 (1) 그당시의 국내 사정과, (2) 재화태 교포들이 장기간 쏘련 지배하에 공산주의 세뇌를 많이 받아 이들의 사상이 문제된다는점등 여러가지 애로가

있었으나, 이들에 대하여 1년에 6-7회 위로방송을 한일이 있음. (주8) 한편 당시 재일 교포에 대한 일본 정부의 북송문제와 관련하여 일본측에서는 국제 적십자 위원회의 "인도주의"와 "거주지 선택 자유의 원칙"을 내세웠음으로 우리가 재화태 교포에 관하여 동일한 주의, 원칙을 제시하여 교섭하는 경우에는 (1) 일본측의 교포 강제 북송주장을 합리화시켜주는 결과가 되고 (주9) (2) 재화태 교포들이 귀환하여 일본에 거주하겠다는 경우에 일본에서 이를 묵인치 않을것이 예측되어 송환 교섭에 많은 애로가 있었음.

나. 그러던중 일본인처의 동반가족 자격으로 이미 귀환한 교포들이 중심이되어 일본에서 "화태 억류 귀환 한국인회"를 조직하여 관계 요모에 여러번 진정서를 제출하는 한편 재화태 교포들과의 개별적 서신 연락이나 화태에서 돌아온 일본인등의 말을 들어본 결과 재화태 교포중 신분 (무국적)증명서에 최종국적이 일본으로 되어 있는자에 대하여는 일본 정부에서 받아들이기만 하면 쏘련 정부에서 귀환 허가를 한다는 사실을 확인하여 66년 1월 11일부터 누차 주일 한국 대사관에 귀환희망자 명단을 진정서와 함께 제출하여 왔는데 66년 2월 23일 현재 그수는 106세대 455명임. (주10) (4.25현재 672세대, 2728명) 12월 10일 현재 1,799세대 7,197명 임

3. 정부의 조치
  가. 재화태 교포의 국내 인수
    과거 정부에서 재화태 교포의 인수에 난점이 되어 있던 것이 현재는 (1) 국내사정이 많이 변화하여 그 당시와 다르며 (2) 이들의 공산주의 사상 세뇌 문제는 일편으로 선포하고 일편으로 공산 측의 간접 침략에 역이용하는 등 방책을 구체적으로 고려한다면 이들을 국내인수하여도 무방하고 한편 중공지역에서 귀환한 교포들이 지금까지 별탈없이 순조로왔다는 점과 65년 12월 16일자 대통령 각하의 조련계 가담 교포등의 본국 귀환을 받겠다는 담화문을 참작할 때 재화태 교포들의 본국-인수해도 무방하다고 할수있음.

나. 재화태 교포들의 귀환 교섭
  (1) 일본 정부를 통하여
    ㄱ. 최종국적이 일본으로 되어있는 자에 대하여 일본정부가
       받아들이기만 하면 쏘련 정부에서 귀환 허가를 한다는 것
       이 사실이라면 우선 일본 정부에 적극 교섭하여야 할 것
       이나 그 경우에 (ㄱ)교포의 북송문제와 관련하여 원래 일
       본 정부의 주장을 합리화할 염려가 있고 적십자사를 통한
       교섭과 관련하여 (ㄴ)귀환 희망자중 일본에 거주를 희망
       하는 자에 대하여 일본에서는 환영하지 않으며 한국이나
       제3국에서의 거주 목적으로 가는 경우에 일본은 "경유지"
       역활을 하는 정도이며 (ㄷ)당시 일본의 강제징용으로 화
       태에 갔었다는 사실의 증명이 필요하는 등 제애로점이 있
       음.
    ㄴ. 일본과의 교섭은 "인도적 문제"라는 입장을 떠나 "정치적
       문제"라는 차원에서 일본의 과거 책임을 묻는 형식으로
       교섭함이 가하며 "교포의 법적 지위협정" (토의기록)과의
       관계를 감안하여 우선 제1차적으로는 귀환자의 일본 국내
       거주교섭을 적극화하고, 그 타결이 도저히 어려울때에는
       귀환자들을 전부 한국에서 인수한다는 조건하에 송환 교
       섭을 종용함.
  (2) 국제 적십자 기구를 통하여
    ㄱ. 현재 국제 적십자 기구의 "인도주의적 입장"과 "거주지 선
       택 자유의 원칙"에 호소하는 경우에 (ㄱ)국제 적십자 운동
       의 인도주의적 성격에도 불구하고 각종의 정치적 흥정을
       할 가능성이 많고 (ㄴ)거주지 선택 자유의 원칙에 대하여
       북괴측의 정치적 책동이 염려되고 (ㄷ)국제적십자 기구가
       쏘련측에 교섭하는 경우에 결국 쏘련 당국의 정치적 결정
       에 의존할수 밖에 없으며 (ㄹ)인도적 입장과 거주지 선택
       자유의 원칙을 주장하는 경우에 일본의 과거 재일교포에

대한 강제 북송문제를 합리화 시킬 염려가 있음.

　ㄴ. 따라서 우선 현재 공산 지역에 있는 우리 교포의 수나 생
　　　활상 귀환 희망등 제반 실태를 조사하는 범위, 정도에서만
　　　국제적십자 기구를 통하여 교섭을 전개함이 가함.

(3) 제3국을 통하여

　　중공 거주 교포의 귀환에 영국 정부를 통하여 시행하고 있는
　　형편을 참작하여 재차 영국 정부와 (가능하다면 서독등 제3국)
　　교섭하여 중계역활을 해주도록 요청함이 타당함.

이처럼 사할린 한인동포 귀환 문제가 한국 정부 차원에서 의미 있게
다루어지게 된 것은 한일협정이 체결된 직후인 1966년부터라 볼 수 있
다. 하지만 이러한 다양한 방향 모색에 대하여 한혜인은 「한국정부가
그에 대한 문제의식을 가지고 적극적으로 움직였다기보다는 사할린에
서 일본에 귀환한 한인동포들의 모임인 「화태억류한국인회」의 적극적
인 진정과 구명운동에 대한 일종의 책임 회피성 대응과 또 다른 측면에
서 일본의 재일동포 북송에 대한 대응 카드로 활용」되었던 것으로 설명
하고 있다. 또한 「1964년부터 시작된 한일협정반대운동으로 인하여 위
축된 정부의 정당성을 회복하기 위하여 사할린 한인동포 문제를 소련
과 일본의 문제로 부각시키면서 반공과 반일감정을 일으키는 동력으로
사용하고자 하는 의도가 작용하였다」고 보고 있다.[25]

다음으로 〈사할린 교포 귀환문제, 1967-68〉 외교문서[26]는 1968년 1
월 사할린 한인동포 귀환교섭단의 일본 및 제네바(국제적십자사)방문
문서로 시작된다. 그리고 다음 문서는 1967년 재일본대한민국거류민단

---

25) 한혜인(2011) 앞의 논문, p.180.
26) 동북아주 제791.44, 1967-68호 「사할린 교포 귀환문제, 1967-68」 1968년.

중앙본부의 단장 이유천의 화태억류동포 귀환희망자 구출운동에 관한 진정이 이어진다. 다음은 이유천의 진정 내용이다.

조국의 광복을 맞이한지 22개 성상이 지난 오늘날까지 이 중요한 조극의 참된 모습조차 보지 못하고 공산치하에서 자유대한의 품을 그리며 억류 생활속에 신음하고 있는 동포들이 다수 있다는 사실은 마스코미 기관을 통하여 벌써 주지하시는 바라 사료되오나 금반 화태의 억류생활로부터 벗으나 일본으로 귀환한 동포로서 구성된 화태억류동포 귀환촉진한국인회에서는 혹독한 공산치하에서 자유를 갈망하는 동포들을 구출하기 위한 운동의 일환으로서 화태거류동포 친지들에게 서신연락과 대공방송을 응해 별첨 명단을 작성하여 관계당국에 강력한 운동을 전개하고 있는 주이나 이운동을 성공시키기 위하여서는 귀당국의 적극적인 협조가 없이는 도저히 이운동을 성공시킬수없는 상태임으로 이상의 취지를 양찰하시와 귀환 희망자의 염원이 실현되도록 특별한 조치가 있기를 바라겠습니다.

또한 1967년 8월 「화태억류귀환한국인회」의 박노학 등은 화태거류한국인에 관한 진정서와 탄원서를 당시 최규하 외무부장관 앞으로 보낸다.

樺太居留韓国人에 関한 陳情書

樺太居留帰魯還韓国人会
会長 朴魯学 外 二人
大韓民国外務部長官
崔圭夏 貴下

陳情書
日本의 戰爭政策에 의하야 一九四二年부터 一九四五年 上半期까지 樺

太에 徵発된 僑胞는 四万六名이 抑留되여있습니다.

其中, 四六二世帶는 日本女性과 結婚한 関係로 一九五七年 八月一日부터 一九六七年 四月三日까지 日本人家族의 一員으로써 日本에 帰還하였습니다.

抑留四万余名中 六五%는 北韓의 国籍이고 二五%는 쏘련의 国籍을 取得케 되고 一〇%는 韓国籍者입니다.

抑留僑胞들은 一九六五年 一月에 쏘連政府에 対해 帰還을 請求하였든바 日本政府가 入国을 許可한다면 쏘連政府는 無国籍者에는 自由의 権限의 範囲內에서 出國을 許諾하겠다는 確答을 밧고 其後 本会에 帰還을 申請한者가 六月二〇日 現在 一七四四世帶(人数六,九二四)에 達하고 있습니다.

이 僑胞들이 二十余年間 父母妻子兄弟를 生離別하고 帰還의 日을 一刻이 如三秋之格으로 苦待하고 있습니다.

帰還이 可能한 자를 帰還식히지 않는다며는 北韓人들이 었지 生角하겠읍닛가

我国民을 憂慮되는바임니다

家族的 立場에서 僑胞들이 一日이라도 速히 帰還되도록 努力하야주시기를 懇切히 바라나이다.

一九六七年 七月十四日
東京都 足立区 六月一丁目三二~五
樺太抑留帰還韓国人会
在太同抱帰還促進委員会
会長 朴魯学
企画部長 □桂□
渉外部長 李義八

본 진정서와 탄원서는 하루 빨리 귀환을 촉구하는 내용과 화태동포

의 억류 경위와 1967년 현재 사할린 잔류 교포 7500여명 추산 현황, 일본의 비인도적 행위의 규탄 등의 내용이었다.

이어지는 문서들은 국회 외무위원회 대표단 활동과 정부활동을 담고 있는 외교문서이다.

대 한 민 국 외 무 부

수신인 장   관
발신인 주일대사

국회 대표단의 보고를 아래와 같이 보고함. 수신인에게 각각 전달바람.
앞: 국회의장, 외무위원장, 외무부장관

대표단은 동경 도착후 대사관 현황 및 화해로부터 최근에 귀환한 교포들로부터 그곳 실정을 상세히 청취 하였음. 5일부터 11일까지 체일하는 동안 미끼외상, 오히라 자민당 정조회 회장, 가와니시 일적회장, 기무라 관방장관, 시계무네참의원의장, 다나까 총무장관, 이시이 중의원 의장과 각각 면담하여 우리들의 사명에 대하여 상세한 설명을 하였음. 특히 참, 중앙원 의원중 후나다 전중의원, 지바 전노동 대신, 이구찌 전 주미대사등 20여명의 자민당 중진 의원들과의 간담회에서는 상호간 기탄없는 의견을 교환하였음. 일본측의 의견을 종합하면 다음과 같음.

1. 화태 교포 문제

이문제는 일본정부가 전후처리의 일환으로서 우선적으로 취급 해야야 할 문제가 20여년이 지난 금일까지 일본 정부에서 전연 성의를 표시하지 않는 것은 비인도적인 처사로서 그들이 연소한 20대에 농촌에서 조선총독부 징용령에 의거 강제로 징용되어간 역사적 배경을 상세히 설명하고 그들이 종전후에는 우선적으로 귀환했어야함에도 불구하고 공산치하에서 자유가 없는 생지옥과 같은 생활을 영위하고 있으며 특히 공산주의의 세뇌 공작에 굴복하지 않고 또 쏘련적이나 북괴적을 취득하지 않고 계속

고국에의 귀환을 바라고 있는 약 7000여명의 한인을 조속히 귀환시켜야 하며 이를 위하여 일본이 제일차적으로 책임을 질것을 주장 하였으며, 그들의 정확한 실태를 파악하기 위하여 일정에서는 조사단을 조속 파견토록 요청하였음.

이에 대하여 일본측은 상순한 징용의 역사적 배경 및 현황등은 이번에 새로이 알게된 내용으로서 매우 중요하다고 하였으며 한국의 입장을 충분히 이해하고 구출에 적극 협력하겠다고 약속 하였음. 특히 일적은 자기네들은 단독으로 화해에 조사단 파견은 곤란하며 □□□에서 어떠한 결정을 내리게 되는 경우에는 일적도 이에 응할 것이라고하였으며 우선 극적 당국과의 교섭을 취하여 줄것을 말하였음.

2. 북송문제

대표단이 접촉한 일본으로 사람들은 이외에도 우리에 동적적이였으며 한일조약의 근본정신에 절대로 배신하지않겠다는 점을 표명하였으며 현재 코롬보에서 행하고 있는 교섭을 포함하여 일본으로서도 북송 문제를 질질 끌지 않겠다고 하나 칼캇타 협정 기간중에 이미 등록하고 있는 미송출자 17,000명 송환을 위한 잔무처리가 끝나면 앞으로는 절대로 새로운 협정 같은 것은 없을 것이라고 하였음. 특히 일적에서는 작년 11월 12일로서 칼캇타 협정이 끝났으므로 일적으로서는 더 이상 이문제를 취급할 권한이 없어졌으며 미송출자 문제 해결을 위하여 정부 당국이 직접 북괴와 접촉할수 없으므로 일적이 대신하여 정부의 일을 보아주고 있음을 강조 하였음.

상기 일측의견에 대하여 우리 대표단은 일본에 대하여 한일 양국간의 기본정신에 위배되는 여하한 형태 이던간 북송의 계속은 용납할수 없다는 점등을 강조하였으므로 아국 정부로서도 종전과 같이 외교 교섭을 통한 강력한 대일 경고등 계속이 본건처리에 유리할것으로 사료됨.

3. 대표단은 예정대로 1월 11일밤 당지를 출발하여 제네바로 향발함.

4. 외무부장관은 상기 내용을 적절한 방법으로 발표하시기 바람.

화태교포 구출 및 북송문제 대표단

본 외교문서는 외무위원회 대표단 여야 의원 3명(정일형, 김정렬, 차지철 의원)이 일본을 방문하여 외상, 관방장관, 여당 요인, 일본적십자사 대표 등을 면담하고 인도적 차원에서 사할린 교포의 귀환을 위해 노력해 줄 것을 촉구하고 일본측은 검토를 약속했다는 내용이다. 이어 외무위원회 대표단은 제네바를 방문하여 국제적십자사(ICRC) 책임자들을 만나 협조를 요청하였으며 ICRC는 일본, 소련, 북한 적십자사와 접촉하겠다고 약속한다는 내용을 담고 있다.

대 한 민 국 외 무 부

수신인　　장　　관
발신인　　주제네바대사

화태교포구출 및 북송문제 교섭국회 대표단이 당지 체재중의 활동 사항을 다음과같이 요약보고함

1. 국회대표단은 1.12 이전 당지에 도착하여 1.17 이전 파리로 출발하였음.

2. ICRC와의 접촉결과는 이미 대표단 명의로 상세히 보고한바 있거니와 15일 11시에 총재를 예방하고, 1차 회담을 가졌으며 16일 10시에는 구체적인 협의를 가지기위하여 2차회담을 가겠음.

   가. 제1차 회담은 약1시간 20분간 계속되었는바 아측은 대표단 및 수행원 전원과 본직, 백인한 공사, 김창훈 참사관이 참석하였으며 ICRC측은 GONARD 총재, PICTEC총무국장, MAUNOIR 부국장, REYNOLD 의전장이 참석하였음. 아측은 화태교포 및 북송에 관하여 대표단의 입장을 밝힌 AIDE-MEMOIRE 부국장이 참석하여 주로 MAUNOIR 부국장이 아측이 수고한 AIDE-MEMOIRE에 관련하여 다음과 같은 질문이 있었으며 아측은 이에 대하여 답변하였음.

1) 화태에 있는 한국인이 한국국적이라고 주장하는 법적 근거는 무엇인가
2) 화태를 떠나고저하는 7천명이 비인도적 대우를 받고 있다는데 그 구체적인 사실은 무엇인가
3) 7천명중 얼마가 한국에 오고저하는가
4) 그들에 대하여 쏘련이 출국은 허용할것인가
5) 국적조사단 파견의 목적은 무엇인가
6) 그들의 귀환이 실현되었을 때의 구체적인 계획이 있는가
7) 국적이 문제를 어떻게 다루어야하며 일본적십자사와 어떤협조를 요청할것인지에 대한 의견이 있는가
8) 만일 7천명 전부가 한국으로 가고저할때에는 전부 받어드릴것인가
9) 대표단이 일본 적십자사와 접촉한 결과 그들의 협조 언질은 받아쓴가
10) 귀환자중에 불순분자가 있을 때 어떻게 처리할것인가

다. 2차회담에서 북송문제에 관하여, MAUNORKIR부국장은 일본에 파견되어있는 SPECILA MISSION이 3월말까지 체류하도록 연장하였으며 과거의 예로 보아 1만 7천명이 북송을 희망하고 있다하나 실제로는 6,7천명정도가 북송될것으로 본다고 말하였음.

우리 대표단은 국적이 SPECIAL MISSION이 북송기한이 만료되었음에도 불구하고 계속 체류하는데 대하여 유감의 뜻을 표하였음.

라. ICRC에서는화태교포 문제를 적십자의원회에 제출하여 조사단 파견에 대한 결정을 알려주겠으며 동위원회는 매주 목요일에 개최된다고 함.

3. 15일 오전 1시에 본직은 대표단을 위하여, AP, UPI, REUTER, AFP, ATS 및 일본 교도 통신의 기자와 오찬을 가졌으며 화태교포 및 북송에 관한 신문 보도자료를 배포하고 그들의 질문에 답하였음. 동일하오 6시30분부터 8시30분까지 각텔파티를 개최하고 국제적십자사관계 및 우방국 대사등 중요인사 약 100명이 참석하였음.

5. 건기 "나(1)"에서 언급한 국적관계와 관련하여 ICRC에 제출하고저하오
   니 화태교포의 한국국적을 주장할수 있는 한국이 법령(국적법, 호적관
   계 법령의 관계조항)을 영문으로 작성하여 지급 송부하여 주시기바람
   (아북)

정부의 활동은 주제네바대표부를 창구로 ICRC와 접촉하고 조사단 파견 문제 등을 협의, 대통령재가를 거쳐 귀환교포가 원할 경우 일본 정부가 일본정착을 허용토록 하며, 일본에 귀환한 후 한국행을 원할 경우 이를 허용한다는 방침을 정하고 각국 정부, 국제기관과 협의키로 결정, 이 방침을 ICRC와 일본 정부에 통고하고 협조를 요청, ICRC는 일본 정부 입장도 타진한 후 최종정착지를 한국으로 하겠다고 약속하는 경우에만 나서겠다면서 한일 정부 간 합의의 선행을 요구, 정부는 ICRC도 일본 정부에 성의를 촉구해 주도록 요청한다는 방침으로 활동을 전개하였다.

이처럼 한국은 1968년 국회의원 3명을 일본에 파견하여 일본외상과 일본적십자사 총재 등에 협조를 요청하는 한편, 이와 동시에 한국대표단은 제네바 국제적십자단에 사할린 한인동포 관련 협조를 요구하는 등 다각적 노력이 이루어졌지만 귀환문제의 해결에 있어서는 본질적인 형태의 진전은 없었다.

다음으로 〈사할린 교포 귀환문제, 1969〉 외교문서[27)는 「화태억류귀환한국인회」의 회장 박노학과 외무부 동북아주과 김용권 서기관과의 면담 내용 기술로 시작된다.

---

27) 동북아주 제791.44, 1969호 「사할린 교포 귀환문제, 1969」 1969년.

박노학 화태억류귀환 한국인회 회장과의 면담내용

1. 일시: 1969. 1. 29. 14:00-15:30
1. 장소: 외무부 동북아주과
1. 면담자: 김용권 서기관
1. 면담 내용

1. 금번의 방한 목적은 화태교포 귀환 촉진을 위한 탄원서 제출과 관계 요소에 호소하기 위한 것임
2. 화태억류 교포 귀환을 위한 국회의원으로 구성된 민간 대표단과 60. 1. 5. 주일 대사관에서 면담한 이래, 금일까지 화태교포에 약 2-30통에 달하는 서신을 접수하였음.
3. 동 귀환임회에서는 화태교포 귀환을 위한 진정서를 1968. 8.월에 "사또" 수상 및 "미끼" 외상에게 제출하였다고 함.
4. 화태로부터 귀환을 희망하는 교포는 약 7,000명(총명단은 비치하고 있음) 이뢰는 바, 그들 중쏘련적이나북괴적을갖지않고순수히무국적자로 되어있는자는362세대로서 1,450명이 되며, 그들은 출국이 각국적 소유자에 비해 용이하다고 함. (상기한 7,000명의 명단을 보면 한 세대 중 쏘련적과 북괴적 및 무국적으로 등록되어 있는데, 비록 가족 중 무국자가 있다 하도라도 실제로 그들은 가족 이산이 않됨으로 그와 같은 세대는 상기한 362세대에 포함시키지 않음)
5. 상기한 1,450명의 반수 이상이 귀환이 실현되는 경우 일본 정착을 희망하고 있다고 함.
6. □□ 화태로부터 일본으로 귀환한 교포들의 체입 자격은 1959. 9. 28. 이전에 귀환한 자에 대하여는 126 자격을 부여하고, 매 3년에 갱신 수속을 하도록 되어 있으며, 59. 9. 28. 이후에 귀환한 자에 대해서는 4-1-6 자격을 부여하고 있어 그들은 매년 갱신 수속을 하여야 된다고 함. 이들은 매년 갱신 수속을 하므로써 경제적 곤난도 적지 않음으로, 이들에 대하여도 매 3년에 통수속을 하도록 교섭하여 줄 것.

7. 또한 화태에서 귀환한 교포는 영주권을 받을 자격이 있음으로 일본 정부가 조속히 그들에게 영주권을 주도록 교섭하여 줄 것 (현재 기이가 영주권을 신청하였으나 상금 단 1명도 통허가가 나지 않았다고 함.)

8. 상기 귀환인의 운영을 위한 제반 경비가 없어, 일본에서의 제반 활동에 제약을 받고 있음으로 본국 정부에서 적절한 재정원조를 하여 줄 것이며, 심지어는 화태교포로부터 많은 서신을 받았으나 그들에게 회답을 보낼 우표 대금조차도 없는 실정이라고 함.

9. 해인은 고향을 방문한 후 2월 20일경 귀임하겠다고 함.

10. 해인 연락처는 시내 동대문구 답십리동2구 19-30이며 전화연락은 93-7912임.

11. 상기한 박회장의 진정에 대하여 김용권 서기관은 화태교포 귀환을 위하여 국회 대표단이 일정부 및 국적 당국과 교섭한 사실을 상기시키고, 한편 정부에서도 꾸준히 그들의 귀환을 위하여 관계국 및 기관과 교섭 중에 있음을 재인식시키고, 박회장도 일본관계당국과 민간단체 및* 기타 유력인사들과 빈번한 접촉을 하여 귀환인회의 활동사항을 반영시킴으로써, 그들이 호의적인 반응을 보이고 한편 협조할 수 있도록 적극적인 노력을 경주하여 줄 것을 당부하였음.

본 면담 내용을 살펴보면 박노학의 이번 방한 목적이 화태한인동포 귀환 촉진을 위한 탄원서 제출과 관계 기관에 호소하기 위한 것이고, 화태한인동포의 서신 20-30통을 접수하였다는 사실, 화태한인동포 귀환을 위한 진정서를 1968년 8월 일본 수상과 외상에 전달했다는 사실, 그리고 화태로부터 귀환을 희망하는 한인동포는 약 7,000명(명단은 비치하고 있음)이라는 것, 그들 중 소련적이나 북괴적을 갖지 않고 순수하게 무국적자로 되어 있는 자는 362세대로서 1450명이 되며, 그들은 출국이 각 국적 소유자에 비해 용이하다는 점. 그리고 귀환인 운영을 위한 제반 경비문제와 재정 원조 등에 관한 내용이었다.

다음은 화태억류동포귀환촉진호소 원문이다.

樺太抑留同胞歸還促進呼訴

　　戰後二十三年을 經過한 오늘에도 樺太에 徵發된 數萬名의 불쌍한 우리 同胞들은 歸國을 嘆願하고 있습니다. 그들은 勞務契約期限이 끝나고서 歸還할 意思를 表하였으나, 强制로 再契約을 시키고 現地徵用이 되었든 것입니다. 過酷한 勞働을 시키고 敗戰後에는 우리 同胞만 남겨두고 日本國民은 全部歸還하였든 것입니다. 日本이 우리國民을 樺太에 데리고 간 以上 歸還에 對한 責任은 반드시 져야할 것이며, 補償도 하여야 할 것입니다. 在樺同胞의 國籍에 對해서는 半數以上이 北韓의 國籍이고 다음은 쏘連籍이며 나머지는 小數人의 無國者입니다. 北韓이나 쏘連國籍을 가진 자는 現段階로서는 歸還이 容易치 못하오나 無國籍者에 限해서는 쏘連政府側에서는 日本政府가 入國을 許可한다며는 出國許可를 한다는 것입니다.

　　그리스도의 말씀에 "한사람의 嬰兒일지라도 疎念할 수 없다"고 하였습니다. 一, 二名도 아니고 數萬名의 同胞中 歸還이 可能한 三六二世帶(一, 四五○)名이라도 于先 歸還을 시켜야 할 것이 아니겠습니까. 우리의 血肉이 北韓異域에서 믿을 곳 없고 갈 바가 없이 二十餘年間 彷徨하며 歸還을 哀願하는 것입니다. 國家가 없는 國民이 없고 國民이 없는 國家는 없을 것입니다. 이 問題는 韓日會談 以前에 人道上 問題로서 當然히 해결하여야 할 重大門題임을 새삼스럽게 言及할 必要가 없다고 生覺됩니다. 이 問題는 本會의 活動으로 本國內와 日本의 各言論界에 與論化하여 一九六六年 二月에 겨우 韓日兩國政府間에 外交交涉問題까지 進展하였으나 交涉後 二年이 넘도록 尙今相互理解에 不一致로 모着狀態를 繼續하고 있으니 在樺同胞는 앞으로 다시 얼마를 기달려야 하겠읍니까. 沓沓한 在樺同胞들은 어느때나 歸還케 되느냐고 묻는 便紙에 回答도 못하는 處地이오니 一時라도 速히 歸還되도록 努力하여 주시기를 바라나이다.

法的地位

一. □□前에 日本에 歸還한 本會員의 外國人登錄證의 日本在留資欄에는 法一二六~二~六으로 記載되여 있으니 반드시 永住權을 받을 資格이 있음에도 不拘하고 本會員에게는 于今逸名도 許可를 받지 못하였습니다.

二. 一九六〇年 以後로 歸還한 者의 在留資格은 現行 一年인데 此를 三年으로 差別없이 處遇하며 永住權도 許可되도록 日本政府의 交涉을 아울러 바라는 바입니다.

一九六九年 一月 二十日

東京都足立區六月一丁目三二-一五

樺太抑留歸還韓國人會

電話八八三-八九〇八番

會　　長　朴　魯　學

計劃部長　沈　佳　爕

涉外部長　李　義　八

顧　　問　張　在　述

顧　　問　金　相　圭

이어지는 외교문서는 화태로부터 귀환한 한국인「신승덕」에 관하여 심문한 결과 내용이다.

주 삿포로 총영사관

삿총 제725.6-7호　　　　　　　　　　　　　　　　　1969. 1. 14.

수신 주일대사

참조 정무과장

제목 화태로부터 귀환한 한국인 조사 심문서 송부

대 : JSA - 0101

대호 전문으로 지시하신 바 있는 화태로부터 귀환한 한국인 "신승덕"에 관하여 심문한 결과를 별첨과 같이 보고하나이다.

유첨 : 심문보고서 1부. 끝.

주 삿포로 총영사

내용을 살펴보면 귀국 동기와 화태에서의 실정 및 환경, 정치 행정 관계 등에 심문 내용이 주로 기술되어 있다. 그리고 계속되는 화태거류 한국인에 관한 박노학의 진정서와 탄원서가 기술되어 있다.

마지막 사례로 소개할 외교문서는 〈재사할린 동포 귀환관계 진정서, 1965-70)[28]이다. 먼저 사할린 억류동포에 관한 1970년 성명문을 소개 하고자 한다.

樺太抑留同胞에 關한 聲明書

大韓民國政府
崔圭夏 外務部長官 貴下

東京都足立区六月一丁目三二ノ一五
韓太抑留帰還韓国人会
〒121. 電話(八八三)八九〇八番
会長 朴魯学
外 三名

聲明文

　때는 흘너 只今으로 붙어 27, 8年前 日帝의 强壓에 몰 이겨 樺太로 끌려 간 同胞는 오날도 肉親의 情을 잊이 몾해 呼天痛哭하며 발버등치고 歸鄕

---

28) 동북아주 제791.51, 1965-70호 「사할린 한인동포 귀환문제, 1965-70」 1970년.

의 希望을 품고 幸여나 좋은 消息이나 들닐까 하고 라듸오에 귀를 기우리며 本會의 消息만을 唯一한 樂을 삼고 사는 것입니다.

生覺만 하여도 아득한 27年間 그들의 父母, 妻子, 兄弟之間의 그리운 情懷는 一筆難記이며 悲痛한 狀態입니다.

더구나 六·二五 動亂 때나 吉凶之事에는 一家의 主動力인 主人이나 子息이 樺太에 抑留되여 있으니 얼마나 그 家庭은 쓸々하고 안탁까웠겠읍닛가.

主人이나 子息있었은들 큰 困境은 容易하게 격겠을 것을 想像할 수 있는 것입니다.

1958年 本人들이 日本에 歸還하자 卽時 日本外務省 某局長을 面會하고 樺太同胞의 實情을 말하며 歸還의 促進을 要請한 즉 某官의 말은 韓國政府가 아모런 要請이 없는대 日本政府가 自進하야 歸還의 促進을 할 道理가 없다고 하며 韓國政府가 要請을 한다면 日本政府로서는 船舶이라도 準備할 用意가 있음을 말하고, 또한 樺太同胞에 對한 資料가 있느냐는 質問이 있었으나 그에 對한 答은 本會나 當時 代表部에서도 없다는 것이였읍니다.

그 後, 日本政府의 要請에 依하야 1967年에 約7,000名의 名單이 作成되여서 日本政府에 提出하얐으나 只今에 와서는 말하기를 소連政府서 樺太에 居住하는 韓國人은 一名도 歸國을 希望하는 者가 없다는 것입니다.

日本은 自國의 利益이 않되는 일이라면 過去의 自國의 責任이나 人道的問題일지라도 人頭겁을 쓰고 이를 極力回避하는 것이 常套手段임을 잘 알 것입니다.

이 핑게 저 핑게하여 가며 歸還의 勞를 努力치 않니한다는 事實이 뚜렸한 것은 1965年에 歸還한 孫種運氏一家의 件을 보아도 잘 알 것입니다.

孫氏는 樺太野田市에서 父親이신 孫致奎(69才)와 一家庭內에서 同居하였고 日本으로 歸還할 때 致奎氏도 소連政府의 出國許可證을 所持하얐음에도 不拘하고 日本外務當局서는 致奎氏의 入國을 拒否하야 오늘날까지 歸還을 못하고 父子之間의 情을 隔離식힘은 非人間的이며 또는 非文明的의 行爲인 것입니다.

또 한가지 件은 1968年 樺太農原市에서 歸還하는 金正龍氏(47才) 一家의 事情인대, 金氏一家가 日本橫濱에 入港하얏으나 金氏와 그 子女의 비사가 不備하다는 理由로 上陸을 拒否 當하고 金氏夫人(日本女性, 周作清子)만 上陸을 許하얏지만은 20餘年 同居하든 自己主人이 樺太로 回送된다면 自己도 主人과 같이 樺太로 가겠다고 말하니 日本政府는 하는 수 없이 그 船舶(소連船바이카루號)이 出港時刻 一分前에 겨우 金氏一家를 上陸식혔든 것을 보드라도 우리 民族을 그 얼마 蔑視하고 忌避한다는 것은 明若觀火하게 알 것이며 日本政府 까닭에 數萬名의 樺太同胞는 抑留되여 있으며 악까운 靑春을 虛送하고 잇는 것을 잊어서느 않이 될 것임니다. 그 當時 우리나라 新聞을 보거나 在日同胞의 感情은 不快하기 짝이 없엇든 것임니다.

우리 民族이 如此한 狀態에 立脚되여 잇는 此点에서 政府로서는 크게 우리 民族을 擁護하여야 한다는 것을 力說하는 바임니다.

7月1日 新聞報道에 依한 즉 日本政府는 第二次大戰時 韓國南海方面, 德積島와 蘇爺島에 埋葬되여있는 日本人遺骨를 日本厚生省에서 收集하러 가는 것을 우리 政府는 6月24日付로 許可하였다고 하였읍니다.

本會는 去年에 이 遺骨問題가 暗々裡에 日本民間人側에서 進行되고 있다는 것을 探知하얏는대, 이것은 樺太同胞들이 歸還後의 問題이니, 우리 政府의 立場이나 우리 國民의 感情으로써도 容納치 몯할 것이라고 政府要路에 陳情한 바임니다.

그럼에도 不拘하고 樺太에서 오고자 날뛰는 산사람 우리 民族은 放置하고 日本人의 죽은 遺骨은 그다지 大端하고 貴重하엿든 것읺넜가.

이것을 許諾함에 對하야 樺太同胞는 重言을 할 必要도 없거니와 本會及本國留守家族들의 心情은 悲痛하고 遺憾千萬之事이오며, 國民無視의 政策을 痛憤히 思料하는 바임니다.

樺太同胞들의 書信에는 「었지하야 韓日會談時에 樺太同胞歸還問題에 對하야 一言半句도 없이 條約을 締結하얏느냐」고 怨聲이 非一非再임니다.

某日本人外交官이 말하기를 條約文中에 樺太同胞歸還의 問題가 一行

이라도 記錄되여 있었다며는 只今 와서의 交涉이 좀더 容易할 것이라고 말한 바 있었지마는, 如何間 이 問題는 人道的立場에서 韓日會談以前의 問題이고 戰後 25年을 마지하는 오늘날 政府는 只今까지의 消極的인 交涉에서 積極的인 交涉으로 躍進하며 人道的 問題와 經濟的 問題를 分離하야 樺太同胞의 歸還의 促進을 要望하야 마지않는 바입니다.

1970年 7月 3日
樺太抑留歸還韓國人會
會　　長　朴魯學
計劃部長　沈佳燮
涉外部長　李義八
顧　　問　張在述

이처럼 인용한 본 성명문과 마찬가지로 1965년부터 70년까지의 사할린 동포 귀환문제와 관련한 진정서와 탄원서가 시기별로 차례대로 정리되어 있다. 남화태 거류민 진정서, 화태억류한인동포 귀환 알선에 관한 진정서, 남사카린 거류민 진정서, 그리고 진정서에 대한 회신, 화태한인동포 실태조사 자료 수집 협조 의뢰와 답신, 재화태 억류 한인동포 송환 진정서, 화태한인동포 가족의 청원서 등의 내용으로 구성되어 있다.

4. 나가며

앞서 살펴본 사할린 한인동포 귀환문제와 관련한 다양한 인식과 문제의식은 앞으로의 방향성과 사할린 한인동포 귀환문제 재인식의 계기를 만들어 주었다. 역사적 흐름을 살펴보면서 사할린 한인동포의 일제에 의해 강제 동원된 식민지 피해자로서 전쟁피해자로서 양가적 성격을 알 수 있게 되었고, 국내외적 시대적 상황과 방관이 초래한 버림받은 존재였음을 새삼 확인할 수 있었다.

어느 하나가 아닌 일본의 강제동원, 미국의 수동적이고 미온적 태도, 소련의 전략적 묵살, 한국 정부의 무책임과 방관적 태도 등의 복잡한 상황은 사할린 한인동포들의 불행한 역사를 만들었고 오랜 기간 귀환 문제의 해결점을 찾지 못하고 교착상태에 빠지게 만들었다. 앞서 살펴본 한국 생산 외교문서들은 이와 같은 역사적 상흔의 증거물로서 얼마나 많은 착오와 오류 속에 사할린 한인동포들이 내몰렸는지를 확인시켜 주었다.

이처럼 본고는 사할린 한인동포 귀환문제를 둘러싼 다양한 시대 인식과 의미들에 대하여 고찰하였다. 완벽하지는 않지만 제도적, 법률적으로 어느 정도 해결의 실마리를 풀어가며 뒤늦게나마 조금씩이라도 사할린 한인동포의 그동안의 오랜 상흔을 씻겨내 가는 중이다.

그럼에도 불구하고 사할린 한인동포에게 아직도 해결되지 않고 남아 있는 근원적인 문제점에 대하여 중점적으로 생각해 보게 된다. 역사적, 시대적 상황이 초래한 어쩔 수 없는 안타까운 비극이라 치부하기에는 사할린 한인동포들이 겪은 쓰라린 아픔의 상처들은 너무나 컸었고, 이들이 감내하며 살아온 고난의 삶은 너무나 길었다. 무엇이 이들을 이러한 상황 속으로 몰아넣었는지 무엇이 이들을 아직까지도 고통 짓게 만드는지 먼저 생각하며 본고의 의미와 주제를 재인식해보게 된다.

이러한 측면에서 사할린 한인동포가 겪은 시대의 아픔의 역사를 되돌아보고 그 속에서 찾게 되는 다양한 문제점들의 인과관계를 제대로 응시하고 바로잡는 것, 그리고 반복된 치욕의 역사를 만들지 않는 것이 무엇보다 중요한 현시점이다. 정비된 제도적 법률적 장치가 사할린 한인동포들이 바라는 실질적 혜택으로 신속히 이어져야 할 것이고, 미비한 장치는 제대로 개선되어야 할 것이다.

마지막으로 본고를 작성하면서 검토한 사할린 한인동포 귀환문제 관련 외교문서를 1957년부터 1970년까지로 한정적으로 설정하였다. 시기적 한정으로 인하여 충분히 검토되지 못한 사할린 한인동포 귀환문제의 본질의 영역이 많이 남아있다. 이것은 앞으로의 과제로 삼고자 한다.

[附記]

본고는 2022년 11월 한국일본근대학회 78집에 간행된 졸고「사할린 한인동포 귀환문제를 둘러싼 시대 인식과 의미 연구－1957년~1970년까지의 외교문서를 중심으로－」를 본서의 주제와 방향성에 맞추어 새롭게 수정, 보완한 내용으로 이루어졌다.

외교문서(1968~1971)로 본 한국인 원폭피해자 문제

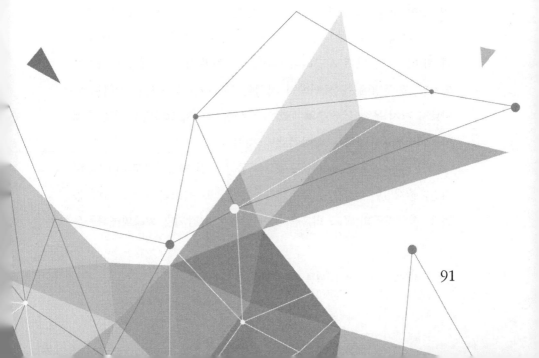

소명선

(제주대학교 인문대학 일어일문학과 교수)

1. 방치된 한국인 원폭피해자

제2차 세계대전 당시, 세계 최초로 핵무기 개발에 성공한 미국은 항복 요구에 응하지 않고 전쟁을 멈추지 않는 일본에 두 발의 원자폭탄을 투하했다. 1945년 8월 6일 히로시마(広島)에 투하한 우라늄 원폭과 9일 나가사키(長崎)에 투하한 플루토늄 원폭은 인류에 사용된 첫 핵무기로 핵시대의 서막과 동시에 핵전쟁에 대한 공포와 인류절멸의 위기를 경고한 역사적 사건이었다. 원폭으로 인해 히로시마와 나가사키에서는 피폭사자를 포함하여 약 70만 명의 희생자가 발생했고, 원폭의 가공할 만한 파괴력은 원폭 투하로부터 77년이 지난 현재에도 여전히 방사능 피해자와 그 후세의 삶을 위협하고 있다.

그런데 일본의 원폭피해자 약 70만 명 가운데에는 한국인도 포함되어 있다. 히로시마의 경우 피폭자 42만 명 중 5만 명이, 나가사키는 27만 명 중 2만 명이 한국인 피해자로, 히로시마와 나가사키의 원폭피해자 10명 중 1명이 한국인이었던 셈이다. 7만 명의 한국인 원폭피해자 중 3만 명이 피폭사를 면했고, 약 2만 3천 명은 해방된 조국으로 돌아왔다. 그러나 귀국 후 피폭자 자신도 원폭병이라는 사실조차 인지하지 못한 채 병마와 생활고에 시달리며 살아왔고, 점차 병의 실체를 알아가게 되지만, 원폭병에 대한 의학적 지식이 부족한 한국에서는 제대로 된 치료도 받지 못했고, 정부와 사회의 무관심 속에서 그야말로 절망 속에서 「버림받은」 존재로 살아야했던 것이다.

이와 같이 원폭을 투하한 당사국은 물론 한일 양국정부로부터 「내버려진」 존재였던 한국인 원폭피해자들은 스스로 목소리를 낼 수밖에 없었다. 한일양국의 국교 회복을 위한 교섭이 시작되자 원폭피해자들은 희망을 갖고 자신들의 문제를 제기했으나 1965년에 체결된 한일협정에는 한국인 원폭피해자 문제는 배제되었기 때문이다. 이때부터 원폭피해자들은 스스로 구호운동에 나서게 된다. 한일 양정부의 무관심 속에서도 민간 차원의 지원단체들이 생겨나고, 이들과의 연대를 통해 끈질긴 투쟁을 이어간 결과, 1980년대에는 도일치료가 실현되었다. 1980년 10월 8일, 한일 양국 여당간에 합의한 3항목에 대해 양국 정부가 도일치료만 실시하기로 결정하고, 도일치료 실시에 관한 합의서를 작성하게 된다. 합의 내용은 치료기간을 2개월로 하고, 도항비는 한국 정부, 치료비는 일본 정부가 각각 부담하며 합의한 내용의 기한은 5년으로 정하고 있다. 이와 같은 합의 이후 1985년까지 도일치료가 이어졌고 1986년 10월에 일본변호사연합회 인권옹호위원회 재한피폭조사특별위원회가 도일치료의 계속을 요구하는 보고서를 양국 정부에 제출하여 1986년 11월 20일에 도일치료가 완전 중단될 때까지 총 349명의 한국인피폭자가 일본에서 치료를 받았다.

1990년대가 되면 과거사 청산문제와 맞물리며 한국인 원폭피해자들에 대해 한국사회의 관심도 높아졌다. 그 사이 원폭피해자들은 일본정부를 상대로 법정투쟁을 이어갔으며, 한국인 원폭피해자 구호문제와 관련된 「수첩재판」과 「수당재판」에서 승소를 이끌어냈다. 1990년 5월 24일, 노태우 전 대통령 집권시에 이루어진 한일정상회담에서 일본정부가 인도적 차원에서 한국인 원폭피해자의 복지향상을 위한 40억엔의 거출을 약속했고, 1991년과 1993년, 두 차례에 걸쳐 복지기금을 전달했다. 이 기금으로 원폭피해자를 위한 각종 지원사업이 전개되었고, 1996년 10월에는 경남 합천에 원폭피해자복지회관 건립이 현실화되었다. 이러한 노력의 결과, 일본정부로부터 대한적십자를 통해서 의료비, 건강검진비, 장례비를 지원받게 되었다. 그리고 일본정부의《원호법 확대 적용에 관한 기본계획》을 발표함으로써 피폭자임을 증명하는 건강수첩을 소지한 자에 한해서 2003년 9월부터 국내의 원폭피해자에게 원호수당을, 2016년 1월부터는 의료비 전액을 지급받게 되었다. 또한 피폭자임을 증명하는 건강수첩 교부 및 원폭증을 인정받는 절차도 일본 현지를 방문하지 않고, 일본의 재외공관에서 신청이 가능해졌다.

일본정부의 40억엔 지원으로 마련된 복지기금이 소진된 후에는 한국정부가 후속 지원을 하고 있고, 2016년에는 원폭피해자 실태조사와 피해자 등록, 의료지원금 지급에 관한 내용을 담은《한국인 원자폭탄 피해자 지원을 위한 특별법(약칭: 원폭피해자법)》이 제정, 이듬해에 시행령이 공포되었다. 피폭으로부터 71년이 지난 시점에서야 원폭피해자를 위한 법제가 마련된 셈이다.

징용과 징병 등의 강제동원으로 일본에 끌려가 피폭한 후 귀국한 피해자들이 한일 양정부로부터 아무런 구호와 보호 조치를 받지 못한 채 고통과 절망의 나날을 보내던 시기에 비하면 한국인 원폭피해자에 대한 현재의 구호와 지원은 많이 개선되었다고 할 수 있을 것이다. 그러나 이러한 결과는 피해자들 스스로가 일어서 적극적으로 목소리를 내고 법적 투쟁을 포기하지 않았기 때문이다.

본고에서는 한국인 원폭피해자 구호문제와 관련된 우리 정부의 외교문서(1968년에서 1971년에 생산된 문서)를 중심으로 원폭피해자 구호운동이 어떻게 시작되었고, 어떠한 방식으로 전개되었는지, 그리고 원폭피해자 문제에 대해 우리 정부는 어떻게 대처했는지, 원폭피해자 문제에 대한 우리 정부의 초기대응에 관해 고찰하고자 한다.

2. 원폭피해자를 외면한 한일회담

패전 후 연합국군에 의한 점령상태에 들어간 일본은 한국전쟁기에 점령에서 벗어나 주권을 회복하게 된다. 대일강화조약, 일명 샌프란시스코강화조약이라고도 불리는 이 평화조약은 1951년 9월 8일, 49개국이 참석한 가운데 조인되었다. 이때 남북한과 중화민국(대만)은 조약당사자국에서 제외되었다. 남북한과 대만을 제외하게 된 배경은 1951년 4월 23일자로 일본정부가 미국측에 제출한「한국정부의 평화조약 서명에 관해서(韓国政府の平和条約署名について)」를 통해 확인할 수 있다.

합중국정부는 다가올 평화조약에 한국정부를 서명국으로 초청할 의향임을 알았다. 한국은「해방민족」(1948년 4월 21일 SCAP각서는 Special Status Nations로 한다)이고, 일본에 대해서는 평화조약에 의해 비로소 독립국이 되는 것이다. 일본과 전쟁상태도 교전상태도 아니고, 따라서 연합국으로 인정되어서는 안된다. 한국이 조약서명국이 되면 재일조선인이 연합국 사람으로서 평화조약 규정에 의해 그 재산의 회복, 보상 등에 관해 권리를 취득하고, 이것을 주장해 올 것이다. 현재도 100만 가까이, 종전 당시에는 150만에 달한 조선인이 이러한 권리를 주장해 온다고 한다면 일본정부로서는 거의 견딜 수 없는 부담을 짊어지게 될 것이다. 게다가 이들 조선인 대부분이 유감스럽게도 공산계통인 사실도 또한 고려해야 할 것이다. 일본정부로서는 평화조약에는 조선에 대한 일절의 권리, 권원 및 청구권을 포기할 것(미국안 제3장 영역, 제3) 외에 한국의 독립을 인정하는 문언을 삽입하고, 이렇게 해서 일본에 대한 관계에서 법적으로 독립국가가 된 것을 규정해 두고, 한국전쟁이 해결되고 반도의 사태가 안정된 후에 한일간의 관계를 평화조약의 제원칙에 따라서 해결하기 위해 별도로 협정하는 것이 가장 현실적이라 생각한다.[1]

---

1) 外務省編(2002)「平和条約の締結に関する調書Ⅴ 昭和26年2月~4月」『平和条約の締結に関する調書第2冊』外務省, pp.288-289,

평화조약 체결을 위한 사전협의 과정에서 미국측은 한국 대표를 초청하고자 했으나, 일본은 남북한과는 전쟁 및 교전상태에 놓인 적이 없으므로 연합국으로 인정할 수 없으며, 따라서 조약 체결 당사국이 될 수 없다는 이유로 남북한과 대만의 참석을 거부하고 있다. 여기에는 식민지에서 해방된 이후에도 일본에 정주하고 있는 재일조선인과 재일대만인이 행사하게 될 국적선택권과 재산권 문제를 예측하고 일본측에 유리하게 처리하고자 한 계산된 판단으로 볼 수 있다.[2]

상기의 내용을 담은 「한국정부의 평화조약 서명에 관해서」를 제출한 날 오전 10시반부터 정오까지 미쓰이본관(三井本館)에서 진행된 요시다 시게루(吉田茂) 총리와 덜레스(John Foster Dulles) 특사와의 회담을 기록한 문서를 보면, 미국과 일본의 입장 차이를 더욱 명확히 확인할 수 있다. 상기와 같은 일본측의 사정에 대해 「한국정부는 유엔총회의 결의로 조선의 정통정부로 인정」받았고, 극동위원회 가입도 요청한 상태로, 미국 입장에서는 한국정부의 지위를 강화해 나가고자 했기 때문에 한국의 서명에 동의해 주기를 재차 요청하고 있다. 이에 요시다 총리는 아래와 같은 주장을 펼치고 있다.

---

https://www.mofa.go.jp/mofaj/annai/honsho/shiryo/archives/pdfs/heiwajouyaku2_15.pdf(검색일자: 2022.11.30.).

2) 일본외무성에서 공개하고 있는 외교문서 자료를 보면, 1951년 3월 16일자 「일본정부의 의견 및 요청서(日本政府の意見および要請書)」의 「영역」항에는 「조선의 독립과 대만의 할양에 따라 재일조선인 및 대만인의 국적문제가 있고, 또 조선과 대만에서의 국유 및 사유재산 계승문제가 있다. 전자는 당연히 조선 또는 중국적을 취득하는 것으로 하고, 국적선택은 인정하지 않으며 일본국적법에 의한 귀화에 따르는 것으로 하고, 후자에 관해서는 계승을 현지에서 중지시키고 책무가 내지까지 추급되지 않기를 바란다.」로 기록되어 있다(外務省編(2002)『平和条約の締結に関する調書第2冊』外務省, p.12,
https://www.mofa.go.jp/mofaj/annai/honsho/shiryo/archives/pdfs/heiwajouyaku2_09.pdf(검색일자: 2022.11.30.)).

재일조선인은 대단히 성가신 문제다. 그들을 본국으로 돌려보내고 싶은 취지는 여러 번 원수에게 말했다. 맥아더원수는 지금 돌려보내면 돌려보내진 자는 한국정부에 의해 목이 잘린다. 인도적 입장에서 지금은 그 시기가 아니라는 의견이었다. 그러나 조선인은 돌아가주지 않으면 곤란하다. 그들은 전쟁 중에는 노동자로서 끌려와 탄광에서 일했다. 종전 후 사회 혼란의 한 원인을 이루기에 이르렀다. 일본공산당은 그들을 앞잡이로 사용하고, 그들 대부분은 빨갛다.[3]

재일조선인은 총리 스스로도 인정하고 있는 것처럼, 「전쟁 중에는 노동자로 끌려와 탄광」에서 일한 자들로, 이들에 대해 일본은 식민지지배에 대한 책임과 배상의 의무를 다하기 전에 본국으로 돌려보낼 생각만 하고 있음을 알 수 있다. 뿐만 아니라 재일조선인의 대부분이 공산화되어있고, 전후사회의 혼란을 부추기고 있는 대단히 「성가신」 존재라는 점을 강조하고 있다.

이와 같은 경위로 일본은 미국과의 약속대로 강화조약에 참석하지 못한 한국과 대만에 대해 국교회복을 위한 교섭을 별도로 진행했으며, 미국의 주도로 강화조약 체결 한 달 후부터 시작된 한일 양국의 교섭은 수차례의 예비회담과 본회담을 거쳐 1965년 6월 22일에 협정 체결에 이르게 된 것이다. 한국인 원폭피해자들은 일본과 국교 정상화를 위한 교섭에 희망을 걸고 회담이 진행되던 시기에 스스로 목소리를 내기 시작했다. 그러나 결과는 한국인 원폭피해자의 간절한 소망을 외면한 것이었다.

---

3) 外務省編(2002)「平和条約の締結に関する調書Ⅴ 昭和26年2月~4月」『平和条約の締結に関する調書第2冊』外務省, p.94,
https://www.mofa.go.jp/mofaj/annai/honsho/shiryo/archives/pdfs/heiwajouyaku2_11.pdf(검색일자: 2022.11.30.).

한일협정은 양국간의 기본관계에 관한 조약인 한일기본조약과 4개의 부속 협정, 그리고 25개의 문서를 포함하고 있다. 부속 협정은 어업에 관한 협정, 재일교포의 법적 지위 및 대우에 관한 협정, 재산 및 청구권에 관한 문제의 해결과 경제협력에 관한 협정, 문화재 및 문화협력에 관한 협정으로 이루어져 있다. 한국에 대한 식민통치의 과거사를 청산하고 국교를 정상화하는 목적으로 이루어진 협정이지만, 여기에 원폭피해자문제는 논의의 대상이 되지 못했다.

원폭피해자 문제가 외교 현안의 하나로 부상하게 되는 것은 2005년 8월 26일에 한국정부가 한일회담 외교문서를 공개하면서부터이다. 공개를 거부하던 정부가 외교문서를 공개하게 된 배경에는 일본정부와 기업을 상대로 한 한국인 원폭피해자들의 손해배상소송 제기와 그 판결이 있다. 1995년 12월 11일 한국인 원폭피해자들이 강제연행 및 강제노동과 같은 불법행위, 피폭과 피폭 후의 방치 등을 이유로 히로시마지방재판소에 손해배상소송을 제기했으나 기각되었다. 강제동원 과정에서의 불법행위와 원자폭탄 투하 후의 구호나 보호 조치 불이행에 대한 배상책임은 인정하지만, 손해배상청구권은 한일협정에 의해 소멸되었다는 이유에서였다.

히로시마지방재판소의 1심 판결 후 부산지방법원에 미쓰비시중공업을 상대로 동일한 소송을 제기했고, 미쓰비시중공업 측이 히로시마에서의 판결과 마찬가지로 한일협정으로 청구권문제는 이미 해결되었기 때문에 배상할 의무가 없다는 태도를 보이자, 한국정부에 한일협정 관련 서류 공개를 청구했기 때문이다.

정부는 외교문서 공개와 함께 〈한일회담 문서공개 후속대책 관련 민관공동위원회〉를 설치하여 한일청구권협정의 법적 효력범위와 보상의 적정성 문제를 논의하고, 강제동원피해자에 대한 정부의 지원대책 방향을 제시했다. 위원회는 법적 효력범위에 관해 「한일청구권협정은 기본적으로 일본의 식민지지배 배상을 청구하기 위한 것이 아니었고, 샌프란시스코 조약 제4조에 근거하여 한일양국간 재정적·민사적 채권·채무관계를 해결하기 위한 것」이고, 「일본군위안부 문제 등 일본정부·軍 등 국가권력이 관여한 반인도적 불법행위에 대해서는 청구권협정에 의하여 해결된 것으로 볼 수 없고, 일본정부의 법적 책임」이 남아 있으며, 「사할린동포, 원폭피해자 문제도 한일청구권협정 대상에 포함되지 않」은 것으로 결론짓고 있다.[4] 그리고 일본정부에 요구했던 피해보상의 성격과 한국정부의 보상의 적정성을 검토하고 보상의 불충분함을 지적하여 도의적·원호적 차원과 국민통합의 측면에서 강제동원피해자의 지원대책을 마련할 뿐 아니라, 일본의 반인도적 불법행위에 대해서는 외교적 대응방안을 강구할 것임을 밝혔다. 원폭피해자문제는 한일협정으로 해결된 것으로 볼 수 없고, 일본정부의 법적 책임이 인정된다는 민관공동위원회의 결정은 한일협정의 해석을 둘러싼 한일양국간의 분쟁으로 이어졌고, 이 분쟁은 현재까지 지속되고 있는 상황이다.

2008년 10월 29일, 한국인 원폭피해자들(청구인)은 자신들의 원폭피해자로서의 배상청구권이 「대한민국과 일본국간의 재산 및 청구권에 관한 문제의 해결과 경제협력에 관한 협정」 제2조 제1항에 의해 소멸되었는지의 여부를 둘러싸고 한일 양국간에 해석상의 분쟁이 발생한 사

---

4) 2005년 8월 26일 국무조정실 보도자료 「한일회담 문서공개 후속대책 관련 민관공동위원회 개최」, https://www.opm.go.kr/flexer/view.do?ftype=hwp&attachNo=73036 (검색일자: 2022.11.30.).

실에 대해, 우리 정부(피청구인)는 이 협정의 제3조가 정한 절차에 따라 해결하지 않고 있는 것에 대해 위헌인지의 여부를 헌법재판소에 묻는 헌법소원심판을 청구했다. 이 사건에 대해 2011년 8월 30일에 내린 판결은 「피청구인의 부작위로 인하여 청구인들에게 중대한 기본권의 침해를 초래하였다 할 것이므로, 이는 헌법에 위반된다」는 것이었다. 한일회담 외교문서 공개 이후 한국인 원폭피해자 구호문제는 근본적인 문제 해결로 나아갔다. 헌법재판소의 우리 정부에 대한 상기의 판결은 〈한국원폭피해자협회〉가 협회 설립 때부터 요구해왔던 원폭피해자 지원을 위한 법률, 즉 원폭피해자법 제정과 시행에 이르게 한 것이다.

그러나 이하 살펴보겠지만, 한국인 원폭피해자 구호운동 초기부터 한일간의 청구권협정은 양정부가 한국인 원폭피해자문제를 외면하는 법적 근거로 작용했다. 달리 표현하자면 이 청구권협정은 한일 양정부가 원폭피해자들의 구호문제를 회피하는 강력한 무기가 되었던 것이다.

3. 원폭피해자에 대한 대응의 격차

문서철『한국인 원폭피해자 구호 1968-71』은 1968년에서 1971년 사이에 외무부와 보건사회부, 주일대사 사이에 생산된 것이다. 자국민의 원폭피해자문제에 대한 정부 차원의 관심이 1968년에서야 시작되었음을 의미하는 것인 만큼, 우선 원폭투하에서 1968년에 이르기까지 핵문제 및 원폭피해자와 관련된 주요 사항과 한일 양국의 해자에 대한 대응 과정을 살펴보기로 하겠다. 아래 표는 원폭피해자에 대한 양국 정부의 대응과 원폭문제와 관련된 사항을 정리한 것이다.

	한국	일본
1945	8월 15일, 제2차 세계대전 종결, 식민지 지배로부터 해방	8월 6일, 히로시마에 원폭 투하. 42만 명의 피폭자 중 한국인 피폭자 5만명 8월 9일, 나가사키에 원폭 투하. 27만 명의 피폭자 중 한국인 피폭자 2만명. 9월, 미일합동조사단을 편성하여 약 1년간에 걸쳐 피폭조사 실시.
1947		3월, 미국이 원자폭탄에 의한 상해 실태조사 및 기록을 위한 민간기관 원폭상해조사위원회(Atomic Bomb Casualty Commission, ABCC)를 히로시마적십자병원 일부를 빌려 개설.
1948		1월, 후생성 국립예방위생연구소 히로시마 지소가 ABCC의 연구에 참가(히로시마 ABCC 이전) 10월, 나가사키ABCC를 나가사키의과대학 부속 제1의원 내에 개설
1949		8월, ABCC가 피폭자 인구조사 개시. 11월, 나가사키ABCC, 나가사키현 교육회관으로 이전.
1950	6월 25일, 한국전쟁 발발(1953년 7월 27일 휴전)	1월, ABCC가 백혈병 조사 개시, 이후 성인의학적 조사, 태내 피폭아 조사 등 각종 조사 실시. 10월, ABCC가 국세조사의 부대조사로 전국 원폭생존자 조사를 실시하여 일본 전국에서 약 29만 명을 파악.
1951	한국정부, 일본과의 국교정상화 교섭 개시(이듬해인 1952년 2월부터 총 7차례의 본회담을 진행)	9월 8일, 일본정부, 연합국과 샌프란시스코강화조약을 체결, 이에 따라 한국정부와의 국교정상화와 전후처리 교섭 개시
1952		8월 10일, 히로시마에서 〈원폭피해자의 모임〉 결성.
1953	10월 1일, 한미상호방위조약 체결	
1954		3월 1일, 미국이 태평양 비키니섬 일대에서 수폭실험을 실시, 근처에서 조업 중이던 일본 어선 제5후쿠류마루(第五福竜丸)가 피폭되는 사고가 발생. 8월 8일, 〈원수폭금지서명운동전국협의회〉 결성.
1955		4월 25일, 시모다 류이치(下田隆一)를 비롯한 5명의 히로시마 피폭자가 국가를 상대로 도쿄지방재판소에 손해배상과 미국의 원폭투하를 국제법 위반으로 보는 소송을 제기('원폭재판' 혹은 '시모다사건').

	한국	일본
		1963년 12월에 도쿄지방재판소는 손해배상청구는 기각했으나, 원폭투하가 국제법을 위반했다는 판결을 내림으로써 이후 피폭자원호시책과 원수폭금지운동을 전개하는 데 큰 역할을 하게 됨. 8월 6일, 히로시마에서 제1회 원수폭금지 세계대회 개최.
1956	2월 3일, 한미원자력협정(원자력의 비군사적 사용에 관한 대한민국 정부와 미합중국 정부 간의 협력을 위한 협정) 체결	8월 10일, 나가사키에서 개최된 제2회 원수폭금지세계대회에서 원폭피해자의 전국적인 조직인 〈일본원수폭피해자단체협의회(약칭: 피단협) 결성.
1957		3월 31일, 《원자폭탄피폭자의 의료 등에 관한 법률(약칭: 원폭의료법)》이 제정, 4월 1일부터 시행. 피폭자로 인정된 사람에게 '피폭자건강수첩'을 교부. 미시정권 하의 오키나와현은 법률 적용이 제외됨. 1960년 8월 1일, 일부 개정. 1968년 5월 20일에는 《원자폭탄피폭자에 대한 특별조치에 관한 법률(약칭: 원폭특별조치법)》이 제정.
1962	전주시 고교 교사 곽귀훈(郭貴勳), 외무부에 한일회담에서 원폭피해자 보상문제를 다루어줄 것을 호소.	
1963	히로시마에서 피폭한 이종욱(李鐘郁) 오남연(吳南連) 부부가 서울에서 한국정부, 미국대사관, 일본대표부, 신문사에 피폭자의 실정을 호소하지만, 회답은 없었음.	3월, 재일본대한민국거류민단 히로시마지부 〈모국피폭동포구원대책위원회〉 설치. 8월, 일본 정부, 부분적 핵실험 정지조약에 조인
1964	8월, 한국원자력방사선의학연구소가 피폭자 등록을 실시해, 히로시마 피폭자 164명, 나가사키 피폭자 39명, 총 203명이 등록. 11월 5일, 도쿄올림픽 관람을 위한 관광비자로 일본을 찾은 한국인 피폭자 박도연(朴道延)이 히로시마시에서 피폭자건강수첩을 교부받아 히로시마적십자병원에서 검진	7월 12일, 오키나와 거주 피폭자 78명 〈오키나와 원자폭탄 피폭자 연맹〉 결성. 결성 총회에서 ① 핵무기와 군비 반대 ② 원폭의료법 적용, 생활보호 획득 ③ 본토 전문의의 오키나와 파견 치료와 원폭병원에서의 입원 치료 실행을 류큐정부와 미일정부에 호소.
1965	5월 17일, 재일본대한민국거류민단 히로시마지부가 25명의 〈한국인피폭자실태조사단〉을 한국에 파견. 일본의 피폭자원호 상황 보고, 보건사회부, 대한적십자사, 원자력병원 등을 방문하여 한국인피폭자 실태조사와 의료구제를 호소하는 활동 전개. 6월 22일, 한일협정(한일기본조약, 한일청구권 및 경제협력협정 등)이 체결되었으나 피폭자에 대한 보상은 없었음.	4월, 류큐정부와 일본정부의 〈류큐제도 주민에 대한 전문적 진찰 및 치료에 관한 양해 각서〉에 근거하여 오키나와에서 처음으로 피폭자 검진이 실시, 172명을 피폭자로 인정. 피폭자 중 82명은 치료가 요구되는 환자로 인정하고, 이후 일본정부가 파견한 의사단에 의한 검진이 본토 복귀 시까지 이루어졌고, 이들 중 11명은 9월에 일본정부의 비용으로 원폭병원에서

	한국	일본
	8월, 대한적십자사가 원폭피해자 접수를 받아 새롭게 462명의 피폭자가 등록.	입원 치료를 받음. 11월, 후생성이 처음으로 원폭피폭자실태조사를 전국적으로 실시.
1966	8월 31일, 김재근(金再根), 서석우(徐錫佑), 배도환(裵度煥), 염수동(廉寿東)이 피폭자협회 기성회를 결성	10월, 〈일본원수폭피해자단체협의회(약칭:피단협)이 원폭 피해의 실태와 특수성을 밝히고 국가 보상에 의한 피폭자원호법 제정을 촉구하는 「원폭 피해의 특질과 피폭자원호법의 요구(原爆被害の特質と被爆者援護法の要求)」를 발표, 데모와 청원대회 등의 운동을 전개.
1967	1월 27일, 〈한국원폭피해자원호협회〉 발족. 7월 10일, 〈한국원폭피해자원호협회〉가 보건사회부로부터 사단법인 인가를 받음(1971년 9월 28일, 〈한국원폭피해자원호협회〉는 〈한국원폭피해자협회〉로 개칭). 10월, 〈한국원폭피해자협회〉가 청와대에 피폭자 긴급구호대책을 요구하는 탄원서를 제출했고, 국회를 상대로 원폭피해자를 위한 특별법을 제정해줄 것을 청원했으며, 보건사회부와 적십자사에도 구호대책을 호소. 11월 4일, 상기의 협회 회원 20명이 서울의 일본대사관 앞에서 일본정부를 상대로 배상을 요구하는 첫 시위(이에 대한 대사관 측의 답변은 보상문제는 한일협정에서 정산이 완료되었기 때문에 인도적 입장에서 민간 레벨의 모금운동 등을 도울 의사를 표명).	2월, 류큐정부 후생국에서 오키나와인 피폭자 151명에게 피폭자 건강수첩 교부 개시. 5월, 건강수첩을 교부받은 오키나와인 피폭자에 대한 검진과 무료 치료가 실시됨 6월, 일본의 첫 노벨물리학상 수상자인 유카와 히데키(湯川秀樹)를 비롯한 지식에 의해 결성, 평화문제에 관한 의견 표명을 위한 모임 〈세계평화 호소 7인 위원회(世界平和アピール七人委員会)〉가 원폭피해자원호법 제정 요망서를 일본정부에 제출 9월, 히로시마와 나가사키의 현지사와 시장이 원폭피해자원호법 제정 요망서 제출.
1968	8월 6일, 서울에서 제1회 한국인 원폭희생자 위령제 개최. 8월 23일, 한국피폭해자원호협회 명의로 홍순봉 회장과 20명의 회원이 우리 정부에 진정서 제출(한일각료회담의 의제로 채택하여 원폭피해자문제를 토의해줄 것을 부탁) 10월 2일, 원폭증을 치료받기 위해 밀항한 히로시마 원폭피해자 손귀달(孫貴達)을 포함한 4명이 야마구치현 오구시(小串) 경찰서에 체포. 12월, 부산 거주의 엄분연(厳粉連)과 서울 거주의 임복순(林福順)이 관광비자로 일본에 입국하여 히로시마시에 피폭자 건강수첩 교부 신청.(1969년 2월 3일, 히로시마 출입국관리사무소, 두 여성의 1개월 체재 연장 인정, 14일에 후생성은 건강수첩 교부신청을 각하)	5월 20일, 《원자폭탄피폭자에 대한 특별조치에 관한 법률(약칭:원폭특별조치법)이 제정, 9월 1일 시행(오키나와현은 법률 적용이 제외)

상기의 표를 통해서도 확인할 수 있는 것처럼 피폭국인 일본에서도 1951년까지는 원폭피해자에 대한 구호활동이 이루어지지 않았다. 제2차 세계대전에서의 패배 후 연합국군에 의한 점령이 시작되었고, 연합국군이라고 하지만 실제 점령통치 형태는 미국의 단독 점령이었다. 즉, 일본에 원자폭탄을 투하한 당사국이 일본을 점령하게 된 것이다. 연합국최고사령관총사령부(GHQ)의 점령은 일본의 비군사화와 민주화를 목표로 전범국 일본, 천황중심의 군국주의국가였던 일본에 대대적인 개혁을 추진했다. 그러나 점령초기에는 미국의 점령정책에 대한 불만과 원폭투하에 대한 비판의 목소리를 억누르기 위해 정치·경제·문화 전반에 걸쳐 강력한 검열제도를 실시했다. 특히 원폭에 관한 보도는 GHQ뿐 아니라 일본 정부에 의해서도 규제와 검열의 대상이 되었다. 1945년 8월 6일 히로시마에 원폭이 투하되었을 당시, 일본 육군보도관은 「신문사 및 통신사에 원폭 투하 뉴스가 눈에 띄지 않도록 하라」는 지시를 내렸고,[5] 원폭에 의한 피해 규모를 축소 보도했다. 이것은 포츠담선언 수락을 거부하고 계속적인 전쟁 수행의 의지를 보인 일본인만큼 국민의 전의 상실을 우려한 보도 개입으로 볼 수 있으나, 원폭을 투하한 미국에서도 원폭과 관련된 보도규제가 이루어졌다.[6] 미국의 점령정책에 적극 협조한 일본은 점령기에는 원폭피해자를 방치한 상태였다. 신형 핵무기를 사용한 미국 또한 인류를 대상으로 처음 사용한 무기

---

5) 정근식 외(2016) 『검열의 제국: 문화의 통제와 재생산』 푸른역사, p.390.
6) 위의 책, p.391. 도바 고지(鳥羽耕史)에 의하면, 히로시마의 참상을 기록한 일본영화사의 필름을 몰수하거나, 원폭은 야만인이 사용하는 가공할만한 무기로, 이 원폭만 아니었으면 일본은 승리할 수 있었다고 보도한 동맹통신사에 뉴스 전송 금지 처분, 원폭투하는 국제법을 위반한 전쟁범죄라고 비판한 하토야마 이치로(鳩山一郎)의 담화 내용을 보도한 아사히신문사에 이틀간의 영업 정지 처분을 내렸다고 한다.

인 만큼, 피폭자에 대한 적극적인 치료가 불가능했을 것이다. 피폭지에서 미국이 가장 먼저 시작한 것은 원폭에 의한 상해 실태를 조사하기 위한 원폭상해조사위원회(Atomic Bomb Casualty Commission, ABCC)를 설치하여 방사선 피해에 대한 의학적·생물학적 조사가 급선무였다. ABCC의 주도로 원폭생존자 조사, 백혈병 조사, 피폭자 인구조사 등이 이루어졌을 뿐, 피폭자에 대한 구제 정책과 지원은 이루어지지 않았다.

이러한 상황이 변화하기 시작하는 것은 점령에서 벗어나면서부터이다. 1951년 9월 8일, 미국의 주도로 샌프란시스코강화조약(연합국과의 평화조약)과 미국과의 안전보장조약이 체결, 이듬해인 1952년 4월 28일에 공포되었다. 그런데 이 샌프란시스코강화조약 제19조 a항에는 「일본국은 전쟁에서 발생, 또는 전쟁상태가 존재했기 때문에 취해진 행동에서 발생한 연합국 및 그 국민에 대한 일본국 및 그 국민의 모든 청구권을 포기」하고, 조약 효력 발생 전에 일본에서 연합국 또는 연합국군이 직무수행 과정에서 발생한 행동에 대해서도 모든 청구권을 포기한다고 되어 있다. 이로 인해 일본은 점령에서 벗어난 후에도 미국에 대해 원폭피해의 책임을 묻지 못하게 되었고, 피폭자들은 침묵할 수밖에 없었던 것이다.

그러던 것이 1951년에 체결된 미국과의 평화조약이 공포된 1952년에 히로시마에서 피폭자들의 모임이 결성된다. 히로시마에서 피폭한 오사다 아라타(長田新)가 학생들의 수기를 모아 편찬한『원폭의 아이: 히로시마 소년 소녀의 호소(原爆の子:広島の少年少女のうったえ)』(岩波書店, 1951.10)를 토대로 제작한 첫 원폭 영화 〈원폭의 아이(原爆の子)〉의 극장 공개(1952.08.06.)를 앞두고 1952년 7월 10일, 촬영지 히로시마를 방문한 제작진과의 간담회 자리에서 모임 결성을 제안하고, 8월

6일, 평화공원 원폭위령비 앞에서 회원 모집과 자금 모금운동을 펼쳤다. 나흘 뒤인 8월 10일에는 〈원폭피해자의 모임(原爆被害者の会)〉 결단식이 이루어졌다. 모임의 대표자는 「원폭 1호」로 불리는 피폭자운동의 선구자 기쓰카와 기요시(吉川清)를 모임의 대표자로 하고 있고, 원폭시인 도게 산키치(峠三吉)도 모임의 간사로 이름을 올리고 있다. 모임은 원폭피해자의 의료문제를 해결하고 생활곤궁자를 위한 생활원조, 원폭 사진전과 수기 편찬 등의 활동을 통해 평화운동을 전개하는 것을 목적으로 하고 있다. 피폭지 일본에서도 점령기간 동안 미국과 일본 양정부로부터 방치되었던 피폭자들이 스스로 구제활동에 나서게 된 것이다.

이 〈원폭피해자의 모임〉이 전국적으로 확산되고 비핵운동단체들의 결성이 활성화되는 것은 미국의 수폭실험으로 인한 일본 어선의 피폭 사건에 의해서이다. 1954년 3월 1일, 소련과 핵무기개발 경쟁을 벌인 미국이 태평양 마셜제도에 있는 비키니환초에서 수폭실험을 했고, 160km 떨어진 곳에서 조업중이던 일본의 참치잡이 원양어선이 피폭, 승선원 1명이 6개월 후에 사망하는 사건이 발생했다. 이 사건을 계기로 원수폭 금지운동이 확산되었고, 원폭투하 10년을 맞이한 1955년 8월 6일에 히로시마에서 제1회 원수폭금지세계대회가 개최된다. 〈원수폭금지일본 협의회(原水爆禁止日本協議会, 원수협)〉[7]는 원수폭금지세계대회 개최

----

7) 〈원수폭금지일본협의회(원수협)〉은 1954년 3월 1일, 비키니섬에서의 미국의 수폭 실험으로 일본어선 제5후쿠류마루(第五竜丸)가 피폭 한 사건을 계기로 보수세력과 혁신세력을 포괄하는 형태로 결성된 단체로 제1회 원수폭금지세계대회(1955년 8월 6일) 개최를 주도한 후인 9월 19일에 설립된 반핵 · 평화운동을 지향하는 시민단체이다. 그러나 1960년대에 들어서면서 소련의 핵실험 재개에 대한 평가와 미일신안보조약 등에 대한 대응을 둘러싸고, 원수협 내에 분열이 발생한다. 1961년 원수협이 미일안보반대 입장을 밝히자, 민주사회당 등의 보수세력이 분열하여 〈핵무기금지평화건설국민회의(核兵器禁止平和建設国民会議, 핵금회의)〉를 결성한다. 이 단체는 2014년에 조직 명칭을 〈핵병기폐절 · 평화건설국민회의(核兵器廃絶 ·

후인 9월 19일에 결성된 단체로 핵무기 전면 금지와 폐절, 피폭자 원호와 연대를 목표로 활동을 하고 있다. 히로시마에서는 원수폭금지세계대회 후 다양한 단체들이 생겨났고, 이들 단체를 규합하는 〈히로시마현원폭피해자단체협의회(広島県原爆被害者団体協議会)〉가 1956년 5월 27일에 결성, 8월 10일에는 전국 조직인 〈일본원수폭피해자단체협의회(日本原水爆被害者団体協議会, 피단협)〉를 결성하게 된다.

그런데 이와 같은 단체들이 피폭자 원호시책과 원수폭금지운동을 활발히 전개하게 되는 과정에는 피폭자가 제기한 재판투쟁과 그 결과가 크게 작용하고 있다. 피폭자에 대해 국가적 차원의 구제와 원호가 이루어지지 않고 있던 1955년 4월 25일, 히로시마에서 피폭한 시모다 류이치(下田隆一) 외 4명의 피폭자가 국가를 상대로 도쿄지방재판소에 손해배상청구와 원폭투하에 대한 국제법 위반을 묻는 소송을 제기했다. 이 재판은 「원폭재판」 혹은 「시모다사건」으로 불리고 있다. 샌프란시스코강화조약 제19조(a)항으로 대미배상청구는 불가능하지만, 국가가 국민의 청구권을 포기한 것이기 때문에 국가가 배상해야 한다는 피폭자들의 주장은 기각되지만, 원폭투하는 명백한 국제법 위반이라는 판결을 내렸다. 이 소송이 제기된 후인 1957년 3월 31일에는 《원자폭탄피폭자의 의료 등에 관한 법률(약칭:원폭의료법)》이 제정되었다(4월 1일 시행). 원폭의료법에 의해 피폭자로 인정된 사람에게는 「피폭자건강수첩」을 교부하고 의료 급여 개시와 무료 건강진단을 실시했다. 1968년 5월 20

平和建設国民会議, KAKKIN)〉으로 개칭하여 현재까지 활동 중이다. 1965년에는 일본공산당계가 소련과 중국의 핵무기 보유를 옹호하는 입장을 취하자, 이에 반발한 일본사회당(현재의 사회민주당)과 일본노동조합총평의회(현재의 일본노동조합총연합회)계 일파가 탈퇴하여 〈원수폭금지일본국민회의(原水爆禁止日本国民会議, 원수금)〉라는 단체를 새롭게 결성했다.

일에는 《원자폭탄피폭자에 대한 특별조치에 관한 법률(약칭:원폭특별조치법)》이 제정되었고(9월 1일 시행), 1994년에는 《원폭의료법》과 《원폭특별조치법》을 일원화하여 피폭자에 대한 보건, 의료 및 복지 등 종합적인 원호대책법으로 《원자폭탄피폭자에 대한 원호에 관한 법률(약칭:피폭자원호법)》이 제정되었다. 이렇게 하여 1957년에 시작된 피폭자 원호시책은 수십 차례의 법령 개정을 거쳐 지원을 확충, 확대해 나갔으며 2008년에는 국외거주자에게도 건강수첩 신청이 가능해졌다.

4. 한국인 원폭피해자, 스스로 일어서다

앞에서 살펴본 것처럼 일본에서는 1957년부터 원폭피해자에 대한 국가 차원의 원호정책이 실시되고 있는 데 반해 한국의 경우, 원폭피해자 관련 외교문서가 생산되기 시작한 시기에도 원폭피해자들은 여전히 방치된 상태였다. 1964년 8월에 한국원자력방사선의학연구소에서 피폭자 등록을 실시해 총 203명(히로시마 피폭자 164명, 나가사키 피폭자 39명)이 확인되었으나, 피폭자 수 파악에만 그쳤고 구호활동으로 이어지지는 못했다. 이로 인해 한국인 원폭피해자들은 스스로 구제를 호소하는 활동을 전개할 수밖에 없었다. 1951년부터 일본과의 국교정상화 교섭이 시작되었지만, 좀처럼 합의에 이르지 못하고 있던 1962년, 전주시에 거주하는 고등학교 교사 곽귀훈(郭貴勳)이 외무부에 한일회담에서 원폭피해자 보상문제를 다루어줄 것을 청원했다. 1924년생인 곽귀훈은 전주사범학교에 재학중이던 1944년 9월에 일본군에 징집되어 히로시마의 서부 제2부대에 배속되었다. 폭심지에서 2km 떨어진 공병대

운동장에서 피폭한 후 9월에 귀국한 그는 한국인 원폭피해자의 삶을 아래와 같이 언급하고 있다.

> 4만~5만 명이 폭사한 지옥을 겨우 벗어나 해방된 조국에 돌아온 이들에게 살 집이 있을 리 만무했다. 입에 풀칠을 하려 해도 농사 지을 전답이 있는가, 그렇다고 신체가 강건해 막일이라도 감당할 수 있는 체력이 있는다. 육체는 방사선 피해로 벌집처럼 되었고, 외모는 한센병 환자와 구별이 안 되니 상대해 주는 이웃도 없었다. 그러니까 거지 중에도 상거지, 사람들 눈을 피해 깊은 산중에서 움막을 짓고 살기가 일쑤였다. (중략) 나는 그들의 참상을 직시하면서 반세기를 살아왔다. 눈뜨고 차마 바라볼 수 없는 참혹한 광경, 눈물 없이 들을 수 없는 그들의 처절한 신세타령. 그들은 외치다 쓰러지면서 「내가 죽거든 시체를 일본대사관으로 가지고 가라」는 말을 남기고 죽어갔다. 그래서 한국인 원폭피해자들을 3중의 피해자라고 한다.[8]

본인의 의사와 상관 없이 강제로 연행되어 피폭한 한국인 원폭피해자문제는 일본이 해결해주어야 한다고 생각한 곽귀훈은 우리 정부가 한일회담에서 적극적으로 목소리를 내주길 바랬으나, 끝내 그의 탄원은 무시되고 말았다.

1963년에는 역시 히로시마에서 피폭한 이종욱(李鐘郁)과 오남연(吳南連) 부부가 우리 정부와 일본과 미국대사관, 그리고 언론사에 피폭자의 실정을 호소하고, 일본대표부와 신문사에도 피폭자의 실정을 호소했으나 반응은 없었다.

그런데 1964년 11월 5일, 도쿄올림픽 관람을 위한 관광비자로 일본

---

8) 곽귀훈 「광복 48주년 특별기고 한국인 피폭자 보상 길 연 곽귀훈씨의 40년 투쟁기」, https://shindonga.donga.com/3/all/13/102652/1(검색일자: 2022.11.1.).

을 찾은 한국인 피폭자 박도연(朴道延)이 히로시마시에서 피폭자건강
수첩을 교부받아 히로시마적십자병원에서 검진을 받은 사례가 확인되
었다.[9] 이것은 대구시에 거주하던 한국인 여성에게 교부된 첫 건강수
첩인 셈이다. 박도연은 피폭 후 이듬해에 귀국했으나, 남편은 히로시마
에 계속 거주하고 있었기 때문에 비교적 순조롭게 건강수첩을 교부받
을 수 있었던 것으로 추정된다.

　박도연의 건강수첩 교부는 일본사회에 한국에도 원폭으로 인해 고통
받는 피해자가 있다는 사실을 알리는 계기가 되었고, 이에 가장 먼저
움직이기 시작한 단체는 재일본대한민국거류민단 히로시마지부였다.
민단 히로시마지부는 1965년 5월 17일에 25명의 〈한국인피폭자실태조
사단〉을 한국에 파견하여 한국인 원폭피해자 구제를 호소한다. 이들은
일본의 피폭자 원호상황을 보고하고, 보건사회부, 대한적십자사, 원자
력병원 등을 방문하여 한국인피폭자 실태조사와 의료구제를 호소하는
활동 전개했다. 이들의 활동에 호응하여 8월에는 대한적십자사가 원폭
피해자 접수를 실시하여 462명의 피폭자가 새롭게 등록함으로써 총
650명의 피해자 수가 확인되었다.

　한국인 원폭피해자의 개별적인 활동이 큰 반향을 얻어내지 못하자,
피해자들은 조직적인 운동을 구상하고 단체를 결성하게 된다. 일본과
의 국교가 정상화된 만큼, 우리 정부를 통해 일본의 원호를 도출하기
위해서는 원폭피해자를 조직화할 필요가 있었던 것이다. 단체 결성을
주도한 인물은 히로시마의 미쓰비시중공업 조선소에서 피폭한 김재근
(金再根)이다. 1966년 8월 31일, 김재근, 서석우(徐錫佑), 배도환(裵度

---

9)「ヒロシマの記録1964 11月」, https://www.hiroshimapeacemedia.jp/?p=26210(검
　색일자: 2022.11.1.).

煥), 염수동(廉壽東)이 피폭자협회 기성회를 결성, 이듬해인 1967년 1월 27일에 〈한국원폭피해자원호협회〉(1971년 9월 28일에 〈한국원폭피해자협회〉로 개칭)를 발족시킨다. 7월 10일에 보건사회부로부터 사단법인 인가를 받음으로써 본격적인 활동을 시작하게 된다. 이들은 피폭자들의 참가와 협력을 호소했고, 1967년말 협회 가입자 수는 1857명이었다. 그러나 사단법인 허가를 받기 위한 과정에서도 자금 문제에 봉착해야 했던 것처럼, 정식 발족 후에도 자금난에 부딪치게 된다. 예를 들어 1952년에 히로시마에서 결성된 〈원폭피해자의 모임〉의 경우 회원으로부터 회비[10]를 받았으나, 협회에 가입한 한국인 원폭피해자들은 오히려 경제적 지원이 요구되는 궁핍한 실정이었다.

이러한 어려움 속에서도 〈한국원폭피해자협회〉는 스스로 구제활동에 나서게 된다. 1967년 10월에는 청와대에 원폭피해자 긴급구호대책을 요구하는 탄원서를 제출하고, 국회를 상대로 원폭피해자를 위한 특별법을 제정해줄 것을 청원했으며, 보건사회부와 적십자사에도 구호대책을 호소했다. 11월 4일에는 〈한국원폭피해자협회〉 회원 20명이 서울의 일본대사관 앞에서 일본정부를 상대로 배상을 요구하는 첫 시위 행동을 펼쳤다. 일본대사관 측은 정부 차원의 배상문제는 한일협정에서 이미 정산이 완료되었다는, 현재까지도 변함 없는 답변을 하지만, 인도적 입장에서 민간 차원의 모금운동 등을 통해 한국인 원폭피해자를 도울 의사는 있다고 표명했다.

선술한 바와 같이 일본에서는 연합군에 의한 점령이 끝나면서 피폭

---

10) 히로시마현 〈원폭피해자의 모임〉의 회칙을 보면, 회원은 월 20엔을, 원폭피해자가 아니면서 모임에 협력하는 협력회원에게는 6개월에 150엔의 회비를 의무화하고 있다(「原爆被害者の会会則」, https://hiroshima-ibun.com/2018/05/07(검색일자: 2022.11.30.)).

자에 대한 구제의 목소리가 나오기 시작했다. 히로시마에서 〈원폭피해자의 모임〉이 결성된 것을 시작으로 전국적으로 모임 결성이 확산되어 갔고, 1954년 미국의 비키니섬에서의 수폭실험 후에는 〈원수폭금지서명운동전국협의회〉, 〈원수폭금지일본협의회〉, 〈일본원수폭피해자단체협의회〉 등 다양한 단체들이 결성되었다. 특히 1955년 4월 25일, 히로시마 피폭자 5명에 의해 제기된 「원폭재판」은 일본 정부의 피폭자 원호시책을 앞당기는 역할을 했다. 일본은 샌프란시스코강화조약, 한국은 한일협정체결을 기점으로 원폭피해자 스스로가 목소리를 내기 시작했다. 한국의 경우, 원폭피해자에 대한 정부의 외면과 사회적 무관심 속에서 오랜 시간이 걸리긴 했으나 그들의 끈질긴 투쟁이 없었다면 현재의 안정된 정책은 없었을 것이다. 본 문서철을 통해 한국인 원폭피해자 문제가 부상하기 시작한 초기의 상황을 들여다보기로 하겠다.

5. 문서철『한국 원폭피해자 구호 1968-71』의 주요 내용

한국인 원폭피해자 구호와 관련된 외교문서 중 본고에서 살펴볼 문서철은 1968년 3월 2일자 문서에서 시작하여 1971년 9월 6일자 문서를 담은 것으로, 크게 3가지 영역으로 나누어 살펴보기로 하겠다.

(1) 원폭피해자문제를 둘러싼 국내외 동향 파악

1968년 3월부터 8월 사이에 생산된 것으로 한국인원폭피해자문제를 둘러싼 국내의 동향을 주시하고 일본의 상황을 파악하는 단계의 문서들이다. 구체적으로는 〈한국원폭피해자원호협회〉측과 가진 2차례의 면담 기록, 주일공관을 통한 일본측 상황 보고, 동시기의 국내외의 신문 보도자료, 한국인 원폭피해자문제에 관심을 보이는 일본인 인사들의 서한, 일본인의 구호금 및 구호품 내역과 영수증, 외무부장관에게 보낸 〈한국원폭피해자원호협회〉측의 진정서(진정인 명단 첨부), 1968년 8월 6일에 개최되는 제1회 한국인원폭희생자 진혼 및 위령제 취지문과 초대장, 1968년 8월 현재 피폭자 실태 파악 문서(여기에는 등록된 피폭자 2054명을 남녀별로 구분하고, 사망자수, 경증환자와 중증환자, 전거주소가 불명인 자 등을 상세히 기록하고 있으며, 등록자별로 성별, 증상, 현주소 등을 작성한 449명의 명단이 포함되어 있다) 등을 담고 있다.

1967년 7월 10일에 사단법인 인가를 받고 정식 발족한 〈한국원폭피해자원호협회〉가 본격적인 활동을 시작하면서 그해 10월에는 원폭피해자 구호대책을 요구하는 탄원서를 제출하고 국회에 이들을 위한 특별법 제정을 요구했으며, 11월에는 일본대사관 앞에서 실력행사를 하기도 했다. 1968년 3월 2일자로 외무부가 생산한 문서는 협회의 이러한 활동에 대한 우리 정부의 반응이라 할 수 있다. 이 문서는 외무부가 〈한국원폭피해자원호협회〉의 홍순봉(洪淳鳳) 이사장에게 「협회의 제반 활동 및 그에 따르는 문제점」에 관해 이야기를 나누기 위해 이사장의 직접 내방을 의뢰하고 있는 내용으로, 여기에는 「한국 원폭피해자 위해 주한일인들 성금 모아」(『대한일보』 1968.02.29.)와 「사설: 버림받은 히로시마 원폭피해자」(『대구일보』 1968.03.03.)라는 제목의 보도자료가 첨부되어 있다. 『대구일보』의 사설에 의하면 1968년 2월 29일, 주한일본대사관측이 재한일본인상공회와 일본인회 등 재한일본인들이 모은 성금을 한국인피폭자 구호를 위해 기탁했고, 일본관계당국에 그들의 실정을 전하고 구호책을 마련하겠다는 약속을 한 사실을 전하고 있다.

〈한국원폭피해자원호협회〉와의 면담 후 외무부에서 주일대사에게 발송한 3월 13일자 문서에는 외무부가 작성한 브리핑 자료 「원폭피해자 구호문제」(3월 9일자)와 협회의 대표이사겸 부회장인 배도환(裵度煥)과의 「면담 기록」(3월 8일자)이 첨부되어 있다. 협회 대표와의 면담이 성사된 것은 3월 8일이고, 홍순봉 이사장이 아닌 배도환 부회장이 참석하고 있다. 면담 기록 자료에 의하면 1968년 당시 한국인 원폭피해자 상황은 아직 정확히 파악하지 못한 상태이고, 나가사키의 경우 통계 자료도 없는 상황이지만, 국내 거주 한국인 원폭피해자 수는 약 8천 명으로 추정하고 있는 정도이다. 면담 기록에는 협회에 등록한 회원 수가 1600명으로 기록되어 있는데, 문서에 첨부된 『대구일보』(1968년 3월 3일자)의 사설에는 등록 회원 수가 1680명이고, 그중 260명이 사망한 것으로 보도하고 있는 것으로 보아, 외무부는 원폭피해자의 정확한 통계에는 큰 의미를 두지 않고 있는 듯 하다. 협회의 성격을 명시한 부분에는 피폭자의 치료와 생활원조가 주된 활동 내용이고, 궁극적인 사업 목표는 의료, 요양, 재활을 목적으로 하는 피폭자 센터를 설치하는 것으로 파악하고 있다.

그리고 현재까지 협회가 접촉한 기관이 명기되어 있는데, 1967년 10월에 청와대에 피폭자 긴급구호대책에 관한 탄원서를 제출했고, 국회에 원폭피해자를 위한 특별법 제정 청원서를 제출했으며, 보건사회부와 적십자사에도 구호대책을 호소한 것으로 되어 있다. 같은 해 11월 4일에는 일본대사관을 방문하여 면담을 나눈 것으로 보고되고 있는데, 이것은 원폭피해자들이 일본대사관 앞에서 항의 시위를 한 것에 대한 반향으로 대사관측에서 면접을 요청해 온 것으로 확인된다. 당시 미타니(三谷) 참사관은 원폭피해자의 구호문제는 한일협정체결로 이미 해결된 사항이라고 일축하고 있으나, 이듬해인 1968년 2월 29일에 협회를 방문하여 민간차원의 구호운동을 전개하겠다는 의사를 밝히고 도일치료에 관해 논의해 보겠다는 약속을 했다. 일본대사관측의 이러한 태도변화에는 히로시마의 『쥬고쿠신문(中国新聞)』 편집부장 히라오카 다카시(平岡敬)[11]의 활동이 크게 작용한 것으로 보인다. 협회 측 보고에 의하면, 2월에 한국을 찾은 히라오카는 피폭자들의 실태를 조사하고, 일본인 전문의 파견을 논의했으며, 일본대사관측에도 성의있는 조치를 촉구하고 돌아갔다고 한다. 히라오카의 원폭피해자와의 만남이 일본대사관으로 하여금 이들의 문제에 관심을 가지게끔 변화시켰고, 일본인들의 성금과 구호물자 전달로 이어지게 한 것으로 볼 수 있다. 1964년에 한국인 원폭피해자(박수암)로부터 받은 편지를 계기로 한국인 원폭피해자들에 대한 관심을 갖기 시작한[12] 히라오카는 한국인 피폭자문제

---

11) 1927년 오사카에서 태어난 히라오카는 일제강점기에 식민지 조선에서 소년기를 보내고 1944년에 경성제국대학에 진학, 재학 중 현지에서 학도동원되어 홍남시에서 패전을 맞이한 이력을 가진 인물이다. 1970년 12월 3일, 원폭 치료를 위해 사가현(佐賀県)에 밀입국한 손진두(孫振斗)의 구호활동에 적극 개입하여 〈손진두의 일본체류와 치료를 요구하는 전국시민의 모임〉이라는 시민단체 결성은 물론, 재판과정에도 변호사 선임 등의 형태로 도움을 주었다. 이와 같은 한국의 원폭피해자 구호활동에 앞장선 히라오카는 1991년부터 1999년까지 제32대와 33대 히로시마시장을 지냈으며 시장 퇴임 후에도 지속적으로 반핵평화운동에 참여하고 있다. 한국 원폭피해자에 관한 연구 형태가 변화하면서 최근에는 이들의 문제를 한일양국의 시민연대의 활동에 초점을 맞추어 분석한 논고가 발표되고 있다. 오은정(2018) 「'제국의 신민'에서 '재한피폭자'로: 한국 원폭 피해자 운동에서 한일시민연대의 사회문화적 토대와 그 변화」(『기억과 전망』39, 민주화운동기념사업회), 金鍾勳(2019) 「韓国被爆者に対する市民団体の援護活動: 孫振斗裁判と日本市民団体の結成」(『地球社会統合科学研究』(11, 九州大学大学院地球社会統合科学府バージョン)와 같은 논고에서는 시민연대에서 히라오카의 역할을 조명하고 있다.

12) 오은정(2018) 「'제국의 신민'에서 '재한피폭자'로: 한국 원폭 피해자 운동에서 한·일

를 둘러싼 한·일 양국의 시민연대 형성에 선구적 역할을 한 인물이다. 그밖에 협회 측은 예산이 확보되면 8월 6일에 원폭사망자에 대한 합동위령제(진혼제)와 원폭전시회를 개최할 예정임을 전하고 있다.

그런데 주일대사에게 보낸 브리핑 자료에는 대일청구권문제에 대한 우리 정부의 입장이 명기되어 있다. 고통받고 있는 원폭피해자에 대한 구제와 원호가 절실한 상태임에도 〈한국원폭피해자원호협회〉 측과의 면담 후, 우리 정부는 「피해자 중 학병 내지 피징용자에 대해서는 대일보상문제를 일단 고려할 수 있을 것이나 청구권 협정으로 종결지워졌으므로 법적으로 일본 정부에 제기할 여지는 없다」[13]고 판단하고 있다. 한국인 원폭피해자들에 대한 보상문제는 국내문제라고 덧붙이면서도 우리 정부가 적절한 원호정책을 마련해야 한다는 등의 언급은 보이지 않는다. 외무부는 이러한 내용의 첨부자료와 함께 주일대사에게 ① 원폭피해를 입은 재일교포가 자국민들과 동일한 구호를 받고 있는지의 여부 확인과 ② ABCC의 성격과 활동내용을 파악하여 한국의 피해자들도 동기관을 통해 구호가 가능한지 파악을 당부하고, ③ 일본대사관측이 피해자 구호를 위해 민간운동을 전개하겠다고 약속한 내용을 실행하고 있는지를 파악해서 보고하도록 지시를 내리고 있다. 이와 같은 지시 사항을 통해 1968년 3월 현재, 한국정부는 미국의 민간기관 ABCC (원폭상해조사위원회)의 존재는 물론, 일본의 피폭자지원정책에 관한 정보도 정확히 파악하고 있지 못한 상태로, 한국인 피폭자문제 해결을 위한 초동 단계임을 알 수 있다. 즉, 국가 차원의 피해자수 파악도 하지

시민연대의 사회문화적 토대와 그 변화」『기억과 전망』(39), 민주화운동기념사업회, p.113.
13) 문서번호 아북700, 『한국 원폭피해자 구호 1968-71』p.9.

않은 상태에서 〈한국원폭피해자원호협회〉의 활동을 주시하는 한편, 일
본현지의 동향을 살피는 단계에 머무르고 있는 것이다. 외무부와 주일
대사가 주고받는 문서에 현지 보도자료가 자주 첨부되고 있는 점도 국
내외 동향을 파악하는 단계임을 말해주는 것이다. 외교문서에 첨부되
는 보도자료로는 앞서 언급한 『대한일보』와 『대구일보』 기사 외에 아
사히신문안전보장문제조사회 연구원 마에다 히사시(前田寿)의 「'비핵
일본'을 생각하다(「非核日本」を考える)」(『朝日新聞』1968.03.28.) 등이
있다.

　외무부의 1968년 3월 13일자 문서에 대해 주일대사관은 5월 7일자
문서로 일본에 체재 중인 한국 피해자의 구호 상황과 ABCC의 성격 및
활동 내용 외에 한국인 원폭피해자 구호문제를 후생성 공중위생국에
문의한 결과를 보고 하고 있다. 한국인 원폭피해자의 도일 치료 가능성
과 원폭증 치료 전문의 및 전문가의 파한 가능성에 대해 후생성은 형식
적이고 원론적인 답변을 하고 있다. 피폭자 중 「정당하게 일본에 입국
하여 외국인등록을 하고 일본에 거주하게 된다면」[14], 즉 적법한 방법으
로 일본에 입국하여 거주하는 경우 일본의 환자들과 마찬가지로 치료
와 구호를 제공할 수 있다는 것이다. 또한 치료 목적으로 일시 입국하는
경우는 법무성으로부터 입국이 거부될 수 있으며, 피폭자임을 인정받
기 위해서는 피폭자 스스로가 입증을 해야 하는 등의 문제가 있음을
덧붙이고 있다. 그리고 전문의 및 전문가 파한 문제도 정부 차원에서
추진하기 위해서는 금후 재원과 법적 근거 및 협정 등을 필요로 할 것이
라고 답변하고 있다. 그런데 일주일 정도 후에 생산된 주일대사 발신
문서에는 한국인 원폭피해자 구호문제에 대한 일본정부의 태도를 보고

---

14) 문서번호 주일정700-1519, 『한국 원폭피해자 구호 1968-71』 p.26.

하고 있다. 주일대사의 보고 내용은 아래와 같다.

> 14일 외무성 동북아과 호리가와 사무관은 한창식 서기관에게 연호 보
> 고 중의 아국 원폭피해자에 대한 일본 민간 및 정부의 구호문제에 대한
> 태도와 전망에 대하여 현재 일본 정부는 관계성에서 검토 중에 있으며
> 결론이 나오는 대로 통고해 줄 것이라 함. 다만 그간 한국 정부로부터
> 동문제에 대하여 명백한 움직임을 보이지 않고 해서 결론을 서둘러서 내
> 리려는 상태는 아니라고 함. 일본 정부의 결론이 언제 내릴지는 알 수
> 없으나 아측에서도 관계 협회 등의 움직임 등에 관하여 참고사항 있으면
> 전해주기 바란다고 함.[15]

상기의 문서 내용으로 보아 일본 정부는 한국의 민간 단체 혹은 피해
자 개인의 문제 제기를 주시하고는 있으나, 당사국인 한국 정부가 문제
해결을 위해 움직이지 않는 한, 일본 또한 정부 차원의 대응은 하지
않겠다는 태도임을 알 수 있다. 뿐만 아니라 〈한국원폭피해자원호협
회〉가 청와대와 국회에 탄원서를 제출하고 문제 해결을 촉구한 1967년
시점에 우리 정부가 적극적으로 대응했다면 원폭피해자들의 구호문제
가 보다 조속하게 해결될 수도 있었다는 가능성을 시시하는 대목이기
도 하다. 그러나 우리 정부가 한국인 원폭피해자문제를 방관하고 있었
다고는 할 수 없으나, 이들에 대한 구제와 보상문제에 관해서는 한일기
본조약으로 청구권 문제는 이미 청산되었다는 일본의 태도와 상이하지
않고, 피해자들의 구호운동에 적극 관여하지 않는, 관망적 자세였다고
해야 할 것이다.

우리 정부의 〈한국원폭피해자원호협회〉와의 면담은 총 2회로 확인

---

15) 문서번호 JAW-05208, 『한국 원폭피해자 구호 1968-71』 p.28.

된다. 3월 8일자 면담은 외무부와 2시간 가량 진행되었고, 5월 21일에는 보건사회부가 30분간 면담한 것으로 기록되어 있다. 두 번째 면담은 배도환 협회장이 요청해서 성립된 것이다. 배도환은 원폭피해자를 위한 수용소 건립 계획을 보고하고, 8월에 예정하고 있는 원폭희생자를 위한 합동 위령제와 사진전시회 개최를 위해 관계 기관의 협조를 요청하고 있다. 그리고 한국인 원폭피해자를 위한 일본인의 구호금 송달 현황을 보고하는 공문 속에 수신 일자 기록이 없는 형태로 협회 측이 외무부에 제출한 진정서(1968년 8월 23일자)와 1968년 7월로만 표기된 원폭희생자 진혼 및 위령제 개최를 위한 취지문과 초대장이 첨부되어 있다.

한편, 면담이 이루어진 정황은 발견되지 않지만, 5월 27일에 도쿄 사진가협회 소속인 아마추어 사진 기자인 우에노 히로시(上野弘)가 협회 측에 보낸 서신을 외무부와 공유하고 있다. 서신은 마이니치신문사(每日新聞社)의 취재 의뢰를 받아 지난 5월 2일부터 8일까지 방한하여 협회를 방문하고 한국인 피폭자 실태를 조사하고 돌아간 후에 보낸 것이다. 서신은 원문이 아닌 번역된 전문이 첨부되어 있고, 그 내용은 조속한 치료가 요구되는 한국인 피폭자 2명을 초대하여 치료를 받게 함으로써 한국인 원폭피해자 원호문제를 풀어가고자 하는 의지를 표명하고 있다. 구체적으로는 왕복 도선비를 포함하여 치료비와 생활비 등 제반 비용을 부담하겠다는 약속과 함께 8월에 예정된 원폭 관련 집회를 비롯하여 일본인의 관심과 원조를 호소하기에 적절한 시기를 놓치지 않도록 7월말까지는 입국이 가능하도록 여권수속 등의 절차를 진행했으면 한다는 내용을 담고 있다. 그러나 우에노 히로시의 서한에 응하여 실제 우리측 원폭피해자가 치료를 위해 방일했는지의 여부는 공개된 문서 속에서 확인할 수 없다. 이후에 송수신되는 문서는 일본인들 사이에 한국인 원폭피해자를 위한 구호운동이 전개되고 있는 상황을 추정할 수 있는 보고와 구원금 관련 보고가 대부분을 차지하고 있다.

본 문서철의 1971년 6월 30일자 공문은 「국회의원 임기만료로 인한 청원서 폐기 통지」라는 제목으로 〈한국원폭피해자원호협회〉의 홍순봉 이사장에게 발송하고 있다. 「귀하가 제출한 청원은 제7대 국회의원의 임기가 1971.6.30자로 만료됨에 따라 헌법 제47조 단서의 규정에 의거하여 1971.6.30.자로 폐기되었사오니 양지하시기 바랍니다.」란 문구와 함께 홍순봉이 제출한 청원서가 첨부되어 있다. 청원서 제출일자에는 1960년대라는 사실만 확인할 수 있게 표기되어 있고, 정확한 일자를 명기하지 않고 있으나, 1968년 3월 13일자 문서에 첨부된 〈한국원폭피해자원호협회〉의 배도환 부회장과의 면담 자료 등을 통해 협회 측의 최초의 청원서 제출은 1967년 10월 즈음으로 추정할 수 있다. 그러나 이 문제에 관해 국회에서는 논의가 된 적이 있었는지, 논의가 있었다면 어떠한 논의가 이루어졌는지에 대해서는 한마디의 언급도 없이 협회 측에 전송된 것은 청원서가 폐기 처분되었다는 통지뿐이었다.

(2) 손귀달 밀항 사건

1968년 10월 5일자 문서는 전날인 4일자 보도자료, 즉 원폭병을 치료하기 위해 밀항한 손귀달[16] 여성(당시 38세)에 관한 신문기사(『한국일

---

16) 공개된 문서에는 손귀달(孫貴達)로 표기되어 있는데, 여성의 호적등본을 보면 송귀달(宋貴達)이 정확한 이름으로 확인된다. 「송(宋)」이란 한국어음이 「손(孫)」으로 잘못 표기된 것으로 추측할 수 있으나, 본고에서는 외교문서에 표기된 손귀달을 그대로 사용하기로 하겠다.

보』1968.10.4)가 첨부되어 있고, 여성의 체포 소식을 주시모노세키(下関)영사가 외무부에 보고하고 있다. 이 사건과 관련된 문서는 11월 12일까지 이어지고 있다. 일본으로의 밀입국 목적이 원폭증을 치료하기 위한 것이라는 사실이 처음으로 공론화된 사건인만큼 밀항과 체포에 대한 상세한 경위, 여성의 인적사항(손귀달의 호적등본 첨부), 체포 후의 향방(재판 결과, 병원 조사 결과, 귀국 조치, 손귀달 건에 대한 일본 내의 반향-보도자료) 등 상세한 보고가 수차례 이루어지고 있으며 이와 관련된 문서는 상당수에 달한다. 본 사건 발생으로 인해 생산된 문서는 총 29건이다. 외무부가 주일대사에게 발신한 문서는 3건이고, 주일대사 혹은 주시모노세키 영사가 외무부에 발송한 24건의 문서가 대다수를 차지하고 있으며, 이 외에 본 사건과 관련하여 외무부와 보건사회부간에 생산된 문서가 각 1건씩 확인된다.

　본 사건에 관한 외교문서를 검토하기 전에 우선 사건의 전개 양상을 간단히 정리하면 아래 표와 같다.

	원폭피해자 손귀달 여성의 밀항사건의 전말
9월 30일	손귀달 여성을 포함한 4명의 한국인이 부산에서 소형선을 이용해 일본으로 출항
10월 1일	4명의 밀항자, 20시경에 야마구치현(山口県) 북부해안에 상륙
10월 2일	주민의 신고로 오구시(小串)경찰서에 체포
10월 4일	· 체포된 4명의 밀항자, 하기(萩)지부 검찰청으로 송환 · 손귀달의 밀항사건이 뉴스로 보도 · 보도 당일 〈원수폭금지일본협의회(原水爆禁止日本協議会, 원수협)〉 대표가 검찰청 공안부를 방문하여 손귀달의 즉시 석방과 치료를 받을 수 있도록 조처해 줄 것을 요구 · 원수협 측의 조사로 손귀달의 피폭 당시의 일본명과 히로시마현립 제2고등여학교(広島県立第二高等女学校)에 재학 중이었다는 사실이 밝혀짐
10월 5일	· 주시모노세키 영사가 사건 발생 사실을 외무부에 처음으로 보고 · 주일대사가 외무성을 방문, 피고가 원폭피해자라는 점과 한국 내 치료기관이 없는 점 등을 감안하여 인도적 처리를 부탁한 사실을 외무부에 보고

10월 7일	· 주일대사관에서 부영사를 파견하여 담당 검사와 손귀달 여성을 만나, 인적사항과 밀항 경위 등을 조사하여 보고하고 외무부의 지시를 요청 · 부영사의 외무성 방문시의 상황에 대한 주일대사의 추가 보고(원수협 측 변호사 외에도 좌경 인사 및 단체가 손귀달 면회를 요청한 사실과 민단 측과 오사카에 거주하는 사촌 손진춘에게 연락을 취하여 면회할 것을 권유)
10월 8일	외무부장관이 주일대사에게 향후 손귀달에 대한 접근 방식 및 주의사항을 지시하는 공문 발신(WJA-1087, 사건과 관련한 외무부 첫 공문)
10월 12일	· 손귀달, 야마구치현 지방재판소에 정식 기소됨 · 원수협 측 변호사가 손 여성에 대한 보석을 신청 · 영사관 측이 손 여성에게 원수협 측 변호사 해임을 종용하고 신변호사를 선임하여 야마구치현 지방재판소에 제출 · 외무부, 주일대사에게 손귀달의 보석 후 신병 확보 및 진단 병원 파악 지시 (JAW-10135)
10월 14일	14시, 시모노세키영사관의 부영사가 신변인수인이 되어 손귀달의 보석금 적립
10월 15일	손귀달, 가방면(1개월간). 가방면 후, 민단 측이 마련한 거처에서 기거
10월 19일	· 손귀달, 원폭증 진찰을 위해 히로시마원폭병원에 입원 · 외무부, 주일대사에게 손귀달의 치료비용 및 대외적 접촉에 관한 지시 공문 발송(WJA-10197) 외무부, 손귀달의 치료비와 관련하여 보건사회부의 조치를 요청하는 공문 발송 (아북700)
11월 4일	· 손귀달, 야마구치현 지방재판소에서 6개월 징역과 2년의 집행유예 판결 · 히로시마원폭병원, 손귀달의 원폭증세가 경미하다는 소견을 밝힘
11월 8일	손귀달, 17시에 모지항(門司港)을 출발하여 부산으로 귀국
11월 13일	보건사회부, 손귀달의 의료비 지원이 불가함을 외무부에 통보(지의700)

1930년, 일본에서 태어난 손귀달은 피폭 당시 히로시마현립 제2고등여학교에 재학중이었다. 8월 6일 히로시마시 전신국 사택에서 피폭했고, 전신국 기사였던 부친은 피폭사한 것으로 밝혀졌다. 이마와 턱에 켈로이드 상처를 입은 상태로 1945년 9월에 귀국하여 부산에 거주하고 있었으나, 현재 외상만이 아니라 어깨와 양쪽 다리 마비와 소화불량 등 신체의 이상증세로 고통받던 중 원폭병을 치료할 목적으로 밀항을 결심했다고 진술했다. 불법적인 밀입국이지만, 손귀달이 히로시마의 원폭피해자라는 사실이 알려지자, 가장 먼저 그녀의 구원활동에 나선 단체가 〈원수폭금지일본협의회(原水爆禁止日本協議会, 원수협)〉이다.

그런데 이 사건에 대해 우리 정부는 원수협의 관여를 경계하고 있는 정황이 드러나고 있다. 원수협은 앞에서도 언급했지만, 히로시마와 나가사키에서의 피폭 후, 미국의 수폭실험으로 일본인 피폭자가 또다시 발생한 것을 계기로 생겨난 단체이다. 보수세력과 혁신세력을 통합하며 반핵·평화운동을 지향하는 시민단체로 출발했으나 손귀달의 밀항 사건이 발생했을 당시에는 주로 소련과 중국의 핵무기 보유를 옹호하는 일본공산당이 주류를 이루고 있었다. 손귀달의 체포소식이 보도된 당일, 원수협은 하기(萩)지부 검찰청 공안부를 방문하여 손귀달을 단순 밀입국자로 처리하는 것은 잘못된 일이며, 그 책임은 일본 정부에 있으므로 인도적인 입장에서 즉시 석방시켜 치료를 받을 수 있도록 해야 한다고 요청했다. 원수협과 〈야마구치 원폭피폭자복지회관건설위원회(山口原爆被害者福祉会館建設委員会)〉 등의 시민단체는 곧 손귀달이 치료를 위한 일시 체류허가를 받을 수 있도록 손귀달의 특별체재 허가를 요청하는 서명운동과 모금운동을 시작했고, 원폭투하 당시 손귀달과 고등학교 동창생이었다는 여성과 8월 6일 2시경 회사 기숙사에서 그녀를 목격했다는 증언자를 찾아내기도 했다.

　이와 같은 경위를 외무부는 총 3건의 공문을 주일대사에게 발송하고 있는데 그 취지와 내용은 3건 모두 동일하다고 할 수 있다.

외 무 부

발신전보

번 호: WJA-1087 일 시: 08 1814
수 신: 주 일 대 사
발 신: 외무부 장관

JAW - 10085, 10086, 10087

1. 원폭 상해를 치료하기 위하여 밀항후 일본 관헌에 검거된 "손귀달" 의
   문제에 대하여는 동 건이 여러가지 복잡한 문제를 내포하고 있는 점을
   감안하여 동 문제 처리를 위한 일본 관계 당국의 동향과 기타 일본 내의
   실정등을 충분히 고려 하면서 신축성 있는 **approach** 로서 일본 관계
   당국의 호의적인 배려 및 적절한 조치를 요청 하시기 바람.
   ~~적극 영사보호를 영사관을 시에 통해~~

2. 특히 *본인에* 대하여는 현재 일본 좌경 단체인 원수폭 협회 및 좌경
   인사들이 본인의 무조건 석방등을 요구하는등 적극적인 접근을 시도
   하므로서 그들의 선전 목적에 이용 하려는 움직임을 보이고 있음으로
   본인이 이러한 선전에 현혹되지 않도록 ~~충분히~~ 조치 하~~시고, 아울~~ *참고동시에*
   일본 관계 당국의 동향과 좌경 개입의 책동등을 예의 주시 하면서, 이에
   ~~특별한~~ 대처를 하시고 수시 그 결과를 보고 하시기 바람. (아북)

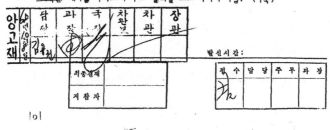

양 고 재	담 당	과 장	국 장	차 관 보	차 관	장 관
	김봉규					

최종결재	
지참자	

발신시간:

접 수	담 당	주 무	과 장

101

【외무부 발송 첫 공문(1968년 10월 8일)】

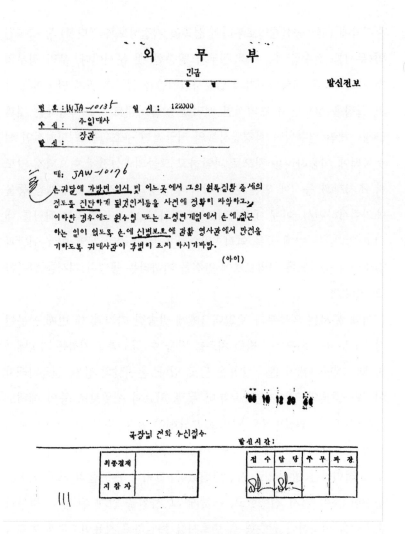

외 무 부

긴급

발신전보

번 호 : WJA-10135   일 시 : 122000

수 신 : 주일대사

발 신 : 장관

대 : JAW-10176

손귀달에 가방면 의식 및 어느곳에서 그의 원폭질환 증세의
정도를 진단하게 될것인지등을 사전에 정확히 파악하고,
여하한 경우에도 원수협 또는 조총련계열에서 손에 접근
하는 일이 없도록 손.에 신변보호에 광황 영사관에서 만건을
기하도록 귀대사관이 각별히 조치 하시기바람.

(아이)

국장님 전화 수신접수

발신시간 :

최종결재	
지참자	

접 수	담 당	주 무	과 장

【외무부 발송 2번째 공문(1968년 10월 12일)】

첫 번째 문서는 주일대사로부터 사건 개요 보고와 손귀달의 영사 보
호를 위해 조치한 내용(검찰청을 방문하여 인도적인 선처를 요청하고

손귀달에 대한 공산계열로부터의 접촉을 거절하도록 부탁함) 등 총 6건의 문서를 접수한 후, 우리 정부가 발송한 첫 문서이다. 우리 정부의 첫 지시사항은 원폭피해자의 밀항사건인만큼 일본의 관계 당국의 동향과 실정을 살피면서 호의적인 배려를 이끌어내도록 조처하라는 것과 좌경단체인 원수협과 좌경인사들의 적극적인 구호활동을 정치적인 선전목적에 이용하려는 것으로 파악하고 그들의 「선전에 현혹되지 않도록 조치함과 동시에 일본 관계 당국의 동향과 좌경 계열의 책동 등을 예의주시하면서, 이에 대처하시고 그 결과를 보고」17)하라는 지시를 내리고 있다. 두 번째 공문 역시 「원수협 또는 조총련 계열」이 손귀달과 접촉하지 못하도록 신병보호에 만전을 기하라는 동일한 지시를 반복하고 있다.18)

아래 문서는 외무부가 주일대사에게 발송한 마지막 세 번째 공문이다. 이 문서는 손귀달이 병원 치료를 받을 수 있도록 조치하는 과정에서 발생한 제반비용에 관한 내용을 담고 있다. 손귀달의 경우, 원폭피해자이지만 일본의 정부기관으로부터 무료 치료와 생활보조 등의 혜택도 받을 수 없고, 진찰비용도 자비로 부담해야 했다. 주시모노세키 김윤희 부영사가 보석금 7만엔을 적립하고, 보증금 5천엔은 야마구치 민단본부가 적립하는 방식으로 가방면되었다. 그러나 손귀달의 보석 신청은 원수협 측이 먼저 진행했고, 뒤늦게 그 사실을 알게 된 우리 정부가 손귀달을 설득하여 원수협 측 변호사를 해임하고 자유민주당계 변호사를 새로이 선임하면서 가방면에 이르게 된 것이다. 주일대사는 가방면 후에도 원수협을 비롯한 민간단체는 손귀달의 치료계획을 제시하였으

---

17) 문서번호 WJA-1087, 『한국 원폭피해자 구호 1968-71』 p.101.
18) 문서번호 WJA-10135, 『한국 원폭피해자 구호 1968-71』 p.111.

나 완강히 거부했다고 보고하고 있다. 그러나 우리 정부의 지시대로 좌익계의 접근을 막고 영사관과 민단 측에서 손귀달의 신병을 확보하긴 했으나, 병원 진찰 등에 소요되는 경비문제는 사실상 우리 정부로부터의 송금이 필요한 상황임을 알려오자 이에 대한 답변으로 발송된 것이 아래 문서이다.

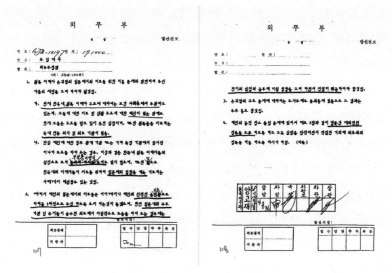

【외무부 발송 세 번째 공문(10월 19일)】

외무부는 국내 원폭피해자구호문제는 보건사회부가 주관하고 있지만, 이들에 대한 예산이 설정되어 있지 않기 때문에 손귀달의 원폭병 치료를 위한 제반 비용을 지불할 수 없다는 입장을 표명하고 있다. 또한 손귀달의 치료비를 정부 측에서 보조할 경우, 원조와 보호를 받지 못하고 있는 국내 원폭피해자들과의 사이에 부작용이 우려되고, 금후에도 일본에서의 치료를 위한 밀항이 계속 발생할 수 있는 사안이므로 손귀달의 사촌이 부담하도록 지시하고 있다. 그리고 보건사회부도 손귀달의 진찰에 소요되는 경비부담에 대해 「당부로서는 불가한 형편이므로 대한적십자에 이에 대한 협조를 요청중」[19]이며, 대한적십자로부터의 회신이 오는 즉시 연락하겠다고 답변하고 있다.

손귀달의 밀항사건을 통해 우리 정부는 원폭피해자가 일본의 병원에서 치료를 받을 수 있도록 적극적으로 대처했다기 보다 미온적인 대응으로 일관했고, 정부의 역할은 영사 보호 수준에 머무르고 있으며 좌익계 인사 및 단체의 접근을 차단시키는 것에만 집중하고 있음을 알 수 있다.

1968년 10월 17일자 주일대사 발신 문서에는 10월 16일에 실시한 일본외무성 아세아국장과의 면담 내용을 담고 있다. 브리핑된 내용이 「대북괴 공작기계 수출문제」, 「한일협력위원회문제」, 「법적지위 및 교육관계 실무자 회담」, 「손귀달 건」, 「북송문제」, 「북괴방문 일본기자의 문제」인 것으로 보아, 당시 정부로서는 한일관계와 북한문제가 가장 큰 현안이었던 것으로 사료된다. 따라서 손귀달의 밀항사건에 대해서도 본 사건을 계기로 원폭피해자의 구호문제를 해결하기 위해 적극적인 대처를 했다기보다 북한의 움직임을 경계하면서 본 사건이 좌익계의 정치적 목적으로 이용되는 것을 차단하고자 하는 모습이 부각되었다고 할 수 있다.

(3) 핵금회의의 원조와 의사단 파한 관련 문서

손귀달 사건이 종료된 후에 생산된 문서는 〈핵병기금지평화건설국

---

19) 문서번호 지의700, 『한국 원폭피해자 구호 1968-71』 p.157.

민회의(核兵器禁止平和建設国民会議, 핵금회의)〉의 원조 제의를 비롯한 일본인들의 기부금 전달 관련 문서가 주를 이루고 있다. 핵금회의는 소련의 핵실험 관련 행보에 대한 입장의 차이로 인해 원수협 내에 분열이 발생하여 민주사회당(민사당) 등 보수계의 피폭자를 중심으로 1961년 11월 15일에 결성, 2014년 1월에 〈핵병기폐절·평화건설국민회의(核兵器廃絶·平和建設国民会議)〉로 개칭하여 활동을 이어오고 있는 단체이다.[20] 1969년 1월 28일자 공문으로 주일대사가 핵금회의에서 한국인 원폭피해자 원조를 위해 모금한 100만엔에 대한 기부 의사를 밝혀온 사실을 전하고 기부 대상자와 송금 방법을 문의함과 동시에 핵금회의의 정치적 성향을 보고하고 있다.

그런데 핵금회의로부터의 원폭피해자 원조 제의에 대해 외무부 동북아주과에서는 주일대사에게 발송할 회보안을 작성하여 건의하고 있다. 이 문서에는 핵금회의가 원수협과 원수금과는 달리 「반공적 색채를 지닌 조직」이지만, 「모든 핵무기의 폐기를 주장하고 있으므로 우리의 당면 국방정책상 문제가 있다고 보므로 정부가 동 회의의 취지, 사업에 적극적으로 호응 내지 관여할 수 없다고 생각」[21]된다고 기재하고 있다. 즉, 핵금회의의 제안에 대해 우리 정부가 개입하지 않고, 〈한국원폭피해자원호협회〉와 연결시킴으로써 민간단체의 상호접촉으로 진행되도록 유도하고 있는 것이다. 그리고 작성한 회보안에는 협회 측에는 「원조를 받는 경우에도 아무런 부대조건 내지 양해사항(strings) 없이 기부를 받도록」 종용하겠다는 언급을 덧붙이고 있다. 주일대사로부터 핵금

---

20) 核兵器廃絶·平和建設国民会議(KAKKIN) 홈페이지, http://kakkin.jp/(검색일자: 2022.11.1.).
21) 문서번호 아북700, 『한국 원폭피해자 구호 1968-71』 pp.161-162.

회의의 원조 제안을 알리는 공문이 발송된 것은 1월 28일이고, 외무부가 기부대상과 사용계획에 대한 의견을 보건사회부에 요청하는 것이 2월 14일이므로 그 사이 외무부 내에서 답보 상태였던 것이다. 또한 보건사회부도 주일대사를 통해 핵금회의로부터 회신 독촉 사실을 보고 받은 후에야 3월 19일자 공문으로 기부금 사용계획을 알려온다. 보건사회부는 기부대상을 〈한국원폭피해자원호협회〉로 하고, 기부금은 원폭 피해 긴급환자의 진료비와 피해자 수용센터 설립에 사용하겠다는 계획과 함께 원폭피해자센터 건립 취지문과 그 개요를 첨부하여 외무부에 전달하고 있다. 1월 28일에 발송된 주일대사의 의견 요청에 외무부는 3월 25일자 공문으로 답변을 보내고 있으며, 여기에는 동북아주과에서 작성한 회보안의 내용을 반영하여 원호협회 측에 핵금회의로부터 어떠한 「부대조건 내지 양해사항(strings)」 없이 기부받도록 종용할 것이니 이 점을 유념해서 처리하라는 지시를 내리고 있다.

핵금회의의 원조 제안에 대해 우리 정부는 우선 핵금회의가 진보세력이 아닌 보수 성향을 지닌 단체라는 점에서 손귀달 사건 때의 원수협에 대한 태도와는 달리 제안 자체를 긍정적으로 검토하는 모습을 보였다. 그러나 핵금회의가 지향하는 핵무기 폐절이 우리 정부의 「국방정책상 문제」가 있다고 판단하고 정부가 직접 개입하지 않는 형태로 진행시켰다. 이러한 판단의 배경에는 당시 원자력 연구개발에 대한 우리 정부의 확고한 의지가 작용하고 있었다. 이 시기 한국전쟁과 이후 계속된 남북한의 대치상황 속에서 원자력이라는 신에너지에 대한 기대와 열망이 있었고, 1959년에는 최초의 정부출연연구기관으로 원자력연구소를 설립하여 원자력 개발에 힘을 쏟고 있었다. 원수협의 구호활동과 핵금회의의 원조 제안에 대한 우리 정부의 반응에는 공통점이 발견된다. 우리 정부는 좌익세력의 개입으로 원폭피해자 문제가 정치문제로 확대되는 것을 가장 우려했고, 국익을 우선시했다. 원폭피해자 구호에 관심을 보이는 단체와 인사들에 대해서는 조사와 경계가 먼저였고, 국익에 반하는 단체와의 접촉은 차단했다. 정부의 구호가 절실한 원폭피해자들에게는 냉담했고, 민간 차원의 구호운동이 일본에서 전개되었을 때도 우리 정부는 미온적인 태도로 일관했던 것이다.

핵금회의는 1970년 10월에 한국인 원폭피해자 실태조사에 착수했다. 10월 13일부터 5일간 한국노조총연맹, 〈한국원폭피해자원호협회〉, 보건사회부, 피폭자 자활촌 및 재한일본대사관 등을 방문한 후 작성한 조사보고서가 주일대사를 거쳐 외무부에 전달되었다. 한국의 원폭피해자의 실정에 관해 핵금회의는 「피폭자에 대한 국가로서의 원호대책은 전혀 없고, 피폭자는 정신적으로도 생활면에서도 대단히 곤란한 실정에 있」어 「인도적 지원의 필요성을 강하게 느꼈다」[22]고 보고하고 있다.

한국인 원폭피해자의 실태조사를 마친 핵금회의는 곧 의사단 파한을 준비한다. 1971년 6월부터 8월에 걸쳐 생산된 문서는 한국인 피폭자 치료를 위한 의사단 파한 문제를 다루고 있다. 의사단 파한에 주도적인 역할을 한 단체는 손귀달의 밀항사건을 계기로 1968년 10월 26일에 히로시마에서 발족한 〈피폭자구원일한협의회(被爆者救援日韓協議会)〉였다. 주일대사로부터 〈피폭자구원일한협의회〉로부터 의사단 파한 계획을 전하고 우리 정부의 협조를 요청해왔다는 7월 2일자 공문에 대해 외무부는 「대호건 처리에 참고코저하니 피폭자구원일한협의의 설립일자, 조직, 성격 및 업적 등을 조사 회보 바람」[23]이라는 한 문장의 문서

22) 核兵器禁止平和建設国民会議「韓国被爆者調査報告」『한국 원폭피해자 구호 1968-71』 pp.199-201.

를 발송하고 있다. 이에 대해 주일대사는 협의회의 성격을 「핵금회의파에 속하며, 「일본원수폭협의회」(日本原水爆協議会-일본 공산당계)와는 구별」,24)된다는 보고와 함께 협의회의 규약 전문과 회장, 부회장, 사무국장의 인적사항(생년월일, 본적지, 현주소, 최종학력, 직력, 종교) 등을 기재한 별첨 서류를 첨부하고 있다. 협의회측이 의사단 파한 계획서를 보면 그 시기는 9월 15일부터 10월 10일까지로 표기되어 있으며, 여기에는 구체적인 일정과 진료를 담당할 의사 명단이 명기되어 있다. 핵금회의의 기부금을 바탕으로 1973년 12월에는 경상남도 합천군에 피폭자 진료센터가 건설되었고, 의사단 파한은 1992년까지 계속되었다.

6. 우리 정부의 대응에 나타난 문제점

이상, 한국인 원폭피해자 구호문제를 둘러싸고 우리 정부가 생산한 외교문서를 살펴보았다. 본 문서철은 1968년 3월 2일자 첫 문서에서 1971년 9월 6일자의 마지막 문서까지 총 3년 6개월간 생산된 것인데, 한국인 원폭피해자문제에서 중요하게 다루어지고 있는 몇 가지 사항이 발견되지 않고 있다.

손귀달의 밀항사건을 계기로 발족한 〈한국피폭자구원일한협의회〉가 1968년 12월에 교토(京都)에서 개최 예정인 제2차 세계대전 한국인 전몰자위령제에 〈한국원폭피해자협회〉의 엄분연(嚴粉連, 부산 지부장)과 임복순(林福順, 서울 회원)을 초청했다. 위령제 참석 후에 두 여성은

---

23) 문서번호 WJA-0758, 『한국 원폭피해자 구호 1968-71』 p.219.
24) 문서번호 일영:725-9076, 『한국 원폭피해자 구호 1968-71』 p.223.

히로시마원폭병원에서 검진을 받고 「피폭자건강수첩(被爆者健康手帳, 건강수첩)」교부를 신청했으나, 후생성(厚生省)은 이듬해인 1969년 2월 14일에 이를 각하했다.

엄분연과 임복순의 건강수첩 교부 신청은 결국 각하되었지만, 이 일을 계기로 한국인 피폭자문제가 일본국회에서 처음으로 거론되었다. 1969년 5월 8일에 열린 제61회 국회 중의원 사회노동위원회 회의에서 원자폭탄피폭자에 대한 특별조치에 관한 법률의 일부를 개정하는 법률안 심사가 진행되었고, 이 자리에서 무라나카 도시아키(村中俊明) 후생성 공중위생국장은 아래와 같은 발언을 하고 있다.

한국을 포함해 외국인이 일본 국내의 의료기관에서 피폭 치료를 받는다는 것에 관해 단계를 나누어 설명드리고자 합니다. 첫째는 국내에서 의료를 받을 수 있는지의 여부, 이것은 받을 수 있습니다. 한국에는 저도 충분히 알진 못하지만, 일본의 원폭병원에 상당하는 기술자를 풍부하게 갖춘, 시설이 갖추어진 그런 병원이 그리 많지 않다는 식으로 들어서, 한국의 피폭자가 자국내에서 적절한 치료를 받을 수 없고 그 때문에 일본의 의료기관에서 치료를 받고 싶다는 것에 대해서는, 이것은 일본의 의료기관은 언제라도 받아들이는 체제입니다. 다만 지적하신 후단에 있었습니다, 그런 경우 현재 국내에서 적용하고 있는 원자폭탄 피해자의 의료에 관한 법률, 또 하나는 작년의 특별조치법, 이 법의 적용이 그런 경우가 될지의 여부에 대해서인데, 이것은 관계 부처와도 일단 사무적인 협의를 하면, 법의 방침이 지역사회의 복지 유지와 증진을 목적으로 하는 사회보장법이므로, 따라서 이 법의 적용을 일본인 이외가 받을 수 없다는 배제는 없지만, 국내에서 생업을 영위하고 있는, 즉 거주의 본거지가 일본에 있다는 것이 전제조건이 되어 있습니다. 말하자면 이 법률은 속인주의가 아니라 속지주의의 원칙을 취하고 있다는 식의, 예를 들어 일시적으로 일본을 방문했다는 식의 외국인에 대해서는 적용되지 않는다는 것입니다. 다만,

금후의 문제로서, 현실적으로 한국 혹은 대만에 피폭자가 있다, 그러한 분들이 자국내에서 의료를 받을 수 없다, 그런 문제에 관해서는 일본으로서는 어떠한 태도를 취할 것인가 하는 문제가 나올 거라고 생각합니다. 이것에 관해서는 현재 해외기술협력사업단이라는 것이 있는데, 여기서 의료에 대한 동남아시아 방면에 대한 원조를 하고 있습니다. 만약 한국의 의사 중에서 원자폭탄의 피폭 의료를 전문적으로 연수받거나 습득하기를 희망하는 자가 있는 경우, 이 사업단을 통해 우리들은 받아들일 것을 검토해 가는 것은 충분히 가능성이 있다고 생각합니다.[25]

일본의 원폭2법은 국적과는 상관없이 원폭피해자라면 일본의 의료 혜택을 받을 수 있다. 즉, 한국의 원폭피해자가 일본의 의료기관에서 원폭치료를 받을 수는 있지만, 무라나카 공중위생국장도 인정하고 있는 것처럼 원폭2법은 속인주의가 아닌 「속지주의」 원칙에 따르고 있다. 엄분연과 임복순의 건강수첩 교부 신청이 거부된 것도 이 때문으로 결국 치료 목적으로 일시 입국한 외국인은 원폭2법의 적용대상이 될 수 없는 것이다. 그러나 현실적으로 한국에는 원폭피해자가 있고 한국에서 치료를 받지 못하고 있는 이상, 일본 정부로서도 지켜볼 수만은 없다고 판단한 무라나카는 의료기술 협력을 통해 한국인 원폭피해자 문제를 해결해 나갈 것을 제안하고 있다. 이와 유사한 형태의 일본정부의 지원강구책은 〈한국원폭피해자원호협회〉가 정식 발족하고 1967년 11월 4일에 협회 회원들이 일본대사관 앞에서 일본정부에 배상을 요구한 시위를 전개했을 때에도 제시되었다. 당시 일본대사관 측은 민간차원의 구호운동 전개 의지와 도일치료의 가능성을 시사했다. 이후 한국인

---

25) 「第61回国会 衆議院 社会労働委員会 第16号 昭和44年5月8日」(村中俊明の発言の URL), https://kokkai.ndl.go.jp/simple/txt/106104410X01619690508/25(검색일자: 2022.12.28.). *인용문 속의 밑줄은 논자에 의한 것임.

원폭피해자가 원폭 치료를 위해 불법밀입국한 사례와 건강수첩 교부를 신청하는 일이 발생하자, 이번에는 의료기술을 통한 협력안을 검토하고 있는 것이다.

이와 같이 1969년 시점에 일본의 국회에서 거론된 의료기술협력안은 10년 후에 실현된다. 양국의 여당 정치가들이 중심이 되어 오랜 협의 끝에 한국 의사의 일본 파견과 연수, 일본 의사의 한국 파견, 원폭피해자의 도일치료라는 형태로 양 정부가 합의에 이른 것은 1979년이다. 그리고 정식 합의문 작성 후 도일치료가 개시되는 것은 1980년대에 이르러서이다. 밀항이라는 불법 행위를 통해서까지 원폭치료를 갈망했던 원폭피해자가 발생한 1968년 당시부터 우리 정부가 보다 적극적으로 문제 해결을 위해 노력했다면 치료 한번 받지 못한 채 숨겨간 피해자는 말할 것도 없고, 원폭피해자의 고통을 다소나마 줄여줄 수 있었을 것이다. 그러나 손귀달의 밀항사건과 관련하여 생산된 문서의 양과 내용으로 보아 이 사건에 대해 우리 정부는 적극적으로 대응한 것이라고는 할 수 있다. 단순한 불법입국이 아니라 원폭피해자로서 원폭 치료를 목적으로 한 밀항이었다는 점을 우리 정부도 고려한 대응으로 보이나, 근본적인 문제 해결을 위한 활동으로 보기는 어렵다. 원호를 요청하는 한국인 원폭피해자의 목소리에 일본정부는 한일청구권협정을 구실로 내세우며 인도적 견지에서 민간 차원의 구호를 돕겠다는 태도로 일관했고, 우리 정부 또한 동일한 입장을 취하고 있었다. 한일 양 정부 어느 쪽도 먼저 움직이려 하지 않고 방관하고 있었던 것이다.

한일 양 정부의 미온적인 태도에 변화를 가져다준 것은 결국 원폭피해자 자신과 이들을 지원하는 시민단체의 활동에 의해서이다. 손귀달의 밀항사건을 계기로 한국의 피폭자 상황이 알려지면서 일본에서는 한국인 원폭피해자 구원활동을 위한 시민단체가 생겨나기 시작했고, 손귀달 사건으로부터 2년 후에 발생한 손진두(孫振斗)의 밀항사건은 한일간의 시민 연대를 강화시키는 계기가 되었다.

그런데 본 문서철에는 이러한 손진두의 밀항사건을 다룬 문서가 한 건도 발견되지 않는다.[26] 1970년 12월 3일, 원폭 치료를 위해 밀입국하여 체포된 손진두는 1971년 10월 5일, 후쿠오카현(福岡県)에 건강수첩 교부 신청을 한다. 이듬해 7월 14일에 각하 처분이 내려지자 10월 2일, 건강수첩 교부 신청 각하 처분에 대한 취소 소송을 후쿠오카 지방재판소에 제기한다. 한국인 원폭피해자가 제기한 첫 「수첩투쟁」이었고, 이 사건은 1978년 3월 30일에 최고재판소에서 승소 판결을 받게 된다. 그런데 손귀달의 밀항사건과 관련한 문서의 경우, 사건 발생에서부터 종료까지 총 29건이 생산된 것에 반해, 손진두 사건에 관해서는 생산된 문서가 전혀 없다. 본 문서철에 손진두의 체포와 건강수첩 교부 신청과 관련된 문서가 없다는 것은 이 사건에 대한 우리 정부의 외교적 대처가 없었다는 것을 의미한다. 문서철『한국인 원폭피해자 구호 1972-73』에서도 〈한국의 원폭피해자를 구원하는 시민의 모임〉의 기관지『서둘러, 구호를!(早く、救護を!)』(2)에 게재된 우메하라 고스케(梅原孝亮)의 투고 글(「朝鮮人被爆者孫振斗さんに日本在留と原爆症治療を!!」)이 담겨 있을 뿐이다. 이 글은 손진두 사건에 대한 자료라기보다 〈한국원폭피해

---

26) 손귀달 사건의 경우, 손귀달의 인적사항과 밀항 경위, 현지 동향과 일본 정부의 반응, 손귀달의 사촌에 대한 인적 조사와 접촉 내용, 손귀달과 접촉한 단체 및 인사에 대한 조사 내용, 재판 진행 상황, 원수협 측 변호사를 해임하고 자유민주당 계 변호사로 교체한 사실, 손귀달의 보석금(70만엔) 조달 상황, 가방면 이후의 거처와 병원 진찰 관련 상황, 손귀달 사건에 관심을 보이는 방송국(NHK, TBC, DBK 등)의 TV출연 교섭 상황, 신문사의 인터뷰 내용, 손귀달 관련 보도자료, 히로시마 원폭병원에서의 진찰과 입원, 재판 결과와 병원 진찰 결과 등 손귀달의 귀국으로 사건이 종료되기까지 대단히 상세한 보고와 지시가 이루어졌다.

자협회〉의 일본에서의 활동 자료로 첨부한 것으로 그 속에 손진두 관련 글이 실려 있었던 것에 지나지 않는다.

오사카(大阪)에 태어나 히로시마에서 피폭한 손진두의 체포 소식이 전해지자, 오사카에서는 〈한국의 원폭피해자를 구원하는 시민 모임(韓国の原爆被害者を救援する市民の会)〉이 발족하여 손진두의 일본체류와 치료를 요구하는 구원활동을 전개했다. 그리고 〈한국원폭피해자협회〉의 2대 회장에 취임한 신영수(辛泳洙)가 1971년 8월에 일본을 방문하여 피폭당사자로서 한국인 피폭자의 실정을 호소하자, 〈한국의 원폭피해자를 구원하는 시민 모임(韓国の原爆被害者を救援する市民の会)〉 오사카지부가 결성된다.

본 문서철에는 손진두의 밀항과 체포, 건강수첩 교부 신청과 관련된 문서뿐 아니라 신영수 회장의 1차 도일에 관한 문서도 찾아볼 수 없다. 신영수 회장과 관련한 문서는 두 번째 문서철(1972-73)로 정리되어 있는데, 이것은 신영수 회장이 우리 정부에 진정서를 일본 정부에 요망서를 제출하고 한국인 원폭피해자문제 해결을 촉구하면서부터 생산된 문서이다. 1972년 8월, 신영수 회장의 3차 도일 목적의 하나가 다나카(田中) 수상에게 보상을 요구하는 요망서를 제출하는 것임이 알려지자, 제출 전부터 일본의 현지신문은 이 사실에 관심을 보였고,[27] 8월 30일, 신영

---

27) 「日本へ補償要求決議 韓国人原爆被害者協会 近く代表が来日」(『朝日新聞』 1972.8.10.), 「ソウル原爆病院建設 実現へ愛の輪広げて」, 「韓国の被爆者救って! 医師ら2人来日」(『朝日新聞』1972.8.16.), 「韓国人被爆者に戦後はない 病院建設資金を 二代表が来日、協力を訴え」(『毎日新聞』1972.8.16.), 「韓国の被爆者救って 徳山訪問の医師が訴え」(『読売新聞』1972.8.16.), 「韓国の被爆者慰問へ 折鶴会員ら7人が出発」(『中国新聞』1972.8.18.), 「広島市も側面援助を 韓国の被爆者援護 政府へ運動で要望」(『中国新聞』1972.8.18.), 「被爆者補償を要望へ 広島市の協力求める」(『朝日新聞』1972.8.22.), 「韓国人被爆者に補償を 辛援護協会長 近く田中首相に要望」(『読売新聞』1972.8.22.), 「韓国の被爆者救援 日本政府

수 회장이 미키(三木) 부총리와의 면담과 요망서 내용을 보도했다.[28]

같은 시기 정부에 제출한 진정서에는 지금까지 수차례 진정서를 제출했으나, 그때마다 대통령에게 상달되지 않고, 「청와대 비서실에서 보사부에 조사선처하라고 회부」[29]되었을 뿐이고, 보건사회부에서도 원폭피해자 구호와 관련된 법률도 예산도 없는 상태라며 계속 방치해온 사실을 지적하며, 근본적인 해결을 촉구하고 있다. 구체적인 요구사항으로 한일회담에서 거론되지 않은 원폭피해자에 대한 피해보상을 일본 정부에 요구해 달라는 요구를 포함하여 총 8개의 항목을 제시하고 있다. 이러한 협회의 진정서에 대해 보건사회부는 「진정 내용의 대부분이 원폭피해자에 대한 보상문제 등으로 현 국내실정을 감안할 때 당부에서는 단독으로 처리할 수 있는 문제」가 아니며, 「대한적십자사 총재에게 귀회의 진정을 통보하여 진지하게 검토 처리하도록 조치하였으니 양지하시기」[30] 바란다는 회신을 보냈다. 협회 발족 후 첫 진정서를 제출했을 때와 동일한 답변이다. 그러나 신영수 회장의 요망서 제출에 대해 일본 정부는 주일대사를 통해 인도적 견지에서 한국인 원폭피해자에 대해 구제 조치를 하고자 하지만, 「피해보상권리는 청구권협정으로 소멸되었기 때문에 한국정부의 요청 없이 일본정부가 자진하여 이니시

へ「要望書」出すが 本心は「抗議」なのです 辛会長 市民の会に悲惨さ説明」(『朝日新聞』1972.8.28.),「要望書」(『朝日新聞』1972.8.30.),「韓国の被爆者に補償を代表、首相へ要望書 "医療法"適用など5項目」(『中国新聞』1972.8.30.) 등.

28) 문서철 『한국인 원폭피해자 구호 1972-73』에 수록된 요망서(「田中総理大臣への要望書」)에는 한국인 피폭자에 대한 피해 보상, 외국인 피폭자에 대한 원폭의료법 적용, 한국의 피폭자원호법 입법화지지, 한국인피폭자복지센터 건설 지원, 외국인 원폭피해자 실태조사 등 5가지 항목의 요구 사항이 담겨있고, 동일한 내용을 8월 30일자 『朝日新聞』에서 소개하고 있다.

29) 한국원폭피해자원호협회 「진정서」『한국인 원폭피해자 구호 1972-73』 p.58.

30) 문서번호 의정 1428-165248, 『한국인 원폭피해자 구호 1972-73』 p.62.

아티브를 취하기가 어렵다고 하면서, 한국정부가 이니시아티브를 취하여 주기를 바란다」[31]는 뜻을 전하고 있다. 이러한 일본 정부의 반응 또한 일관된 것이다. 그러나 여기에는 한국인 원폭피해자에 대해 피해 보상은 불가능하지만 어떤 형태로든 정부 차원의 원조는 가능하다는 뉘앙스도 담겨 있다. 정부 차원의 교섭이 이루어지기 위해서는 문제 해결을 원하는 한국 정부가 먼저 행동을 취해야 한다는 일본의 소극적인 태도를 비판하기 이전에 이러한 뜻을 전달했음에도 불구하고 문제 해결을 위해 적극적인 교섭에 나서지 않은 우리 정부 측에 더욱 큰 문제점이 있다고 봐야 할 것이다.

1970년대에 접어들면서 손진두의 수첩재판과 〈한국원폭피해자협회〉의 방일 활동, 그리고 원폭피해자를 지원하는 단체들의 활동으로 한국인 원폭피해자문제는 새로운 국면을 맞이하게 된다. 그러나 원폭피해자문제에 대처하는 우리 정부의 태도에는 변화가 없었다. 우리 정부는 일본과 마찬가지로 한국인 원폭피해자 구호문제는 한일회담에서의 청구권협정으로 종료되었다는 입장을 고수하고 있었고, 근본적인 문제 해결을 회피해왔다. 특히 손귀달의 밀항사건과 핵금회의로부터의 원조 제의에 대처하는 과정에서 나타나고 있는 것처럼, 한국인 원폭피해자를 지원하고자 일본인과 일본의 시민단체에 대해서도 좌익인사와 좌익 단체의 접근을 막고자 하는 태도였고, 한국전쟁 이후 더욱 강력해진 반공정책의 논리가 피폭자 구호문제에까지 적용되고 있었던 것이다.

---

31) 문서번호 JAW-11144, 『한국인 원폭피해자 구호 1972-73』 p.123.

외교문서로 보는 재일한인의
귀환·송환·봉환

재일한국인 유골봉환과 한국 외교문서

모리무라 세이이치 「사사노보효(笹の墓標)」를 중심으로

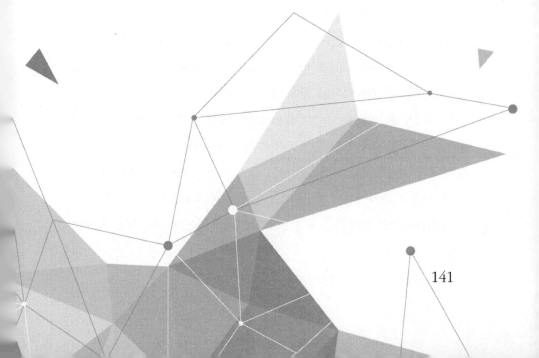

엄기권

(한남대학교 탈메이지 교양·융합 대학 강사)

1. 들어가며

　본고는 태평양 전쟁 당시 일본에 강제동원된 조선인들의 유골봉환 문제를 정면으로 다룬 모리무라 세이이치(森村誠一)의 소설 「사사노보효(笹の墓標)」를 중심으로 동시기 한국 정부의 외교문서의 분석을 통해 전후 유골봉환 문제를 재검토한다.

　소설 「사사노보효」는 『소설보석(小説宝石)』에 2000년 1월호부터 5월호까지 연재되었다. 「사사노보효」는 홋카이도(北海道)의 우류댐(雨竜ダム) 건설에 강제동원된 조선인들의 유골 발굴 및 봉환을 소재로 하여 강제동원의 역사를 재조명하고 가해자를 고발하는 미스테리 추리장편 소설이다. 소설은 1940년에 홋카이도에 있는 탄광으로 일을 하러 도일하여 전후에는 재일조선인총연합회에서도 활동을 한 채만진 씨를 중심으로 홋카이도에서 결성된 소라치민중사강좌(空知民衆史講座)의 조선인 희생자 유골봉환 운동의 과정을 작품의 곳곳에 배치하며 이야기를 전개하고 있다. 또한, 「사사노보효」에는 태평양 전쟁 당시 중국인 희생자들의 유가족이 일본 정부를 상대로 청구한 손해배상에 대한 기각 판결문도 삽입되어 있는데, 판결 요지문은 전시 피해자에 대한 보상은 국가에 대한 개인의 직접적인 손해배상 청구가 아니라, 국가 간의 교섭을 통해서만 가능하다는 것을 보여주고 있다.

　따라서 본고에서는 소설 「사사노보효」에서 그려지고 있는 소라치민중사강좌의 유골 봉환 운동 과정을 당시 한국 정부의 유골봉환 관련 외교문서의 분석과 함께 고찰하여 작품 속에 그려지는 유골봉환 운동의 배경을 분석하고자 한다. 이를 통해 저자 모리무라 세이이치가 유골봉환이라는 역사적 소재를 어떠한 앵글로 작품에 투영했는지 살펴

보며 작품의 시대적 의미와 해석의 가능성을 고찰하는 것을 목적으로
한다.

2. 모리무라 세이이치와 소설 「사사노보효」

유골 봉환 문제를 주제로 다룬 모리무라 세이이치의 소설 「사사노보
효」의 줄거리는 다음과 같다. 태평양 전쟁 중 홋카이도의 우류댐 건설
에 강제동원된 조선인 이경신(李景信)은 열악한 노동 환경으로 인해 사
망한다. 이경신으로부터 고향에 있는 딸 정원(貞媛)에게 전해달라며 빨
간 산호로 된 빗을 받은 동료 박명수(朴命水)는 탈주를 감행하고, 구원
위원회(救援委員会)의 서동운(徐東雲)과 그의 딸 아사코(朝子)의 도움
으로 무사히 도망친다. 50여 년 후, 가누마 고이치로(神沼公一郎)는 후
배 가도마쓰(門松)와 함께 한국과 일본의 젊은이들이 홋카이도에 모여
전시기 강제노동 희생자들의 유골을 발굴하는 한일공동워크숍에 참가
한다. 유골 발굴 작업 중에 부란(腐乱) 시체가 발견되는데 시체는 연인
나카미치 가오리(中路香織)를 고향 가라쓰(唐津)에 남겨두고 상경한 고
즈키 요시히코(上月良彦)였다. 고즈키는 가누마의 전 연인으로 홋카이
도 나요로(名寄)를 떠나 도쿄로 간 아시하라 나미(葦原奈美)의 직장 동
료였다. 나미 또한 고즈키 사망 몇 개월 전에 도쿄에서 병사한 상태였
다. 홋카이도 후카가와(深川)서의 호시노(星野)와 도경(道警)의 미야카
와(宮川)는 고즈키와 나미가 함께 일했던 도쿄의 아카사카의 클럽 「긴
바샤(銀馬車)」의 고객 리스트를 조사하게 되고, 그 결과 전 홋카이도·
오키나와개발청 장관 다케이 마사히데(武居正秀), 교에이(協栄) 사장

에무라 도시아키(江村敏朗), 호쿠신(北振)토지개발 사장 오다카 노리오(小高則夫)가 수사 선상에 오른다. 이 중 다케이와 에무라의 조부들은 태평양 전쟁 당시 홋카이도의 강제노동에 가담한 가해자였다.

한편, 가누마는 나미의 유품 사진을 통해 나미가 죽기 전에 고즈키와 함께 아사히카와(旭川)를 여행한 사실을 알아낸다. 그런데 두 사람이 묵은 료칸은 후배 가도마쓰의 집으로 조부 가도마쓰 명수는 강제노동을 피해 도망친 박명수였다. 이 소식이 미디어를 통해 알려지자 다케이는 명수와 만나 한 개인으로서 조부의 잘못을 사죄하고 이경신의 빚을 넘겨받아 후손에게 전해줄 것을 약속한다. 그 사이 다케이의 운전수 기타야마 유키히로(北山幸弘)가 한 호텔에서 살해당하는 일이 발생한다. 결국, 이 사건과 빚의 행방을 통해 고즈키와 기타야마를 살해한 것은 다케이의 딸과 결혼을 앞둔 야마오카(山岡)로 다케이의 지시에 따른 것이었다고 밝혀지며 소설은 끝을 맺는다.

이처럼 소설 「사사노보효」는 과거와 현재의 인연을 역사적 사실에 기반을 둔 사회파추리소설이다. 작가 모리무라 세이이치는 1933년생으로 대학 졸업 후, 10년간에 걸친 호텔리어 생활을 청산하고 작가로 데뷔, 1969년에 본격 미스테리 소설 『고층의 사각(高層の死角)』으로 제15회 에도가와란포상(江戶川乱步賞)을 수상하여 명성을 얻기 시작한다. 1976년에 발표된 소설 『인간의 증명(人間の証明)』이 큰 인기를 끌어 영화화되는 등 작가로서의 입지를 공고히 하는 계기가 된다. 하지만 모리무라 세이이치를 더욱 유명하게 만든 작품은 제2차 세계대전 당시 731부대의 세균전 연구와 인체실험을 고발하는 내용의 논픽션 작품 『악마의 포식(悪魔の飽食)』(1980년)이다. 이 작품을 통해 세간의 주목을 받는 동시에 우익단체의 끊임없는 협박 전화와 항의 편지를 받았고, 「모리무

라 세이이치 암살계획」을 세웠다는 우익 미디어도 있었다.

이후 왕성한 작품 활동을 계속 하던 모리무라 세이이치는 에도가와 란포상을 수상한 후 30년이 지난 90년대 말부터 작품의 소재선택의 방향성을 바꾸기 시작한다. 태평양 전쟁 전후에 파묻혀 있던 역사를 발굴하고 그 사실을 세세하게 기록하며 픽션화한 것이다. 역사적 소재를 작품의 배경으로 이용하는 것으로 끝나지 않고 거기에 픽션을 더해 그 소재의 사실적인 부분을 더욱 전면에 내세우며 보여주는 소위 「사실에 기반한 창작」에 집중하게 된다.[1] 소설 「사사노보효」는 모리무라 세이이치가 이와 같은 창작의 변환기의 시작점에 있는 작품이라 볼 수 있다. 소설 「사사노보효」는 『소설보석』의 연재가 끝난 이후, 총 세 번에 걸쳐서 문고판으로 출판되는데, 잡지 연재 종료와 거의 동시에 「장편추리소설 사사노보효」(2000년 5월 30일)라는 제목으로 엔터테인먼트 작품을 주로 다루는 고분샤(光文社)의 갓파 노베르스(カッパ・ノベルス)에서 처음 출판된다. 책날개에 인쇄되어 있는 「저자의 말(著者のことば)」에서 모리무라 세이이치는 작품에 대해 다음과 같이 소개하고 있다.

조선인강제연행노동의 희생자 유골발굴 작업 중, 발견된 부란 시체, 일본과 조선의 묻혔던 역사의 암흑 속에 감춰진 완전범죄를 추적하여 과거의 인연과 오늘날의 부식(腐蝕)과의 접점에 미스테리 월드를 구축했다.

작가의 작품 소개에서도 볼 수 있듯이 소설 「사사노보효」는 강제동원으로 인해 희생된 조선인 노동자들의 유골발굴을 통해 조선인강제동원이라는 과거의 역사를 현재의 문제로 재조명하고 있다.

---

1) 成田守正(2018)『「人間の森」を撃つ 森村誠一作品とその時代』田畑書店, p.286.

소설「사사노보효」는「서장(序章)」「제1장 청춘의 유아등(青春の誘蛾灯)」부터「제19장 미래를 여는 수평선(未来を開く水平線)」까지 총 20장의 구성으로 되어 있다.[2] 「서장」에는 앞서 살펴본 것처럼 전시기 홋카이도의 댐건설에 강제동원된 이경신의 죽음과 박명수의 탈출이 그려지고 있다. 이와 같은 소재 또한 실제 사실을 각색한 것으로 소설과 같은 제목의 자료집『사사노보효－슈마리나이·댐 공사 발굴(笹の墓標 朱鞠内·ダム工事掘りおこし)』[3]에는 발굴 이야기(掘りおこし物語)가 세 편 수록되어 있다. 그 중 두 번째 이야기「조국에 돌아가지 못한 조선인(祖国に帰れなかった朝鮮人)」은 1942년 7월에 홋카이도 댐 공사에 강제징용된 와다 니지로(和田仁次郎, 조선명「정이도(鄭二道)」)의 이야기가 그려지고 있다. 가혹한 노동환경에 혼자 탈출을 계획하던 정이도는 같은 이불을 사용하던 이재도(李在道)가 이를 눈치 채고 함께 탈출하기를 부탁하자 어쩔 수 없이 이재도와 함께 탈출을 감행한다. 탈출 도중에 구원위원회에서 파견된「서동운(徐東雲)」의 도움을 받아 무사히 아사히카와로 탈출하고, 그 곳에서 서동운이 소개해 준 구와시마 토건(桑島土建)의 사장을 만나 사장의 딸과 결혼하여 결국 귀국하지 않

---

2) 소설「사사노보효」는 다음과 같은 순서로 구성되어 있다.「서장(序章)」「제1장 청춘의 유아등(青春の誘蛾灯)」「제2장 연의 무념(凧の無念)」「제3장 부장된 범죄(副葬された犯罪)」「제4장 사사노보효(笹の墓標)」「제5장 익명의 통보자(匿名の通報者)」「제6장 단골의 의혹(常連の疑惑)」「제7장 타향의 분사자(異郷の憤死者)」「제8장 권력의 비전(権力の志)」「제9장 권력악의 자정력(権力悪の自浄力)」「제10장 무념의 유품(無念の形見)」「제11장 닌자의 노래(忍者の歌)」「제12장 "비국민"의 사명("非国民"の使命)」「제13장 악은(悪恩)」「제14장 약삭빠른 다리(調子のよい橋)」「제15장 타인의 빚 스모(他人の節の相撲)」「제16장 먼지가 나오는 혼담(埃の出る縁談)」「제17장 잃어버린 내용물(失われた中身)」「제18장 나락으로의 건배(奈落への乾杯)」「제19장 미래를 여는 수평선(未来を開く水平線)」
3)「笹の墓標」編集委員会編(1986)『笹の墓標』空知民衆史講座·朱鞠内ダム湖畔に「生命の尊さにめざめ民族の和解と友好を願う像」建立委員会, pp.56-63.

146 외교문서로 보는 재일한인의 귀환·송환·봉환

고 일본에 영주하게 된다. 이처럼 소설은 실제 있었던 자료집을 바탕으로 픽션과 논픽션을 왕복하며 전시기 조선인강제노동에 관련됐던 토건회사의 사장, 그리고 강제 집단 수용소였던 다코베야에 노동자를 공급했던 알선업자, 가혹한 노동을 폭력으로 감시한 「보가시라(棒頭)」라고 불렸던 중간관리직의 자손들이 살인사건에 깊이 관여해 가는 모습을 과거의 역사와 현재의 인연을 소재로 그리고 있다.

3. 1950년대 한일 간의 유골 봉환 교섭

채만진 씨와 함께 오랫동안 홋카이도에서 유골봉환 운동을 이끌어온 일승사(一乘寺)의 주지 도노히라 요시히코(殿平善彦) 씨는 채만진 씨에 대해 다음과 같이 소개하고 있다.

전후에 후카가와에 살았던 채만진 씨는 [재일본조선인총연합회의 전신인]재일본조선인연맹 결성에 참가하고 재일본조선인총연합회(이하 조총련)홋카이도 위원회 활동에도 참가한 민족운동 원로이다. 채만진 씨는 소라치 민중사강좌가 시작한 우류댐 공사 조선인 희생자 조사와 유골 발굴 계획에 자신이 소속되어 있는 조총련도 참가해 주길 바랐다. 그러나 조총련은 조선인 희생자 유골 발굴 운동에는 직접 관여하려 하지 않았다. 식민지배하 희생자의 유골 문제는 일본 정부가 책임져야 하므로 조선인 단체가 손댈 일이 아니라고 판단했을 것이다. 일본정부와 정치적으로 대립하는 재일코리안 조직으로서는 당연한 것일지도 모르겠다.[4]

---

4) 지상 옮김, 도노히라 요시히코(2021) 『70년 만의 귀향』 후마니타스, pp.139-140.

채만진 씨는 전후에 일본에서 사망한 조선인들의 유골 발굴과 봉환 운동을 조총련과 함께 진행하려고 했지만 조총련은 이에 응하지 않았는데 그 배경에는 당시의 정치적 상황과 매우 밀접한 관련이 있다. 그럼 작품의 시대적 상황과 함께 한국 정부는 재일조선인 유골 봉환에 대해 어떻게 대응을 했는지 한국 정부의 외교문서를 통해 살펴보자.

재일본 한국인 유골봉환 관련 한국 외교 문서

문서철명	생산연도	문서철명	생산연도
재일본한국인 유골봉환	1956~1965	재일본 한국인 유골봉환	1977
재일본 한국인 유골봉환	1966~1967	재일본 한국인 유골봉환 관련 민원	1977
재일본 한국인 유골봉환	1968	재일본 한국인 유골봉환, 1980	1980
재일본한인 유골봉환	1969	재일본 한국인 유골봉환, 1982	1982
재일본한인 유골봉환	1970	재일본 한국인 유골봉환, 1983	1983
재일본국민 유골봉환	1971	재일본 한국인 유골봉환, 1984	1984
재일본 한국인 유골봉환	1973	재일본 한국인 유골봉환, 1985	1985
재일본 한국인 유골봉환	1974	재일본 한국인 유골봉환, 1986	1986
재일본 한국인 유골봉환 관련 민원	1974~1975	재일본 한국인 유골봉환, 1987	1987
재일본 한국인 유골봉환 관련 민원	1975	재일본 한국인 유골봉환, 1988	1988
재일본 한국인 유골 봉환	1975~1976	-	-

위의 표를 보면 알 수 있듯이 재일한국인 유골 봉환에 관한 한국 외교문서 문서철은 1956년부터 1988년까지 작성된 것을 확인할 수 있다. 각 문서철에는 해당 시기의 재일 한국인의 유골봉환을 둘러싸고 한국 정부와 일본 정부 및 여러 시민 단체와의 교섭과 대응에 관한 내용이

주로 기록되어 있다.

가장 이른 시기에 작성된 1956~65년의 문서철을 살펴보면, 주일참사관이 정무국장에게 보내는 1956년 1월 11일자 공문이 눈에 띄는데, 공문을 통해 일본외무성 나카가와 아시아 국장이 일본정부가 한국인 전몰자 유골 2,000 주를 한국정부에 인계할 준비가 완료되었음을 보고하고 있다. 이에 대해 16일에 외무부는 주일공사에게 유골 2,000 주의 명부와 유골 수송에 필요한 경비를 일본정부가 부담할 것인지 등에 대해 확인을 요청한다. 한편, 신문 기사를 통해 한국인 유골을 일본정부가 보관하고 있다는 사실이 알려지자, 외무부에 태평양 전쟁 때 징용되었다가 소식인 끊긴 아들의 유골의 송환을 부탁하는 탄원서가 제출되기도 한다.[5] 해를 넘겨 1957년에 외무부는 전년도에 요청했던 유골 2,000 주의 명부와 탄원서에 대한 답변을 주일공사에게 독촉한다.[6]

1958년 6월 10일자 공문에는 외무부의 요청으로 인한 「태평양 전쟁 희생동포 위령사업 실행위원회」(이하 실행위원회)에 관한 보고서를 볼 수 있다. 대한민국 주일대표부 오사카 사업소 소장 장사홍(張師弘)이 주일대사에게 보고한 문서에 의하면, 실행위원회는 1957년 5월경에 교토의 만수사(萬寿寺) 주지 유종묵(柳種黙)[7]의 주도로 일본 불교 연맹의 협력을 얻어 발족했다. 도쿄와 교토, 그리고 오사카의 국분사(国分寺)에서 회합하였으나 모두 유회되었다. 1958년 6월 10일 현재, 오사카의 보엄사(宝厳寺)에 있는 재일본 조선인 불교도 연맹 본부로부터 차기 회합

---

5) 1956년 3월 9일자 탄원서.
6) 1957년 3월 21일자 공문.
7) 동 보고서에는 유종묵에 대해 불경을 외는 중에 「우리 조선 인민공화국 만세」를 부르는 중으로 유명하고, 유종묵이 주간하는 만수사에는 좌익 학생이 기숙하고 있다고 한다.

개최에 대한 통지가 각 관계처에 도달했고 위원장은 고베의 대승사(大乘寺) 주지 김성해(金星海)로 변경되어 있다. 상기의 보고서는 앞서 언급한 만수사, 보엄사, 대승사, 국분사에 대해 종교는 민족과 사상 차별을 하지 않는다는 간판을 내건 좌익 계열의 절로 평가하고 있는데, 이러한 절에 조총련 계열의 사람들이 출입하며 자신들의 정치적 선전 기관과 세력 확장에 이용하고 있다고 강조했다. 또한, 실행위원회는 일본 전국에 있는 절을 연결시켜 남한과 북한의 구별 없이 함께 모일 수단으로 구성된 것으로 보이지만, 조총련 세력의 영향이 강하기 때문에 실행위원회의 활동에 한계가 있음도 함께 지적하고 있다.

1964년에는 재일교포 강위종(姜謂鐘)(한국인 전몰자 유골 봉안회 회장)이 『조선일보』의 기사를 통해 일본의 후생성 창고에 징용 한국인 유골 2,000여 주[8]가 보관되어 있다고 밝혀 큰 사회적 파장을 일으킨다.[9] 기사에 따르면, 동 봉안회는 1956년과 57년에 일본 후생성과 대한거류민단(이하 민단), 도쿄 도청의 도움을 받아 위령제를 지냈고, 한국 외무부, 국회, 그리고 주일대표부 등에 한국으로의 유골 봉안을 위해 교섭했으나 실패했다고 전하고 있다. 이에 외무부는 유골 문제가 정치화되는 것을 우려해 긴급히 주일대사에게 상기 내용의 확인을 요청하지만, 주일대사는 3월 27일자 외무부로 보내는 전보에서 주일대표부와 민단이 유골 문제를 취급한 적은 없다고 보고한다. 하지만, 외무부가 주일대사에게 재차 일본 정부를 통해 신문 보도 내용의 확인을 요청하자,[10] 4월 13일자 전보를 통해 상기 유골 2,000여 주는 후생성 창고에

---

8) 사세보에 1,200여 주, 도쿄에 863 주, 이케가미 혼몬사(池上本門寺)에 23 주가 보관되어 있다고 보도함.
9) 『조선일보』, 1964.3.20.
10) 주일대사에게 보내는 전보에는 1964년 4월 6일 한국에 입국한 일본 외무성 미다니

보관되어 있으며 1956년에 한국 정부에 이미 유골 인수를 통보하였고 유골 명단도 그때 송부하였을 것이라고 보고한다. 즉, 신문 기사를 통해 알려진 유골 2,000여 주의 명단은 상기 1956년 문서에서 확인한 것처럼 외무부가 이미 수령한 것과 동일한 것임을 알 수 있다. 1956년 당시 입수한 유골 명단은 비밀리에 취급하였기 때문에 한국 정부 내에서도 제대로 인수인계가 이루어지지 않았을 가능성도 있지만, 앞서 살펴본 일련의 사건을 통해 유골 봉환 문제에 대한 한국정부의 소극적인 모습을 엿볼 수 있다. 또한, 기사의 내용이 사실이라면 1956년에 외무부가 입수한 유골 명단을 둘러싸고 당시 민단과 한국인 전몰자 유골 봉안회의 협조가 있었다는 사실도 확인할 수 있다.

이와 같은 유골 봉환 문제에 관한 신문 보도를 접한 여러 시민 단체는 한국 정부와 일본 정부에 유골 문제의 해결을 촉구하게 된다. 문서철에는 순국선열유족회, 홍익부인회, 범태평양동지회의 활동관련 자료들이 수록되어 있다. 먼저, 회장을 구성서(具聖書)로 하는 순국선열유족회는 1964년 4월에 일본의 수상 이케다 하야토(池田勇人)와 한국 정부에 보내는 탄원서를 통해 현재 진행 중인 한일회담과 관련해 다음과 같은 사항을 요청한다. ① 식민지시기에 학살된 수십만 영령과 한국 국민에게 일본 국민의 이름으로 정식 사과할 것, ② 과거 한일 간에 맺은 불평등 조약은 전부 무효로 하고 이를 세계만방에 공포할 것, 그리고 마지막으로 ③ 순국선열과 동포들에게 보상할 것을 요구했다. 탄원서에는 유골 문제에 관한 직접적인 언급은 없으나, 탄원서가 문서철에 포함된 것으로 보아 외무부가 동 단체의 활동을 유골 문제 보도와 관련이 있다

조사관의 말을 근거로 신문 기사로 보도된 유골의 명단이 이미 작성되어 있음을 알려주고 있다.

고 판단했던 것으로 보인다.

반면, 홍익부인회의 회장 장경재(張敬哉)는 유골 문제에 관한 신문 보도를 직접적으로 언급하며 강위종[11]과 연락을 취했고, 유골 봉환 문제의 해결을 위해 외무부의 협조를 얻어 도일을 추진했다. 단, 전몰자의 보상금은 한국 정부와 일본 정부가 해결할 문제로 홍익부인회는 오로지 유골 봉환에만 중점을 두고 있음을 분명히 했다.

그러나, 앞의 두 단체보다 더 적극적으로 움직인 단체는 범태평양동지회로, 『조선일보』의 유골 문제에 관한 보도 직후인 3월말에 이미 국회에 청원서를 제출했다. 청원서에는 한국인 전사자에 대한 보상금 지불과 피징용인의 미수 임금 지불 등을 요구하며 일본 후생성에 보관되어 있는 83,000여 주의 유골을 인수하여 유가족에게 송환할 것을 촉구했다.

이처럼 여러 시민 단체들이 유골 문제 해결 촉구를 요구하던 시기인 6월 3일에는 주일대표부가 후생성 창고에 보관된 징용한국인 유골 총 2,411 주의 명단을 외무부 장관에게 송부한다.[12] 이 유골 명단은 1952년과 1956년에 이미 두 차례에 걸쳐 일본 외무성으로부터 접수한 것으로, 한국 정부가 유골을 인수하지 않은 것은 대일 청구권 문제로 인해 유가족에게 지급할 보상금과 관련이 있었다. 하지만, 신문 기사의 보도로 인해 여러 시민 단체의 항의와 국회외무위원회의 의견에 따라 정부는 상기의 유골을 인수하지 않을 수 없었다. 단, 이번에 유골을 인도받는 것은 「인도적인 견지」에서 추진을 하는 것으로 한일회담의 결과로

---

11) 장경재는 강위종을 민족사적(民族史跡) 연구소 소장으로 소개하고 있으나 동일 인물로 보인다.

12) 육군관계 유골 1,548주, 해군관계 유골 807주, 우키시마마루(浮島丸) 군속 외 유골 56주로 이중 약 100주는 유품뿐이었다.

인한 대일 청구권의 최종적인 해결과는 전혀 무관하다는 입장을 고수하려 했다. 또한, 유골 인수는 대한적십자가 주도하되 「유골봉환위원회(가칭)」를 대한적십자에 설치하여, 정부 측에서는 외무부와 보건사회부가 참여하고 시민 단체에서는 홍익부인회[13]와 범태평양동지회가 참가하여 동 위원회를 구성할 것을 계획했다. 한편, 일본 정부는 한국인 유골 봉환에 대해 ① 봉환에 필요한 제반 편의는 제공 가능, ② 유골 각 주에 대한 향대 및 매장비 지급은 <u>청구권 문제와 분리하여 고려함이 곤란함</u>, ③ 유골 인도 범위를 <u>남한</u> 출신자에 국한하고 북한 출신자의 유골은 차후 적당한 시기에 적십자를 통해 유족 또는 연고자에게 인도할 방침이었다.[14]

일본 정부의 이와 같은 방침에도 불구하고 한국 정부가 한일회담 전에 유골 2,000여 주를 한국으로 송환하기 위해 일본 정부와 교섭 중이라는 소식이 신문 기사를 통해 보도된다.[15] 이 뉴스를 접한 사단법인 범태평양동지회는 외무부에 유골 송환 관리에 대한 업무에 동 단체를 위촉해 주기를 요청하는 건의서를 제출한다. 건의서에는 범태평양동지회가 1947년 12월과 1948년 3월에 두 차례에 걸쳐 일본 후생성 복원국(復員局)으로부터 인수한 유골을 서울의 백용사와 부산의 묘심사에 봉안하고 유가족에게 송환할 것을 정부와 논의하던 중 6.25 전쟁이 발발해 현재까지 봉안중이라고 밝히며 해방 직후부터 유골 송환 사업에도

---

13) 홍익부인회가 외무부 장관에게 제출한 문서 「홍부(弘婦) 제13호」(1963.7.23.)에 따르면 다음의 8가지 계획을 세운 것을 확인할 수 있다. ① 유족 봉환 안치 장소는 장지로 정함, ② 위령제 비용은 본회에서 부담함, ③ 장지 및 장례비는 보건사회부에 의뢰함, ④ 유가족 승차는 교통부에 의뢰함, ⑤ 유가족 숙식은 본회에서 부담함, ⑥ 유골 봉환자 인원은 15명으로 하고 여비 일절은 각자 부담하기로 함, ⑦ 도일 절차 수속은 외교부에 의뢰함, ⑧ 유가족 위안은 본회에서 책임을 짐.
14) 밑줄은 원문 그대로 인용.
15) 「교포유해 모시기로」『동아일보』, 1964.10.15.

적극적으로 활동해 온 것을 강조했다.16) 실제로, 문서철에는 건의서와 함께 범태평양동지회의 창설 취지서와 정관이 첨부되어 있는데, 정관에는 동 단체의 사업으로 ① 대일 미수금 청구에 대한 자료 수집, 통계 및 상환에 관한 사업, ② 희생자 유자녀 육성 사업, ③ 회원의 농어촌 개발 촉진에 관한 사업, ④ 극빈 회원의 구호에 관한 사업, ⑤ 사망자 유골봉환 무연고자의 합동 묘지 시설에 관한 사업, ⑥ 현지 유골 모집에 관한 사업, ⑦ 기념비 설립에 관한 사업, ⑧ 그 외 전기(前記) 사업을 위한 부대 사항 등을 소개하며 유골 봉환에 대한 범태평양동지회의 높은 관심과 활동 양상을 보여주고 있다.

한편, 1964년 12월 10일에는 순국선열유족회가 법무부 장관에게 진정서를 제출하는데, 요구 사항은 ① 일본의 강압적인 조약을 모두 무효화할 것, ② 대일 재산 청구권 외에 인권 침략에 대한 대우와 보상을 할 것, ③ 재일동포에 대해 최혜국 국민 대우를 할 것으로, 지난 4월에 한국 정부와 일본 수상에게 보낸 탄원서의 내용과 유사했다. 이에 법무부 장관 민복기는 진정서의 내용이 한일회담과 관련된 것이라는 이유로, 진정서를 12월 21일자로 외무부에 이첩한다. 해를 넘겨 1965년 1월에 순국선열유족회는 33인 유족회와 함께 국회에 청원서 제출을 추진하는데, 청원서에는 ① 일본과의 모든 불평등 조약을 무효로 하고 세계 만방에 선언할 것, ② 평화선 침범을 즉각 중지할 것, ③ 독도 영유권 주장을 취소 선언할 것, ④ 대일 재산청구권 외에 의병운동과 독립운동에 대한 정중한 사과와 배상을 요구하는 내용이 실려 있었다. 이러한 움직임을 미리 포착한 원호처(현 국가보훈처) 처장 김병삼은 외무부 장

---

16) 서울에 중앙본부를 둔 범태평양동지회는 각 도 및 부산에는 지부(支部)를 설치하였고, 각 시와 군에는 지회(支会), 읍면에는 분회(分会)를 두었다고 한다.

관에게 공문 「한일 회담에 대한 애국지사 유족 동향 통보」를 통해 유족의 동향을 보고한다. 보고서에서 김병삼은 상기의 청원 활동이 신문 보도 등으로 여론화될 가능성을 우려하며, 외무부에서 유족대표(10여 명)를 만나 정부 방침을 주지시키고 동시에 유족의 건의도 적극적으로 검토할 것을 권유한다. 또한, 이 문제를 방치하거나 제대로 해결을 하지 못하면 한일국교 정상화 이후에도 계속 문제가 될 소지가 있음도 덧붙이고 있다.

순국선열유족회는 연이어 2월 17일에 단독으로 상기의 청원서에서 독도 문제를 제외하고 나머지 요구사항을 포함하는 성명서를 작성하여, 방한하는 일본의 외무상 시나 에쓰사부로(椎名悦三郎)에게 성명서를 전달해 줄 것을 외무부 장관에게 요청한다. 이에 외무부는 순국선열유족회 회장 구성서에게 동 단체의 충정에 감사를 표하며 시나 외무상에게 성명서를 전달할 것이라는 회답을 보낸다. 또한, 외무부 장관 이동원은 지난해 말에 순국선열유족회가 제출한 진정서에 대한 회답을 하기 전에 원호처에 회답 내용에 대한 자문을 구하는데, 원호처장 김병삼은 현시점에 따로 회신을 하는 것에 반대하며 앞으로 광복회(회장 이갑성)[17]에서 회신 요청이 있을 경우에 단체 대표를 불러 정부 방침을 주지하는 것이 더 효과적이라 조언하고 있다.

다음으로 『재일한국인 유골 봉환, 1966-67년』 문서철을 살펴보면, 국내의 유골 관련 뉴스 기사를 접한 유족들의 민원이 쇄도하는 가운데, 유골 문제를 둘러싼 범태평양동지회의 적극적인 활동 양상이 눈에 띈다. 범태평양동지회[18]는 1966년 2월 4일과 14일에 각각 「신체 피해 보

---

17) 원호처가 작성한 문서에는 광복회를 「당처 허가」단체, 순국선열유족회를 「단체 허가 보류」로 표기하고 있다.

상 대책에 관한 건」과 「대일 청구권 중 민간 보상에 관한 건의」라는
제목의 진정서를 보건사회부 장관에게 제출한다. 전자는 정부가 일제
에 강제 징용된 노무자 중 신체 피해자들에 대한 보상은 없을 방침이라
는 뉴스[19]를 접한 범태평양동지회가 이에 항의하며 현재 지지부진한
유골 봉환 사업에 대한 신속한 해결을 촉구하는 내용이었다.[20] 후자
또한 신체 피해자를 포함해 사망자, 증서 분실자 등 대일청구권에서 보류
된 민간인 보상의 폭을 넓혀 주기를 요청하는 진정서였다. 이에 외무부는
범태평양동지회 앞으로 대일 개인청구권의 보상 문제는 재무부에서 보
상의 범위와 기준 등에 관한 법률을 준비 중이라는 답신을 보낸다.

하지만, 범태평양동지회는 연이어 보건사회부 장관 오원선 앞으로
「한국인 유골 실태 조사 의뢰에 관한 건」(3.18.)이라는 의뢰서를 제출한
다. 의뢰서를 통해 범태평양동지회와 제휴 중인 일본의 일한상호 친선
동지회(대표 간사 도쿠나가 미쓰아키(德永光昭))가 파악한 후생성에 보
관된 유골 2,268주 외에도, 사세보 창고에 1,200 주, 도쿄 창고에 863
주, 이케가미 혼몬사에 23주, 히로시마에 3,000 주로 총 7,354 주의 유
골 실태를 일본 정부에 재확인할 것을 정부에 요청하고 있다. 또한, 3월
22일에는 박정희 대통령 앞으로 「청구권 자금 민간보상에 관한 건의」
문서를 제출하여 재차 민간인 보상 확대를 강력히 요구했다.[21] 이에
외무부는 4월 27일자 답신에서 일제에 의해 강제 징병 및 징용으로 희
생된 한국인에 대한 보상은 현재 재무부에서 검토 중으로 차후 입법화

---

18) 1966년 현재 범태평양동지회 회장은 김용호(金龍虎)로 되어 있다.
19) 『중앙일보』, 1966.2.3.
20) 처음으로 일본국 자회단체인 「일한상호 친선동지회」를 언급하여 일본에 있는 한국
   인 유골과 한국에 있는 일본인 유골의 교환을 촉구했다.
21) 1966년 4월 21일에는 앞서 2월 4일에 보건사회부 장관에게 제출한 청원서 「신체
   피해 보상 대책에 관한 건」을 재차 대통령에게 제출했다.

할 예정이라는 원론적인 답변을 반복했다. 동시에, 외무부는 범태평양 동지회가 앞서 3월 18일에 제출한 총 7,354 주의 한국인 유골 실태 건에 대해서는 주일대사에게 조사 파악할 것을 지시한다.

이러한 가운데, 4월 18일에 외무부 장관 앞으로 주일대사 김동조가 제출한 공문이 도착한다. 문서명은 「일본에 있는 한국인 유골(오카야마 현 소재)」로 주 오사카 총영사의 보고에 의하면 오카야마 현 오카야마 시에 위치한 진성사(真城寺) 납골당에 한국인 유골 70 주가 안치되어 있다는 내용이었다. 제2차 대전 중 오카야마 시 소재의 군수 공장에서 일했던 한국인들의 유골로 보이는데, 이 사실을 접한 조총련에서 유골 인수 운동을 벌이고 있다고 보고한다. 이에 주일대사관은 주 오사카 총 영사관을 통해 오카야마 현 지사에게 유골의 실태조사와 인수 방법이 결정되기 전까지 유골을 개인이나 단체에 인수하지 말 것을 요청한다. 진성사 관련 보고를 접한 외무부는 진성사에 안치된 유골도 궁극적으 로는 일본 정부가 보관하고 있는 전몰 한국인 유골문제와 같은 방안으 로 처리할 계획임을 주일대사에게 통보한다. 하지만, 이러는 사이 5월 2일자 『서울신문』에는 「유골 북송을 기도」라는 제목의 기사가 게재되 어 진성사에 안치된 유골의 존재가 세상에 알려진다. 기사에 의하면 조 총련과 일조협회(日朝協会)가 진성사에 보관된 한국인 유골 65주를 모 시고 위령제를 거행하며 유골의 북송을 허가해 줄 것을 일본 법무성에 요청했다는 것이었다. 하지만, 오카야마 현의 민단은 진성사의 유골이 대부분 남한 출신임을 확신하고 있기 때문에 한국 정부가 유골을 인수 해야 한다는 주장도 기사에서 소개하고 있다. 기사를 접한 범태평양동 지회는 외무부에 청원서를 보내 유골을 조속히 한국으로 송환할 것을 강력히 건의했다.

한편, 6월에 작성된 외무부의 문서에는 교토의 니시혼간지(西本願寺)가 서울 화계사에 있는 약 2,707 주의 일본인 유골을 인수하기 위하여 대표 5명을 한국으로 파견한다는 내용의 보고서를 볼 수 있다. 니시혼간지(문주 오타니) 측에 의하면 전후 약 3,000구의 일본인 유골이 서울에 있는 니시혼간지 경성 별관에 보존되어 있다가 화계사로 이관되었다고 한다. 그간 양국의 국교 수립이 지연되어 방치되어 오다가 1964년 12월에 「구 니시혼간지 일본인 유골보안위원회(위원장 조경국)」가 구성되어 화계사에 안치되었는데, 지난해 5월에 동 위원회의 조명기 위원의 유골 이관 요청이 있었고 국교정상화와 함께 올해 3월에 위원회의 초청장을 받아 방문하게 되었다는 것이다. 실제로 니시혼간지의 구와쓰키(桑月) 섭외부장 등 2명이 6월 3일 방한을 하게 되는데 공항에는 동국대학교 총장 등이 마중을 나왔다. 니시혼간지 방문단은 화계사에 있는 유골을 우선 7일 인천에서 배편으로 송환하고 15일 동안 홍제동 일인공동묘지와 각 사찰을 돌아다니며 유해의 행방을 찾을 계획이었다.[22] 일본대사관까지 한국 정부에 일본인 유골의 송환에 대한 협조를 요청하자 한국 정부는 ① 재한 일본인 유골 중 신원이 분명하고 적법한 연고자가 인수를 원할 경우 관계 국내법령의 범위 내에서 대응하고, ② 신원이 분명하지 않거나 연고자가 직접 인수하지 않는 유골은 한국 내 소재 상황에 대한 전반적인 실정을 파악한 후에 일괄하여 일본 정부와 처리 방안을 논의할 것이라는 원칙적인 입장을 내놓았다.

하지만, 이미 니시혼간지 측이 방한하여 화계사 및 동국대학교 측과 유골 인수에 관한 교섭이 마무리되었고, 한국 정부가 유골의 인도를 반대하거나 일본에 있는 한국인 유골 송환 문제와 연관시키려 한다는

---

22) 『조선일보』, 1966.6.4.

인상을 주지 않기 위해 일본대사관에 일본인 유골을 인수하기로 결정한다. 단, 한국인 유골에 대한 일본 정부의 성의 있는 해결 촉구와 일본인 유골을 일본 정부가 책임을 지고 인수한다는 전제를 달았다.

7월에는 『조선일보』를 비롯한 국내 신문에 「한인전몰자명단」이 게재된 것을 계기로 범태평양동지회를 비롯해 유족들이 한국 정부에 유골 송환과 명부 확인에 대한 문의가 쇄도하는 양상을 볼 수 있다. 그중에는 해방 후 일본에서 전범자로 처형된 「한인 전범」에 대한 조회도 있었는데, 유족들은 신문 기사에 게재된 처형 명단을 제시하며 한국인 전범자 25명의 동원 당시 본적지와 주소, 처형된 일시, 유골 보관 장소 등의 조사를 외무부에 요청했다. 외무부는 곧바로 주일대사에게 처형된 한국인 전범자에 대한 조사 보고를 지시했고, 10월에 주일대사관은 「동진회(한인 전범자 단체)」의 협조를 얻어 조사한 자료를 외무부에 보고한다.

1969년에는 8월 13일자 『마이니치신문』에 한국인 전몰자 유골 송환 문제에 관한 특집 기사가 게재된다. 특집 기사에는 당시 일본 중앙대학에 재학 중 학도병으로 출병한 김성남(金星南)에 관한 내용이 소개되었는데, 그 소식을 접한 모친이 유골 송환을 부탁하는 탄원서를 일본후생성에 제출한다. 하지만, 일본 정부는 한국 정부와 유골 송환에 대한 합의점을 찾지 못하였기 때문에 개별 송환은 불가하다며 유골 인도를 거부한다. 하지만, 8월 26일부터 28일까지 열린 제3차 한일각료회의에서 유족뿐만 아니라 정당한 연고자가 있을 경우, 한국 정부가 이를 확인 가능한 자에 한하여 개별적으로 유골을 인도하도록 처음으로 양국 간의 합의가 이루어져 일본 정부와 세부 절차를 교섭하게 된다.

이처럼 해방 이후 한국 정부는 일본 정부와 한국인 유골 봉환 문제를 둘러싸고 지지부진한 협상을 계속해 온 것을 알 수 있다. 한국 측이 한국인 유골의 「일괄 인도」라는 방침을 세우고 협상에 임했던 반면, 일본 측은 북한 출신의 유골도 포함되어 있다는 이유 등을 들어 「일괄 인도」를 거부했기 때문이다. 하지만, 1969년 8월에 열린 제3차 한일각료회의에서 한일 양국은 최초로 인수 의사에 합의하게 된다. 이처럼 한일 간의 유골봉환을 둘러싼 외교문서를 통해 1950년대 중반부터 제3차 한일각료회의에 이르기까지 유골 송환 문제를 둘러싼 한국 정부와 일본 정부 간의 끊임없는 교섭의 양상과 국내와 국외의 여러 관련 시민 단체들의 동향을 확인할 수 있다.

4. 1970년대의 유골 봉환과 한국 외교문서

소설 「사사노보효」에서 도노히라 요시히코 씨와 미야카와 에슈(宮川惠秀) 씨가 구 광현사(光顯寺)의 절에서 70여 기의 위패를 발견한 것은 1976년의 일인데 그 당시 한국정부의 유골관련 외교문서를 살펴보면 다음과 같은 내용의 보고서를 확인할 수 있다. 1976년도 문서철에 수록된 「태평양 전쟁 중 한국인 전몰자 유골 봉환 문제의 해결안」이라는 제목의 보고서에 따르면, 일본 정부는 보관 중인 유골 1,169주를 둘러싸고 1975년 12월에 한국정부에 아래와 같이 최종안을 제안했다.

일측 「최종안」
1) 후생성은 「1년 이내에 유족의 신청이 없는 경우, 잔여 유골에 대하여는 일본 정부가 적절히 조치한다」는 뜻을 명기, 일본 국내에서 유골

명단을 공시함.(공시 예정 시기는 76년 4월경)

2) 공시를 함에 있어서 후생성은 일본 적십자사를 통하여 북한 적십자사에도 동일 명단을 통지하고, 유골의 인수 희망 여부를 조사도록 의뢰함.

3) 유골이 판명될 경우에는 종래대로 정당한 유족인지의 여부를 확인한 다음 인도함.

4) 공시 후 1년이 경과된 시점에서 유족이 판명되지 않는 한국을 본적지로 한 자의 유골은 다음과 같은 조건으로 한국 정부에 일괄 인도함.

가) 유골에 대하여 한국정부가 적당한 제례를 행함.

나) 장래 유족이 판명되는 경우에는 그 거주지 여하를 불문하고 유골을 인도함.

5) 공시 후 1년이 경과된 시점에서 유족이 판명되지 않은 북한을 본적지로 하는 자의 유골은 이를 북한 측이 인수할 것을 희망하면 일적·북적을 통하여 인도하며 인수를 희망하지 않을 경우는 후생성이 계속 보관함.[23]

일본 정부는 후생성에 보관 중인 한국인 전몰자 유골의 명단을 일본에서 공시한 후, 1년 이내에 유족의 신청이 없으면 일본 정부가 유골을 처리하려고 했다. 또한, 잔여 유골의 명단은 북한 적십자에도 통지하고, 공시 후 1년이 지나도 유족이 나타나지 않으면 북한을 본적지로 하는 자의 유골은 북한 측과 협의하여 북한 적십자를 통해 인도한다고 명시했다. 이와 같은 일본 정부 측의 제안에 대해 외무부 동북아 1과장은 동 보고서에서 「한국 민족(북한 출신 포함)의 유골을 조기에 봉환 받는다는 인도적인 요청에 부합」한다고 긍정적으로 평가하면서도, 「한반도에서의 유일 합법 정부 주장 후퇴」와 「대일 저자세 외교 비판」이라는 외교적 측면과 「일·북괴 간 교류의 확대, 다변화 또는 공식화를 위한 구실 또는 수단으로 악용」될 수 있다는 안보적 측면을 이유로 일본 정

---

23) 외무부(1976.1.8.) 「태평양 전쟁 중 한국인 전몰자 유골 봉환 문제의 해결 안」 아주국 동북아과.

부의 최종안을 거절할 필요성이 있다고 강조했다. 단, 외교·안보 측면에서 문제가 없는 다음의 두 가지 안건을 일본 정부에 제안하고, 일본 정부가 거절할 시 잔여 유골의 처리는 미해결 상태로 둘 것을 건의했다.

    가. 제1안
        - 남북한 출신의 구별 없이 전 유골을 한국 정부에 일괄 인도함.
        - 한국 정부는 유족의 한국 내 거주 여부를 최종적으로 한 번 더 확인함.
        - 한국 내에 유족이 거주하고 있지 않음이 확인된 북한 출신자 유골은 북괴가 인수를 희망하면 한국 정부가 남·북 적십자회담 등을 통해 북괴에 인도하여 줌.
        - 잔여 유골의 취급은 한국 정부의 권한 사항임.
    나. 제2안
        - 남한 출신자 유골은 일본 내 공시 절차를 거침없이 한국 정부에 일괄 인도함. 한국 정부가 인수한 유골의 처리는 한국 정부의 권한 사항임.
        - 북한 출신자 유골은 한·일 양국 정부 합의에 따른 조치가 완료될 때까지, 일본 정부가 응분의 예의를 갖추어 계속 보관함.
        - 일본 정부 보관 하에 남게 되는 유골 중 그 유족이 남한에 거주하고 있음이 판명되는 유골은 일본 정부가 당해 유족에게 지체 없이 인도함.24)

위의 보고서는 일본정부가 보관하고 있는 1,169 주의 유골을 한국 정부에 일괄 인도할 것을 전제로, 한국 내에 연고자가 없는 북한 출신자 유골의 경우 남한과 북한의 적십자회담을 통해 북한으로 인도할 것을 명시했다. 즉, 일본과 북한의 직접적인 외교 접촉을 견제하면서 한국인

---

24) 각주 4와 같음.

전몰자 유골봉환 문제를 한국 정부가 주도하려는 의도가 분명한 조치였다.[25] 또한, 상기의 한국 정부의 제안에 일본 정부가 거절할 시 유골봉환 건을 미해결 상태로 두고자 했던 것은 한국 정부의 재일한국인 유골 봉환에 대한 소극적인 자세를 잘 보여주고 있다고 할 수 있다.

하지만 1980년의 문서철을 보면 일본 정부가 유골 인도를 북한과 공식적인 접촉을 하는 계기로 삼지 않는다고 보증한다면, 인도적 견지에서 일본 적십자와 북한 적십자 간의 채널을 통해 남한에 연고자가 없는 북한 출신자의 유골을 인도할 수 있다고 제안하는 등 한국 정부의 강경한 자세가 다소 유연하게 변화하는 것을 확인할 수 있다.[26] 또한, 1984년도 문서철에는 태평양 전쟁 당시 강제 징병 및 징용되어 희생된 한국인의 유골을 보관 주체, 명단 확인 여부 및 봉환 절차를 기준으로, 「일정부 보관 유골」, 「민간 보관 유골」, 「가매장 상태 유해」의 3가지로 구분하고 있다. 이 중에서 민관 보관 유골은 약 5만 주로 추정되며 그 성격을 ① 일본 내 전국 사찰 및 납골당에 방치되거나, ② 유골의 일본명 또는 한국명만 기입되어 유족 수소문 거의 불가, 그리고 ③ 민간 베이스에서 봉환되고 있다고 설명하고 있다. 즉, 소설 「사사노보효」에서 작품의 주요 소재로 유골 봉환 과정이 자세하게 소개되는 홋카이도의 구 광현사에 보관 중이던 조선인 유골은 이와 같은 「민간 보관 유골」

---

25) 이와 같은 한국 정부의 자세는 동 문서철의 이재춘 서기관과 하마다 주한 일본 대사관 1등 서기관의 면담요록(1976년 1월 9일)에서도 직접적으로 확인할 수 있다. 일본 정부가 제시한 최종안에 대해 한국 정부가 가장 문제시하고 이는 부분이 무엇이냐는 질문에 이재춘 서기관은 「가장 문제가 되는 것은 말할 것도 없이 북괴에 대하여도 우리에게 대한 것과 같이 똑같이 일괄 인도하겠다는 부분이며, 이 부분은 우리 측의 종래 입장과 기본적으로 상충」하는 것이라 언급하며, 「일측이 일본과 아무런 공식 관계가 없는 북괴를 한국과 동일하게 취급하려는 데 문제가 있다」며 일본 정부의 유골 봉환 최종안에 대해 한국 정부의 입장을 밝히고 있다.

26) 외무부(1980.11.17.) 「유골봉환」(수신: 주일대사).

에 해당한다고 볼 수 있다. 동 문서철에는 「민간 보관 유골」의 문제점 및 대책에 대해 한일 양국 정부의 개입 없이 민간단체 간의 협조로 유골의 봉환이 이루어지고 있고, 민간 주도의 유골 봉환이 일본 정부의 보관 유골의 봉환 교섭 과정에서 하나의 선례로 언급된 적이 없다는 점을 이유로, 외무부로서는 민단단체에 유골봉환을 일임하고 수속 절차상의 측면 지원에 그치는 것이 좋겠다고 보고하고 있다.[27]

이처럼 소설 「사사노보효」에 삽입된 홋카이도 강제노동 희생자의 유골 봉환 과정이 이루어지던 1970년대 후반부터 1980년대 중반까지의 한국인 유골 봉환 문제에 관한 한국 정부의 외교 문서를 통해, 북한과의 정치적 관계를 지나치게 의식하며 유골봉환을 민간단체에 일임하게 했던 한국 정부의 소극적인 자세를 잘 볼 수 있다.

5. 홋카이도의 소라치민중사강좌와 유골 봉환 사업

소설 「사사노보효」에는 소라치민중사강좌와 슈마리나이 추도법요협력회(朱鞠内追悼法要協力会, 이하 추도법요회)와 같은 민간단체들이 중심이 되어 홋카이도 우류 댐 건설로 희생된 조선인 노동자들의 유골 발굴 및 유골 송환 문제 해결을 위해 노력해 온 과정이 언급되어 있다.

소라치민중사강좌는 1976년 9월에 결성된 「소라치의 민중사를 이야기하는 모임(空知の民衆史を語る会)」을 전신으로 하여, 회원 증가로 인해 1979년에 「소라치민중사강좌」로 단체명을 바꾸고 지역의 역사를 발

---

27) 외무부(1984.11) 「"국제 민간 외교 협회」의 유골 봉환 청원 검토」 아주국.

굴하며 강제동원으로 희생된 희생자들을 위한 위령탑 건설 등의 운동을 펼쳐 왔다. 모리무라 세이이치는 소설 「사사노보효」의 집필 계기에 대해, 1999년 10월 초순에 홋카이도 대학의 가누마 긴자부로(神沼公三郎) 교수의 초청을 받아 나요로시에서 강연을 했을 때, 소라치민중사강좌의 대표 도노히라 요시히코 씨로부터 구 광현사에 전시 하 조선인 노동자의 유골이 안치되어 있다는 이야기를 처음 들었다고 밝히고 있다. 도노히라 씨의 이야기를 듣고 대량의 자료를 제공받아 소설 「사사노보효」를 집필했던 것이다. 또한, 731부대의 만행을 그린 전작 「악마의 포식」을 쓰지 않았다면 도노히라 씨를 만날 일도 없었고 전시 하 조선인강제연행노동자의 존재도 알지 못해서 「사사노보효」를 쓸 일도 없었을 것이라 이야기하고 있다.28) 작품명은 홋카이도의 조선인 강제 노동자의 유골과 위폐, 유품, 해설 자료를 수집하여 진열하고 있는 구 광현사의 본당이 「사사노보효 전시관」으로 사용되고 있는 것에서 차용했다.29)

1982년 10월에 도노히라 요시히코 씨와 미야가와 에슈 씨는 소라치민중사강좌와 추도법요회의 멤버들과 함께 홋카이도의 유골 봉환을 위해 한국에 있는 유족을 방문한다.

이때 어떤 마을사람이 「일본정부가 국가의 범죄로서 정식으로 사죄하고 배상금을 지불할 자세가 있는가」라고 질문해 가도마쓰 씨와 동행한 소라치민중사강좌와 추도법요회의 멤버들은 새삼 이것이 개인이 사죄하는 성질의 것이 아니라, 국가 레벨에서 대처해야 하는 문제라는 것을 통감

28) 야마마에 유즈루는 『악마의 포식』 집필 이후, 모리무라 세이이치가 사회문제에 더욱 적극적으로 발언을 하게 되었다고 지적하며, 소설 『악마의 포식』을 침략전쟁 문제 등 전쟁과 전후 일본의 걸음을 재차 되돌아보는 커다란 계기가 된 작품으로 평가하고 있다(山前讓編(1998) 『森村誠一読本』 KSS出版, p.188.).
29) 森村誠一(2019) 『遠い昨日、近い昔』 角川文庫, pp.205-206.

했다고 합니다.[30)

홋카이도에서 희생된 조선인 노동자들의 유골 봉환을 위해 한국을 방문한 두 단체의 멤버들은 유족들로부터 환영을 받기도 했지만, 그와 동시에 유골봉환 문제는 개인의 레벨이 아니라 국가가 책임을 져야 할 문제라는 것을 재인식하는 계기가 되었던 것이다. 그럼 여기서 한국정부는 국내외 민간단체들의 유골봉환 사업에 대해 어떻게 인식하고 평가했는지 살펴보도록 하자.

재일본 한국인 유골봉환과 관련된 한국 정부의 자료에는 소라치민중사강좌에 관한 직접적인 언급이나 자료는 수록되어 있지 않다. 하지만 자료집에 수록된 동시기 다른 민간단체의 활동을 살펴보면 당시 한국정부가 소라치민중사강좌와 같은 민간단체의 유골 봉환 활동에 대해 어떻게 바라보고 대응했는지 파악할 수 있을 것이다.

1984년 11월 29일자 「일본인 보관 무연골 봉환 문제 관련, 관계 실무자 회의」보고서를 보면, 국제민간 외교협회(회장 이안범)와 재일한국청년 상공인연합회가 일본인 후카가와(深川) 씨가 보관 중인 유골 83 주의 봉환을 위해 한국 정부가 일본 정부에 공식적으로 요청해 주길 바란다는 청원에 대한 대책 회의를 소집한다는 내용이 실려 있다.[31) 1945년 9월에 조선으로 귀국 도중 조난당한 미쓰비시 중공업 징용 조선인들의 가매장지를 태평양전쟁 당시 미쓰비시 중공업 노무반장이었던 후카가와 씨가 발견해 유골 83 주를 이끼(壱岐)에서 발굴하여 보관하고 있었던 것이다. 회의에는 외무부 아주국장, 외무부 동북아1과장, 안기부 일

---

30) 森村誠一(2009)『笹の墓標』小学館文庫, p.261.
31) 외무부(1984.11.23.)「일본인 보관 무연골 봉환 문제 관련, 관계 실무자 회의」기안 책임자 동북아 1과 서형원, 수신 국가안전기획부, 보건사회부.

본담당관, 그리고 보건사회부 사회과장이 참가했는데, 세 부서 모두 국제민간 외교협회의 요청에는 협조하지 않는 쪽으로 의견을 수렴했다. 특히, 안기부는 민간단체가 중심이 되어 추진하는 유골봉환에 대해 「몇몇 사람들이 명분을 이용하여 돈벌이」를 해 오는 등, 그 동기가 매우 불순하기 때문에 정부가 민간단체에게 이용당해서는 안 된다고 주장한다. 또한, 유골을 보관하고 있는 일본의 사찰도 현재 위패 및 유골이 포화상태이기 때문에 보관 중인 오래된 무연골은 한국인이라고 추정되면 민단에 통보하고 민간단체들은 이를 돈벌이 기회로 포착하고 있다는 것이다. 이에 대한 해결책으로 안기부는 유골 봉환은 전적으로 일본 정부에 책임이 있다는 한국 정부의 기존 입장을 유지하며, 무연골의 경우 오키나와의 위령탑처럼 일본 내에 위령탑을 건립하여 매년 위령제를 지내게 하는 것을 제안했다. 이와 같은 안기부의 강력한 건의로 인해 국제민간 외교협회 건은 후쿠오카 민단에 조사를 의뢰하고 외무부는 「사업 취지가 불명확하므로 묵살하겠다」는 태도를 취하기로 결론을 낸다.

이처럼 한국 정부는 민간단체 주도의 유골봉환 사업으로 인해 발생하는 영리 행위의 부작용을 우려하면서 정부의 여러 사업 중에서 유골봉환 사업이 우선순위가 아니라는 점을 재차 확인했다. 동시에 장기적인 대책으로 일본 내에 한국인 유골에 대한 전반적인 실태 조사와 함께, 일본 정부에 유골의 연고자에 대한 보상과 무연골 봉환에 대한 비용 등을 일본 정부에 청구하는 것을 검토했다. 또한, 무연골이 수집되는 경우 한국으로 봉환하기보다 일본 현지에 위령탑을 설치하고 유골을 안치하여 일본의 과거 반성을 촉구하고 양국 간의 우호와 친선의 상징 수단으로 삼으려했다.[32] 이와 같은 한국 정부의 유골봉환에 대한 정책

기조는 1988년도 문서철에서도 일관성 있게 유지되고 있었던 것을 확인할 수 있다. 일본 정부는 북한출신 유골의 처리에 있어서 북한에 본적지가 있는 유골이라도 남한에 연고자가 있을 경우 한국 정부가 인수한다는 한국 정부의 제안을 거절해 왔는데, 1988년에는 남과 북의 구별 없이 연고자가 본적지 외에 거주할 경우 일본적십자를 통해 해당 유족에게 전달할 수 있다며 제의해 왔다. 한국 정부의 아주국은 이와 같은 일본 정부의 제안을 서울올림픽을 계기로 예상되는 남한과 북한의 관계 및 주변 정세의 변화 속에서 일본과 북한의 관계진전을 위한 정책 수정의 일환으로 판단하고 유골 봉환에 대해 다음의 2가지 안건을 외무부 장관에게 제출했다.

1) 제1안: 일괄봉환의 종래입장 관철
   ○ 단, 북한적 유골의 북한인도와 관련한 아측의 엄격한 조건은 다소 완화
      − 정부 간 접촉 없는 일본 및 북한 적십자 간 봉환에 불반대입장 견지
2) 제2안: 종래의 일괄봉환에서 연고유골봉환으로 입장 전환(중략)
   ○ 무연골은 원칙적으로 봉환하지 않고 일본 내에 일정부 책임 하 위령탑 건립안치
      − 일본의 과거 반성을 촉구하고 양국 간 우호친선다짐의 상징으로 함[33]

제1안은 유골의 일괄봉환 입장을 유지하면서 북한이 본적지인 유골의 북한 인도에 관해 조건을 완화하는 것이었는데, 이 경우 한국 정부의

---

32) 외무부(1984.12)「유골 봉환 문제 및 대책」.
33) 외무부(1988.8)「일 후생성보관 태평양전쟁 한국인 전몰자 유골봉환관련 일측제의에 대한 아측의 대처방안(안)」아주국.

유골 봉환에 대한 일관성은 유지할 수 있지만, 북한이 본적지인 유골의 처리문제가 미해결인 상태로 남을 수 있고 민간 보관 무연고 유골봉환에 관해서도 새로운 문제가 발생할 소지가 있었다. 이에 반해 제2안은 연고유골봉환을 기조로 하여 연고자가 나타나는 경우 개별적으로 인도하는 방식을 취했다. 무연골의 경우는 일본 정부가 책임을 지고 일본 내에 위령탑을 건립하고 안치할 것을 제안했다. 제2안은 유교적 전통에 배치되기 때문에 국내 여론의 비판이 예상되지만 민간 보관 무연골을 포함한 유골문제의 완전 해결이 가능하고 무엇보다 일본 현지에 유골을 안치함으로 인해 일본이 과거사를 반성하게 하는 상징적인 효과가 기대되기 때문에 아주국에서는 제2안을 외무부장관에게 건의했다.

지금까지 살펴본 것처럼 한국 정부는 소라치민중사강좌와 추도법요회와 같은 민간단체들의 활동에서 발생하는 부작용 등을 우려해 민간단체의 유골봉환 사업에 비협조적인 자세를 취하며 일본 정부와 지지부진한 협상을 이어 온 것을 알 수 있다. 또한, 연고자가 확인되지 않는 무연골의 경우 국내 여론의 비판을 걱정하면서도 한국으로의 봉환이 아니라 일본 내에 위령탑을 세우게 하는 등의 정책은 소설 「사사노보효」 속에서 언급된 국가 레벨의 책임감 있는 대책과는 다소 거리가 있었다고 볼 수 있다.

6. 나가며

태평양 전쟁 당시 홋카이도의 탄광과 댐 공사에 강제 동원된 조선인들은 혹독한 추위와 배고픔, 그리고 여러 질병으로 인해 많은 이들이

고국으로 돌아오지 못하고 홋카이도의 땅에 묻혔다. 모리무라 세이이치의 소설 「사사노보효」는 역사에서 망각된 홋카이도에 강제 동원된 조선인들의 유골문제를 정면으로 다룬 미스테리 장편소설로, 한국과 일본의 정치적 상황으로 인해 여전히 고국으로 완전 봉환되지 못하고 있는 조선인 유골문제를 환기시키고 있다.

유골봉환문제에 대해 소설 속에서 가누마는 가도마쓰 명수의 존재를 알게 된 다케이 마사히데가 가도마쓰 명수를 찾아가 개인의 레벨에서 과거의 역사를 사과하는 장면을 보며 다음과 같이 생각한다.

> 교전국인 중국인 피해자에 대해서조차, 개인레벨의 손해배상을 인정하지 않는 나라가 교전국이 아닌 조선인 노동자에게 구제의 손을 내밀 것이라고는 생각할 수 없다. 미미한 노력이라도 일본인이 개인레벨에서 조선인 노동자의 유골발굴 및 반환운동을 하고 있는 것에 일본은 자세를 바꿔야 하는 것은 아닐까? 가누마는 다케이 마사히데의 가도마쓰 명수에 대한 제스처적인 사죄가 전쟁피해자에 대한 일본의 자세를 상징하고 있는 것 같은 느낌이 들었다.[34]

즉, 전쟁피해자들에 대한 일본 정부의 자세를 비판하면서 여전히 해결되지 않은 피해보상문제에 대해 국가 레벨에서 보다 적극적으로 대처할 것을 촉구하고 있다. 한편, 한국 정부도 유골 봉환관련 한국 외교문서에서 살펴본 것처럼 일본 정부와 유골봉환을 둘러싸고 지지부진한 협상을 이어 왔다. 하지만 유골봉환 과정에서 일본 정부와 북한의 정치적 접촉을 견제하면서 국내외 민간단체의 유골봉환 운동에도 소극적인 자세로 일관했던 한국 정부의 유골 봉환 정책은 소설 「사사노보효」에

---

34) 森村誠一(2009) 『笹の墓標』 小学館文庫, p.280.

서 소라치민중사강좌의 멤버들과 가누마가 기대했던 국가의 책임감 있는 대처와는 좀처럼 좁혀지지 않고 있는 현실의 간극을 여실히 보여주고 있다고 할 수 있다.

[附記]

본고는 「재일한국인 유골봉환과 한국 외교문서－모리무라 세이이치 「사사노보효(笹の墓標)」를 중심으로－」(일본문화학보, 제95집, 2022년)를 수정·가필하였음.

외교문서로 보는 재일한인의
귀환·송환·봉환

일본의 출입국관리법 제정과 재일한인 사회

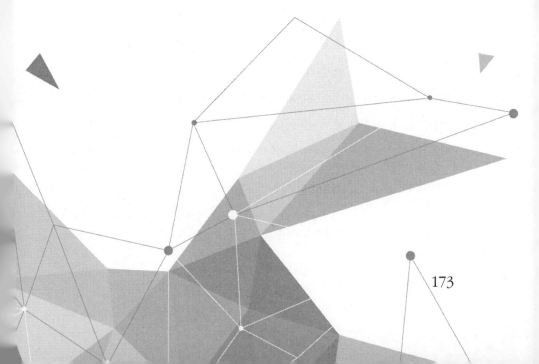

이경규

(동의대학교 인문사회과학대학 일본학과 교수)

이행화

(동의대학교 동아시아연구소 연구교수)

1. 들어가는 말

일본 정부는 패전 이후 내국인으로 간주하던 구식민지 조선인들을 외국인으로 다루기 시작했다. 일본에 남아있던 60만 재일한인의 국적을 조선적으로 표시했다. 외국인등록령을 공포하여 이후 연합국과의 강화조약이 체결되기 이전의 구식민지 출신자들은 모두 외국인으로 취급했고 외국인 등록과 동시에 의무적으로 외국인등록증을 소지하도록 하였다.[1] 이들 재일한인은 일본의 패전 이후에도 미군정인 연합국 최고사령부와 일본 정부로부터 탄압을 받게 되는데, 미군정은 재일한인을 독립한 국민으로 인정하지 않고 일본 경찰권의 통제를 받는 외국인으로 취급하면서 한인들의 권리마저 박탈했다. 미군정은 재일한인의 거주와 귀환의 권리를 인정하지 않고 이들을 일제강점기처럼 송환의 대상으로 몰아갔다. 일본 정부는 1947년 외국인등록령을 실시해 재일한인의 퇴거를 강제할 수 있는 법적 근거를 마련한 것이다. 그리고 1952년 샌프란시스코 강화조약을 통해 전범국 지위에서 벗어나 국제무대로 복귀한 일본 정부는 예고도 없이 외국인등록령을 해제하며 일본 국적을 취득할 기회마저도 주지 않았다. 재일한인들은 한순간에 난민과도 같은 무국적자(국적이탈자)가 되었다.[2] 미군정에 의한 일본 통치로부터 1952년 일본이 미군정으로부터 독립된 이후 재일한인들은 외국인으로 전환되었다. 어떠한 국적 선택권도 없이 일본 정부에 의해 외국인이 된 재일한인들은 일본 국적을 취득하기 위해서는 귀화하는 길밖에 없었고

---

1) 「외국인등록령」은 일본국 헌법 시행 전날인 1947년 5월 2일 공포·시행된 마지막 포츠담 칙령으로 1952년 4월 28일 샌프란시스코 강화조약 발표에 따라 폐지되었다.
2) 일본에서는 공식적으로 「평화조약 국적이탈자」로 칭한다. 미군정 때 외국인등록령에 의거해 이들을 임시로 「조선적」으로 분류, 무국적 외국인으로 등록하게 된다.

재일외국인으로서 지문날인을 강요당하게 되었다. 이들 한인들은 1945년 해방 이후부터 1952년 샌프란시스코 강화조약으로 일본 국적이 박탈될 때까지 미군정 당국과 일본 정부의 좌우이념 대립에 의해 분열되면서 재일한인 사회 형성에 큰 영향을 미쳤다.[3]

그 이후 한일회담[4]에서는 1951년부터 1965년 6월 22일 한일기본조약이 타결되기까지 오랜 기간에 걸친 협의 끝에 1965년 6월 22일에 기본조약 및 제 협정과 더불어 「일본에 거주하는 대한민국 국민의 법적지위 및 대우에 관한 대한민국과 일본국 간의 협정」(이하, 「법적지위협정」)이 조인되었다. 이 협정은 재일한인의 영주권 문제, 강제퇴거 문제, 재산처리 문제 등에 대한 규정을 두고 있으며, 재일한인이 영주권을 획득할 수 있는 길이 열렸다. 그러나 이 협정 내용에 대해 재일한인들의 평가는 그리 긍정적이지 못했다. 그리고 한일회담에 반대했던 북한 지지자들이 거세게 비판하는 것은 물론이고, 한국을 지지하며 한일회담을 촉구하던 사람들로부터도 불만이 표출되었다.[5] 여기에서는 「해방이후 재일조선인 관련 외교문서의 수집 해제 및 DB 구축」의 프로젝트 수행과정에서 수집된 한국정부 생산 외교문서를 토대로 일본의 출입국관리법 개정에 따른 여러 문제점에 대해서 살펴보기로 한다. 특히, 일본의 출입국관리법 제정이 재일한인들에게 어떠한 문제들을 야기하게 되는지, 그리고 이러한 문제들에 대해서 한국 정부에서는 어떻게 대처했

---

3) 임영언·김일태(2018) 「재일동포정책의 회고와 전망 고찰」,『민족연구』제72호, 한국민족연구원, p.32.
4) 한일회담은 1951년부터 1965년 6월 22일 한일기본조약이 타결되기까지 14년간 총 7차례에 걸쳐 이루어진 대한민국과 일본국 간의 일련의 협정을 말한다.
5) 한일회담에 반대하는 재일한인들은 자자손손 협정영주권의 보장, 강제퇴거 반대, 일본인과 동등한 사회보장 실시, 교육의 기회균등, 부당과세의 폐지 등을 주장하였다.

는지 등에 대해서 살펴보기로 한다.

2. 출입국관리법안 제정 움직임

1951년 10월에 시작된 한일예비회담의 교섭에서 1965년 6월 22일 한일기본조약이 체결되기까지 14년의 세월을 거친 한일회담의 본래 취지는 한국에 대한 일본의 불법지배가 남긴 유산을 법적으로 청산하고 한일 양국 간의 새로운 정치·경제 관계를 구축하는 데 있었다. 그렇기 때문에 단순한 「우호·통상조약」이 아닌 「기본관계조약」이라는 명칭을 사용하게 되었고, 재일한인의 지위 및 처우 개선에 관한 조약의 경우에도 일본측은 재일한국인의 「대우」라는 표현을 사용하자고 주장했지만, 한국측은 처음부터 「법적지위」에 집착했다고 볼 수 있다.

일본측은 한일회담 초반에는 「법적지위」라는 용어는 그 개념이 광범위하기 때문에 협정의 표제를 일본국에 재류하는 대한민국 국민의 「대우」에 관한 협정으로 할 것을 주장하였으나, 한국측은 교섭의 경위나 협정에 규정되는 내용으로 보아 「법적지위」라는 용어 사용을 강력히 주장하여 한국측 입장을 관철시켜 「법적지위 및 대우에 관한 협정」으로 체결되었다.

법적지위협정 제1조(영주권 관련)는 1945년 8월 15일 이전부터 일본국에서 계속 거주하던 자(1항-a)와 그들의 직계비속으로 본 협정 발효일로부터 5년 이내(1971년 1월 16일)에 일본국에서 출생하고 계속 일본국에 거주하고 있는 자(1항-b), 그리고 이들의 자녀로서 1항의 협정영주권 신청만료일이 경과한 후에 일본국에서 출생한 자(2항)에 대하여 신청이 있는 경우 영주권을 부여하도록 하고 있다. 영주신청 시에 제출하는 서류는 (1) 영주허가신청서, (2) 국적증명서, (3) 사진, (4) 가족관계 및 일본국 거주경력 진술서, (5) 외국인 등록증명서 등인데, 국적증명서에 관해서는 대한민국 여권 또는 재외국민 등록증을 제시할 수 있는 신청자는 대한민국 국적을 갖고 있다는 진술서를 신청시에 우선 제출하고 일본정부 당국의 조회에 관해 한국정부의 확인으로 간소화하는 절차를 취하고 있다. 이러한 간소화 절차를 토대로 재일한인 중에 조총련계에 속해 있는 자에 대해서도 폭넓게 포용하는 길이 열려 있다는 점을 홍보하기도 하였다.

또한, 일본은 재일한인의 법적지위에 관련하여 주로 강제퇴거에 치중하여 외국인에 대한 강제송환권이 주권국가의 자주적 권한임을 내세워「출입국관리령」에 따라 퇴거강제처분을 취할 수 있도록 하고 있다.[6] 이에 대해서 한국은 재일한인에 대해서는 일본의 국내법과 관계없이 그 지위의 특수성에 상응하는 대우가 부여되어야 한다는 점을 강조하고, 강제퇴거 사유에 대해서는 일본의「출입국관리령」과는 별도로 협의가 필요하다는 입장을 견지하고 있었으나 진전된 결과를 얻어내지 못했다.

그리고 법적지위협정의 체결과 더불어 협정 시행에 수반되는 출입국관리특별법[7]이 1966년 발표되어 이른바 협정영주권이 한국 국적을 선

---

6) 일본정부는 독립국 지위회복을 앞둔 1950년 11월 외무부 출입국관리부를 출입국관리청으로 개편하고, 1951년 11월에는 입국자 관리에 있어서 법무대신의 재량권을 강화한 출입국관리령을 제정하였다. 재일한인의 출입국과 강제퇴거를 보다 철저히 시행하기 위해 외국인등록령에서 출입국관리령을 독립시킨 것으로 볼 수 있다. 외국인등록령 역시 1952년 4월 외국인등록법으로 개정하여 재일한인을 외국인으로서 단속하는데 활용되었다.

7) 이 조약의 정식 명칭은「일본국에 거주하는 대한민국 국민의 법적지위 및 대우에 관한 일본국과 대한민국 간의 협정 실시에 따른 출입국관리특별법(日本国に居住

택한 재일한인에 부여되었으며, 이 법의 강제퇴거 관련 조항은 다음과
같다.

(퇴거 강제)
제6조 제1조의 허가를 받은 자에 대해서 출입국관리령 제24조의 규정
에 의한 퇴거강제는 그 자가 이 법률 시행일 이후의 행위에 따라 다음
각호의 하나에 해당할 경우에 한하여 할 수 있다.
　　① 형법(메이지 40년 법률 제45호) 제2편 제2장 또는 제3장에 규정하
　　　는 죄에 의해 금고 이상의 형에 처해진 자, 다만 집행유예 언도를
　　　받은 자 및 동법 제77조 제1항의 죄에 의해 형에 처해진 자를 제
　　　외한다.
　　② 형법 제2편 제4장에 규정하는 죄에 의해 형에 처해진 자
　　③ 해외의 국가원수, 외교사절 또는 그 공관에 대한 범죄행위에 의해
　　　금고 이상의 형에 처해진 자로 법무대신이 그 범죄행위에 의해
　　　일본국 외교상 중대한 손해를 입었다고 인정한 자
　　④ 영리목적으로 마약단속법(쇼와 28년 법률제14호), 대마단속법(쇼
　　　와 23년 법률 제124호), 아편법(쇼와 29년 법률 제71호) 또는 형법
　　　제14장에 규정하는 죄를 범하는 무기 또는 3년 이상의 징역에 처
　　　해진 자, 다만 집행유예 언도를 받은 자를 제외한다.
　　⑤ 마약단속법, 대마단속법, 아편법 또는 형법 제14장에 규정하는 죄
　　　에 의해 3회(이 법률의 시행일 이전의 이들 죄에 따라 3회 이상
　　　형에 처해진 자에 대해서는 2회) 이상 형에 처해진 자
　　⑥ 무기 또는 7년 이상의 징역 또는 금고에 처해진 자
(출입국관리령의 적용)
제7조 제1조의 허가를 받은 자의 출입국 및 재류에 대해서는 이 법률에
특별 규정이 있는 것 외에는 출입국관리령에 따른다.

　する大韓民国々民の法的地位及び待遇に関する日本国と大韓民国の間の協定の
　実施に伴う出入国管理特別法)」이다.

(성령에 대한 위임)

제8조 이 법률의 실시를 위한 절차와 그밖의 집행에 대해서 필요한 사항은 법무성령으로 정한다.

(벌칙)

제9조 다음 각호의 하나에 해당하는 자는 1년 이하의 징역 또는 3만엔 이하의 벌금에 처한다.

① 허위 신청을 하여 제1조의 허가를 받거나 받게 한 자

② 위력을 이용하여 제1조의 허가 신청을 방해한 자

(부칙)

이 법률은 협정의 효력발생일부터 시행한다.

위의 강제퇴거 요건을 살펴보면, 7년 이상의 징역 또는 금고형이 확정된 자로 제한되어 사실상의 강제퇴거 위험에서 벗어날 수 있었으며 실제로 추방된 사례도 중대 범죄자 몇 명을 제외하고는 없었다. 그러나 법적지위협정에 의한 협정영주권 신청 과정을 통해서 재일한인 사회에서는 영주권 취득자와 미취득자로 나뉘게 된다. 한국 국적을 가진 자는 법적지위가 어느 정도 확보된 반면에 한일수교에 줄곧 반대해온 총련 지지자나 조선적을 선택한 자들은 무국적자로서의 불안정한 상황에 직면하게 된다. 그리고 부적격자에 대해서는 새로운 출입국관리법 제정을 통해서 외국인, 즉 재일한인에 대한 통제를 강화하고자 하는 일본 정부의 움직임이 시작된다.[8]

---

8) 1969년 3월 31일, 일본 정부는 재일한인들이 입법화에 반대하고 있는 「출입국관리법안」을 국회에 제출했다. 동 법안에 대해 재일한인들은 그들의 생활을 위협하는 악법이라고 판단하여 대대적으로 반대하는 움직임이 일게 되었다.

3. 일본의 출입국관리법안 국회 상정과 반대 투쟁

법적지위협정의 논의를 진행하는 과정에서 재일한인의 영주권 부여 범위를 확대하자는 한국측의 입장에 대해 일본측은 영주권의 부여 범위가 확대되면 강제퇴거 사유도 확대되어야 한다고 줄곧 주장해왔다. 이러한 주장은 재일한인 통제를 강화하고자 하는 일본측 입장의 연장 선상에 있는 것으로 볼 수 있을 것이다. 이러한 재일한인 통제 강화를 목적으로 일본정부는 1969년 출입국관리법의 제정을 시도한다. 다음은 이와 관련한 외교문서 내용이다.[9]

　　　　일시 : 1969.02.26.
　　　　수신 : 외무부장관
　　　　발신 : 주일대사
　　　　제목 : 일본국 출입국관리법 개정안

　　　1. 일본 법무성 당국자와 접촉한 바 3월 상순경 출입국관리법 개정안을
　　　　　국회에 제출하기 위하여 처리중에 있음이 확인되었으며,
　　　2. 동 관계자의 말에 의하면 현재 일본 사회당, 공명당 및 공산당 등
　　　　　야당은 (가) 중공 등 일본과 국교가 없는 국가와의 인사교류를 방해
　　　　　한다 (나) 정치 망명자의 보호는 국제적 관습인데 동 규정 설정이
　　　　　없다는 이유 등으로 반대하고 있다고 하며,
　　　3. 그러나 현재 법무성 당국은 전기 당 간부와 개별 이면공작 중에 있으
　　　　　니 동 법안이 상정되면 통과될 것으로 낙관하고 있었음.
　　　4. 출입국관리법 개정안의 중요내용은 아래와 같음.
　　　　　가. 현재 관광사증(60일간), 운동경기, 가족방문 등을 단기체류사증

---

9) 주일영(1) 425.1-723 「일본국 출입국관리법 개정안」, 1969년 2월 26일.
　　주일영(1) 725.1-940 「일본의 출입국관리법」, 1969년 3월 17일.

으로 하여 90일간의 체류 기간을 연장케 한다.

나. 법무대신은 재류자격의 구분변경, 기간의 연장, 자격의 취득 허가에 있어 필요성을 인정할 때 재류하는데 지켜야 할 조건을 가하며 신원 인수인의 선임을 명한다(이는 새롭게 입국하는 자에만 해당된다).

다. 지방입국관리관서장이 특별상륙허가를 법무대신에게 상신할 수 있으며 외국인으로부터의 직접 출원의 길도 연다.

라. 기항지 상륙허가를 현행의 72시간에서 5일간으로 통과 기간을 인정하며 선원인 경우는 15일까지 인정한다.

마. 자격의 활동자, 재류조건 위반자, 정당한 이유없이 상당기간 재류활동을 하지 않는 자에 서면으로 필요한 명령을 할 수 있다(중지명령 위반시 강제퇴거 대상이 된다).

바. 외국인등록증명서를 소지하지 않은 자는 여관업자에 외국인 숙박계를 제출케 한다.

사. 재류기간의 연장을 허가하지 않는 경우에 출국준비에 필요하다고 인정할시 60일내의 출국유예기간을 정할 수 있다.

아. 영주자가 재입국 허가의 유효기간 내에 재입국이 불가한 이유가 있을 시 1년을 넘지 않는 범위 내에서 유효기간을 연장 허가한다.

자. 영주자의 배우자에 대한 방문(동거자)을 독립적인 자격을 부여 3년의 체류기간을 부여한다(현행 6개월 또는 1년).

차. 용의자에 대한 상당한 사정이 있는 자에 한하여 수용영서 발부 없이 처리할 수 있다.

카. 구두심리 및 의의 신립 수속 중 용의자를 최장 40일간 수용(현행 60일간)

타. 강제퇴거 시 본국송환이 원칙이나 본국송환을 할 수 없거나 송환이 적당하지 않다고 인정되는 상당한 사정이 있을 시 타국을 송환선으로 지정할 수 있다.

파. 지방입국관리관서는 사실조사를 위하여 필요시 관계인의 영업

소 출입, 관계인의 출두, 문서 제출 등을 요구할 수 있다(신규 입국자에만 해당).

하. 행정청은 외국인의 사업 등의 허인가에 있어 그 외국인이 그 사업 등을 하는 것이 자격의 활동금지규정 위반시 또는 재류조건 위반시 그 허인가를 하지 않는다(신규 입국자에 해당).

유첨물 : 출입국관리법안 요강 1부. 끝.

일시 : 1969.03.17.
수신 : 외무부장관
발신 : 주일대사
제목 : 일본의 출입국관리법

연호로 보고한 바 있는 일본의 출입국관리법안을 별첨과 같이 송부하오니 참고하여 주시기 바라며, 동 법안은 차관회의에서 외무성과 법무성 간의 의견조정이 어려워 상당히 논란한 결과 법무성 원안 중 가장 주목의 대상이 되고 있던 몇 가지 항목 즉, 「체일 중의 외국인이 준수할 조건」을 단지 「준수할 사항」으로 정정하고, 「일반영주 허가요건에 10년 재류」라 한 것을 「5년」으로 수정하였으며 또 「법상 권한에 의한 신원 인수인의 선임」제를 비롯하여 「외국인 숙박계」제, 「영업의 허인가」, 「영업소 출입 조사권」 등 항목을 대폭 삭제하고 있음을 아울러 보고합니다.

별첨 출입국관리법안 요강 중,
　　　제3 상륙 1. (2),(5), 2. (2),(4), 3. (2),(5),
　　　제4 재류 1. (2),(4), 2. (2),(5),
　　　제5 출국 3.
　　　제9 관리기관 6.
　　　제10 보칙 등이 이번에 수정된 부분임을 첨언합니다.
　　첨부 : 출입국관리법안 및 동 요강 각 2부. 끝.

상기 외교문서를 통해서도 알 수 있는 바와 같이, 재일한인 사회는 물론이고 사회당을 비롯한 야당들은 출입국관리법안에는 인권 문제가 될 수 있는 내용이 상당히 들어 있다는 점을 지적하며 개정 법안을 일제히 반대하고 나섰다. 일본 법무성에 따르면 기존의 출입국관리령이 이미 마련되어 있지만, 항공수송의 눈부신 발전으로 일본 출입국자가 지속적으로 증가하여 기존의 선박 중심의 출입국관리령으로는 항공기 시대에 대처할 수 없고, 사증면제 등의 국제적인 흐름에도 부응할 수 없다는 것이다. 그리고 재류자격 제도의 기능이 충분히 이루어지지 못하고 있다는 등의 이유를 들고 있다. 그러므로 재류자격에「단기체재자」제도를 신설하여 그 재류기간을 기존의 60일에서 90일로 연장하고 사증을 필요로 하지 않는 일시상륙의 폭을 넓히고자 한다고 개정 의도를 설명하고 있다. 그러나 이들 개정사항은 출입국관리법안 개정의 표면적인 이유에 불과하며, 외국인의 재류관리 체제를 새롭게 정비하고 강화하는데 초점이 맞추어져 있었다. 이러한 법안 개정 움직임에 대해 재일한인들을 비롯하여, 재일중국인들이 반대운동에 돌입했고 일본 각지의 변호사회와 법률학자들도 이 법안에 대한 비판이 빗발쳤는데, 이는 법안 개정의 주된 목적이「외국인관리」체제 구축에 있었기 때문에 인권 경시로 이어지는 시대착오적 발상이라고 비판하고 나섰다.

그리고 또 하나의 문제점은 기존의 출입국관리령에 비하여 법무대신의 권한이 지나치게 강화되었다는 점이다. 예를 들면,「법무대신은 필요하다고 인정되는 경우에 미리 상륙허가를 받고자 하는 외국인에 대해 일본 체재에 있어서 반드시 준수해야 할 활동 범위와 그 밖의 사항을 정할 수 있다」는「준수사항」제도가 새롭게 추가되어 있다는 점을 지적하고 있다. 이 준수사항 제도는 일반적인 의미에서의 불량외국인에 대한 대책 마련의 측면이 아니라 오히려 일본의 정치적인 입장에서 신설된 것으로 의심받을 수 있는 제도였다. 준수사항 위반자에게는 중지명령이 내려지고 이를 이행하지 않을 경우에는 벌칙이 적용되어 강제퇴거에 의한 국외추방 처분이 내려질 수도 있는 문제였다. 이러한 중차대한 문제를 일본 법무대신의 자유재량권에 맡겨 놓았다는 점에서 문제의 소지가 있는 것이었다. 이 준수사항 제도는 일본 입국시에 적용될 뿐만 아니라, 종래부터 일본에 거주하고 있는 재일한인 등에 대해서 재류자격을 변경할 경우나 재류기간을 연장할 경우, 그리고 재입국 허가를 받아야 하는 경우에도 적용되도록 하고 있는데, 이 또한 기존의 출입국관리령에는 없었던 신설 규정이었다. 특히, 법무대신의 재량재량권에 따른 준수사항에 위반했다는 이유로 강제퇴거를 당할 수 있다는 점은 재일한인들의 생활과 인권에 대단히 위협적인 요소라는 점을 충분히 가늠하고 있었다.

재일한인의 대부분은 본인들이 원하여 일본에 거주하게 된 것이 아니라, 일본의 식민지정책의 희생자였으며 일본인은 가해자였다. 그럼에도 불구하고 출입국관리법안에서 볼 수 있는 인권을 경시하는 경향은 위에서 언급한 준수사항 제도에 그치지 않았다. 우선, 기존의 출입국관리령에 비하여 강제퇴거 절차를 간소화하고 있는데, 강제퇴거 처분에 대해서 행정소송을 제기하는 길을 사실상 봉쇄하는 것이 아닌지 우려하고 있었다. 이러한 우려는 강제퇴거 명령서 발부 처분과 법무대신의 재류허가가 실질적으로 별개의 처분이 되는 것에 원인이 있었다. 만일, 강제퇴거 처분을 받게 되는 용의자가 사실상 재판을 받을 권리를 빼앗기고 강제송환이 되는 경우에는 그야말로 중차대한 인도적 문제이기 때문에 이러한 점에 대해서 일본 법조계의 철저한 해명을 요구하고 나섰다. 이 밖에도 강제퇴거를 당한 자의 송환처를 지방입국관리관서의 장이 재량으로 조치할 수 있도록 맡겨진 규정을 담고 있기 때문에 수용소 수용자들에 대한 면회의 제한 또는 금지가 가능하다는 점에서 재일한인들은 인도적 견지에 반하는 개악이라고 보고 출입국관리법안 개정에 대해 격렬한 반대 시위를 펼쳤다.

이와 같은 출입국관리법안 개정의 국회 상정 시도는 재일한인들을 비롯하여 일본의 사회당, 공명당, 공산당 등 야당을 중심으로 한 대대적인 반대에 부딪히게 된다. 이와 관련한 대대적인 반대운동은 재일민단의 기관지인 『韓國新聞』의 기사를 통해서도 확인할 수 있다.

게재일자	게재면	기사제목
1969년 3월 25일	1면	入管での自殺事件/故人の死を無駄にするな
1969년 3월 25일	2면	韓国人に不利な立法せぬ
1969년 3월 25일	5면	「入管法」断固と阻止/法地位解決へ闘争委員会設ける
1969년 4월 25일	1면	「入管法」阻止へ火ぶた/韓青・韓学同が決起大会
1969년 4월 25일	3~4면	資料　出入国管理法案　全文
1969년 5월 15일	1면	平和と人道無視の悪法/出入国管理法の阻止へ
1969년 5월 15일	2면	出入国管理法案と人権軽視を憂う
1969년 5월 25일	1면	本国へ「法地位」陳情団/来月13日全国団長会議
1969년 5월 25일	1면	国会上程中止せよ/入管法案へ法地位が抗議
1969년 5월 25일	1면	韓日基本精神に反す/両国特殊関係考慮せよ 入国管理法の阻止へ/法地位委員会で詳細な解説を発表
1969년 6월 5일	1면	断固粉砕の決意示す/「入管法」反対中央民衆大会 「入管法」の成立許さぬ/在日韓国人の生存権を侵す悪法
1969년 6월 5일	1면	法案即ちに撤回せよ/佐藤総理大臣に要請文
1969년 6월 5일	1면	強力な対日交渉を/朴大統領へメッセージ
1969년 6월 5일	1면	国会上程中止を/抗議文
1969년 6월 5일	2면	入管法反対民衆大会クラブ
1969년 6월 15일	1면	朴大統領民団要請を受諾/法地位問題で対日交渉 万博招請・政民合同会議も/李中央団長記者会見談

1969년 6월 15일	1면	「入管法」になぜ反対するか! 民団中央法地位委で問題点公表
1969년 6월 15일	1면	法的地位に関する朴大統領への請願書
1969년 6월 15일	2면	悪法の狙い暴いて深い感銘　両朴氏の講演要旨
1969년 6월 15일	3면	非人道的な入国管理法/関東協で各党に陳情 国会通過阻止を
1969년 6월 15일	3면	日本国民の理解望む/在日新聞通信協も声明
1969년 6월 25일	1면	日政の爆挙糾弾/一万五千人の近畿地方大会 警察の挑発でデモ荒れる/入管法案に激しい怒り
1969년 6월 25일	1면	国際化した反対運動/韓・中居留民共同決起大会
1969년 6월 25일	1면	法案撤回を要請/大会宣言
1969년 6월 25일	1면	名古屋入管を非難/中北地方で五千の大会デモ
1969년 6월 25일	2면	法地位運動を再確認/万博要請は五千名以上 合同会議来月21~23日/全国団長会議ひらかる
1969년 6월 25일	2면	本国の温情に感激/永住権妨げる要素削除へ
1969년 7월 5일	1면	撤回か特例規定を設けよ/李中央団長、西郷法相と会談 入管法反対への動き活発
1969년 7월 5일	1면	日本政府の再考を促す/韓日歴史的背景勘案せよ
1969년 7월 5일	1면	大巾な緩和を要求/政府、入管法で対日外交文書
1969년 7월 5일	1면	来月20日東京で韓・日法相会談きまる
1969년 7월 5일	1면	入管法審議状況/日本国会
1969년 7월 5일	3면	県庁へなだれこむ/入管法反対山口地方民衆大会のデモ隊
1969년 7월 15일	1면	反対運動 継続한다/中央法地委 見解를 表明 入管法 修正案에 不満 断食闘争団을 撤収
1969년 7월 15일	1면	自民党 姿勢에 要警戒 原案 一部 修正하고 審議継続
1969년 7월 15일	1면	反対運動 統行을 強調 第3回 中央執行委員会에서
1969년 7월 15일	1면	在外国民法, 改正할 方針
1969년 8월 5일	1면	入管法에 修正案/罰則削除や保証金引き下げ
1969년 8월 5일	1면	団結의 隊列解くな/入管法上程見送りに対し 李中央事務総長談話
1969년 8월 5일	2면	入管法反対闘争半年を顧みて
1969년 8월 5일	2면	改憲案の愛国的次元/本国新聞に見る改憲案論調
1969년 8월 5일	4면	出入国管理法案に於けるその対策に関する私見

* 7월 15일자 『韓国新聞』 기사는 한글판으로 제작되어 있다.

재일민단의 기관지인 『韓國新聞』의 기사를 통해서도 알 수 있는 바와 같이 법적지위협정 시행 과정에서 일본 정부의 출입국관리법 개정 시도는 재일한인들에게 많은 문제점들을 야기하게 된다. 동아일보의 1월 16일자 「出入國令 違反 派越技術者 日 收容所서 自殺」이라는 기사를 『韓國新聞』의 1969년 2월 5일자 4면에 인용 보도하면서 재일한인들에게 출입국관리법이 어떠한 문제가 있는지에 대해 알려지기 시작했다. 그리고 『韓國新聞』의 3월 25일자 사설에서 오사카 입국관리사무소 수용소 내에서 있었던 한 동포가 한국과 일본의 관계당국에 유서를 남기고 자살한 사건은 재일한인의 법적지위 및 처우문제와 깊은 관계가 있으며 단순한 자살사건으로 간주되서는 안되는 중대한 사안이라고 지적하고, 이 동포의 죽음이 결코 헛되지 않도록 그리고 그의 유지를 살려나갈 수 있도록 관계당국이 성의 있는 대책을 마련하라고 촉구하고 있다.[10] 한편, 재일민단에서는 본국에서 먼저 선포된 「국민교육헌장」[11]과는 별도로 재일한인의 특수성을 고려하여 일본에서의 생활을 통해서 한민족으로서의 자세를 견지하고 후손들의 교육이념을 확립하고자 하는 차원에서 「재일한국인교육헌장」을 제정하게 된다. 이 헌장에는 일본제국주의의 한국침략으로 인하여 일본에 거주하고 있지만, 타국이라는 이질적인 환경과 문화에 동화되지 않고 한민족으로서의 민족적 자존과 기본적 권리를 침해받지 않고 어떠한 역경도 극복하여 면면히 한민족의 번영을 향유하자는 내용을 담고 있어서,[12] 재일한인들이 처한 시대적

---

10) 『한국신문』 1969년 3월 25일자 1면.
11) 「국민교육헌장」은 국민 교육의 방향을 세우고 국가 재건에 총력을 집중하는 국민 정신의 기본을 확립하기 위해 제3공화국 정부가 만든 것인데, 이는 일제가 메이지 유신 시기에 천황제 이데올로기에 근거한 황국 신민의 인간상을 육성하기 위해 반포한 이른바 「교육칙어」와 내용 및 형식이 매우 비슷하다는 평가를 받고 있다.
12) 『한국신문』 1969년 5월 5일자 1면.

상황에 대한 극복 의지와 정신적 이념을 반영하고 있다고 볼 수 있을 것이다. 「재일한국인교육헌장」의 제정은 출입국관리법안 개정 등과 같은 재일한인의 인권을 위협받는 시대적 상황과 상당한 관련이 있다고 생각할 수도 있는 부분이다.

일본정부는 국회에 제출된 출입국관리법안은 당시의 실정에 부합하도록 입국절차를 간소화하기 위한 내용이라고 주장하고 있지만, 재일민단은 출입국관리법안이 재일한인에 대한 규제를 강화하는 것으로 판단하고 법안 추진에 강력히 반발하면서 전국적인 반대투쟁에 돌입하였다. 재일민단 중앙본부 이희원 단장은 5월 16일 일본 법무대신과 국회 법무위원장에게 출입국관리법 개악 법안에 반대하는 항의문을 제출했다.13) 이어서 5월 17일에는 기자회견을 열어 「목숨을 걸고 법적지위요구 관철운동을 펼치겠다」는 자신의 소신을 밝히고 법적지위위원회 상임위원회를 개최하여 법적지위요구 관철운동을 전개할 구체적인 방안에 대한 의견을 모았다. 그리고 일본 각지의 민단장회의를 소집하여 일본 전국의 민단장을 중심으로 한 진정단을 본국으로 보낼 것을 결정하게 된다.14) 재일민단은 출입국관리법안이 재일한인에 대한 규제를 강

---

13) 항의문의 주된 내용은 다음과 같다. 첫째, 「준수사항」은 재일한인의 재류규제가 필요 이상으로 강화되어 있다. 둘째, 「행정조사권」은 재일한인의 공・사를 막론하고 일방적인 강제권 발동으로 기본적인 인권 및 공적인 권리가 박탈되는 것은 명확하다. 셋째, 퇴거강제 사유의 확대, 강화 및 동 절차의 간소화는 재일한인 강제추방이 강화되어 구제수단을 차단하고 있으며, 동시에 빈곤자를 추방의 대상으로 하는 것은 국제적 견지에서 용납될 수 없는 것이다. 넷째, 「벌칙」도 그 내용이 여러 가지로 세분화되어 재일한인 추방의 기도가 숨어 있다. 다섯째, 이 모든 것이 법무대신의 소위 「자유재량」에 의해 좌우되며 재일한인에 대한 일방적인 권익의 여탈권을 갖고 있다. 이와 같은 이유에 의거, 「재일한인들은 출입국관리법안의 국회통과를 도저히 용인할 수 없으며, 국제법, 일본국헌법 및 재일한인의 일본사회와의 역사적인 특수관계를 고려하여 재일한인들의 민권을 옹호하는 입장에서 동 법안의 국회 상정 중지를 강력히 요구한다」는 것이다.
14) 한교통신 제2367호, 1969년 5월 19일.

화하는 법안으로 보고 동 법안의 추진에 강력히 반대하면서 6월 2일과 6월 16일 대통령에게 탄원서를 제출하여 본국 정부의 관심을 촉구하고 나서는 등 대대적인 반대 투쟁을 전개했다. 일본의 출입국관리법 제정이 재일한인들에게 어떠한 문제들을 야기하게 되는지는 다음의 대통령에게 보내는 민단의 탄원서를 통해서도 잘 알 수 있다.

박 대통령에게 보내는 멧세지

경애하는 박 대통령 각하

오늘 우리 재일본 대한민국 거류민단 전국 대표 약 5천명은 이곳 동경 문경 공회당에 집결하여, 일본 정부의 비우호, 비인도적인 출입국관리법안에 대하여 반대하는 중앙민중대회를 개최하고 본 대회 이름으로 대통령 각하에게 멧세지를 보내는 바입니다.

경애하는 대통령 각하

한·일 양국 간의 국교가 정상화됨에 따라 재일한국인의 법적지위 및 대우에 관한 협정에 의거하여 우리의 영주권 신청이 개시되어 이미 3년여의 기간이 경과하고 있습니다. 그러나 영주권 신청은 일본 정부의 협정 실시에 있어서의 우리에 대한 비우호적, 비인도적인 처사 처사로 말미암아 아직 10여 만명에 불과하고 우리의 법적지위 문제는 중대한 단계에 이르러 있습니다. 이 때에 있어서 일본 정부는 설상가상식으로 다시 재일한국인의 9할을 점하는 우리를 대상으로 하여 부당한 출입국관리법안을 국회에 상정하고 있습니다.

이는 그 내용에 있어서 재일한국인의 생활을 극히 압박하며, 대부분의 동포를 추방하려는 의도로 일관되어 있다는 철저한 배외적인 것입니다.

경애하는 박 대통령 각하

각하께서는 이미 우리의 법적지위 문제에 관하여 일본 정부에 대한 강력한 교섭을 지시하시었고, 계속하여 우리의 생활권 옹호에 커다란 관심을 가지고 계심을 우리는 잘 알고 있습니다.

우리는 대통령 각하의 그와 같은 강력한 옹호를 받아 앞으로 일본에 있어서의 우리의 생활권 확보를 위하여 우선은 이 출입국관리법안을 철회시키고 계속하여 우리의 응당한 법적지위를 쟁취할 때까지 재일동포의 총력을 결집하므로 강경한 투쟁을 전개할 것을 이에 다짐하는 바입니다.

끝으로 대통령 각하의 건승을 기원하오며 앞으로 우리의 투쟁에 대하여 절대적인 옹호를 하여 주시기 바라는 바입니다.

1969.6.2.
재일본 대한민국 거류민단
출입국관리법안 반대 중앙민중대회
회장단 이 희 원
박 근 세
장 총 명
정 재 준
김 재 숙
김 신 삼

상기의 탄원서에서도 확인할 수 있듯이 출입국관리법안에 대한 재일한인 사회는 일본 정부에 대한 강경한 투쟁을 전개하고 있다. 출입국관리법안에 대한 재일한인 사회의 반대 사유[15]와 이에 대한 일본 정부의 해명을 요약하면 다음과 같다.

첫째, 출입국관리법안의 목적이 입국 절차를 간소화하고자 하는데 있다고 주장하고 있지만, 입국 후의 준수사항을 통해서 재류 관리 체제를 강화하려는 의도가 있다는 점을 민단측은 지적하고 있다. 이에 대해서 일본 정부는 이미 일본에 거주하고 있는 재일한인들은 동 법안 적용에서 제외된다고 설명하고 있다.

---

15) 외무부 제13750호 「일본 출입국관리법안에 관한 문제」, 1969년 7월 30일.

둘째, 민단은 동 법안이 강제퇴거 사유를 확대하여 빈곤자를 추방하려 하며, 강제퇴거 절차를 간소화함으로써 이들의 추방을 용이하게 하려는 의도가 깔려 있다는 점에서 반대하고 있다. 이에 대해 일본측은 법안의 퇴거 사유는 기존과 동일하며 현재까지 재일한인의 경우에 빈곤자, 정신병자, 나환자라는 사유로 퇴거시킨 바가 없다고 해명하고 있다.

셋째, 행정조사권 및 벌칙(불진술, 문서 및 물건의 불제시, 허위진술에는 벌금을 부과함)을 신설함으로써 재일한인 인권(일본 헌법상의 묵비권)을 유린할 수 있다고 민단측은 주장하고 있다. 이에 대해 일본측은 현재도 행정조사를 하고 있으며, 동 행정조사는 재류 자격에 관련해서만 행사할 것이라고 해명하고 있다.

넷째, 일본 법무대신의 자유재량권 확대는 재일한인들 권익에 대한 여탈을 자유롭게 할 수 있는 우려가 있다고 민단측은 지적하고 있다. 이에 대해서 일본측은 법무대신의 자유재량권은 당사자를 구제하기 위한 경우가 많으며, 당사자에게 불리하다고 할 수 있는 일본의 이익이나 공안에 관한 사항과 준수사항의 부가는 재일한인에게는 영향이 없다고 해명하고 있다.

이에 일본 자민당은 동 법안에 관한 제반 사항을 고려하여, 영주권 취득자 및 이들 자녀에 대한 적용 제외, 빈곤자, 나환자, 마약중독자 등의 강제퇴거를 실시하지 않을 것을 명문으로 규정한 수정안을 제출하였으나 재일민단은 법안의 완전 폐기를 요구하였다. 이러한 자민당 수정안은 중의원 법무위원회 심의 도중 국회 회기 종료로 인해 동 법안은 자동 폐기되었다.

그러나 1969년도 정기국회에서 폐안되고 다시 1970년도 특별국회에 제출하고자 하였으나 제출하지 못한 출입국관리법의 신법안을 국회에 제출하려는 움직임이 다시 일어났다.16) 구법안 중에서 문제가 되었던 입국 후의 준수사항 등을 삭제하여 수정된 출입국관리법안을 자민당 강경파 의원들을 중심으로 국회에 상정하려는 움직임이 있었다. 외국인의 정치활동 제외 규정을 철회하고 규제 강화를 위한 정치활동 중지명령제도 조항을 추가했다. 이는 재일한인들 중 법률 126호 2조 6항에 의한 영주권 취득자 및 한일협정에 의한 협정영주권 취득자도 정치활동 규제를 받게 되는 것이었다. 이것은 영주권 신청 재일한인들이 모두 정치활동의 규제 대상이 되는 것을 의미하는 것이기 때문에 재일한인 사회는 새로운 투쟁에 돌입할 수밖에 없었으며, 사회당 등 야당측의 반발이 예상되는 상황이었다. 이러한 상황에서 출입국관리법안은 1971년도 국회 회기 만료일인 5월 24일 법무위원회에서 계속 심의를 주장하는 자민당과 이에 반대하는 야당의 의견이 충돌하여 결국 폐안되고 말았다.17)

일본정부는 1972년 3월 영주권을 신청하지 않은 외국인도 정치활동을 규제하지 않는다 등의 내용을 개정하여 다시 출입국관리법안의 국회 제출을 예정하고 있는 바, 한국정부는 일본의 출입국관리법안이 재일한인의 영주권 우대 조항이 유지되고 민단계 재일한인의 지위에 불리하게 되거나 조련계에 유리한 결과가 초래되지 않도록 적극적인 외교 교섭을 경주하라고 주일대사에게 지시하게 된다.18) 그러나 일본정부가 추진해온 출입국관리법안의 개정은 일본 내 야당측의 강한 반대와 국철운임 인상법안, 건강보험 개정안 등 긴급을 요하는 법안 처리에 밀려서 국회 심의조차 하지 못하였다.19)

---

16) 주일영(1) 725-1101 「일본의 출입국관리법 송부」, 1971년 3월 18일.
17) JAW-05304, 1971년 5월 26일.
18) 대비정 840-29 「일본정부의 출입국관리법 개정 움직임에 관한 지시」, 1972년 3월 18일.
19) JAW-05438, 1972년 6월 1일.

1965년 한일회담 이후 협정영주권자는 재일한인 2~3세들이 주축을 이루면서 이들은 자손대대로 일본에 영주한다는 정주의식을 갖게 된다. 이러한 정주의식으로의 변화는 1960~70년대의 외국인등록법이나 출입국관리법 개정 등 일본정부의 행정차별에 대한 다양한 차별철폐운동으로 이어졌다. 1969년 일본정부의 출입국관리법 제정 시도는 다양한 반대운동에 부딪혀 폐안되었고 그 이후에도 여러 번에 걸쳐 시도했지만 번번히 반대에 부딪혀 심의조차 하지 못하는 상황을 맞으면서 1981년 출입국관리 및 난민인정법을 비준하기에 이른다.

4. 나가는 말

샌프란시스코조약이 발효되면서 미군정의 일본 점령은 종결되었고, 일본정부는 재일한인을 포함한 구식민지 출신자들의 국적을 박탈하고 출입국관리령의 대상에 포함시켰다. 구식민지 출신자들을 외국인으로 규정하면서 그들이 일본에 체류할 수 있는 법적 근거를 마련해야 했다. 그러므로 「외국인등록법」의 시행과 더불어 법률 제126호를 공포하여 재류 자격을 가지지 않고도 계속해서 일본에 거류할 수 있다는 논리적으로 모순된 규정을 두게 된 것이다.

1965년 6월 한국과 일본은 국교정상화를 위한 한일회담을 마무리하고 한일기본조약과 더불어 4개의 하위 협정을 체결했지만, 한일 양국의 국교정상화는 한국과 일본, 미국이 당면한 이해관계가 합치된 결과물이었다. 한국측은 군사 쿠데타를 통해서 정권을 획득한 박정희 정권의 정통성을 확보하기 위해 일본의 자본을 원조받을 수 있는 기회였다. 그리고 일본측은 새로운 자본진출 시장으로서 미일안보체제 협력의 일환으로 한국과의 국교 수립이 필요하다고 인지했던 상황이었다. 그렇기 때문에 36년간의 일본제국주의의 강제점령에 대해 전혀 반성하지 않는 상황에서 이루어지는 한일 국교정상화 회담은 치욕적인 것으로 마무리될 수밖에 없었다. 이러한 문제점들은 그대로 재일한인의 법적지위협정 시행 과정을 통해서도 드러나기 시작했다. 이 과정에서 한국정부는 처음에는 재일한인이 대대로 일본에 영주할 수 있는 조치를 취해달라는 주장을 펼쳤지만, 결과적으로는 재일한인의 형성과정에서 역사적인 책임이 있는 일본정부가 무책임하게 재일한인을 강제퇴거 조치를 취하려는 방침에 대해서도 일정 부분 묵인하는 결과를 초래하였다.

재일한인들은 법적지위협정 시행기간 5년 동안 재일한인들의 협정 영주권 확대와 거주권, 생활권 보장 등을 지속적으로 주장했다. 이에 대해 일본측은 출입국관리법 개정을 통해 강제퇴거를 강화하는 것이 재일한인들의 영주권 확대에 대처할 수 있는 유일한 방법으로 인식했던 것이다. 그리고 재일한인들의 집회 및 정치 참여를 금지하기 위해 일본정부와 여당 정치인들은 더욱 강경한 대응으로 일관했다.

본 연구에서는 일본의 출입국관리법 제정에 대한 재일한인들의 반대 투쟁과 이 법 제정이 그들에게 어떠한 문제들을 야기했는지 등에 대해서 개론적인 측면에서 살펴보았다. 한국정부의 미온적인 대처로 일관해온 과정 속에서도 재일한인들의 처절한 투쟁과 노력이 결과적으로는 일본의 출입국관리법 제정의 변화를 촉진시켜 다문화사회 이행과정 등에서도 출입국 법률 개정에 기여한 바가 대단히 크다고 평가할 수 있을 것이다.

〈법적지위 및 출입국관리법 개정 관련 외교문서목록〉

1965년 6월 22일 한일기본조약이 타결되면서 1965년 12월 18일 한일 양국 정부의 비준서가 교환되고, 1966년 1월 17일부터는 효력이 발생하기에 이른다.

법적지위협정의 논의를 진행하는 과정에서 재일한국인의 영주권 부여 범위를 확대하자는 한국측의 입장에 대해 일본측은 영주권의 부여 범위가 확대되면 강제퇴거 사유도 확대되어야 한다고 줄곧 주장해왔다. 이러한 주장은 재일한국인 통제를 강화하고자 하는 일본측 입장의 연장선상에 있는 것으로 볼 수 있을 것이다. 이러한 재일한국인 통제 강화를 목적으로 일본정부는 1969년 출입국관리법의 제정을 시도한다. 이에 일본의 출입국 관리법 제정 및 개정과 함께 재일한국인의 법적지위에 관한 실무자회의와 관련된 대한민국 정부 생산 외교문서를 외교부의 분류체계에 맞추어 정리하였다. 아래 문서목록은 외교부에서 공개할 때 분류한 등록파일을 문서 생산 시기와 주제별로 나누어 배치한 것이다.

문서목록의 각 항목은 분류번호, 생산과, 생산연도, 문서명, 첨부자료, 프레임번호, 문서종류, 발신, 수신, 생산일 등의 항목을 토대로 정리하였다. 문서의 제목은 해당 문서에 표기된 문서명을 그대로 붙이는 것을 원칙으로 하였다. 다만, 문서 제목이 없는 문서들이 상당히 존재하므로 이 경우에는 문서 내용을 확인하여 임의로 문서명을 붙였으며 (*)로 표시하였다. 그리고 문서의 종류는 보고서, 요청문, 회의록, 통보문, 서한, 자료 등의 항목으로 분류하였다.

① 일본의 출입국 관리법 제정에 따른 재일교민문제, 1969
　분류번호 : 791.2
　생산과 : 교민과
　생산연도 : 1969년

건 제목	첨부자료	프레임	종류	발신	수신	생산일
(*)법무성 입관국 참사관과 면담 내용 보고		0004-0005	보고서	주일대사	외무부장관	1969.02.16
(*)법무성의 국회제출 서류확인 요청		0008	요청문	외무부장관	주일대사	1969.02.17
(*)법무성의 국회제출 서류확인 보고		0009	보고서	주일대사	외무부장관	1969.02.23
	아사히신문(2.24, 조간) "출입국관리법안 요강"	0010	자료			
(*)일간지 보도(외국인 체제자 활동규제 강화)확인 요청		0011	요청문	외무부장관	주일대사	
	금번 일본국회에 상정예정인 "일본국 출입국관리개정안"	0012	자료			
일본국 출입국관리법 개정안		0013-0014	보고서	주일대사	외무부장관	1969.02.26
(*)일본국 출입국 관리법 개정안 국회회부 통보		0015	보고서	주일대사	외무부장관	1969.03.14
일본의 출입국 관리법		0016	보고서	주일대사	외무부장관	1969.03.17
	(*)한교통신 출입법개정안에 대한 여론 (1969.04.28.)	0017-0023	자료			
	(*)한교통신 출입법개정안에 대한 여론 (1969.05.19)	0024-0034	자료			
(*)신구 참사관의 법무성 방문 보고		0035	보고서	주일대사	외무부장관	1969.05.07

건 제목	첨부자료	프레임	종류	발신	수신	생산일
(*)민단중앙총본부 "출입국관리법 개정반대 민중대회" 보고		0036	보고서	주일대사	외무부장관	1969.06.02
	(*)KPI통신 "외국인등록 및 출입국관리법 관련"	0037-0056	자료			
(*)출입국관리 법안 신문보고		0057	보고서			
(*)법무성 입관국장 면담내용 보고		0058-0060	보고서	주일대사	외무부장관	1969.06.04
(*)민단 시가행진 계획 보고		0061	보고서	주일대사	외무부장관	1969.06.16
(*)민단 시가행진 보고		0062	보고서	주 오사카영사	외무부장관	1969.06.17
(*)윤동춘 석방 보고		0063	보고서	주 오사카영사	외무부장관	1969.06.19
(*)출입국관리법안신문보고		0064	보고서	주일대사	외무부장관	1969.06.20
(*)민단 시가행진 보고		0065	보고서	주일대사	외무부장관	1969.06.20
일본 출입국관리법안에 관한 일본동향		0067-0068	보고서	주일대사	외무부장관	1969.06.25
	일본 출입국관리 법안의 일본 국회 상정과 문제점	0069-0073	자료			
	출입국관리법에 대해 재일한국인들은 왜 반대하는가	0074-0079	자료			
	일본 출입국관리법안 중 문제되는 조문	0080-0086	자료			
	일본 출입국관리법안에 대한 일본측의 해명	0087-0097	자료			

건 제목	첨부자료	프레임	종류	발신	수신	생산일
	일본 출입국관리법안	0098-0103	자료			
	일본 출입국관리 법안에 대한 토킹페이퍼	0104-0107	자료			
	출입국관리법안에 대한 일본 관계당국측 설명 요지	0108-0113	자료			
	일본의 출입국 관리법에 대한 국회답변	0114-0119	자료			
(*)민단의 민중대회 개최 보고		0120-	보고서	주 시모노세끼 영사	외무부 장관	1969.06.25
(*)주한일본대사관 조치 및 동향 전달		0125	보고서	외무부 장관	주일대사	1969.06.26
	출입국 관리법안 문제	0121-0124	자료			
한국정부 일본에 출입국법 완화 촉구		0126-0127	자료	정보 문화국		1969.06.27
(*)주일대사 입수노트 확인 요청 및 기타		0128	요청문	주일 대사관	아주국장	1969.06.27
(*)주일대사 입수노트 확인요청에 대한 답변		0129	통보문	아주국장	주일 대사관	1969.06.27
(*)일본 출입국관리법 국회상정에 대한 정부의 공식견해 요청		0130	요청문	주일대사	외무부 장관	1969.06.29
(*)민단 단식투쟁 중지보고		0131	보고서	주일대사	외무부 장관	1969.06.30
(*)민단 단식투쟁 미중지 보고		0132	보고서	주일대사	외무부 장관	1969.07.03
(*)민단 단식투쟁 상황보고		0133	보고서	주일대사	외무부 장관	1969.07.04
일본 출입국관리법안에 대한 자료 송부		0134	보고서	주일대사	외무부 장관	1969.06.30
일본 출입국관리법안에 대한 자료		0135	보고서	외무부 장관	법무부 장관	1969.07.05

건 제목	첨부자료	프레임	종류	발신	수신	생산일
(*)민단 단식투쟁 정황보고		0136	보고서	주일대사	외무부 장관	1969.07.09
(*)민단 단식투쟁 해산보고		0137	보고서	주일대사	외무부 장관	1969.07.10
	(*)자민당측 출입국관리법안 수정안	0138	자료			
(*)출입국관리법안 수정안 보고		0139-0140	보고서	주일대사	외무부 장관	1969.07.11
	출입국관리법안 수정안 회부 예정 및 관련 사항	0141	자료			
(*)자민당 확정 수정안 입수 보고		0142-0143	보고서	주일대사	외무부 장관	1969.07.11
(*)자민당 수정안에 대한 민단 측 반대		0144	보고서	주일대사	외무부 장관	1969.07.15
	민단측 반대관련 자료	0145-0148	자료			
진정서 처리의뢰		0149	요청문	기획 관리실	동북아 과장	1969.07.12
	박대통령에게 보내는 멧세지	0150-0151	서한			
일본국 출입국관리법안		0152-0155	보고서	외무부 장관	대통령	1969.07.16
(*)한국관계 신문기사 보도		0156-0159	보고서	주불대사	외무부 장관	1969.07.17
(*)민단 성명서 요지		0161	보고서	주일대사	외무부 장관	1969.07.18
	민단중앙본부 단장의 출입국 관리법안 성명 발표 요지 공람	0160	자료			1969.07.19
(*)법안 통과상황 보고		0162	보고서	주일대사	외무부 장관	1969.07.23
(*)출입국관리와 실태 최신판 발간현황 및 기타 보고요청		0163	요청문	외무부 장관	주일대사	1969.07.29

건 제목	첨부자료	프레임	종류	발신	수신	생산일
일본 출입국 관리법안에 관한 문제		0164	보고서	외무부 장관	대통령 국무총리	1969.07.30
	일본 출입국관리 법안에 관한 문제점	0165-0171	자료			
	(*)이희원 단장 멧세지	0172-0173	서한			
	(*)김진근 오사카단장 멧세지	0174-0175	서한			
(*)출입국관리법안 폐기 보고		0176	보고서	주일대사	외무부 장관	1969.08.05
	출입국관리법 제정에 관한 논담	0177-0184	자료			
	출입국 관리 법안	0185	자료			

② 재일본한국인의 법적지위 향상을 위한 한일간 법무차관 회담, 동경, 1970.10.27.-28

분류번호 : 791.22

생산과 : 동북아과/재외국민과

생산연도 : 1970년

건 제목	첨부자료	프레임	종류	발신	수신	생산일
(*)양국 법상회담 개최에 대한 의견 회보요청		0005	요청문	외무부 장관	주일대사	1970.08.14
한일 양국 법상회담 개최		0006	보고서	법무부 장관	외무부 장관	1970.08.17
	영주권신청 촉진을 위한 일정 부의 협력요망 사항	0007-0011	자료			
	영주권신청 촉진을 위한 요구 사항	0012	자료			

건 제목	첨부자료	프레임	종류	발신	수신	생산일
(*)양국 법상회담 개최와 관련 일본차관 면담내용 보고		0013-0014	보고서	주일대사	외무부 장관	1970.08.21
(*)쯔다차관 요청 법상회담에 관한 강공사의 면담내용 보고		0015-0016	보고서	주일대사	외무부 장관	1970.08.21
(*)강공사의 수노베아세아국장 방문면담 보고		0017-0018	보고서	주일대사	외무부 장관	1970.09.01
	한일법상회담 강공사보고 (9.12)	0019	자료			
(*)법상회담 관련 일정부와 접촉사항 보고		0020-0021	보고서	주일대사	외무부 장관	1970.09.12
(*)북해도지사 예방 관련 보고		0022	보고서	주일대사	외무부 장관	1970.09.12
(*)강공사와 수노베아세아국장의 면담내용 보고		0024-0026	보고서	주일대사	외무부 장관	1970.09.19
(*)외무부의 실무자회담 개최에 대한 외무부 회답		0027	요청문	외무부 장관	주일대사	1970.09.23
(*)실무자회담 희망날짜 회신 요청		0028	요청문	주일대사	외무부 장관	1970.09.28
(*)실무자회담 개최에 따른 강조사항 보고		0029-0030	보고서	주일대사	외무부 장관	1970.09.30
(*)영주권 신청촉진 문제 관련 호리관방장관과 면담 보고		0031-0036	보고서	주일대사	외무부 장관	1970.10.03
(*)영주권 신청촉진 관련 고바야시법무대신과의 면담결과 보고		0037-0041	보고서	주일대사	외무부 장관	1970.10.03
(*)실무자회담 관련 아측 대표 선정 건의		0042	요청문	주일대사	외무부 장관	1970.10.04
(*)법무차관 회담 시기 알림		0043	통보문	외무부 장관	주일대사	1970.10.12
(*)사또총리 방문 결과 보고		0044-0046	보고서	외무부 장관	주일대사	1970.10.14
(*)외무성 아세아국장 방문 차관회의 일시 협의 보고		0047	보고서	주일대사	외무부 장관	1970.10.14

건 제목	첨부자료	프레임	종류	발신	수신	생산일
(*)외상 면담 결과 보고		0048	보고서	주일대사	외무부 장관	1970.10.14
(*)차관회의 관련 통보사항		0049	요청문	외무부 장관	주일대사	1970.10.15
(*)한일법무차관 회담 참석자 명단 통보		0050	통보문	법무부 장관	외무부 장관	1970.10.16
공무 해외여행 심사 요구		0051-0056	요청문	외무부 장관	국무총리	1970.10.16
한일법무차관 회의		0057	통보문	법무부 장관	외무부 장관	1970.10.16
공무 해외여행 심사요구		0058-0059	요청문	재외 국민과	국무총리	1970.10.16
(*)강공사의 요시다 입관 국장 방문 일정 협의 결과 보고		0060	보고서	주일대사	외무부 장관	1970.10.17
한일 법무차관회담 개최 및 대표단 파견		0061-0062	요청문	재외 국민과	법무부 장관	1970.10.18
(*)법무차관회의 참석대표단 일본 도착시간 통보		0063	요청문	주일대사	외무부 장관	1970.10.19
(*)한일 법무차관회담에 관한 발표문		0064-0065	보고서	주일대사	외무부 장관	1970.10.28
한일 법무차관회담의 운영절차와 아측 입장에 관한 보고		0066-0080	보고서	외무부 장관	대통령/ 국무총리	1970.10.20
(*)법무차관회의 참석인원 및 의제 일정부에 통보요청		0081-0083	요청문	외무부 장관	주일대사	1970.10.20
(*)법무차관의 법무대신 예방 주선 의뢰		0084	요청문	외무부 장관	주일대사	1970.10.22
(*)양국 법무차관 회의에 대한 협의 보고		0085-0086	보고서	주일대사	외무부 장관	1970.10.22
여권발급 협조의뢰(한일 법무차관 회담)		0087	통보문	아주국장	의전실장	1970.10.23
한일 법무차관 회담에 관한 훈령		0088	통보문	재외 국민과	법무부 차관	1970.10.23

건 제목	첨부자료	프레임	종류	발신	수신	생산일
	법무차관 회담에 임하는 우리 정부 입장	0089-0093	자료			
(*)한일 법무차관회의 개최에 관한 논의 보고		0094-0095	보고서	주일대사	외무부 장관	1970.10.24
	한일법무차관 회의 한국측 제안요지	0096-0115	자료			
영주권 관계 자료 송부		0116	보고서	주일대사	외무부 장관	1970.10.20
	영주권신청에 관한 제요망관 계서류	0117	자료			
	영주권신청촉진을 위한 일본국정부에 공표를 요청하는 한국측의 담화문(안)	0118	통보문			
	영주권 획득한 자와 소득없는 자의 대우문제	0119-0122	자료			
	영주권신청촉진을 위한 일본정부에 대한 협력 요망 사항	0123-0126	자료			
(*)법무차관 동경회담 일정보고		0127-0128	보고서	주일대사	외무부 장관	1970.10.27
(*)한일 법무차관 제1차 회의 진행상황 보고		0129-0130	보고서	법무차관	외무부 장관	1970.10.28
공무해외여행 승인 통지		0131	통보문	국무총리	법무부 차관	1970.10.28
(*)한일법무차관 회담 종료		0132	보고서	주일대사	외무부 장관	1970.10.28
(*)한일법무차관회담 폐회와 양해사항 보고		0133-0135	보고서	주일대사	외무부 장관	1970.10.28
(*)한일법무차관회담 발표문 송부		0136-0137	보고서	법무부 차관	외무부 장관	1970.10.28

건 제목	첨부자료	프레임	종류	발신	수신	생산일
(*)기 송신문 중 정정요청		0138	요청문	주일대사	외무부	1970.10.29
(*)한일법무차관 제1차회의 진행상황 보고		0139-0140	보고서	주일대사	외무부장관	1970.10.28
(*)한일법무차관 회담 폐회보고와 양해사항 보고		0141-0143	보고서	주일대사	외무부장관	1970.10.28
	한일법무차관 회담 결과	0144	자료			
(*)법무차관 외 3인 공관소재지 도시순회 허가요청		0145	요청문	주일대사	외무부장관	1970.10.29
법무차관 일행 귀국일자 연장		0146	요청문	법무부장관	외무부장관	1970.10.29
(*)재일거류민단 정기 중앙위원회 개최 보고		0147-0148	보고서	주일대사	외무부장관	1970.10.30
(*)한일법무차관 회담 보고		0149-0154	보고서	외무부장관	대통령/국무총리	1970.10.30
(*)법무차관 일행 도시순방 허가		0155	통보문	외무부장관	주일대사	1970.10.30
(*)법무차관 일행 도시순방 허가 요청		0156	요청문	주일대사	외무부장관	1970.10.30
(*)법무차관일행 순회일정 및 여비보고 요청		0157	요청문	외무부장관	주일대사	1970.10.31
(*)아이찌외상 기자회견요지		0158-0159	보고서	주일대사	외무부장관	1970.10.31
(*)법무차관 일행 귀국일정 보고 요청		0160	요청문	외무부장관	주일대사	1970.11.02
	협정영주권신청 촉진을 위한 지방순회간담회 결과보고	0161-0166	자료			
	재일교포협정영주권 신청촉진을 위한 일본 각지방 거류민단 간부와의 순회간담회	0167-0171	자료			
(*)법무차관일행 순회일정 및 여비 보고		0172-0173	보고서	주일대사	외무부장관	1970.11.02

건 제목	첨부자료	프레임	종류	발신	수신	생산일
(*)차관일행 간담회 및 출국일정 보고		0174	보고서	주오사카 총영사	외무부 장관	1970.11.02
영주권촉진 간담회		0175	보고서	주코베 영사	외무부 장관	1970.11.04
공무 해외여행 기간연장 심사 요구		0176-0178	요청문	외무부 장관	국무총리	1970.11.12
공무 해외여행 승인 통지		0179	통보문	국무총리	외무부 장관	1970.11.20
(*)강영규공사의 요시다입국관리국장 방문 내용 보고		0180-0182	보고서	주일대사	외무부 장관	1970.11.21
(*)강공사의 쓰다 법무성 사무차관 방문 보고		0183	보고서	주일대사	외무부 장관	1970.12.03
	인덱스	0184	자료			
한일법상회담 개최		0185	보고서	동북아주과	법무부 장관	1970.08.06
한일법상회담 개최		0186	요청문	외무부 장관	법무부 장관	1970.08.07
	제4차 한일정기각료회에서의 외무부장관의 양국관계일반 및 국제정세에관한 발언	0187-0195	자료			
	한일 법무차관 회담자료	0196-0227	자료			
	법무차관인사	0228-0233	자료			
	한일법무차관 회담에서 한국 오택근법무차관의 개회인사	0234-0241	자료			
	신문자료	0242-0247	자료			
한일 법무차관 회의결과 보고		0248	보고서	주일대사	외무부 장관	1970.10.29

건 제목	첨부자료	프레임	종류	발신	수신	생산일
	한일양국 법무 차관회담 종료 에 제하여 일본 극 법무대신 담 화	0249-0265	자료			
	한일법무차관 회담 한국측 발 표문	0266	자료			
	신문자료	0267	자료			
	오법무차관 나 고야영사관 방 문 영주권 관계 자료	0268-0273	자료			
한일법무차관 회의자료 송부		0274	보고서	주일대사	법무부 장관	1970.11.02
	회의자료	0275-0279	자료			
	오택근법무차 관 코오베 일정 표	0280	자료			
	코오베관활 7 현 영주권신청 현황	0281	자료			
	현별 교포수	0282	자료			
	영주권신청추 진 코베 행동조	0283	자료			
	신문자료(코베 신문)	0284	자료			
	제안내용	0285-0289	자료			
	법무차관 인사 말	0290-0292	자료			
	일한법무차간 회담 일본측 참 가자	0293	자료			
	합의사항	0294-0300	자료			

건 제목	첨부자료	프레임	종류	발신	수신	생산일
한국측의 공동 발표		0301-0305	자료			
한국측의 공동 발표		0306-0309	자료			
합의사항 일측안		0310-0312	자료			

③ 재일본한국인의 법적지위에 관한 실무자회의 제3차, 동경, 1971.4.16.-17 (전2권. V1)

분류번호 : 791.22

생산과 : 동북아과/재외국민과

생산연도 : 1971년

건 제목	첨부자료	프레임	종류	발신	수신	생산일
재일교포의 영주권 신청기간 연장 교섭		0004-0005	보고서	교민과장	건의	1970.02.25
	협정영주권 신청 도표	0006	자료			
	연도별 협정영주권 신청자허가상황	0007	자료			
(*)협정영주권 미신청자포함 법적지위문제 사후대책에 대한 의견 요청		0008	요청문	외무부장관	주일대사	1970.12.14
	(*)협정영주권 신청기간 만료 후의 재일한국인의 법적지위 대책	0009-0015	자료			
	(*)법적지위대책(영문)	0016	자료			
	영주권신청기간 종료후 재일한국인 법적지위문제 주일대사 건의	0017	자료			

건 제목	첨부자료	프레임	종류	발신	수신	생산일
재일교포 법적지위문제		0018	통보문	영사국장	아주국장	1970.12.28
재일교포 법적지위문제		0019	보고서	주일대사	외무부 장관	1970.02.21
	(*)1971년 1월 16일 이후 재일 한국인의 법적 지위 개선 문제	0020-0029	자료			
	(*)재일거류민 단 단장의 재일 국민 영주권신 청 기간연장에 관한 건의	0030	자료			
	재일동포 영주 권 신청기간 연 장조치 건의	0031-0034	요청문	재일 민단장	외무부 장관	1971.01.05
재일국민 협정영주권 신 청현황 보고 및 대책		0035	보고서	외무부 공문	대통령/ 국무총리	1971.01.06
	재일국민 협정 영주권 신청현 황 보고 및 대 책	0036-0042	자료			
	재일국민 협정 영주권 신청현 황보고 및 대책 (영문)	0043-0046	자료			
(*)1971년 1월16일 이후 재일한국인의 법적지위 개선 문제 견해 회신 요청		0047	요청문	주일대사	외무부 장관	1971.01.07
(*)1971년 1월16일 이후 재일한국인의 법적지위 개선 문제 견해 회신		0048	보고서	주일대사	외무부 장관	1971.01.08
(*)1971년 1월16일 이후 재일한국인의 법적지위 개선 문제 견해 회신건에 대한 추가건의 요청		0050	요청문	주일대사	외무부 장관	1971.01.08
(*)장관과 가나야마대사 초치면담 내용 보고		0058-0060	보고서	주일대사	외무부 장관	1971.01.13

건 제목	첨부자료	프레임	종류	발신	수신	생산일
	장관과 가나야 마 주한일본대 사와의 면담요 록	0051-0055	자료			
	(*)영주권신청 연장관련 비망 록	0056-0057	자료			
(*)영주권신청연장관련 비 망록 송부		0061	보고서	주일대사	외무부 장관	1971.01.13
	(*)영주권신청 연장관련 비망 록	0062-0063	자료			
	(*)국적변경문 제	0064	자료			
	(*)국적변경문 제	0065-0068	요청문	수도 변호사회	외무부 장관	1971.01.04
(*)쓰다 사무차관 방한초 청에 관한 건		0069	보고서	주일대사	외무부 장관	1971.01.13
영주권신청 기간연장 문 제		0070	요청문	아주국장	영사국장	1971.01.15
	(*)영주권신청 관련 조선중앙 통신 보도요약	0071-0074	자료			
	(*)영주권신청 관련 조선중앙 제1방송내용	0075-0077	자료			
(*)협정영주권신청 현황		0078	보고서	주일대사	외무부 장관	1971.01.20
(*)협정영주신청기한에 관 한 건		0079	보고서	주일대사	외무부 장관	1971.01.25
(*)고바야시 법무대신 예 방결과 보고		0080-0081	보고서	주일대사	외무부 장관	1971.01.26
(*)협정영주권 종료에 대 한건		0082	보고서	영사국장	외무부 장관	1971.01.29
(*)외무성방문 면담내용 보고계획 통지		0083	통보문	주일대사	외무부 장관	1971.01.30
(*)영사국장의 요시다입관 국장 예방결과 보고		0084-0086	보고서	주일대사	외무부 장관	1971.01.31

건 제목	첨부자료	프레임	종류	발신	수신	생산일
(*)영사국장의 쯔다사무차관 예방결과 보고		0087-0088	보고서	주일대사	외무부장관	1971.01.31
(*)영사국장의 수노베아세아국장 예방결과 보고		0089	보고서	주일대사	외무부장관	1971.01.31
(*)영사국장의 호겐외무심사의관 예방결과 보고		0090	보고서	주일대사	외무부장관	1971.01.31
(*)영사국장의 고베영사관 방문일정 보고		0091	보고서	주오사카총영사관영사국장	외무부장관	1971.02.01
(*)협정영주권신청 마감후 대책수립과 대일교섭 관련사항 파악 보고요청		0092	요청문	외무부장관	주일대사	1971.02.06
(*)아주국장의 마에다공사 초치 결과보고		0093	보고서	주일대사	외무부장관	1971.02.13
	아주국장과 마에다공사의 면담요록	0094-0099	자료			
(*)마에다국장의 김아주국장 방문후 비망록에 대한 일측회답요지 전달 보고		0100-0101	보고서	주일대사	외무부장관	1971.02.22
	강공사와 요시다국장간 면담요지	0102	자료			
(*)강공사와 요시다국장의 면담내용중 법적지위협정에 관한 사항 보고		0103-0105	보고서	주일대사	외무부장관	1971.03.04
(*)요시다국장과의 면담시 국적환서에 관한 사항 보고		0106-0107	보고서	주일대사	외무부장관	1971.03.04
	영주권관계 회의	0108	자료			
(*)강공사의 스노베아세아국장 방문 면담결과 보고		0109-0111	보고서	주일대사	외무부장관	1971.03.05
협정영주권에 관한 주일대사 보고서 사본 송부		0112	통보문	영사국장	아주국장	1971.01.31
협정영주권 신청 결과 분석 및 앞으로의 대책		0113	보고서	주일대사	외무부장관	1971.02.26

건 제목	첨부자료	프레임	종류	발신	수신	생산일
	협정영주권신청결과 분석 및 앞으로의 대책	0114-0134	자료			
(*)김정무과장 나까하라북동아과장 비망록 관련 면담내용 보고		0135	보고서	주일대사	외무부 장관	1971.03.11
(*)협정영주권신청기간 재설정 및 취득자 대우문제에 관한 회담개최에 관한 건		0136-0137	보고서	외무부 장관	주일대사 대리	1971.03.16
(*)협정영주권신청기간 재설정 및 취득자 대우문제에 대해 수노베국장과 향후계획 논의내용보고		0138	보고서	주일대사	외무부 장관	1971.03.19
(*)강공사 요시다입관국장 면담결과 보고		0139-0144	보고서	주일대사	외무부 장관	1971.03.24
	실무자회담개최문제	0145	자료			
(*)협정영주권 신청자집계현황		0146-0147	보고서	주일대사	외무부 장관	1971.03.24
(*)주일대사의 우에끼법무대신 예방결과 보고		0148-0149	보고서	주일대사	외무부 장관	1971.03.25
	우에끼법상과의 면담요지	0150	자료			
(*)실무자회담 시기 관련 논의결과 보고		0151	보고서	주일대사	외무부 장관	1971.03.26
(*)실무자회담 시기 절충요청		0152	요청문	외무부 장관	주일대사	1971.03.26
(*)실무자회담 시기 결정 결과보고 요청		0153	요청문	외무부 장관	주일대사	1971.03.26
	재일동포시책에 관한 장관담화	0154-0160	자료			
(*)강공사 스노베국장 방문결과 보고		0161	보고서	주일대사	외무부 장관	1971.03.29
(*)실무자회담일자 확정보고		0162	보고서	주일대사	외무부 장관	1971.03.30

건 제목	첨부자료	프레임	종류	발신	수신	생산일
(*)실자회담일자 확정수락		0163	통보문	외무부 장관	주일대사	1971.03.31
재일한인 처우개선문제에 관한 한일간 실무자회의 개최		0164	보고서	동북아과	법무부 장관	1971.03.31
재일한인 처우개선문제에 관한 한일간 실무자회의 개최		0165	요청문	외무부 장관	법무부 장관	1971.04.01
(*)재일한인 처우개선문제에 관한 한일간 실무자회의개최건에 대한 회신		0166	통보문	외무부 장관	주일대사	1971.04.01
(*)실무자대표 방일일정에 관한 제반사항 요청		0167	요청문	외무부 장관	주일대사	1971.04.02
	한일실무자회의 자료	0168-0171	자료			
(*)실무자대표 방일일정에 관한 정정 요청		0172	요청문	외무부 장관	주일대사	1971.04.06
교섭지침		0173	요청문	동북아과 김윤택	영사국장 안광수	1971.04.08
교섭지침		0174	요청문	외무부 장관	영사국장 안광수	1971.04.08
재일한인의 법적지위 및 처우문제에 관한 한일간의 실무자회의에 임하는 아측의 교섭지침		0175	통보문	동북아과	영사국장	1971.04.06
	재일한인의 법적지위 및 처우문제에 관한 한일간의 실무자회의에 임하는 아측의 교섭지침	0176-0189	자료			
(*)강공사 요시다입관국장 방문 실무자회담 관련 제문제 협의보고		0198	보고서	주일대사	외무부 장관	1971.04.08
(*)강공사 스노베 아세아국장 방문 실무자회담 관련 제문제 협의보고		0199	보고서	주일대사	외무부 장관	1971.04.08

건 제목	첨부자료	프레임	종류	발신	수신	생산일
(*)실무자대표자 명단변경 통보		0200	통보문	외무부 장관	주일대사	1971.04.10
(*)강공사 일정보고		0201	보고서	주일공사	주일대사	1971.04.09
(*)강공사 귀임 일정보고		0202	보고서	주일공사	주일대사	1971.04.12
(*)강공사 일정보고 외		0203	보고서	주일공사	주일대사	1971.04.12
최규하 외무부장관과 주한일본대사간의 면담		0204-0205	보고서	외무부 장관	대통령/ 국무총리	1971.04.15
	외무부장관과 주한일본대사 간의 면담요록	0206-0211	자료			
	외무부장관과 주한일본대사 간의 면담요록	0212-0217	자료			
(*)안광수영사국장 귀국전 일본인사 예방일정 주선 요청 결과보고		0218	보고서	주일대사	외무부 장관	1971.04.14
(*)강공사 쓰다사무차관 면담결과 보고		0219	보고서	주일대사	외무부 장관	1971.04.14
(*)강공사 스노베아세아국 장 면담결과 보고		0220	보고서	주일대사	외무부 장관	1971.04.14
(*)강공사 스노베아세아국 장 면담내용 보고에 대한 보고		0221	보고서	주일대사	외무부 장관	1971.04.15
한일 실무자회담 보고(1)		0222-0223	보고서	주일대사	외무부 장관	1971.04.15
한일 실무자회담 보고(2)		0224-0226	보고서	주일대사	외무부 장관	1971.04.15
	실무자회담 보 고	0227	자료			
(*)요시다국장면담시 북송 문제에 관한 내용 보고		0228-0229	보고서	주일대사	외무부 장관	
한일간 실무자회의 보고 (3)		0230-0231	보고서	주일대사	외무부 장관	1971.04.16
한일간 실무자회의 보고 (4)		0232	보고서	주일대사	외무부 장관	1971.04.17
	한일실무자회 의 신문발표	0233	자료			

건 제목	첨부자료	프레임	종류	발신	수신	생산일
재일한인의 법적지위 및 처우향상을 위한 한일간 실무자회의		0234-0235	보고서	외무부 장관	대통령/ 국무총리	1971.05.05
	재일한인의 법적지위 및 처우향상을 위한 한일간 실무자회의 경과보고	0236-0247	자료			
	재일한인의 법적지위 및 처우향상을 위한 한일간 실무자회의 경과보고	0248-0260	자료			
	한일 실무자회담에 있어서의 한국측의 제안요지	0261-0267	자료			
	한일공동 신문발표(한국어)	0268-0269	자료			
	한일공동 신문발표(일본어)	0270-0271	자료			

④ 재일본한국인의 법적지위에 관한 실무자회의 제4차, 동경, 1971.10.11.-12

분류번호 : 791.22

생산과 : 동북아과/재외국민과

생산연도 : 1971년

건 제목	첨부자료	프레임	종류	발신	수신	생산일
(*)강공사와 스노베 아주국장 북송문제 면담		0005-0007	보고서	주일대사	외무부 장관	1971.05.11
	일의 북송재개	0004	자료			
(*)주일대사와 호리관방장관 면담		0009-0012	보고서	주일대사	외무부 장관	1971.05.12
	(*)주일대사와 호리관방장관 면담 외	0008	자료			

건 제목	첨부자료	프레임	종류	발신	수신	생산일
	(*)대한일보 (71.5.15)차관급 회담 제의	0013	자료			
(*)아이치 외상 면담보고		0015-0017	보고서	주일대사	외무부 장관	1971.05.15
	이대사와 아이치외상의 면담 보고	0014	자료			
(*)고위회담 개최 계속 추진과 보고 지시		0018	요청문	외무부 장관	주일대사	1971.05.18
(*)법무성 입관국장 방문 보고		0019-0020	보고서	주일대사	외무부 장관	1971.05.22
(*)강공사 쯔다사무차관 방문 방한문제 면담결과 보고		0021	보고서	주일대사	외무부 장관	1971.05.22
(*)쯔다 법무차관 방한문제 일측과 교섭결과 보고 요청		0022-0023	요청문	외무부 장관	주일대사	1971.05.27
	신문자료	0024	자료			
(*)강공사와 법무성 요시다입관국장 면담 보고		0026-0028	보고서	주일대사	외무부 장관	1971.07.03
	강공사와 법무성 요시다입관국장간 면담	0025	자료			
(*)강공사와 스노베 아세아국장 면담		0029-0030	보고서	주일대사	외무부 장관	1971.07.03
(*)강공사 요시다입관국장 면담		0032	보고서	주일대사	외무부 장관	1971.07.08
	강공사와 입관국장 요담	0031	자료			
	대한일보 (71.8.2) 외	0033-0034	자료			
(*)신문보도에 대한 확인 지시		0035	요청문	외무부 장관	주일대사	1971.08.03
(*)신문기사 진위여부 보고		0036	보고서	주일대사	외무부 장관	1971.08.05

건 제목	첨부자료	프레임	종류	발신	수신	생산일
재일한국인 법적지위 및 대우 향상을 위한 대일교섭	○	0037	요청문	아주국장	영사국장	1971.08.30
정부대표 임명통보		0038-0039	기안문	재외국민과	법무장관 한국은행 총재	1971.09.10
(*)법적지위 및 처우에 관한 의견 회보요청		0040	요청문	외무부장관	주일각공관장	1971.09.15
재일한국인 법적지위 및 대우향상을 위한 대일교섭		0041	통보문	영사국장	아주국장	1971.09.20
	재일한국인 법적지위 및 대우향상을 위한 대일교섭	0042-0052	자료			
(*)한일실무자회담 의제관련 일본측의 비공식견해 전언		0053	보고서	주일대사	외무부장관	1971.09.29
(*)실무자회의 개최에 관하여 비공식적인 북동아과 관계직원의 의견 보고		0054	보고서	주일대사	외무부장관	1971.09.30
한일간 법적지위 실무자회담 참석 실무자 파견 요청		0055-0056	요청문	재외국민과	법무부장관 문교부장관 보사부장관	1971.10.02
(*)한일국장급 실무자회의 개최관련 대표단 추천 요청		0057-0058	요청문	외무부장관	법무부장관 문교부장관 보사부장관	1971.10.02
	동아일보 (71.10.2)	0059	자료			
(*)일측의 한국측 실무자회담 참석자 명단요청 보고		0060	보고서	주일대사	외무부장관	1971.10.01

건 제목	첨부자료	프레임	종류	발신	수신	생산일
법적지위 문제에 관한 참고 의견		0061-0062	보고서	주시모노 세끼영사	외무부 장관	1971.09.28
	본국정부에 대한 청원서	0063-0064	서한			
	본국정부에 대한 요망사항	0065-0067	자료			
	재일한국인의 대우문제에 관하여	0068-0071	자료			
	재일한국인에게 적용되지 않는 일본법령	0072-0081	자료			
(*)아측실무자대표 통보		0082	통보문	외무부 장관	주일대사	1971.10.06
재일한인의 법적지위에 관한 한일간 실무자회의		0083-0085	요청문	재외 국민과	건의	1971.10.06
한일 법적지위 실무자회담 참석자 추천		0086	통보문	보사부 장관	외무부 장관	1971.10.07
정부대표 교체임명 통보		0087	통보문	재외 국민과	법무부 장관 한국은행 총재	1971.10.07
정부대표 교체임명 통보		0088	통보문	외무부 장관	법무부 장관 한국은행 총재	1971.10.07
한일간 법적지위 실무자 회담 참석자 추천		0089	보고서	보사부 장관	외무부 장관	1971.10.07
(*)법적지위대표단 부분교체 보고		0090	보고서	주일대사	외무부 장관	1971.10.07
(*)한일실무자회담 아측명단 및 일정		0091	보고서	주일대사 대리	외무부 장관	1971.10.07
(*)한일실무자회담 호텔변경		0092	통보문	주일대사 대리	외무부 장관	1971.10.08
(*)한일실무자회담 아측 명단 한자성명 확인 요청		0093	요청문	주일대사	외무부 장관	1971.10.08
(*)한일실무자회담 아측 명단 한자성명 확인		0094	요청문	외무부 장관	주일대사	1971.10.08

건 제목	첨부자료	프레임	종류	발신	수신	생산일
	재일한인의 법적지위 및 처우에 대한 한일간 실무자회의 교섭 지침	0095-0107	자료			
	재일한국인의 보호육성	0108-0113	자료			
	한국측 수석대표 인사	0114-0118	자료			
(*)한일실무자회의 개최 경과보고		0119-0120	보고서	주일대사	외무부장관	1971.10.12
(*)한일실무자회의 법적지위분과회의 토의내용 확인 및 미결현안문제 해결을 위한 토의 합의		0121-0123	보고서	주일대사	외무부장관	1971.10.12
재일한인의 법적지위 및 처우에 관한 한일 실무자회의 경과 보고		0124	통보문	재외국민과	보고	1971.10.13
	재일한인의 법적지위 및 처우에 관한 한일실무자 회의 경고 보고	0125-0137	자료			
	보도자료	0138-0139	자료			
	경향신문 (71.10.12)/ 조선일보 (71.10.13)	0140	자료			
재일한인의 법적지위등 실무자회의 일측 인사		0141	보고서	주일대사	외무부장관	1971.10.18
	수노베국장 인사문	0142-0143	자료			

⑤ **일본의 출입국관리법 개정에 따른 재일본국민 문제, 1971**
  분류번호 : 791.23
  생산과 : 교민과

생산연도 : 1971년

건 제목	첨부자료	프레임	종류	발신	수신	생산일
(*)출입국관리법 제출 관련		0005	보고서	주일대사	외무부 장관	1971.01.21
	신아신문 (1971.1.21.)	0004	자료			
(*)출입국관리법안 관련 보고지시		0006	요청문	외무부 장관	주일대사	1971.01.22
(*)출입국관리법안 입수 지시		0007	요청문	외무부 장관	주일대사	1971.01.23
	일본출입국관리에 관한 주일대사의 보고	0008	자료			
(*)출입국관리법안 중요 요강 송부		0009-0011	보고서	주일대사 대리	외무부 장관	1971.03.10
(*)출입국관리법안 수정과 통과 가능성 보고		0013	보고서	주일대사	외무부 장관	1971.03.11
	경향신문 (71.30.11) 외	0014-0016	자료			
	일본출입국관리법안에 관한 경향신문기사 (3.11자) 의 해명	0012	자료			
(*)수정법안의 당내조정 보고		0017	보고서	주일대사	외무부 장관	1971.03.13
(*)수정법안 현황 보고		0019	보고서	주일대사	외무부 장관	1971.03.17
	일본의 출입국관리법안의 심의 경과	0018	자료			
	출입국관리법안 요강	0020-0033	자료			
	출입국관리법 제정의 필요성 외	0034	자료			
(*)일본 출입국관리법안 송부		0035	보고서	주일대사	외무부 장관	1971.03.18

건 제목	첨부자료	프레임	종류	발신	수신	생산일
	사설-출입국법과 우리의 자세	0036	자료			
(*)법안 폐안 보고		0037	보고서	주일대사	외무부장관	1971.05.25
(*)신문보도(법안 수정작업 착수)		0038	보고서	주일대사	외무부장관	1971.11.11
(*)출입국관리법안 개정에 관한 기사송부		0039	보고서	주일대사	외무부장관	1971.11.11
	아사히신문(71.11.10)	0040	자료			

⑥ 일본의 출입국관리법 개정에 따른 재일본국민 문제, 1972
   분류번호 : 791.23
   생산과 : 교민과
   생산연도 : 1972년

건 제목	첨부자료	프레임	종류	발신	수신	생산일
(*)법무성 출입국관리법 개정에 관한 보고 요청		0004	요청문	외무부장관	주일대사	1972.01.20
	서울신문(72.1.20)외	0005	자료			
신문기사 송부		0006	보고서	주일대사	외무부장관	1972.01.25
	아사히신문(72.1.20)	0007-0008	자료			
일본 출입국 관리법안에 관한 신문기사 송부		0009-0010	보고서	외무부장관	법무부장관	1972.02.01
일본 출입국 관리법안에 관한 신문기사 송부		0011	보고서	주일대사	외무부장관	1972.02.01
	아사히신문(72.01.30)외	0012	자료			
(*)출입국관리법안에 관한 신문보도 내용 보고		0013-0014	보고서	주일대사	외무부장관	1972.03.04
일본 출입국 관리법안에 관한 기사 송부		0015	보고서	주일대사	외무부장관	1972.03.07

건 제목	첨부자료	프레임	종류	발신	수신	생산일
	아사히신문 (72.03.04) 외	0016-0027	자료			
출입국법안 수정 국회상정 예고		0028	보고서	주일대사	외무부 장관	1972.03.16
일본출입국 법안 송부		0029	보고서	주일대사	외무부 장관	1972.03.17
	출입국법안	0030-0086	자료			
(*)출입국관리법 개정의 민단과 조련계의 유불리 결과 보고 요청		0087	요청문	외무부 장관	주일대사	1972.03.22
일본정부의 "출입국 관리법" 개정 움직임에 관한 지시.		0088	요청문	대통령 비서실장	외무부 장관	1972.03.18
(*)출입국법안 수정에 있어 적용대상에 대한 내용 조사 요청		0089	요청문	외무부 장관	주일대사	1972.03.24
(*)출입국법안 수정에 있어 적용대상에 대한 내용 보고		0090-0091	보고서	주일대사	외무부 장관	1972.03.23
(*)출입국법안 심의문제 보고		0092	보고서	주일대사	외무부 장관	1972.06.03
일본 출입국법안 송부		0093	보고서	주일대사	외무부 장관	1972.10.18

[附記]

본고는 「일본의 출입국관리법 제정에 따른 재일한인 문제」(일본근대
학연구, 제78집, 2022년)를 대폭 수정·가필하였음.

외교문서로 보는 재일한인의
귀환·송환·봉환

일본 조선대학교 설립 및 인가 과정에서 보는 시대 상황과 사회 동향

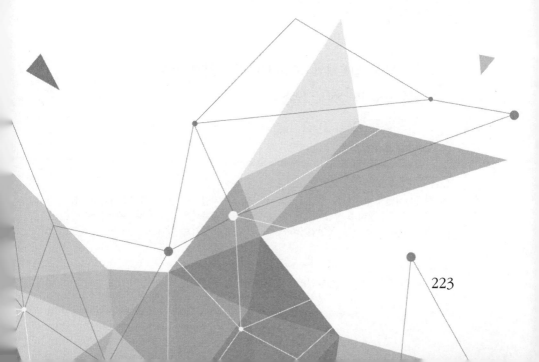

이수경

(도쿄가쿠게이대학 교육학부 교수)

1. 들어가며

이 글은 2022년 6월에 출판된 동의대학교 동아시아연구소 편저『해방이후 재일한인 외교문서 해제집』(제1권~제3권, 박문사 발행)에서 필자가 담당한 재일 조선대학교[1] 설립 및 인가를 둘러싼 한국 정부의 외교문서 해제를 통하여 돌출된 내용을 재확인하고 보완하는 것을 목적으로 한다. 조선대학교 설립에 이르는 과정 혹은 움직임, 그리고 조선대학교가 의미하는 것 등, 외교문서에 없었던 내용을 보완할 필요가 있다고 보았기 때문이다. 그 밖에 조선대학교가 설립되기 전의 재일한인들의 귀국 준비의 일환으로 시작된 우리말 교육과 민족문화 교육의 전개가 재일한인의 민족교육의 토대가 된 점, 그 운동 세력과 일본 당국 및 최고사령관총사령부(GHQ)의 대립 등도 조선대학교 문제와 깊이 관련되어 있으므로 이에 대해서도 살펴보려고 한다.

해제집에서 취급한 외교문서는 1958년, 1967년, 1969년의 일본 내의 조선대학교 설립 문제에 관련 문서였다. 인용한 외교문서 번호 등을 소개하면 다음과 같다.

① 기능명칭: 일본내의 [조선대학] 설립 문제, 1958

분류번호 791.55JA, 1958

등록번호 451

생산과 경무대

---

1) 현재는 4년제 종합대학 형태를 갖춘 각종학교이지만 초기 설립 과정에서는 2년제의 전문대학 형태로 시작하였다. 본문 중에서 외교문서에 게재된 경우에는 [조선대학], 그 외에는 현재 명칭인 [조선대학교]를 사용하기로 한다.

생산연도 1958

필름번호 P-0001

프레임번호 0258~0276

② 기능명칭: 일본내의 [조선대학] 설립 문제, 1958

분류번호 791.55JA, 1958

등록번호 451

생산과 경무대

생산연도 1958

필름번호 P-0001

프레임번호 0258~0276

③ 기능명칭: 일본내의 조선대학 인가문제, 1967

분류번호 791.55JA, 1967

등록번호 2449

생산과 동북아1과

생산년도 1966

필름번호 P-0005

프레임번호 0001~0147

한편, 이 글은 1950년대의 조선대학교 설립과 그 뒤의 인가 문제를 둘러싼 한국과 일본, 그리고 재일한인 사회의 움직임이 주된 내용이므로 상기 발간된 해제집에 게재된 일부 내용의 인용 혹은 외교문서 원전 재인용 부분이 있음을 미리 밝혀둔다.

위에서 소개한 외교문서 중 이 글에서는 조선대학교의 설립 및 인가 문제와 직접적인 관계가 있는 내용만 다루고 있는데, 문서의 「전문 내용」과 「사실」이 반드시 일치하지 않는 경우도 있다. 그럴 경우에는 주를 달아서 보충 설명을 하였다. 그리고, 외교 전문에 따라서는 국가 호칭이 다른 경우가 많다. 예를 들면, 조선민주주의인민공화국을 북한·북괴·조선·북선·북조선·공화국 등으로 다양하게 표기하고 있다. 참고로 조선민주주의인민공화국은 이미 70년 이상 대한민국과 정치적 이념적 체제와 국가 운영을 달리해 오고 있으며, 제46차 유엔총회(1991년 9월 17일) 때는 159개국의 만장일치로 남북이 각각의 국가명으로 유엔 가입국이 되었다. 그런 점을 염두에 두면서 이 글에서는 번잡한 표기를 피하고 국가의 호칭은 해당 국가가 사용하는 호칭에 따른다는 원칙을 존중하여 조선민주주의인민공화국(약칭 공화국)이라 표기하기로 하되 문맥상 필요에 따라 북측 정부와 같은 용어도 사용하기로 한다. 한국의 단기, 일본의 연호는 서기로 통일하였으며, 일본의 고유명사 등은 원칙적으로 일본의 현지음으로 표기하였다. 공화국측 표기는 원문 인용을 원칙으로 한다.

참고로 현재 조선대학교는 필자의 근무지에서 차로 20분 정도의 근거리에 위치한다. 가깝지만 1980년대까지 이념 대립이 강하게 작용하였기에 반공 교육을 받아야만 도일할 수 있었던 시절을 겪은 필자의 세대라면 누구나 의도적인 발걸음이 아닌 이상, 가벼운 마음으로 갈 수 있는 캠퍼스가 아니기에 멀다면 먼 곳이다. 물론 한국과의 관계에 있어서는 최근 조선대학교 혹은 민족교육 관련 연구자나 조선대학교와 공동 행사를 기획하는 연구 기관 등도 늘어나는 추세라서 예전보다 방문자의 긴장감이 덜한 듯하다. 하지만 한국전쟁 이후 한국에서 태어나고 성장한 뒤 일본으로 온 한인들에게는 아직도 가깝지만 먼 곳으로 인식되고 있는 점은 부인할 수 없다. 한국에는 여전히 남북 대립을 의식한 국가보안법을 비롯한 정치적 장치가 존재하고 있으며, 조선대학교 또한 10월의 학교 축제일 외에는 허가 없이는 누구나 캠퍼스 출입이 자유로운 곳은 아니다. 물론 북측과의 정치적 대립에 민감한 반응을 보이는 일본 우익 세력을 무시할 수 없는 현실이 있다.

한편, 일반 대학과는 달리 전원 기숙사에서 집단생활을 하고 있으며, 학장은 공화국의 최고인민회의 대의원이 일반적이다.[2] 그들은 조총련 및 조선민주주의인민공화국의 교육 방침에 따르고 있으며 교실 안에는 북한 지도자들의 사진 등이 걸려있는 등, 한국의 대학과는 사뭇 다른 분위기를 느낄 수 있다.

---

2) 예를 들면, 2018년10월에 사망한 장병태 전 학장에 대해 조총련의 기관지인 『조선신보』는 다음과 같은 부고를 발표했다. 「조선민주주의인민공화국 최고인민회의 대의원이며 총련중앙위원회 위원, 조선대학교 명예교수인 장병태동지가 9월 28일 오후 10시 28분 투병생활끝에 76살을 일기로 애석하게도 우리의 곁을 떠났다. 장병태동지는 위대한 수령님들과 경애하는 최고령도자동지의 주체적인 해외교포운동에 관한 사상과 령도를 높이 받들고 오랜 기간 민주주의적인민족교육의 최고전당인 조선대학교에서 사업하면서 대학안에 주체의 사상체계, 령도체계를 튼튼히 세우고 학생들을 재일조선인운동의 유능한 인재로, 애국위업의 믿음직한 계승자들로 키움으로써 존엄높은 공화국의 참다운 해외교포대학으로 빛내여나가기 위한 사업에서 한생의 자욱을 새겨온 충실한 교육일군이였다. (중략) 장병태동지는 2003년 8월부터 생의 마지막순간까지 최고인민회의 대의원의 중책을 지니고 나라의 정사에 참여하는 영광을 누리였다. (후략)」(2018년 10월 10일 인터넷판 참조. https://chosonsinbo.com/2018/10/0011-12/)이 부고에는 2001년부터2018년의 17년동안 조선대학교 학장으로서 위대한 대원수님들의 교시와 경애하는 원수님의 말씀을 높이 받들고 조선대학교의 강화 발전과 재일조선인운동의 백년대계에 힘썼다고 역설하고 있다. 이러한 공화국의 정책 반영이 고스란히 투영될 수 밖에 없는 관계상, 남북관계가 완화되거나 국경이 낮아지고 그에 걸맞는 양국간의 관계 형성이 되지 않는 이상은 서로의 체제가 향하는 방향이 다른 만큼 자유로운 관계 구축은 쉽지 않다. 일본과의 역사 청산과 국교정상화, 남북간의 국경 낮추기를 위한 양국의 다가서기를 약 70년 이상의 대립을 뛰어넘을 수 있는 해법이 준비되어야 하며, 그를 둘러싼 국제관계의 정비 또한 절대적 조건이 되는 만큼, 다양한 국가간 접근 방법을 모색할 필요가 있다.

2. 조선민주주의인민공화국·조총련의 최고교육기관 조선 대학교의 설립과 그 주변 정황

도쿄토 고다이라시 오가와쵸[3]의 한적한 곳에 위치한 조선대학교는 공화국의 해외 거주민이 외국에 설립한 유일한 최고교육기관으로, 마이너리티가 조국이 아닌 이국땅에서 대학교를 건립한 드문 사례이다. 민족교육의 고등교육기관을 필요로 했던 자세한 배경에 대해서는 후술하겠지만, 전후 민족교육을 전개해 온 조선학교의 고급학교 졸업생들이 일본의 대학에 진학하기란 쉽지 않았던 사정이 있었기 때문에 거주지 일본은 물론 세계에서 활약하며 조국 발전에도 공헌할 수 있는 인재 육성을 위한 자신들의 고등교육기관의 설립에 힘을 쏟았다.

실질적으로 1905년부터 자신들의 민족을 통치 지배해 온 그 나라의 수도에 피식민지 출신자들이 자신들의 차세대에게 민족과 조국이라는 자부심을 심어주는 민족교육의 최고 학교를 가지고 있다는 점은 조선대학교 및 그 산하 조선학교의 학생들에게 큰 자랑이 되어 왔다. 1955년에 창설된 재일본조선인총연합회(조총련으로 약칭)는 다음해인 1956년에 조선학교의 교사를 빌려 2년제 조선대학교를 설립했다. 처음부터 각종학교로 출발한 조선대학교는 1958년부터 4년제 대학교로 개편하고 1968년 도쿄토로부터 인가를 받게 된다. 일본의 중앙정부(문부성)로서는 통치이념, 동서 대립의 국제관계, 국내 여론이나 한일관계 등의 관점에서 조선대학교의 인가를 반대하고 있었지만 각종학교의 인가권은 지방자치단체(도쿄토)가 가지고 있었기 때문에 조선대학교의 인가를 저

---

3) 1959년에 도쿄조선중고급학교에서 이전. 현주소는 다음과 같다. 東京都小平市小川町1-700번지.

사진: 밖에서 보는 조선대학교 정문과 교사. 2018년 6월 촬영

지할 수 없었다.

　현재, 조선대학교는 각종학교이기는 하지만 인문/사회/자연 과학 분야의 7개 학부를 가진 종합대학 형태를 갖추고 있으며 조선학교의 교과서나 교육용 교재의 개발 등 차세대 교육 발전에도 힘을 쏟고 있다. 그리고 매년 10월말에는 지역 주민과 동포를 초청하는 대학교 축제를

여는 등 조선적⁴⁾ 한인들의 사회적/교육적 구심점 역할을 해오고 있다. 공화국의 유일한 해외 최고교육기관인 조선대학교는 조총련계 한인 차세대의 지도자 육성을 위해 김일성주의에 입각한 민족교육을 근간으로 하는 교시 아래 학사운영을 해오고 있는 것이다.

1950~60년대 당시 조선학교의 교과서에는 공화국의 교육 지침인 혁명 완수 및 김일성 절대주의의 내용이 강하게 표기되어 있었다. 특히 북한의 남침으로 인한 민족 분단과 미증유의 희생과 폐허 속에서 국가 재건을 위하여 반공주의를 국시로 삼는 대한민국으로서는 결코 용인할 수 없는 교육이 조선학교에서 이루어지고 있었던 것이다. 또한, 동서냉전체제하의 서방의 한 축을 이루던 미일동맹 관계의 당사국 일본으로서도 조총련 조선학교의 김일성 개인 숭배에 빠진 민족교육을 수용할 수 없었다. 이러한 대립과 갈등 구조는 조총련계 한인에 대한 차별과 압박으로 나타났고 조선학교 아동들에게까지 영향이 미치게 되었다. 특히 1965년에 한일간의 국교정상화가 이루어지자 조총련계 조선적 한인 커뮤니티로 향하는 일본 사회의 배타적 움직임은 가시화되어 갔고 이에 대하여 조총련계 한인은 강한 저항과 결속으로 대응하게 된다. 조총련계 지식인과 교육관계자들도 일본 사회에서의 고립이 깊어지는 만큼 공화국에 대한 집착이 강해졌고 이들의 집합체인 조선대학교는 전국의 약155개 조선학교의 큰 버팀목이 되어갔다. 참고로 조총련의 민족교육 방침⁵⁾ 및 조선대학교, 조선학교 민족교육 변화 내용, 초기 김일성

---

4) 공화국과 일본은 일제강점기 역사 청산 및 정상화 수교가 되지 않은 상태이기 때문에 조총련계 한인과 남북을 초월한 하나의 한민족을 주장하는 한인에게는 국적 구분이 아닌 지역의 의미이기는 하지만 다같이 조선적(朝鮮籍)으로 표기되고 있다. 그들은 일본 출입국 때마다 매번 일본측 허가를 받아야만 한다.

5) 조총련의 민족교육에 대한 기본 방침은 공식 웹사이트에서 간단히 확인할 수 있다. 국내의 몇 국립대학 시설에서는 접속이 불가능하였으나 일본에서는 일반 사이트

주의 고급교과서에서 최근의 재일한인의 일본에서의 생활에 관련한 내용이 수록된 초급, 중급, 고급 교과서에 이르기까지를 정리한 논고는 다음과 같다.

- 권오정「조선학교 교과서에서 보는 체제 유용성 추구의 민족교육 -고급부『현대조선력사』를 중심으로」동의대학교 동아시아연구소편『동아시아연구총서 제6권 동아시아 마이너리티 사회와 타자표상』(박문사, 2019년) 209-259쪽, 324-325쪽.
- 권오정「마이너리티가 다문화 공생 사회를 열어갈 때-재일코리안의 민족교육과 아이덴티티의 발달-」동의대학교 동아시아연구소편『동아시아연구총서 제7권 재일동포의 민족교육과 생활사』(박문사, 2020년) 135-207쪽, 345-347쪽.
- 이수경「재일한인과 민족교육 현황」동의대학교 동아시아연구소편『동아시아연구총서 제6권 동아시아 마이너리티 사회와 타자표상』(박문사, 2019년) 135-207쪽, 321-324쪽.
- 이수경「단절된 역사의 표상「재일동포」와 한국학교·조선학교 교과서 및 교재 고찰」동의대학교 동아시아연구소편『동아시아연구총서 제7권 재일동포의 민족교육과 생활사』(박문사, 2020년) 73-212쪽, 347쪽-352쪽.

조선대학교는 공화국의 해외 공관 역할을 하는 조총련계 한인이 만든 고등교육기관이었기 때문에 공화국이나 조총련 등의 공식적 행사에서도 다양한 형태로 소개되고 있다. 예를 들면 1968년 9월에 발행한 [조선민주주의인민공화국창건20주년경축 위대한 수령께 영광을 드립

와 차이 없이 간단히 접속할 수 있다. 참고로 URL은 다음과 같다.
http://chongryon.com/k/edu/index.html.

니다의 엽서집에 적힌 [대음악무용서사시 《위대한 수령께 영광을 드립니다》의 기념엽서 발행에 즈음하여]의 인사말을 인용하면 다음과 같다.

「영광스러운 조국-조선민주주의 인민공화국창건 20주년을 경축하여 지난 6월1일부터 6일까지 도꾜도체육관에서 대음악무용서사시 《위대한 수령께 영광을 드립니다》가 상연되었습니다. 조선대학교를 비롯한 간또지방 우리 각급학교 학생들과 재일조선예술인들 3천여명이 출연한 이 대음악무용서사시는 민족의 태양이시며 4천만 조선인민의 위대한 수령이신 김일성원수께 영광을 드리는 60만[6] 재일동포들의 심장의 노래, 충성의 노래입니다. 이 공연은 언제나 수령께 충실한 총련(조총련-필자 주)이 우리 후대들을 위한 민주주의적민족교육의 성스러운 사업에서 쌓아올린 또하나의 빛나는 금자탑으로 됩니다. 여기에 대음악무용서사시의 중요한 장면을 무어 기념엽서로 발행하는바입니다. 1968.9 재일본조선인중앙교육회 상임리사회」[7]

---

6) 참고로 1969년의 일본 정부의 통계를 보면 재일한국·조선인을 합친 숫자는 603,712명이지만, 일본 정부는「조선」의 통계가 실수보다 많게 표기된다는 이유로 2015년말의 외국인 통계수 집계부터는 분리하였다. 분리 공표가 시작되는 2016년의 「한국」국적자는 453,096명이고, 「조선」적 통계는 32,461명으로, 「한국」의 약14분의 1에 해당된다. 법무부 출입국재류관리청 웹사이트 참조. https://www.moj.go.jp/isa/policies/statistics/toukei_ichiran_touroku.html(2022년 12월 2일 열람). 이러한 일본 정부의 통계 분리정책은 조총련 사회를 위축시키는 자극이 되었고, 일본 전체의 저출산고령화 현상과 맞물리면서 조직 이탈자의 증가, 민족학교 학생수 감소로 이어진다. 이러한 현실과 함께 시대적 변화를 맞이하여 조총련계 교육 방침은 기존의 김일성주의 사상 체제 주입이 돋보였던 교육 내용에서 방향 전환을 하게 된다. 1991년의 입관 특례법 개정 이후 1993년의 3차 교재 개편에서는 재일동포 사회의 현실에 접근하고 있으며, 2003년의 교육 개편에서는 국적이나 사상, 신앙, 단체 소속을 불문하고 모든 재일동포 자녀들이 다닐 수 있는 학교를 지향한다는 내용을 공표한다. 이러한 변화는 총련중앙상임위원회 교과서 편찬위원회와 조선대학교 및 조선학교 현장 교육 관계자들의 변화를 요구하는 목소리가 공화국에 반영된 것으로 볼 수 있다.
7) 재일본조선인중앙교육회 발행, 조선신보사 인쇄. 재일한인2세로 북송이주민 실태를 고발한 関貴星씨의 장녀인 오문자씨로부터 제공받음.

이 기념 엽서집에는 조선학교 학생들의 다채로운 민속 무용의 공연 사진들과 함께 한복을 입은 학생들이 앉아 있는 조선대학교 안마당, 조선대학교 제1연구당, 조선대학교 강당, 조선대학교 기숙사, 그리고 조선대학교 창립10주년 기념 일본 각 대학의 학장 교수들과의 학술교류모임의 사진 엽서가 들어 있다. 1948년에 창건된 공화국과 김일성 수령에 대한 경축 기념 엽서에 일본 조총련의 위업이라고 할 수 있는 조선대학교의 사진이 여러 장 들어있다는 것은 그만큼 위상이 높은 학교임을 조국에 홍보하는 의미라고 할 수 있다.

한편, 조선대학교를 도쿄 시내에서 도쿄토 고다이라시(東京都小平市)로 이전한 1959년 말부터 조총련은 1984년까지 약 25년간 총187회에 걸쳐 재일한인은 물론 일본인 배우자 등을 포함한 9만 4340명[8]을 소위 「지상의 낙원」이라는 슬로건 하에 공화국으로 이주시키는 사업을 전개한다.[9] 일본과 공화국과의 「재일교포 북송에 관한 협정」은 상호 이익을 얻는 것이었다. 한국은 당시 자신들의 동포를 받아들일 여력이 없었던 것도 있지만, 철저한 반공 민족주의 사회통합정책에 주력하던 한국

---

8) 「北送사업 실체 밝힌 북한인권시민연합 보고서"재일동포 북송사업은 강제이주이자 현대판 인신매매"」『월간조선』2022년 2월호 인터넷판 참조. 2022년 12월 2일 열람. http://monthly.chosun.com/client/news/viw.asp?ctcd=h&nNewsNumb=202202100021. 참고로 한국의 기사와는 달리 재일한국계 임의단체인 민단은 6679명의 일본인 아내와 일본국적의 아이를 포함하여 총9만3339명이라고 밝히고 있고, 현재 일본에 돌아온 탈북동포는 200명이라고 한다. 「「북송」역사검증심포지엄, 12월 9일에 개최」『민단신문』2022년 11월 23일 기사의 인터넷판 참조. https://www.mindan.org/news/mindan_news_view.php?cate=7&page=1&number=27939&keyfield=&keyfield1=&key=.

9) 그 실체에 대해서는 처음으로 조총련 간부가 북측을 방문한 뒤 북송선을 타고 갔던 사람들을 만나보고 온 내용을 적은 책들과, 34년 동안 북측에서 그 실체를 보고 한국에 망명했던 정기해의 책에서 상세하게 확인할 수 있다. 関貴星(1962)『楽園の夢破れて―北朝鮮の真相』도쿄, 全貌社. 関貴星(1963)『真っ二つの祖国―続・楽園の夢破れて』도쿄, 全貌社. 鄭箕海 저, 鄭益友 번역(1995)『帰国船―楽園の夢破れて三十四年』도쿄, 文芸春秋.

으로서는 공산주의 사회주의적 사상에도 비교적 자유로웠던 일본 사회에서 생활을 했던 재일한인의 귀국에는 눈을 감고 관심을 보이지 않은 셈이었다. 공화국으로 간 사람들의 대부분이 남측 출신임에도 불구하고 한국이 적극적으로 받아들이는 조국을 자처하지 않았음을 감안한다면 한국 역시 재일한인을 기민(棄民)한 것이라는 비난을 피할 수는 없다. 일본 또한 전후 처리 문제로 고심할 필요없이 전시기에 이용했던 그들을 인도적 차원이라는 미명 아래 무책임한 기민 행위를 자행한 것이고, 공화국은 북송 한인들이 일본에서 청산한 재산을 담보로 받아들이며 선진 사회 일본에서 그들이 배워 온 과학 기술이나 노동력 확보가 가능했기에 자국의 이익을 우선하며 인도적 명분을 앞세운 것이다. 즉, 일본과 공화국, 그리고 일본에서 그들의 이주 수속을 맡았던 조총련의 상호 이해적 책략, 한국의 무관심에 의해 10만에 가까운 사람들이 돌아올 수 없는 바다를 건너게 된 것이다.

1963년의 학우서방 발행의 교과서 『조선력사 고급학교 제3학년용』에는 다음과 같이 기술하고 있다.

「북반부의 선진적 사회 제도와 번영하는 현실은 60만 재일 동포들로 하여금 공화국에로의 귀국을 실현하게 하였다. 1959년 12월부터 개시된 재일 동포들의 공화국에로의 귀국은 우리의 거대한 승리로 된다. 이상과 같이 조선로동당 제3차 대회 후 남조선 인민들을 조국의 평화적 통일을 위한 투쟁으로 고무한 결과 그들을 암흑의 땅 남조선의 기아와 빈궁의 제도를 반대하여 일어 서게 하였다.」[10]

---

10) 재일본조선인총련합회 중앙교육부 교과서편찬위원회편(1963) 『조선력사 고급학교 제3학년용』 학우서방, p.186.

하지만 공화국이 교과서에서까지 승리라고 역설하던 북송민의 현실은 지상의 낙원과는 현저히 다른 것이었고, 오늘날까지 한국이나 일본을 자유로이 왕래하는 북송민이 존재하지 않는 점만 보아도 그들의 북측에서의 입지가 어떠한지를 추측할 수 있는 부분이다. 북측 당국 또한 북으로 간 그들의 생활 상황이나 개개인의 정보를 정리한 통계 등을 일체 제시하지 않는 폐쇄 정책을 고수하고 있다. 무엇보다 재일 한인들 및 일본인이 공화국으로 간 가족들을 위해 다양한 형태로 금품을 보내야만 했다는 수 많은 증언, 그들을 북측으로 권장했던 조총련 간부들 및 관계자들은 공화국에서의 삶을 결코 선택하지 않았다는 점 등을 감안한다면 이 북송사업은 9만4340명의 인권이 유린된 인류사적 문제라고 지적을 당하는 것은 피할 수 없는 현실이다. 그들의 안부를 궁금해하는 수많은 일본 내의 관계자들을 진정시키고, 북송사업의 정당성을 위해 조총련 관계자들은 다양한 형태로 일본내의 여론에 대응해 왔다. 그 중에서도 조총련 산하의 조선학교 교과서 제작을 담당해 온 학우서방에서는 1972년에 김일성 탄생 60주년 기념집[11] 을 발행하여 그 기념집 뒷부분에 다음과 같은 내용을 기술하고 있다.

「일본에서 귀국한 한 가정을 찾으신 경애하는 수령 김일성원수님
　경애하는 수령 김일성원수님께서는 나라일에 그처럼 바쁘신 가운데서도 일본에서 고통스러운 생활을 하다가 조국의 품에 안긴 한 가정을 친히 찾아주시였습니다. 걷잡을수 없는 흥분과 기쁨에 휩싸여 인사말도 제대로 올리지 못한 그들에게 인자하신 웃음을 보내신 그이께서는 귀여운 처녀애를 한품에 포근히 안아주시였습니다. 집에 불은 잘 드는가, 생활에

---

11) A3 사이즈에 김일성의 일생을 그려 놓은 삽화와 각종 찬양문으로 만들어진 108쪽의 책.

불편한 점은 없는가, 일일이 물어주실 때 귀국일가의 가슴속에는 경애하는 수령 김일성원수님에 대한 끝없는 고마움과 감사의 정이 가득차 목이 메였습니다. 지난날 거치른 이국땅에서 간 곳마다 민족적 멸시와 천대를 받아오던 그들은 지금 은혜로운 조국의 품에 안겨 따사로운 원수님의 사랑을 온몸에 받으며 세상에 부럼없는 새 삶을 누리게 되였습니다. 참으로 그들은 무한히 행복합니다. 귀국일가의 얼굴마다에는 민족적 모욕과 학대속에서 정처없이 헤매이던 재일동포들의 앞길에 찬연한 해빛을 비쳐주시고 조선민주주의인민공화국의 해외공민으로 손목을 이끌어주고 민족적 긍지와 자부심을 안겨주신 경애하는 수령님께 충성을 다할 굳은 결의가 어리였습니다.」[12]

김일성 주석을 향한 찬양 일색의 프로파간다로 제작된 기념집 글 속에는 노모와 부부와 손자 손녀가 있는 귀국 일가를 마주보고 앉아 있는 김일성을 위해 충성을 다할 결의가 어리어 있다고 정의하고 있다. 하지만 공화국으로 이주한 재일한인 및 그들의 일본계 처자식들의 삶이나 이주자들의 평양 혹은 지방 거주 분포도 등을 기록한 북측 정부의 공표된 통계 집계는 확인되지 않고 있으며, 가족 친지간의 자유로운 연락 및 왕래가 불가능한 상황이므로 일본내의 북송주민들을 기억하는 사람들은 그들의생사 여부에 대하여 의문을 느낄 수 밖에 없다. 예외적으로 공화국을 빠져나온 사람들의 가혹했던 삶의 증언이나 혹은 조총련 간부로 북측에 가서 자신들이 북송을 권장했던 사람들의 비인간적 환경과 혹독한 생활 환경에 대한 원망에 북송사업의 실태를 고발한 내용이 출판물로 나와 있다. 그러한 조총련 방북 간부의 증언 혹은 탈북민들의 증언에 대한 공화국측의 반증 혹은 납득할 만한 정보 공유가 없다면 이 문제는 앞으로 공화국과 일본 혹은 한국과의 관계에 있어

---

12)『민족의 태양 김일성원수님』도쿄, 학우서방, 1972, p.107.

서는 큰 걸림돌이 될 가능성이 높
다. 참고로 필자가 2021년 9월 11일
에 니가타시 서항구에서 만났던 70대
A씨는 니가타 제5중학교 2학년 재학
중이던 때에 같은 반 친구였던 일
본 이름의 N이 어느 날 갑자기 모
든 재산을 조총련 사무실에 맡기고
가족들 전원이 [우리 나라로 돌아간
대고 말한 3일 뒤 귀국선을 탔는
데, 60여 년이 지나도록 소식조차
알 수 없다는 말과 더불어 [N군은

니가타조총련 옛건물
(2021년 9월 11일 촬영)

틀림없이 전 재산을 조총련 사무실에 맡겼으니 좋은 곳으로 갔을거야,
돈을 줬으니깨라는 말을 되뇌이었다. A씨는 그 지역 토박이로서 그의
사촌형이 만경봉호에 자재 조달을 했기에 그에게서 북측 혹은 만경봉
과 관계되는 다양한 에피소드를 들을 수 있었으나 이 글에서는 생략하
기로 한다.

왼쪽은 버드나무거리명판, 오른쪽은 폐교가 된 니가타항구 근처의 니가타조선초중급학교.
(사진은 2021년 9월 11일 촬영)

현재 니카타항의 버드나무거리에는 셔터가 내려진 채 폐건물처럼 된 [조국왕래기념관] 건물들과 과거의 흔적을 새긴 명판이 항구 입구에 남아있다. 자유로운 왕래 속에서 공화국의 실정을 전하는 귀국자들이 없는 이상, 1959년부터 1984년까지 계속된 북송사업의 북측 현지의 실태에 대해서는 일부 탈출자나 망명자의 증언에서 확인할 수 밖에 없는 것이 현실이다. 또한 북송사업의 전모를 밝히기에는 공화국 체제 속에 현대 사회의 보편적인 인권 의식이 고무 확대되지 않는 이상 그 사실을 확인하기에는 한계가 있다. 무엇보다도 이 문제는 위에서 언급했듯이 여러 국가, 조직이 관련된 인권 문제이기에 결코 하나의 국가가 총체적인 책임을 지고 해결할 수 있는 상황도 아니다. 그렇기에 생명의 존엄성과 이동의 자유에 대한 보편적 인권 의식이 공유될 때 기민과 인권 유린을 자행했던 공화국과 조총련, 일본, 그리고 기민으로 미온적 태도를 보였던 한국이 함께 협력해서 해결해야 할 공동의 문제라고 할 수 있다. 이러한 존엄의 가치를 공유할 수 있는 성숙한 시민의식을 가진 사회 혹은 국가가 되었을 때 비로소 [전쟁]이란 이유만으로 은폐 혹은 수정하려했던 강제연행노동자 문제·종군위안부 문제·일본인 납치 문제 등도 자연스럽게 그 해법을 모색할 수 있게 될 것이다. 말을 바꾸자면 국가주의를 초월한 인본주의에 바탕하는 인권이라는 보편적 개념의 공유가 절대 조건으로 갖춰져야만 문제 해결을 향한 공통 기반이 마련될 수 있다는 점을 지적해두고 싶다.

이상으로 조총련계 최고 학부인 조선대학교가 도쿄 시내에서 고다이라시로 이전한 1959년에서 1960년 대의 사회적 배경에 대한 이해를 돕기 위하여 자료를 소개하였다. 특히 당시는 공화국의 해외공관 역할을 해온 조총련 주도에 의한 북송사업의 전개, 공화국 체제의 지침에 따른

교육이 수행되었던 시대였기에 그 상황 이해를 위하여 관련 자료를 소개하여 언급한 것이다.

앞에서 말했듯이 조선대학교는 이념적으로 첨예한 대립과 갈등이 존재하던 시대 상황 속에서 설립된 하나의 상징적 존재이다. 그러한 대학 설립과 인가는 많은 일본인 학자들의 지지와 옹호가 있었기에 가능하였다. 하지만 이념 갈등의 대립으로 긴장 관계에 있던 상황 속에서 공화국 정책을 믿고 따르는 차세대 육성 기관인 조선대학교가 한국이나 일본 정부 입장에서 보면 단순한 교육기관이 될 수 없었기에 한일 양국의 강한 반대도 따랐다. 그러한 조선대학교가 설립되기 전, 해방 후의 귀국 운동의 일환으로 시작했던 민족교육과 당시의 조선인학교의 움직임을 먼저 확인한 뒤, 조련 해체 후의 조총련 결성과 조선대학교 설립 배경 등을 둘러싼 양상을 외교문서 등을 통하여 구체적으로 살펴 보기로 한다.

3. 해방 후의 귀국운동과 민족교육의 전개

일본의 패망으로 해방을 맞이하게 된 재일한인들은 귀국 준비와 더불어 일본에서 태어나고 자란 아이들에게 우리말을 가르쳐야하는 당면 과제에 봉착하면서 되찾은 조국의 언어와 문화에 대한 교육운동을 전개하게 된다. 일제 강점기의 전시체제하에서 철저한 동화정책으로 인해 우리말을 배울 시설이 전무했던 만큼 해방의 기쁨은 아이들에게 자신들의 언어를 가르쳐야 한다는 강력한 교육 운동으로 확대된다. 이것이 재일한인 민족교육의 토대가 된다. 이러한 「민족교육」은 과거 설움과 고통속에서 차별을 받아야만 했던 한인들의 반동적인 한풀이 열정이 도화선이 되었고, 나라를 가지게 된 [우리 아이들의 나라와 민족]을 찾아주려는 일념에서 오는 열의로 가득하였다. 1945년 10월에 우선 재일한인사회의 체제를 정립하기 위한 조직으로 재일본조선인연맹(조련)이 결성되었고, 그들이 중심이 되어 재일한인들의 귀국 준비를 위해 만든 국어강습소 등이 민족학교의 모체가 된다. 초등교재 편찬위원회의 교재 개발 결과, 1945년 8월부터 1948년 12월 사이에 100종의 교과서 100만부를 등사 인쇄하여 출판 공급하는 경이적인 성과를 보였다. 그 과정에서 본국의 불안정한 정세에 귀국을 단념하고 적당한 시기를 기다리는 한인들이 늘어나면서 강습소 체제를 학교 체제로 바꾸게 된다. 1947년 3월에는 문부성 학교교육 국장 통달로 민족교육시설이 각종 학교로 공인되었고, 같은 해에 재일본조선인교육자연맹 결성으로 본격적인 교사 양성 교육의 체제를 갖추면서 무상 교육의 틀을 잡게 된다. 1947년 10월 당시의 민족학교 및 학생수, 교사수를 보면 다음과 같다.[13]

- 초등학교 541개교(학생; 56961명, 교사;10250명)
- 중학교 7개교(학생;2761명, 교사;95명)
- 청년학교 22개교(학생;1765명, 교사;101명)
- 고등학교 8개교(학생;358명, 교사;59명)

당시 민족교육을 담당하였던 조련 관계자 중에는 도쿄제국대 신인회 출신의 김두용[14]과 같은 반제국주의적 공산주의 사상의 좌익청년들이

---

13) 藤島宇内・小沢勇作(1966)『民族教育—日韓条約と在日朝鮮人の教育問題—』도쿄, 青木新書, p.43 및 pp.46-47 참조. 이수경, 권오정, 김태기, 김웅기, 이민호 공저(2015)『재일동포 민족교육실태 심화조사 및 정책방향 제시』재외동포재단, p.54 재인용.
14) 1903년 함경남도 함흥 출생. 도쿄제국대학 미학과 재학 중에 신인회 가입. 대학

많았다. 당시의 진보적 지식청년들은 일본 제국주의의 자민족 지배 통치에 대한 저항의식을 공산주의 활동 및 사상 학습을 통해서 고무시켰으며, 일본 내의 동포 노동자에 대한 차별철폐와 조국 해방을 모색하며 해방 전의 일본 내에서도 다양한 사상 운동을 경험했던 사람들이었다. 억압 속에서 버텨왔던 그들이 해방을 맞자 무엇보다 귀국하여 조국에서 살아가야 할 차세대 교육에 열정을 쏟아 붓게 되는 것이었다. 그러나 미소 냉전기로 인한 조국의 불안정한 정세의 추이를 보고 있던 재일한인들의 귀국 의식에도 변화가 생기기 시작하자 그들은 차세대 민족교육의 기회를 일본내에서 확대시키며 자신들의 언어를 빼앗은 일본에서의 한인 교육의 세력을 넓혀나가게 된다. 점차 재일한인들의 자민족주의 교육 운동이 체계적으로 확대되자 GHQ와 일본 당국은 공산주의 세력의 위협으로 느끼고 그에 대한 대책을 강구하게 된다. 특히 한일간을 잇는 부관훼리 등의 이용으로 한인들이 모여있던 야마구치현의 조련 산하의 조선인 학교15)를 시찰하던 GHQ/SCAP의 민간정보교육국(CIE) 담당관은 곳곳에 게양되어 있는 인공기를 보고 조선인학교의 특징을 다음과 같이 밝히고 있다.

중퇴 후, 1928년의 조선프롤레타리아예술동맹(KAFP)도쿄지부설립에 참가. 1931년에 동지사 조직 결성. 정치범석방운동촉진연맹 위원장으로 1945년 10월 10일의 김천해 및 도쿠다 규이치, 시가 요시오, 야마베 켄타로등 일본 공산당원 16명의 쵸후형무소 출옥 행사를 기획. 조련 결성 때 김천해가 조직의 최고고문에 취임, 김두용은 조직의 교육 담당. 일본 공산당 조선인부 부부장, 공산당 중앙위원 후보 역임. 1948년 11월에 시나가와에서 공화국으로 밀항. 북측에서 활발한 활동을 보이지만 김천해와의 갈등. 사망 미상. 다음 논고에서 자세한 내용을 확인할 수 있다. 이수경(2007) 「金斗鎔の思想形成と反帝国主義社会運動」『일본어문학』제38권, 일본어문학회, pp.361-380 참조.

15) 해방 직후부터 시작되는 국어강습소를 비롯한 민족교육을 하던 학교의 총칭으로 1955년 이후부터 조총련 산하에서 운영되고 있는 현재의 조선학교와는 구분하고 있다.

[일본 증오 교육을 하는 곳, 민주적 정부를 거역하는 태도를 기르는 곳, 공산주의에 조화 수용되는 태도를 기르는 곳, 아이들을 광신적으로 북조선 정부에 애국적이고 인공기에 유일 충성을 맹세하는 것을 가르치는 곳, 합법적인 한국 정부를 미국의 군사지배하에 있는 괴뢰정권이라고 가르치는 곳]16)

GHQ/SCAP나 일본 당국이 주시할 수밖에 없던 이유는 조련이 1946년 2월 제2회 임시전국대회에서 「북측의 조선 지지」를 표명하였기 때문이었고, 제3회 전국대회에서 조선학교는 조선의 「진보적 민주주의의 건국이념과 조국애가 투철한 공민을 양성한다」는 기치를 선명히 하면서 교재에 김일성의 「개선」 연설 사진을 실었기 때문이었다. 이로서 조선학교는 공화국 편향의 학교임을 명실공히 선언하게 된 것이다. 그렇지 않아도 사회주의 사상 세력 배척 및 철저한 반공 정책 노선을 취하던 미국과 일본은 점점 커지는 민족교육 세력의 제압을 위하여 1947년 10월에 재일조선인 학령기 아동을 일본의 교육기본법과 학교교육법에 따라서 일본학교 편입을 모색하게 하라는 하달을 내린다. 그 다음 해인 1948년 1월에 일본 정부는 문부성 학교교육국장 명의로 조선인 학교 및 교사의 자격 등을 일본의 교육법을 기준으로 하라는 통달을 내린다. 같은 해 3월에는 조선인설립학교 취급에 관한 1월의 통달을 지키지 않는 학교에 대해서는 강제 폐쇄 조치를 하겠다는 통고를 하였다. 그러자 한국과 일본을 왕래할 때 일본의 현관 역할을 하던 시모노세키나 야마구치 우베탄광 혹은 큐슈치쿠호탄광 등 각지에서 귀국 준비를 위해 야마구치에 모였던 조선인들의 강력한 폐쇄 반대운동이 전개되었다. 거센 투쟁

---

16) 藤原智子(2010) 「占領期在日朝鮮人教育史—山口県に着目して—」『教育史・比較教育論考』제20호, p.11 참조.

세력에 야마구치현의 학교 폐쇄는 철회되었으나 4월이 되자 히로시마, 오카야마, 효고 등의 각 지역에서 폐쇄의 움직임에 저항하는 운동이 본격적으로 일었고, 오사카부에서는 관할구역 내의 56개 조선인학교 중 19개에 대한 폐쇄 명령으로 인해 조선인측의 반발이 더욱 강해졌다. GHQ/SCAP는 비상사태를 선언하고 경찰 총동원 태세로 임하였다. 그에 대한 투쟁 시위 과정에서 16세 김태일 소년이 사망하는 사건이 발생하였고, 이후 4월 24일의 이 사건을 [한신교육투쟁]이라고 칭하게 되었다. 이 투쟁 세력들을 수습하는 과정에서 6월 4일에 오사카부의 아카마 분죠 지사와 오사카부 조선인교육문제공동투쟁위원회의 현상호 책임자 사이에 각서를 교환하게 되는데, 이것이 관서지역의 공립학교에 설치되는 민족학급의 근거가 된 것이었다. 전국적인 재일한인의 범민족적 교육투쟁으로 조선인학교를 지켰으나 그러한 세력의 분산화를 획책하여 일본 정부는 1949년 10월에 재차 민족학교 폐쇄령을 발부하였고 결국 거대한 공권력으로 민족교육 활동을 와해시키기에 이른다. 그 결과, 일본 전국에서 92개 학교가 폐쇄되고 245개 학교를 사립학교로 인가를 받도록 했으나 128개 인가 신청 학교 중에서 실제로 인가된 것은 1개 학교에 불과하였다.[17] 결과는 참담했으나 재일한인들이 언어와 학교를 지키려고 1948년의 조선학교 폐쇄령과 싸웠고, 한신교육투쟁의 결과 민족학급의 근거가 되는 각서를 교환하게 되었다. 그러한 전국 규모의 투쟁 전개에 GHQ와 일본 당국은 공산 세력으로의 확대로 이어지는 두려움에서 1949년에 조련을 강제 해산하게 된다. 그 뒤에도 조련의 교육활동은 이어졌으나 세력의 약화로 인해 맥을 잇는 정도였고, 북측 조선 지지를 공언하였던 조련의 잔존세력을 규합하여 해외 공민 세력

---

17) 이수경, 권오정, 김태기, 김웅기, 이민호 공저(2015) 전게서, pp.278-281 참조.

을 확보하려던 공화국은 1955년에 재일본조선인총련합회(조총련) 결성을 지원하게 된다. 공화국의 해외 공관 역할을 맡게 된 조총련은 조련을 통해서 얻은 경험을 살려 조직력을 재정비하였고, 조총련 산하에 조선인학교의 세력을 규합하여 조선학교를 설치, 운영하게 된다. 비록 각종 학교이지만 학교 체제 속에서 그 특징인 모국어 사용을 조건으로 하여 1970년대에는 일본 전국에 155개의 학교를 운영하기에 이르렀다. 2022년 현재는 저출산 및 조직 이탈 등의 다양한 이유로 약 60개의 학교가 운영되고 있을 뿐이다. 참고로, 최근의 학교 및 학생들 감소로 인해, 조총련 자체에서 명확하게 그 규모 등을 밝히지 않고 있으나 전체 재학생이 몇 명되지 않는 학교도 있고, 지방의 학교에서는 소규모 운영 혹은 통폐합이 진행되고 있다. 기본적으로 조선학교는 유치반(보육반·낮은반·높은반), 초급부, 중급부, 고급부로 구분하는데, 지역에 따라 학교 편성은 다르고, 도쿄나 오사카 등 대도시의 학교는 지방보다 활발한 편이다. 조선학교는 조총련계 한인 커뮤니티의 거점으로 기능하여 왔으며 최근의 학령 아동 감소 경향에서도 생존을 위해 다언어 교육, 스포츠 엘리트 육성 등으로 그 특징을 살리며 ICT교육 등에 힘을 쏟고 있다. 이러한 조선학교의 정점에 조선대학교가 위치하는 것이다.

4. 조선대학교의 설립 및 인가 과정

1955년 5월 25일에 도쿄토 다이토구 아사쿠사 공회당에서 한덕수를 의장으로 결성하게 된 조총련은 공화국의 지원으로 조직력을 구축하면서 일본내에서의 활동에 탄력을 받게 된다. 자신들의 사상과 신조로 민족교육 운동과 교사(부지, 건축물) 확보 및 학교를 전국적으로 확대하던 조련 활동은 각지에서의 투쟁 운동에도 불구하고 결국 1949년에 당국에 의해 조직이 강제로 해체되면서 세력이 약화되고 있었다. 공화국 측은 공공연히 북측 조선을 지지하는 재일한인 세력들의 규합을 통하여 해외 공관 역할을 할 조직 확보에 나서게 된다. 그리고 북측 정부로부터 해외 공관으로서의 역할이 주어진 조총련은 일본 당국과 GHQ의 압박에 반발하면서 공화국의 정책을 수행하고 조국 공헌을 위하여 박차를 가하게 된다. 당시의 공화국 교육 정책은 국가 건설의 실현 그 자체였음을 다음의 조선학교 교과서인 『조선력사 고급학교 제3학년용』에서 볼 수가 있다.

「전후 인민 교육 부문 앞에 나선 중요한 과업은 단기간 내에 파괴된 교육 시설을 복구 정비하며 전후 사회주의 건설에 요구되는 기술 인재를 다량 양성하며 전쟁으로 충단되었던 전반적 初等義務 敎育制 실시 준비 사업을 성과적으로 진행하는 사업이었다. 당과 정부의 정확한 교육 정책과 극진한 배려에 의하여 전후 교육 부문 앞에 제기된 과업들이 성과적으로 진행되었다. (중략) 1954년 한 해 동안에 무려 1만 5000여 개의 교실이 신설 또는 복구되었다. 이리하여 1954년에 공화국 북반부의 각급 학교 수는 4900여 교, 학생 수는 188만 8000여 명으로 전전 수준에 거의 도달하였다. 전후 사회주의 건설에서 달성된 성과와 인민 교육 부문의 복구 발전에 토대하여 1956년에 초등 의무 교육제가 승리적으로 실시되었다. 이와 함께 중등, 고등교육에서도 획기적인 발전을 가져왔다.」[18]

그리고 공화국 창건 10주년 기념 경축 대회 보고에서 문화 혁명에서

---

18) 재일본조선인총련합회 중앙교육부 교과서편찬위원회편(1963)『조선력사 고급학교 제3학년용』학우서방, pp.187-188.

가장 중요한 것은 전체 근로자들의 일반 지식 수준을 높이는 문제이며 이를 해결하기 위하여 중등 의무 교육제를 실시할 것이며 특히 사회주의 건설을 위하여 인민 경제의 기술적 개조를 위한 더 많은 전문가들과 기술자들의 육성이 요구된다는 김일성 교시를 발표하였다. 그 실행을 위하여 1958년부터 전반적 중등 의무 교육제를 실시하기 위하여 5개년 계획 수행에 돌입하고 그 기간중인 1959년에 교육 체계를 개편하여 학생들에게도 기술 교육을 하는 중등 및 고등 기술 학교 체계를 창설 하여 교육과 생산, 학습과 노동을 결부시키는 교육 조치를 취하는 것이다.[19] 고등교육에 대한 설명은 다음과 같은데 조선대학교의 설립 배경과도 이어지는 취지, 즉, 사회주의 건설을 위한 간부 양성의 기지로서의 대학이라는 교육 정책을 확인할 수 있기에 장문이지만 소개하기로 한다.

「당과 정부는 사회주의 건설의 급속한 발전에 요구되는 기술 간부들의 수요를 보장하기 위하여 고등 교육 기관을 확장하며 간부 양성의 질을 높이는 데 커다란 힘을 들렸다. 5개년 계획 기간에 대학생 수는 5배로 장성하여 9만 7천명에 달하였다. 특히 당과 정부는 근로자들이 생산에서 리탈되지 않고 고등 교육을 받을 수 있도록 하기 위하여 야간 및 통신 교육망을 대대적으로 확장하였다. 동시에 새로운 형태의 대학들인 工場大學과 共産 大學을 창설하였다. (중략) 이리하여 오늘 공화국 북반부에서는 일반 대학에서 뿐만 아니라 생산 현지에서도 기술 간부를 양성할 수 있게 되었으며 공장, 기업소들은 생산 기지일 뿐만 아니라 간부 양성의 기지로 되었다. 공화국 북반부에서는 8천 여 개에 달하는 각급 학교에서 인구의 약 4분의 1에 달하는 253만 명의 학생들이 철따라 교복까지 공급

---

19) 재일본조선인총련합회 중앙교육부 교과서편찬위원회편(1963) 상계서, p.188 참조.

받으면서 무료로 공부하고 있으며 대학생들과 대다수의 전문 학교 학생들이 국가 장학금을 받고 있다. 이와 같이 당과 정부는 祖国 光復会 綱領에서 천명한《면비 의무 교육》의 위대한 리념을 빛나게 실현하였다. 근로자 학교, 근로자 중학교 등 成人 教育 体系에 망라된 인원까지 포함하면 인구의 3분의 1이 각종 교육망에서 학습하고 있다. 참으로 우리 나라는 모든 사람들이 공부하는《배움의 전당》으로 되고 있다. 이리하여 오늘 우리 나라의 각급 학교들은 文化 革命의 拠点으로서의 자기 역할을 훌륭히 수행하고 있을 뿐만 아니라 준비된 사회주의 건설자들을 양성하는 사업에서 거대한 성과를 달성하고 있다.」[20]

여기서 확인할 수 있듯이 공화국의 교육 정책은 그야말로 사회주의 국가 건설의 초석이 될 지식 인재들의 양산에 있었음을 알 수가 있다. 특히 생물 의학 분야를 포함한 과학자, 기술자들의 양산[21]은 조국 기여의 중요한 과업으로 생각하였고, 조총련의 활동은 공화국의 지침을 수행하는 역할이었으므로, 일본에서 다양한 과학 기술 습득을 위한 일관된 교육을 지향하여 초/중/고등교육의 확장을 꾀하였다. 그 연장에서 조총련계 한인사회를 이끌 간부 양성의 기지로 조선대학교가 필요했음을 알 수 있는 대목이기도 하다. 말을 바꾸자면, 조련의 흩어졌던 세력을 규합시켜준 조국에 대한 충성과 애국활동으로 [위대한 령도재]를 절대적 존재로 찬양하고 따르는 차세대 육성을 맡을 간부 양성의 기지로서의 교육의 최고 학부 설립은 조총련의 막대한 임무이기도 하였던 것이다. 조총련의 공식 웹사이트에서도 공표하고 있듯이, 조선대학교는 조총련 결성 다음해인 1956년 4월 10일, 재일조선인운동과 민

---

20) 재일본조선인총련합회 중앙교육부 교과서편찬위원회편(1963) 상게서, pp.188-189.
21) 재일본조선인총련합회 중앙교육부 교과서편찬위원회편(1963) 상게서, p.190 참조.

족교육 발전에 대한 절실한 요구에 따라 조국과 민족의 미래를 짊어질 인재와 재일동포사회의 각 분야를 리드할 민족활동가를 양성할 목적으로 조총련이 일본내에 창립한 조선민주주의인민공화국·조총련의 최고교육기관이자,[22] 「공화국의 유일한 해외대학이며 민족교육의 최고학부」[23]이다.

설립 초기에는 도쿄토기타쿠쥬조(東京都北区十条)의 도쿄조선중고급학교 한 켠을 임시 교사로 만들어서 입학생 84명, 청강생 20명의 합계 104명의 학생과 약10명의 교원들로 시작한 2년제 대학교[24]였으나, 그 뒤, 공화국의 지원을 받아 1958년 4월에 4년제 대학으로 개편하였고, 1959년 6월 13일에는 도쿄토 고다이라시의 현재의 캠퍼스로 이전했으며, 「일본의 학자, 문화인, 교육관계자를 비롯해 각계 각층의 적극적인 지원을 받아 1968년 4월 17일 당시의 미노베(美濃部) 도쿄토지사의 결단」[25]으로 각종학교로서 인가를 받았다. 현재 조선대학교는 8개 학부, 17개 학과, 대학원, 연구소를 갖는 종합대학의 체제를 갖추고 있으며, 재학생 전원 기숙사 생활을 한다. 1975년에 김일성훈장을 받은 조선대학교는 조총련 산하의 조선학교의 정상에 위치한다.

한국 정부는 조선대학교의 설립, 인가, 인가 후의 대처에 대하여 주로 주일한국대표부 및 1965년 한일국교수립 정상화 이후에 설치된 주일대사관에 지시나 훈령을 통하여 일본의 동향을 묻거나 혹은 그 대응책을 시달하는 전문을 주고 받고 있다. 참고로 한국은 1953년의 휴전

---

22) 조선대학교 공식 웹사이트 참조. korea-u.ac.jp.
23) 조총련 공식 웹사이트 참조. chongryon.com/k/edu/index.html.
24) 金勇大(2017)「在日朝鮮人の民族教育と朝鮮大学校—日本政府による弾圧の目的と手法、その今日的様相—」朝鮮大学校朝鮮問題研究センター篇『朝鮮大学校学報』제27호, p.13, p.25 참조.
25) 조총련 공식 웹사이트 참조. chongryon.com/k/edu/index.html.

이후 전쟁의 영향으로 인하여 사회 전체가 피폐해진 상황에 놓여 있었던 것도 주시할 필요가 있다. 전쟁으로 인한 피해 규모는 북측과 현저히 차이가 났으며, 외교 공관 설치조차 재일한인의 지원으로 가능했을 만큼 국고가 비어있던 세계 최빈국 상태의 가난하고 불안정한 상황 속에서 국가 재건 모색으로 여유가 없었던 한국 정부였기에 일본의 한국 대표부의 활동에는 한계가 있었던 점을 간과할 수 없다. 반면에 조총련은 이미 조련을 통해 학교 설립 및 교육적 활동을 조직적이고 체계적으로 경험을 하였기에 그들이 대학교를 준비할 수 있었던 측면도 무시할수 없다. 전문 대부분을 차지하는 「동향 보고」를 중심으로 조선대학교의 설립과 인가가 이루어지는 정황을 살펴보기로 한다.

(1) 조선대학교의 설립에 대하여

조선대학교 설립에 관한 외교문서로는 「분류번호: 791.55JA/등록번호: 451/ 기능명칭: 일본내의 [조선대학] 설립문제 1958」를 고찰하였는데. 이 문서에서는 이 문서에서는 1958년 3월 14일 주일대표부로부터 조총련계에서 조선대학교(CHOSUN UNIVERSITY)라고 불리는(so-called) 것을 설립하는 것을 일본 언론을 통해서 알았기에 당시의 이승만(Syngman Rhee) 대통령 앞으로 다음과 같은 내용의 영문 보고를 하고 있다.

① 재일동포 어린이들에게 북한 괴뢰정권에 대한 충성심을 기르는 교육을 담당할 교사 양성을 목적으로 1953년 12월에 도쿄에서 20마일 동쪽에 떨어진 치바시에 설립한 "Central Chosun Teachers School" (중앙조선사범학교)에 1956년 4월 조선대학교라고 불리는 것을 설립하였다.[26]

---

26) 「중앙조선사범학교」는 1953년 10월에 당시 도쿄 도립학교였던 도쿄제6조선인소학

② 조선대학교는 원래 공산주의계 한인으로부터 5천만 엥의 기부금을 모아 대학교를 설립할 예정이었으나 이 모금 계획에 실패하였기 때문에 도쿄의 오지(王子)소재의 조선고급학교(Communist Korean high school)의 일부를 빌려 시작하였는데, 현재는 합계 120명의 학생이 있다.[27]

③ 그후 「괴뢰 정부」로부터 1억2천만 엔, 1억 엔의 두 차례에 걸친 교육원조금이 보내져 왔고 그 지원금으로 본격적인 캠퍼스 조성을 서두르게 되었다. 처음에는 도쿄 도내의 이타바시(板橋)의 토지 8,860평을 구입해 대학을 세울 예정이었으나 지역 일본인들의 공산주의계 학교(red school) 건립에 대한 강한 반대에 부딪혔고, 구입 예정의 토지가 농지였기 때문에 택지로의 용도변경이 필요했지만 그 허가를 얻지 못해 대학 건물, 시설의 건립은 중단된 상태이다.

④ 조선대학교는 일본의 학교교육법에 의해 인가를 취득한 정규 대학교(university)가 아니고 2년제의 사설 전문학교(institute)와 같은 존재이고, 지난 3월에는 40명이 졸업하였으며, 이번 4월 새학기에는 200 여명의 학생들을 넣으려고 하고 있으며, 한인 교사와 더불어 일본인 강사들도 넣으려고 하고 있다.[28]

교의 교실을 빌려서 시작하였으나 그해 12월의 학교폐쇄령으로 폐교가 된 치바켄 후나바시(千葉県船橋)의 조련 소학교를 개수하여 이전하였다. 1955년 4월에 2년제 「조선사범전문학교」로 개편하여 조선학교의 교사를 양성하였는데 이를 「모체」로 하여 1956년 4월 10일에 2년제의 조선대학교가 출발하게 되었다. 조선대학교는 조선사범전문학교를 발전적으로 개편한 것이라고 볼 수 있다.

27) 조선대학교의 공식적인 기록에는 도쿄토키타쿠쥬조(東京都北区十条)의 조선중·고급학교에서 시작한 것으로 되어있다.

28) 동의대학교 동아시아연구소편(2022) 『해방이후 재일한인 외교문서 해제집』 박문사, p.139 재인용, 외교문서는 같은 책 pp.148-150을 참조. 참고로, 조선대학교는 운영자금, 운영경험의 부족으로 어려움을 겪고 있었으나 1957년 북측 정부에서 보내온 교육원조비와 장학금을 토대로 학교발전을 기할 수 있게 되었다고 한다. 물론 이 원조의 실태는 상세하게 알 수 없으나 문헌 속에서는 공화국으로부터 지원금이 있었다고 밝혀지고 있다. 이 부분은 당시 달러나 엔화로 북측 정부가 보내온 것인지, 북측 지원금이란 표현은 전략상 사용되고 있으나 일본 내 조총련 지지 혹은 조선학교 지지자들의 모금액에서 충당된 것인지는 명확하지 않지만 여기서는 구체적인 증언 및 증빙 자료가 확보되지 않은 상황이므로 이 문제에 대해서는 생략하기로 한다. 한편, 조선대학교는 1958년에 4년제로 개편하였으며 1959년 6월에 현재의 고다이라 캠퍼스로 이전하였으며, 1960년에는 500여명의 학생을 확보할

위와 같은 주일대표부의 보고가 있은 후, 1958년 4월 1일에 외무부 차관 김동조가 경무대 박찬일 비서에게 일본 동경에 공산대학을 설립코자 하는 북한 괴뢰의 동향에 관하여 일본 정부에 항의를 제기하도록 주일대사에게 훈전하려 한다는 것을 전한 뒤, 같은 4월 9일에 작성된 별첨 구상서가 다음 날인 4월 10일에 주일대사 김유택 앞으로 보내어진다. 항의문 초안(구상문)에는 비교적 구체적인 내용이 적혀져 있었으나 실제 주일대사 김유택 앞으로 보내진 일본 정부에 대한 항의 요청 전문은 다음과 같다.

① 괴뢰정권(puppet regime)이 지원하여 일본에 조선대학교를 설립하려고 한다는 언론 보도가 사실인지 그 진위 여부를 공식적으로 확인 요청.

② 일본 신문29)이 보도한 것이 사실이라면, 그것은 직접적이든 간접적이든 일본 정부의 승인하에 이루어졌다고 볼 수밖에 없다는 점.

③ 일본 정부가 조선대학교 설립을 승인하는 것은 일본 정부가 대한민국 전복을 획책하는 공산주의자들의 행위를 북돋는 것과 다를 바 없기에 이러한 상황이 바로잡히지 않는다면 결과적으로 한일관계는 심각한 손상을 입게 될 것이라는 점.30)

수 있게 되었다. 참고로 필자는 조선대학교의 당시를 잘 아는 관계자로부터 학생들 기숙사는 재학생들의 노력으로 건립되었다는 이야기를 들은 적이 있다. 조선학교는 물론 재일한인 사회를 이끌 간부 양성대학인 만큼, 재학생 전원이 기숙사 생활을 통해서 그 의식을 높이고 결속하는 체재를 취하고 있다. 물론 당시 남북일 사회가 복잡하게 교차하던 상황을 생각하면 낮에는 일반 대학교와 같은 커리큘럼, 밤에는 사상 의식을 고무시키는 2중 커리큘럼 교육이 가능했다고 볼 수 있으나 그 시행 여부에 대한 취급은 이 글에서는 생략하기로 한다.

29) 구상문(초안)에서는 1958년 2월 17일의 일본 뉴스라고 적혀져 있음.

30) 1958년 3~4월에 조선대학교 설립과 관련된 전문이 오가고 있다. 조선대학교의 설립에 관하여 주일 대표부가 그동안 예의 주시해 온 것인지 일본 뉴스를 종합적으로 파악한 것인지 항의 전문은 형식적인 것이 아니라 내용 강도 조절 등 정성을 들인 흔적을 볼 수 있다. 하지만 조선대학교가 설립된 것은 1956년 4월이기에 무려 2년이 지난 뒤에 항의를 한다는 것은 그 전에 감지를 하지 못했다고 볼 수 있다. 격한 정보전이 이념 대립과 더불어 오가던 당시 상황을 생각하면 이 부분은 의아한 부분

여기서는 항의문 초안에 있던, 「모든 책임은 일본 정부가 전적으로 져야 한다.」라는 부분은 삭제되어 있다. 심각한 사안이었던 만큼, 감정적인 표출보다 자본주의 자유체제와는 체제를 달리하는 국가를 인정하고 외교를 한다면 그것은 일본이 모순적인 태도를 자행하는 것이 될 것임이기에 스스로 명확한 입장을 밝히라는 뜻을 내포한, 간결하지만 무거운 내용의 항의를 취하고 있는 것을 알 수 있다. 초안에서는 또한 평양에서 도쿄에 1억엔이라는 자본금이 어떤 형태로 들어와서 학교 설립에 투입되었는지, 한국 정부보다는 여유가 있었을지라도 공화국 역시 전쟁의 폐해가 있었던 만큼 공화국으로부터 일본 내에 그 많은 금액의 현금 지원이 가능했는지에 대하여 심히 걱정이 된다는 내용도 언급이 되어 있다.[31] 참고로 조선대학교 민족교육연구소 소장을 지냈던 박상득의 다음 글에서 당시의 학교 확장 및 학교 건설 배경을 일부 확인할 수 있다.

「조선총련 결성후, 민주주의적 민족교육이 급속히 발전한 것은 무엇보다도 우선 김일성주석의 주체사상과 그에 기인한 해외동포 교육사상의 눈부신 결실이었고 그것을 전면적으로 구체화한 조총련의 교육강령과 방침의 정당성과 그 생활력에 의한 것이었다. 또 그것은 주석의 현명한 지도와 육친적인 배려의 결과였다. 주석은 1955년 9월 29일, 조국해방 10주년 경축 재일동포대표단을 접견하고 재일동포자녀 교육을 위한 교육원조비

이다. 한편, 1958년 4월 9일에 한국 정부가 일본측에 강도 높은 항의를 하지만, 일본 정부로부터의 해명 연락이 보이지 않는 것도 외교적으로 납득하기 어려운 점이라고 할 수 있다. 단, 이 당시 한국과 체제는 같지만, 국교정상화가 되지 않은 나라의 항의에 대해서 외교 관계상 한계가 있었는지 여부는 좀 더 주시할 필요가 있다.

31) 동의대학교 동아시아연구소편(2022)『해방이후 재일한인 외교문서 해제집』제1집, 박문사, pp.148-152 참조.

와 장학금을 보내어, 조국진학을 희망하는 학생을 받아들일 것을 표명하였다. 그리고 1955년 말에는 69종 2000여 부에 달하는 각급학교의 교과서를 보내주었다. 그 위에 민주주의적 민족교육의 급속한 발전에는 모든 활동가와 재일동포의 애국적 발의가 스며들어 있었다. 예를 들면 큐슈조선중·고급학교 건설사업에 후쿠오카현을 중심으로 하는 키타큐슈 일대의 활동가와 동포들은 모든 애국적 열의를 발휘하였다. 1638세대의 동포는 1천만엥의 기금을 내놓았고 애국적인 상공인도 다액의 건설자금을 부담하였다. 또 일반 동포는 합계1471명이 학교 정지(토지 정비-필자 주)사업이나 그 밖의 건설 공사에 참가하였다. 이렇게 하여 큐슈조선중·고급학교는 조선총련 결성 1주년을 눈앞에 둔 1956년 4월에 개교하였고 일본 국민의 지원 속에 학교 인가도 획득한 것이었다.」32)

특히 자국을 무력으로 지배해 온 일본 사회에서 조선인이라는 차별과 멸시 속에서 버티며 살아왔던 재일한인들의 조국에 대한 애착은 당시로서는 자연스러운 발로라고 할 수 있는데, 예를 들면 한국계 한인들이 조국 부흥과 사회 발전, 올림픽 시설과 월드컵 개최 지원금이나 각종 교육시설 및 장학사업을 위해 천문학적 모금으로 모국 대한민국을 지원해 왔기에 오늘의 한국 발전이 보다 빠르게 된 것은 한국 각지에 있는 재일한인 지원의 흔적은 물론, 다음의 여러 논고를 통해 확인할 수 있다.33) 한국계 한인들이 그랬듯이 조총련계 한인들의 조국 공헌은 저변

32) 朴尚得(1984)『增補·在日朝鮮人の民族教育』도쿄, ありえす書房, pp.102-103.
33) 다음에서 한국계 한인들의 모국 지원의 일부를 확인할 수 있다. 이수경(2019)「재일한인 독지가들의 모국에서의 교육·장학사업 공헌에 대하여」『학교법인 가나이학원 수립외어전문학교 창립30주년 기념지(学校法人金井学園秀林外語専門学校創立30周年記念誌)』(학교법인 가나이학원 발행, pp.20-63 참조), 이수경(2018)「재일동포 기업가의 한국에서의 육영 장학사업 공헌에 대하여」『변화하는 아시아의 이민과 다문화』(광주시 교육위원회 후원, pp.183-201 참조), 이민호(2008)『모국을 향한 재일동포의 발자취100년』(재외동포재단), 이민호(2015)『신한은행을 설립한 자이니치리더』(통일일보사), 그 외, 재일한인 기업가의 한국지원 연구로는 長野愼

의 사상교육도 크게 작용하여 일본에서 공화국의 해외공민 사회 일구기에 매진했었음은 간단히 추측할 수 있다. 그렇기에 한반도 정세의 불안과 한국전쟁으로 인한 전후 폐허 수습에 여념이 없었을 당시 상황을 감안하면 공화국이 과연 일본에 대학교를 설립하고 운영할 수 있는 자금을 조총련에 얼마만큼 송금할 수 있었는지에 대해서는 생각해 볼 필요가 있다. 그런 점에서 한국 정부측에서도 외교문서 초안에서는 공산주의 체제 사회에서 일본의 금융기관으로 송금이 정상적인 거래로 이루어졌는지를 염두에 둔 지적을 엿볼 수 있으나 한편으로는 조선대학교를 반드시 만들어야 한다는 조총련의 취지를 지지한 재일한인 및 일본인 지지자들에 의한 모금을 조국의 지원이란 이름으로 내걸었을 가능성도 배제할 수 없기에 항의 전문의 원문에서는 생략된 것이라고 볼 수 있다. 참고로 2022년 현재, 일본 정부 및 금융기관은 출처가 의심되는 국내외 거래 관계에 대해서는 엄격한 감시 및 제재를 행사하고 있다.

(2) 조총련의 「민족교육권리옹호투쟁」과 조선대학교의 인가 문제

조총련의 중요 정책 중의 하나인 「민족교육권리옹호투쟁」과 조선대학교의 인가 취득에 관련한 외교문서로는 「분류번호: 791.55JA/등록번호: 2449/기능명칭: 일본내의 조선대학교 인가문제 1967」[34]를 고찰하고 있다. 이 내용에서는 조총련의 교육 정책과 조선대학교의 인가 취득

一郎(2010) 『韓国の経済発展と在日韓国企業人の役割』(도쿄, 岩波書店), 河明生(2003) 『マイノリティの起業家精神－在日韓 国人事例研究』(ITA), 林永彦(2007) 「在日コリアン企業家の経営活動とネットワークの展望」(大原社会問題研究所雑誌 No.588), 林永彦(2008) 「在日コリアン企業家の起業動機と企業類型化研究」(立命館国際地域 研究 Vol.28) 등에서 자세한 내용을 확인할 수 있다.
34) 동의대학교 동아시아연구소편(2022) 전게서, pp.155-202 참조.

에 관한 내용이 중심인데, 앞에서도 언급했듯이 조선대학교는 1956년에 조선학교 교사 양성 및 조총련계 리더를 양성하기 위하여 설립된 학교이다. 1968년에 도쿄토로부터 각종학교로 인가를 취득할 때까지 무인가 학교로 운영하였는데, 그 사이 조총련은 재일동포의 민족교육권 옹호투쟁이란 슬로건 아래에서 조선대학교의 인가 취득을 위한 다양한 활동을 전개했으나 큰 성과를 올리지는 못하였다.

한편, 1965년에 한일국교정상화조약의 체결로 일본이 한국과의 외교관계를 수립하게 된다. 이런 상황 속에서 1967년에 마르크스경제학자라고 불리우는 혁신계의 미노베 료키치(美濃部良吉)가 도쿄토 지사로 취임을 하게 되면서 조총련의 조선대학교 인가 취득에 적극적인 움직임을 보인다. 특히 1967년 3월 3일에 조총련 주최로 열리는 「일조 학술문화교류 간담회(日朝学術文化交流懇談会)」는 그 뒤, 조선대학교 인가취득의 「각계각층의 적극적이고 광범위한 지지 기반」이 되었다.35) 이 배경에는 일본의 조선에 대한 식민지 통치지배에 대한 일본 학계의 진보 지식인들의 반성어린 움직임을 호소해 오며 민족교육을 주장해왔던 조총련의 활동도 있었으나, 남북출신의 재일 한인이 생활하고 있는 일본에서 하나의 민족과 조국이었던 한반도(일본은 아직도 조선반도라고 칭하고 있다-필자 주)에 대한 편향적 대응으로 일본 정부가 한국 정부만을 옹호하며 정상화조약을 체결한 것이라는 반발도 작용하였다. 1960년대에는 재일한인 1~2세대 생존자가 많았기에 일제 강점기와 전시체제하의 혹독했던 기억들을 소리낼 수 있었던 당사자들이 존재했었다. 역사가 풍화되고 기억의 당사자가 급감하여 역사 사실을 수정 혹은 은폐하기 쉬운 현재 와는 현저히 다른 상황이었다. 그러한 움직임을 지

---

35) 조선대학교 공식 웹사이트. korea-u.ac.jp.

적한 뒤, 일본의 진보적 인사들과 연대 투쟁한 끝에 도쿄토의 인가를 받아낸 것에 대하여 조선대학교의 김용대는 다음과 같이 기술하고 있다.

「1965년《한일조약》체결후《한》일량정부에 의한 조선인탄압의 일환으로 조선학교에 대한 규제를 강화하기 위하여 조작된《외국인학교법안》을 성립시키려는 속에서, 한편 언론매체나 우익단체를 최대한으로 동원하여 재일조선공민에 의한 민주주의적민족교육이 치외법권이며 일본을 적대시하는《반일교육》을 진행하는 마당이라는 터무니없는 구실로 일대 깜빠니야가 진행되는 속에서도 일본의 진보적인사들과 련대투쟁한 끝에 드디어 1968년 4월 17일 조선대학교는 도꾜도로부터 사립각종학교로서의 인가를 얻어내였다.」[36]

일본의 외국인학교법안에서 제외되는 조선학교, 일본의 식민지 통치 지배 및 전시노동자 동원에 대한 양심적 가책, 한국 정부와의 국교정상화 체결을 통해 한반도의 남측 만을 인정하는 일본 정부에 의해 배제된 조총련계 한인의 존재에 대한 일본 교육계의 자성적 분위기도 일고 있었기에 각 교육계[37] 및 진보 정치인을 움직이려는 조총련의 활동도 활발해지고 있었다. 그렇기에 상기의 간담회를 비롯한 일본 내의 지식인・문화인의 조선대학교 인가를 지지하는 움직임 및 일본 여당(자민

---

36) 김용대(2017)「재일조선인의 민족교육과 조선대학교－일본정부에 의한 탄압의 목적과 수법, 오늘의 양상－」조선대학교 조선문제연구센터편『조선대학교 학보』Vol. 27, pp.13-14 참조. 이 글은 다음 글 참조라고 기술.『朝鮮大学校の認可問題にかんする資料』(1) 1967.9.25., (2) 1967.11.25, (3) 1968.3.20, (4) 1968.5.10. 참고로 이 글에서는 저자가 사용하는 한글표기를 그대로 인용. 1963년도의 조선학교 교과서를 보면 띄어쓰기가 명확하지만 최근의 글에서는 최소한의 띄어쓰기만으로 표기하는 경향이 있다. 이 점에 대해서는 별도의 기회에 발표하기로 한다.
37) 다음 문헌에서도 다양한 논고 및 의견들이 소개되어 지고 있다. 朴尚得(1984)『増補・在日朝鮮人の民族教育』(도쿄, ありえす書房) 참조.

당)과 야당(사회당, 공산당)의 움직임, 도쿄토와 정부간의 조율 등에 관한 내용이 한국 정부측에 계속 보고되어지고 있었다. 조선대학교의 인가와 관련된 일본 국내의 움직임을 정리하면 다음과 같다.

1) 일본 정부의 「학교교육법」 개정 움직임과 조총련 및 그 지지 세력의 반대운동

① 학교교육법 개정 움직임에 대하여

일본정부는 학교교육법의 일부 개정을 통하여 외국인학교에 대한 내용을 법률조항으로 명문화하려는 의도를 가지고 있었다. 1966년 4월 8일에 발표된 개정안 내용을 발췌하여 요약하면 다음과 같다.

- 일본에 거주하는 외국인에 대한 조직적인 교육활동이 국제적인 우호친선관계의 증진에 도움이 되고, 우리나라(일본)의 이익과 상호 조화를 유지하며 발전하도록 외국인학교제도를 창설한다. 수업연한1년 이상 일정 규모 이상의 조직적인 교육을 실시하는 시설을 외국인학교라고 한다.
- 외국인학교에서는 우리나라 또는 국민에 대한 잘못된 판단을 주입, 상호불신 의식을 갖게 하여 국제적인 우호친선관계를 저해하거나 우리나라 헌법기관의 결정·시책을 비난하는 교육, 그밖에 우리나라의 이익에 반하는 교육을 해서는 안된다.
- 외국인학교의 설치, 폐지, 설치자의 변경, 목적의 변경은 감독청의 허가를 받아야 한다.
- 토도후켄(都道府県)지사는 인가를 받지 않고 각종학교 또는 외국인학교와 유사한 교육을 실시하는 시설에 대해 인가 신청을 하도록 권고할 수 있다. 권고에 따르지 않거나 인가를 받을 수 없는 시설이 계속하여 교육을 실시할 경우에는 교육의 중지를 명할 수 있다.

- 외국인학교의 감독청은 문부대신으로 하며, 감독청은 외국인학교에 대하여 필요한 보고를 요구, 혹은 변경, 명령 등의 감독상 필요에 따라 학교 현장을 조사할 수 있다.
- 외국인학교에 대한 폐쇄, 교육의 중지 명령을 위반한 자, 외국인학교에 관련된 보고를 제출하지 않거나 조사를 거부한 자에 대한 벌칙을 설정한다.[38]

일본 정부는 1966년에 학교교육법 개정안이 공표되기 전인 1965년12월 28일자의 문부성 사무차관 통달에 의하면 이미 공표 전부터 조선인학교에 대하여 다음과 같은 방침을 분명히 하고 있다.

- 조선인만을 수용하는 공립 소·중학교, 분교, 특별학급을 앞으로 설치하지 않는다.
- 조선인학교를 1조학교(학교교육법 제1조에 해당되는 학교ー필자 주)로서 인가하지 않는다.
- 조선인으로서의 민족성, 국민성 양성을 목적으로 하는 학교는 각종학교(일본 정부가 인가한 1조학교 이외에 지방자치단체장이 인가하는 학교ー필자 주)로서도 인가하지 않는다.
- 이미 인가된 조선인학교는 일본 법령이 요구하는 의무를 이행하도록 한다.

이 학교교육법 개정을 통하여 외국인학교, 특히 조선학교의 학교 확장 및 반체제적인 교육적 움직임을 제어하려는 일본 정부의 의도에 대해 조총련측의 반발 또한 거세질 수 밖에 없었다.

---

38) 동의대학교 동아시아연구소편(2022) 전게서, pp.140-141 참조.

② 조총련의 민족교육 옹호투쟁 운동

한일국교정상화를 위한 한일회담이 진행되는 상황 속에서 일본 정부의 외국인학교(조선학교) 단속 움직임이 보이자 조총련은 「민족교육권리옹호투쟁」을 보다 활성화시킬 필요가 있다고 판단하여 1964년 5월 7일에 열린 제7회 전국대회에서 「민족교육권리옹호투쟁」과 일본 학교에 재학하는 조선인 학생의 교양(이념·사상교육의 고양(高揚)−필자주)대책을 다음과 같이 밝히고 있다.

- 교원의 정치적 실무수준 향상과 교수·교양 사업의 강화. 특히 학생에 대한 사회주의적 애국주의 교양의 철저화.
  - 조국과 민족, 조국의 사회주의 제도 사랑.
  - 항일 빨치산(파르티잔)의 혁명 전통을 교양.
  - 조선의 평화적 통일을 위해 싸우고 조총련의 애국사업에 적극적으로 참가하는 정신을 교양.
  - 미 제국주의자를 철저히 증오하는 정신을 교양.
- 교육권리의 옹호, 학교 운영의 정상화와 시설의 정비에 만전을 기하고 특히 다음 사항을 적극 추진한다.
  - 학교 시설의 인가와 교육회의 법인화
  - 고급학교 졸업생의 일본 대학 진학 자격의 획득
  - 학생에 대한 폭행, 살상과 관련하여 학생의 보호와 학교방범의 강화 및 학교에 대한 지도 강화.

이러한 대책을 강구하지만 1966년 4월 8일에 학교교육법 개정안이 공개되자 조총련은 즉시 반대운동에 나섰고, 야당인 일본사회당과 일본공산당, 일본노동조합총평의회(소효),[39] 일본교직원조합(닛쿄소) 등

---

39) 「소효(総評)」로 약칭. 1989년 전일본민간노동조합연합회인 「렌고(連合)」 결성 후 해산.

의 진보 성향 단체나 개인들도 반대 입장을 표명한다. 조총련은 대책위원회(위원장: 이기백 조총련 부의장)를 구성하고 문부성, 자민당을 방문하여 법률 개정안에 대한 반대 이유를 설명하였으며, 지방 조직에는 「민주주의적 민족교육의 권리」를 지키기 위한 대중집회, 간담회, 서명운동 등을 대대적으로 전개하도록 독려하였다. 국회의원이나 지방의회 의원에게는 법개정 저지를 위한 지원 공작을 폈다. 1966년 4월 12일에는 사회당, 공산당, 소효, 닛쿄소 등 74단체의 대표 92인이 참가하는 「민족교육을 지키는 긴급 중앙 대표자회의」를 열어 「민족교육 탄압 법안 절대저지」의 결의를 채택하고, 재일조선인의 민족교육을 지키는 모임의 전국적인 조직, 사토(佐藤)내각과 문부대신에 대한 항의 전문과 진정을 파상적으로 발신, 전국적 규모의 법개정안 반대 서명운동을 전개하기로 결정을 한다. 또한 법개정안 반대를 위한 「일조협회」중심의 항의 집회, 항의진정, 지역·직장·학교를 중심으로 한 간담회·학습회의 개최, 선전활동, 서명운동 등을 활발히 전개하는데, 그 뒤에 보다 체계적으로 조직화한 「일조민족교육문제협의회」를 추진 모체로 하여 반대운동의 활성화에 진력하게 된다.[40)]

③ 일본측의 학교교육법 개정 반대 움직임

학교교육법 개정은 일본 각계 각층의 반대 운동에 봉착하게 된다. 특히 야당 정치권에서는 사회당과 일본공산당의 심한 반대 표명이 일어났는데, 사회당은 1966년 4월 9일에서 10일에 사회당 도쿄토 지부당이 법개정안에 대한 반대 결의문을 채택하였고, 4월 11일에는 서기장인 나리타토모미(成田知己)와 사회당 조선문제특별위원회 위원장인 이시

---

40) 동의대학교 동아시아연구소편(2022) 전게서, pp.141-142 참조.

노히사오(石野久男)가 관방장관, 자민당 간사장을 방문해「학교교육법 개정안은 재일조선인의 민족교육을 탄압하려는 것이므로 우리 당은 이 법개정안의 국회 제출을 단호히 반대한다.」는 입장을 전하였다. 4월 13일에는 사회당 중·참의원의 전문위원 12인이 조선대학교를 방문하여 그 실태를 조사한 결과를 4월 27일자 기관지『사회신보(社会新報)』에 발표하였으며, 4월 20일에는「외국인학교제도의 신설에 반대하는 성명서」를 발표하고 전국적으로 법개정 반대운동을 펼칠 것을 의결하였다. 한편, 일본공산당과 소효 및 닛쿄소도 강한 반대를 표명하는데, 일본공산당 기관지『아카하타(赤旗)』는「재일조선인의 민족교육권에 대한 공격을 중시하지 않으면 안된다. 당은 재일조선인의 교육권을 지키기 위하여 학교교육법 개정에 반대하는 투쟁에 앞서지 않으면 안된다.」라는 계몽·선전 기사를 연재하면서 전 당원의 반대 운동을 촉구하였다. 소효도 1966년 4월 2일의 제6차평의회에서 재일조선인의 권리옹호투쟁을 지원한다는 입장을 확인하고「재일조선인의 민주민족교육에 대한 억압을 중지하고 그 권리를 완전히 보증하라.」는 대정부 항의 성명을 내지만 법개정안이 공표되자 1966년 4월 11일「정부가 끝까지 외국인 학교제도의 법제화를 추진한다면 한일회담을 반대하는 민주세력과 함께 법개정안의 분쇄를 위해 싸울 것이다.」라는 담화를 발표하고 산하 각 단체에 법개정안 반대투쟁을 강화할 것을 촉구하였다. 한편, 일본의 최대 교직원 조합인 닛쿄소는 1966년 3월 31일에서 4월 1일에 개최된 제72회 중앙위원회에서 재일조선인의「민주민족교육옹호투쟁」에 대한 지원을 결정하고 4월 5일 각 지부에 대하여 문부성 사무차관의 통달 및 외국인학교의 제도화에 항의하고, 자주학교의 인가 촉진을 위해 지사, 교육위원회와의 접촉을 꾀하며 조선고급학교 졸업생에 대한 일본의 대학진학 자격 인정을 위한 운동을 전개하라는 지령을 보내고, 4월 12일에는 학교교육법 개정 중지를 요구하는 성명을 발표하였다. 그 외, 각 지역에서 학교교육법 개정을 반대하는 학자 51명(1966년 4월 4일), 「재일조선인의 민족교육문제 오사카간담회」(오사카지역의 대학 학장·교수 등의 모임)(1966년 4월 6일), 일본과학자회의(1966년 4월 16일), 일본법률가협회 및 법조7단체 등도 학교교육법 개정 반대 의향을 분명히 하였다. 전국적으로 여론이 들끓어 오르자 일본 정부는 학교교육법 개정안의 국회 제출을 보류했으나 조총련의 법개정안 반대, 조선대학교 인가 취득을 위한 투쟁은 멈추지 않았고, 이에 동조하는 진보적 지식인들의 움직임도 계속 되었다. 1966년 11월 25일에는 무타이리사쿠(務台利作·도쿄교육대학 명예교수)를 비롯한 약40인의 학자들이 모여 「조선대학교 인가촉진운동 발기인회」를 결성하였으며, 같은 해 11월 27일에는 오쿠다아즈마(奥田東·쿄토대학 총장) 등 킨키(近畿)지구 대학 총·학장이 간담회를 갖고 조선대학교의 인가를 촉구하였다. 1967년 2월 25일에는 일본학술회의 간부회에서 「학문과 사상의 자유를 지킨다는 입장에서 당국은 조선대학교를 인가해야 한다.」는 요구를 문부성에 제출하였고, 이러한 움직임 속에서 「일조 학술문화교류 간담회」가 개최된 것이다.41) 이렇듯 전국적인 반대운동의 확산과 민족교육 옹호라는 슬로건을 통하여 당시의 정치교육계 등의 지지를 얻은 조총련은 일본 사회에서의 입지를 재확인하면서 일본인 지지층의 협력과 더불어 조선대학교 인가 운동에 힘을 얻게 된다.

---

41) 동의대학교 동아시아연구소편(2022) 상게서, pp.142-143, pp155-170참조.

2) 조총련의 「일조 학술문화교류 간담회」주최

조총련은 민족교육권리옹호투쟁의 일환으로 조선대학교 인가 촉진 운동의 지지기반을 확대·공고히 하려는 목적으로 위에서 언급한 11월 25일의 학자·문화인의 조선대학교 「조선대학교 인가촉진운동 발기인 회」의 결성, 11월 27일에 개최된 킨키지구 대학 총·학장 간담회의 연장선에서 1967년 3월 3일 「일조 학술·문화교류 간담회」개최를 추진한다. 간담회는 주최측 대표로 조선대학교 한덕수 학장(조총련중앙의장)과 이진규 부학장이 주도를 하고 있으며, 도쿄를 중심으로 한 국공립, 사립대학의 전·현직 학(총)장 27명과 일본학술회의 멤버 14명, 기타 교수 6명 등 총 47명이 참가하고 있는데, 그 중, 주요 인물의 발언 요지를 보면 다음과 같다.

① 오코치카즈오(大河内一男·도쿄대학 총장): 조선, 인도 등 아시아 여러나라와 보다 적극적으로 학술교류를 추진해야 한다.
② 난바라시게루(南原繁·도쿄대학 전 총장): 민족교육은 모든 민족의 근본문제다.…이런 관점에서 조선의 통일을 염원한다.
③ 마츠마에시게요시(松前重義·토카이대학 설립자, 총장): 국교의 장애를 넘어 민간 차원의 보다 활발한 학술문화교류가 필요하다.
④ 하야시카나메(林要·칸토가쿠인대학 교수): 일본정부가 외국인학교제도[42]를 계획하고 있는 것은 부당하다.
⑤ 타니가와테츠조(谷川徹三·호세이대학 총장): 재일조선인의 민족교육에 깊은 관심을 갖고 있다. …조선대학교, 조선인학교를 바로 인가하여 정상운영이 이루어지도록 해야 한다.

---

42) 여기서 말하는 「외국인학교제도」란 자민당, 문부성을 중심으로 「학교교육법」의 개정을 통하여 외국 정부나 단체에 의해 운영되는 재일 외국인학교를 일본 법령하에 두려는 움직임을 가리킨다.

⑥ 키타자와신지로(北沢新次郎・도쿄케이자이대학 학장): 일본에서 조선
   어로 학술연구를 하는 조선대학교가 존재한다는 것은 조선뿐만 아니
   라 일본은 물론 세계를 위해 바람직한 일이다.

⑦ 우에하라센로쿠(上原専禄・히토츠바시대학 전 학장): 재일조선인의
   민족교육을 보장함으로써 …일본과 조선이 대등하게 참된 학술・문화
   교류를 할 수있게 해야 한다.

⑧ 코이데렌지(小出廉二・메이지대학 학장): 민족교육이 제한되는 것은
   이상한 일이다. 조선이 통일되고 조선과 일본이 서로 왕래하며 연구할
   수 있도록 노력해야 한다.

⑨ 마츠모토키헤에(松本喜兵衛・추오대학 총장): 일본과 조선의 학술・
   문화교류는 반드시 실현되지 않으면 안된다. 조선대학교의 인가도 그
   런 차원에서 조속히 실현되어야 한다.

⑩ 마츠쿠라츠네오(松倉恒夫・요코하마시립대학 학장): 일본과 조선간의
   학술・문화교류가 이루어지지 않고 있는 것은 부자연스러운 일이다.
   조선대학교의 인가문제도 교류문제와 아울러 보아야 한다.

⑪ 핫토리시즈오(服部静夫・오카야마대학 전학장): 일조간의 학술교류는
   보다 활발히 전개되어야 한다. 조선대학교를 비롯해 조선학교는 훌륭
   한 교육체계를 갖추고 있다.

⑫ 에가미후지오(江上不二夫・도쿄대학 교수, 일본학술회의 부회장): 일
   본학술회의는 국제학술회의에 조선의 학자들을 초청하고 있으며 활발
   한 교류가 이루어지도록 노력하고 있다. 조선대학교의 인가는 민족교
   육의 기본적인 요구를 충족시키는 조건이다.

⑬ 마스다시로(増田四郎・히토츠바시대학 학장): 학술・문화교류, 민족
   교육, 대학의 인가 등의 문제는 정치적 입장을 버리고 해결해야 한다.

이러한 일본의 대학인들의 지지를 얻은 조총련은 학교교육법 개정안
과 조선대학교 인가를 위한 대책으로 1966년 12월 15일-17일에 니가타
(新潟)항에 입항하여 있던 「조선귀환 제144차 선상」[43]에서 공화국 대

표의 확인 및 지시에 따라 「민주주의적 민족교육 권리옹호」를 위한 다음 사항을 확정하고 있다.

「일본 정부 여당이 계획하고 있는 학교교육법 개정 움직임과 같은 민족교육 파기책동을 반대하며 민족교육 옹호를 위한 대외사업을 폭넓게 추진하며 조선대학교를 비롯한 학교의 설치 인가와 교육회(학교재단)의 법인화를 적극적으로 추진하고, 교원의 정치사상과 실무수준을 향상시켜 교수·교양의 질을 높이며, 각급 기관은 민주주의적 민족교육의 권리를 옹호하는 사업을 대중적으로 강화하며, 교원의 교양, 특히 국어 실력을 높여 「모범 교원 집단」, 「모범학교」 창조 운동을 강화한다. 그리고 학생에 대한 사회주의적 애국주의 교양을 한층 강화하며(중략) 그들의 학력과 애국적 기풍을 높이고, 민족교육권리옹호투쟁을 전 기관적으로 강력히 전개하여 광범위한 일본 인민의 지원을 적극적으로 조직하고(중략)···야간학교 사업을 확대 강화하며, 학부형과 열성 동포와의 사업을 강화하여 학교시설 등을 정비하고, 조선대학교의 사업을 개선 강화하여 창립10주년 기념사업을 성과적으로 조직한다.」[44]

(3) 도쿄토의 조선대학교 인가를 둘러싸고

조선대학교 인가에 대해서는 한국 정부는 물론, 일본 정부 및 자민당은 반대 입장을 고수하였으나 각종학교의 인가는 지사의 권한이므로 정부로서는 도쿄토지사(미노베)에게 인가를 하지 않도록 압력을 가하는 정도에서 머물 수밖에 없었다. 외교문서로는 「분류번호: 791.55JA/

---

43) 앞에서 언급했던 1959년~1984년에 이루어진 재일한인의 공화국행 북송사업(조총련은 「귀국사업」이라고 자칭)에 사용되었던 북송선.
44) 동의대학교 동아시아연구소편(2022) 전게서, p.141 참조.

등록번호: 3364/기능명칭: 일본내의 조선대학교 인가문제 1969」[45]에서 한국 정부는 주일 대사관을 통하여 인가 반대를 표명하고 있고, 대사관은 문부성(켄노키토시히로; 劒木亨弘)장관이나 자민당에 한국 정부의 의향을 전달하고 있다. 1967년 8월 26일의 면담에서 문부성 차관은 문부성이 도쿄토에 주의를 환기하고 경고를 하고 있으며, 도쿄토 의회가 인가 건의 결의를 하였기에 지사는 이 문제 종결을 위한 사학심의회 자문을 준비 중에 있다는 점, 사학심의회 구성원에는 정부 방침 지지 인사들이 많기에 부결되도록 노력하겠다는 의향, 최악의 경우에는 차기 국회에서 학교교육법 개정안을 가결시킨 후 법적 근거를 얻어 조치할 수도 있다는 점, 이 문제는 일본 국내법에 관련된 것이기 때문에 한국대사관이 공식적으로 관여할 수는 없으나 조선대학교의 교육내용 등 일본측이 이용할 수 있는 자료 제공을 요청, 학교교육법 개정을 통해 외국인학교제도를 창설하려는 일본 정부의 법개정안은 한일국교정상화 정신에 위배되지 않으며, 조련계 학교[46]에 대해 지시, 감독할 수 있는 유일한 방법임을 양해해달라는 견해를 밝히고 있다. 하지만 일본 정부의 견제에도 불구하고 미노베 지사는 조선대학교 인가의 의중을 굳히고, 1967년 9월 2일 정식으로 이 문제를 도쿄토 사학심의회에 회부, 자문을 구하고 있다. 미노베 지사가 인가하기로 방향을 잡은 것은, ① 학교교육법 개정안이 성립될 가능성이 희박해져 이 문제를 더이상 지체할 수 없다는 점. ② 도쿄토 의회에서 작년(1966년) 12월에 인가 요청의 청원서를 채택한 이상 미룰 수가 없다는 점. ③ 관계 지방민의 요망

---

45) 동의대학교 동아시아연구소편(2022) 상게서, pp.203-210 참조.
46) 초기에 조련이 중심이 되어 만들고,1955년의 조총련 결성 이후는 조총련 산하의 학교.

이 강하다는 점.[47] ④ 1967년 7월 24일 문화인 2천명이 인가 요청 서명을 하는 등 인가를 지지하는 여론이 높아졌다는 것을 그 이유로 하고 있다. 참고로, 미노베 지사는 1968년 4월 17일의 담화에서 이 문제의 처리 방식에 대하여 행정 바탕을 기본으로 판단하고 있음을 강조하고 있다.[48]

(4) 일본 언론의 동향

조선대학교 인가 문제에 대한 매스컴의 보도 자세는 기본적으로 사실 보도에 충실한 편이지만 각지의 보도에는 미묘한 차이가 있음을 알 수 있다. 외교문서에서는 특히 일본3대 신문인 『아사히(朝日)신문』, 『마이니치(每日)신문』, 『요미우리(読売)신문』의 논조를 소개하고 있는데, 『아사히(朝日)신문』은 조선대학교의 시설, 교육내용을 확인하거나 학생을 실제로 만난 학자나 문화인은 인가의 타당성을 말하는가 하면, 자민당을 중심으로 보수적 성향의 정치인이나 단체는 조선대학교를 반일교육의 총본산이라고 보고 있다는 현실을 보도하고, 「사학심의회는 정치적으로 판단해서는 안 되고 법적으로 적격 여부를 판단해야 한다. 따라서 심의회가 반대할 이유가 적지만 정부 내에는 인가를 주저하는 분위기가 강하다.」고 보도하고 있다. 한편, 『마이니치(每日)신문』은 수상과의 협의를 마친 문부대신의 「식민지 통치상황도 아닌 이 시점에서 국내의 이민족을 위한 대학의 인가는 불필요하다.」는 담화를 평가 없이

---

47) 조선대학교의 소재지 코다이라(小平)시를 비롯한 도쿄토내 10개 시의회는 인가 요청의 의결을 하고 있었다. 동의대학교 동아시아연구소편(2022) 전게서, p.144 참조.
48) 김용대(2017) 전게서, p.14 참조.

보도하고 있다. 반면에『요미우리(讀売)신문』은 조선대학교 인가 문제의 해설·소개와 더불어,「조선대학교가 반일교육을 한다고 하지만 일본에 살고 있는 외국인이 일본의 법률에 복종하는 것은 당연하며 일본국민이 싫어하는 반일교육을 한다면 일본이 용납하지 않을 것이고, 그런 교육을 할 생각도 없다. 코다이라시를 위시한 도쿄 도내 10개 시, 2개 쵸(町) 의회가 우리 대학의 인가를 요청하는 결의를 한 것만 보아도 반일교육의 유무를 알 것이다.」라는 조선대학교 이진규 부학장의 말을 인용 보도하고 있다, 그리고 문부대신의,「도쿄토 지사가 결정하기 전에 강력한 조치를 취하기 위하여 내각 법제국과 협의중이다.」라는 말도 함께 보도하면서 현행법상 도쿄토 지사가 인가했을 경우 정부로서는 이를 취소할 수 없다는 구조를 설명하고 있다. 그 외의 특정 신문 이름은 밝혀지지 않았지만「조선대학교는 대학의 형태를 갖추고 있기 때문에 사립학교법에 따라 인가해야 한다. 이때 지사에게는 인가 권한이 없으므로 지사의 인가를 인정할 수 없다. 인가하면 행정조치를 취하겠다.」는 문부대신의 담화가 보도되고 있었다. 또 조총련과는 사상적 적대적 관계에 있던 한국계 임의단체·민단49)대표와 만난 미노베 지사가「나는 지금까지 인가한다 안 한다 말한 적이 없다. 다만 인가 신청이 있었기 때문에 이를 사무적으로 처리(사학심의회에의 회부 — 필자 주)했을 뿐이다. 앞으로 여러분의 의견을 충분히 참고하여 최종적으로 검토하겠지만 현단계에서 인가 여부는 백지상태다.」라고 말한 사실도 보도되었다. 하지만 이 시점에 이미 미노베 지사는 인가의 의중을 굳히고 있었

---

49) 1945년 10월 15일에 결성한 조련의 사상적 움직임에 대항하여 1946년 10월 3일, 도쿄 히비야(日比谷) 공회당에서 "재일본조선거류민단(在日本朝鮮居留民團)"으로 창단한 한국계 임의단체·민단으로 약칭.

다. 1968년 4월 5일에 도쿄토 사학심의회는 조선대학교의 인가의 부적
절함을 결론짓는다. 이 내용에 대해서 보다 구체적으로 살펴보자면 도
쿄토 사학심의회가 제출한 답신에 관한 기자회견에서 조선대학교 이진
규 부학장은 [우리 민족교육의 자주권에 대한 부당한 간섭]임을 강조하
면서 다음과 같이 말하고 있다.

> 「어떤 민족을 막론하고 그 자제들에게 어떤 교육을 보장하는가는 민족
> 적자주권에 해당되는 것이며 조선민주주의인민공화국의 해외공민인 재
> 일조선인들이 자기의 자제들에게 떳떳한 공화국공민으로서의 민족교육
> 을 진행하는 것은 물론이고 우리의 민족교육은 민주주의적인 원칙에 의하
> 여 관철되여있으며 일본을 비롯한 여러 국민들과의 우호와 친선을 깊이는
> 교육인것으로 하여 결코 민족배타적인것이 아니(다. 후략)」[50]

공산주의 국가체제인 조선민주주의인민공화국에 대한 사학심의회의
의구심은 교실마다 김일성의 초상화가 걸려있어서 조선대학교의 교육
은 조선의 사상, 지도 원리에 따르고 있다는 점, 공화국과는 외교관계가
없으며 대한민국은 조선대학교의 인가를 반대하고 있다는 점, 각종학
교의 인가가 국내법상으로는 지사의 권한이라 해도 국제적 문제가 발
생할 수 있으므로 조선대학교 인가는 도지사의 권한 밖으로 볼 수 있다
는 점, 조선대학교 운영 지원비가 공화국에서 조달된다면 항구적 안정
성이 없다는 점, 교과내용의 구체적 검토, 대학교에 맞지 않는 시설 등
을 이유로 [인가 불가]라는 결론으로 이어졌다. 하지만 4월 17일에 도쿄
토의 미노베 지사는 정부의 방침이나 사학심의회의 심의 결과, 혹은

---

50) 김용대(2017) 전게서, pp.14-15 참조. 「朝鮮大学校の認可問題にかんする資料(4)」
『李珍珪副学長の記者会見での談話』 p.35 재인용.

그가 주장하는 행정적인 사무 처리보다 자신의 신조와 권한으로 조선대학교를 인가하게 된다.[51] 그 당시 조총련은 재일한인의 다수를 포용하는 조직이었기에 미노베 지사는 자신의 지지 세력이기도 했던 조총련에 대한 의리를 표명한 셈이라고도 할 수 있다. 그 뒤, 조총련은 한일회담이 진행되는 동안 일본의 진보 혹은 혁신 세력과 협력관계를 유지하면서 한일회담 반대, 조총련을 지지하는 재일한인의 권익향상운동, 그리고 재일한인의 민족교육 옹호운동을 전개하였다.

5. 나가며 – 조선대학교의 인가 취득[52] 이후

이상으로 조선대학교 인가 취득까지의 관련 외교문서 내용을 중심으로 그 시대적인 배경과 조총련을 둘러싼 당시의 동향을 살펴 보았다. 결과적으로 총련 조직은 조총련계를 이끌 고등 간부를 양성하는 최고 교육기관으로서의 조선대학교 인가를 취득하면서 공화국의 해외공민으로서의 상징적인 위업을 이루게 된 것이다. 1968년의 인가에서 약54년이 지난 2022년 12월 현재, 조총련의 공식 사이트에서 밝히는 조선대학교에 대한 설명에서도 그 의미를 확인할 수 있다.

---

51) 동의대학교 동아시아연구소편(2022) 전게서, p.144 참조. 한편, 도쿄토의 조선대학교 인가는 미노베료키치의 「혁신정치」의 상징적 산물이었다. 1970년대까지 일본의 지식·문화계에는 진보적 성향의 인물이 많았고, 정계에서도 일본사회당이나 일본공산당과 같이 혁신정치를 지향하는 세력이 큰 비중을 차지하고 있었는데, 이들은 한반도와의 관계에서 공화국 지지 경향이 뚜렷하였고, 공화국을 배제한 1965년 한일국교정상화를 위한 회담에 반대 입장을 고수하였다.

52) 다음 외교문서 참고. 분류번호: 791.55JA / 등록번호:3364 / 기능명칭: 일본내의 조선대학 인가문제 1969. 전게서, 동의대학교 동아시아연구소편 『해방이후 재일한인 외교문서 해제집』, 203-210쪽 참조.

「고등교육은 공화국의 권위있는 해외대학인 조선대학교를 통하여 진행된다. 조선대학교는 공화국의 유일한 해외대학이며 민족교육의 최고학부이다. 해외교포교육의 력사상 하나의 해외교포조직이 대학을 직접 창립하고 자주적으로 운영하고있는 례는 총련조직 이외에는 찾아볼 수 없다. 조선대학교의 존재는 총련과 재일동포들이 민족사에 쌓아올린 자랑찬 업적이며 재부이다. 조선대학교에서는 조국과 민족, 재일조선인운동에 이바지하는 민족간부들과 전문가들을 체계적으로 키우고 있다. 조선대학교는 8개 학부(17개 학과)와 연구원(대학원), 4개의 연구소와 도서관, 기념관을 가지고 있으며 종합대학적인 체계와 내용을 갖추고 있다. 각 학부 졸업생들을 받아들이는 연구원(전기2년, 후기 3년)에서는 전공별 과정안에 따라 전문가양성을 위한 교육이 진행된다. 오늘 1만 3천명을 넘는 조선대학교 졸업생들은 총련을 비롯한 여러 동포단체와 기관, 동포사회에서 기둥감으로서의 역할을 담당수행하고 있으며 귀국한 학생들은 조국의 사회주의건설의 중요한 모퉁이에서 활약하고 있다. 조선대학교는 1975년 5월에 우리나라 최고훈장인 《김일성훈장》을 수여받았다.」[53]

이 내용으로 보면 조선대학교는 13,000여 명을 배출시켜 왔으며, 그 중에는 공화국으로 가서 배운 기술을 활용하는 졸업생도 있다는 것을 알 수 있다. 공화국 체제 출신자들의 활동 세계가 한정된 점을 본다면, 일본에서 태어나고 자란 조선대학교 출신자의 세계 각국의 진출은 위에서 언급하는 자랑찬 재부이자 서방 국가와의 가교 역할도 할 수 있는 인재들이라고 할 수 있다.

1968년의 인가 취득으로 인해 일본 내 조총련의 초등·중등·고등교육기관의 전 학교 체제가 완성된 것이다. 교육기관으로서의 법인격을 갖추게 된 조선대학교는 세금 혜택과 재학생의 통학권 등의 혜택을

---

53) 조총련 공식 웹사이트 참조. http://chongryon.com/k/edu/index.html.

받을 수 있게 되었으나 한편으로는 학교교육법 1조학교가 아닌 「각종학교」로서의 법인격 취득이었기에 상급학교 진학시 수험자격시험(검정시험 등)의 필요,[54] 각종학교는 일반적으로 직업교육(양재, 미용, 요리 등)을 담당하는 교육기관이라는 위치이므로 조선대학교가 일반 학교와 같은 커리큘럼으로 학사운영되고 있는 것은 적절치 않다는 점, 주로 인간형성 혹은 국민형성을 담당하는 1~12학년까지의 일반교육 과정이 아닌 전문교육 담당의 고등교육기관인 조선대학교가 사상 및 체제 이데올로기 교육을 실시한다는 것은 적절치 않다는 사학심의회의 지적이 있었음에도 불구하고 학교를 인가한 문제로 인해 한국 정부와 민단은 물론, 일본 정부(문부성)와 자민당은 비판과 유감의 뜻을 밝혔다. 일본 정부(문부성)와 자민당은 학교교육법을 개정하여 외국인학교법을 제정하는 법적인 근거를 마련한 다음 외국인학교제도를 법제화하여 조선학교·조선대학교를 통제하겠다는 사후 대책 강구를 표명하였으나 그 뒤, 학교교육법 개정 및 외국인학교법 제정은 이루어지지 않았고, 조선학교·조선대학교에 대한 인가는 기정사실화된 채 오늘에 이르고 있다.[55]

일제 강점기 이후 복잡하게 얽혀버린 한국과 공화국과 일본, 그리고 체제 뒤의 미국, 중국, 러시아의 국제 관계까지 교차하는 현실을 직시할

---

54) 이 학사 자격 인정은 아직도 과제가 되고 있다. 일본의 대학원에서는 수험을 인정하는 대학도 점차 늘어나고 있는 추세이고, 국립대학법인체의 교원양성대학인 필자의 학교에서도 다양한 입시 시스템에 의하여 조선대학교 출신 학생들의 대학원 진학이 가능하다.

55) 동의대학교 동아시아연구소편(2022) 전게서, p.146 참조. 당시 한국 정부는 조선대학교 인가 취소를 일본 정부에 요청할 것을 대사관에 지시하였으나 이는 일본의 법률과 당시 일본의 정치적, 사회적 세력의 균형을 감지하지 못한 처사였다고 할 수 있다. 도쿄토 사학심의회의 「인가 불가」이유와 문부차관과의 면담 내용에서 보는 한 조선대학교 인가 문제에 대해 일본 정부는 한국의 요구를 「배려」(隣国配慮)하였으나 일본 정부로서도 어쩔 수 없는 한계였음을 지적할 수 있다.

때 일본 내의 조선대학교는 단순한 대학 기관이 아닌 정치적 상징임을 외교문서 및 조선대학교 인가를 둘러싼 움직임으로 알 수 있다. 민족교육 운동으로 귀국을 준비하였던 조련 시대를 거쳐 혁명주의 정치 사상에 바탕을 둔 사회주의 이념의 태두와 일본 및 GHQ와의 대립 속 투쟁, 1949년의 조련 해체 이후의 세력을 규합하여 1955년 5월에 조총련을 결성하여 해외공관을 확보하게 된 공화국, 평양의 교육 지침을 받으며 김일성주의 민족교육을 행해왔던 북송사업 기간, 90년대 이후의 세대 교체와 저출산 고령화 및 조직 이탈자의 증가, 몇 차례의 교육 개편과 3~5세대의 재일한인 교육 등 조선학교 및 조선대학교도 시대와 더불어 다양하게 변하여 왔음을 확인할 수 있다. 앞으로는 한국의 외교문서에 누락된 내용들을 염두에 두면서 일본과 재일한인 관련 외교문서의 해제에 보완 설명을 덧붙여 가는 작업도 필요하다. 시대적 사회적 상황에 따른 외교문서 기록의 한계점에도 주시하여 향후 보다 심도있는 조사 작업에 임하기로 한다.

[참고]

1950~60년대 조선대학교(조선학교)의 설립·인가와 관련되는 전체적인 정황 이해를 돕기 위하여 《조선대학교 설립·인가 과정 관련표》를 붙여둔다.

《조선대학교 설립·인가 과정 관련표》

년 월 일	관련사항	비고
1953.10.	조총련내부에서 제기되었던「조선종합대학」대신「도쿄제 6조선인소학교」에서「중앙조선사범학교」개교	
1953.12.	중앙조선사범학교, 치바켄 후나바시 소재의 폐교된 조련 소학교를 개수하여 이전	
1955.4.	「중앙조선사범학교」를「조선사범전문학교」로 개편	1955.5., 조총련 결성
1955.9.	조총련중앙위원회,「조선대학」설립 결정	
1956.4.10.	도쿄토키타쿠쥬조에 있던 도쿄중·고급학교 가교사를 빌려서「조선사범전문학교」를 모체로 2년제「조선대학교」창립	
1957.4.	북측 정부로부터 1차 교육원조비 및 장학금 전달	
1958.4.	북측 정부로부터 2차 교육원조비 및 장학금 전달, 4년제 대학(2학부 6학과)으로 개편	
1958.4.9	한국 정부, 일본정부에 조선대학교 설립 항의	설립 후 2년 경과
1959.6.13	도쿄토 고다이라시 캠퍼스로 이전 「급비생제도」(수업료 식비 지급) 실시	1959년 12월부터 북송「귀국」사업
1964.4.	학부개편(문학부·역사지리학부·정치경제학부·이학부·사범교육학부)	
1964.5.7.	조총련,「민족교육권리옹호투쟁」대책 발표. 일본인학교 재학 조선인 학생 교양 대책 발표(제7회 전국대회)	
1966.4.8.	학교교육법 개정안(외국인학교제도) 공개 (조선학교·조선대학교규제 목적)	
1966.4.11	사회당 서기장과 당 조선문제 특별위원회 위원장이 관방장관, 자민당 간사장 방문, 법 개정안 국회제출 반대를 표명. 일본노동조합총평의회(소효), 외국인학교제도 법제화 반대 담화. 조총련, 민족교육을 지키는 긴급 중앙 대표자회의	
1966.4.12	닛쿄소, 학교교육법 개정 중지 요구 성명 발표. (사회당, 공산당 등 74단체 92인 참가)	
1966.4.20	도쿄토 지사에게 각종 학교로서 정식 인가를 신청	
1966.11.25.	조선대학교인가촉진운동발기인회 발족(학자·문화인등)	조선대학교인가 촉구
1967.3.3.	조일학술문화교류 간담회(일본의 대학 총학장 등 47인 참가)	1967. 공학부 설치
1967.9.2	도쿄토 사학심의회 인가 자문 요청	「인가 불가」결정
1968.4.17.	각종학교로 인가 취득(도쿄토 미노베 료키치로 지사 결정)	

년 월 일	관련사항	비고
1969.4.9.	한국 정부, 일본정부에 인가취소 요구	인가 후 1년 경과
1970.	조선어연구소 신설	
1974.4.	민족교육연구소 설치, 2년제 연구원(대학원)설치	
1882.4.	경영학부, 사회과학연구소, 조선역사박물관, 조선자연 박물관 신설	
1990.	이공계 제3연구동, 체육관 준공, 자연과학연구소	
1999.4.	체육학부, 법률학과	
2003.4.	단기학부(생활과학과, 정보경리과) 신설	

외교문서로 보는 재일한인의
귀환·송환·봉환

외교문서로 보는 민단

1975년까지의 사료를 중심으로

이재훈

(동의대학교 동아시아연구소 연구교수)

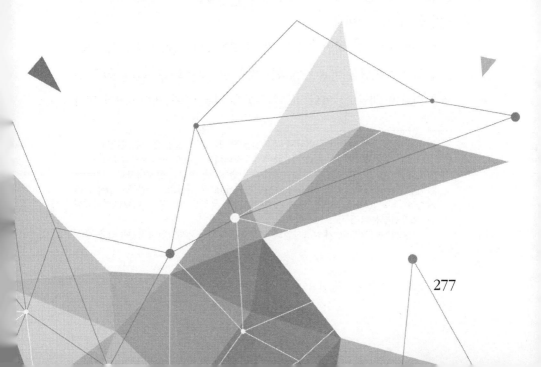

1. 들어가며

대한민국 수립 이후 초기 재일교포에 대한 정부의 정책은 「기민(棄民)」으로 관철된다. 주지하고 있는 바와 같이 이는 해방 이후 대한민국 정부가 재일교포들의 권리를 위해 사실상 아무것도 하지 않은 채 이들을 방치해 왔음을 일컫는 말이다. 그러한 와중에도 재일본대한민국민단(在日本大韓民國民團, 이하 민단)은 민단장(民團長)의 성향에 따라 일부 변동이 있었다곤 하더라고 기본적으로 대한민국 정부를 위해 헌신해 왔다고 해도 과언이 아닐 것이다.

민단에 관한 연구가 오랜 기간에 걸쳐 다양한 방면으로 행해져 왔으나, 민단의 인지도나 교민 사회 속에서 수행하는 역할에 비해 아직 그 연구가 양적으로 충분해 보이지는 않는다. 이는 민단이라는 단체 자체가 교포사회를 대변하여 입장을 내고 큰 역할을 해 왔음은 분명한 사실이나 그것이 재일한국인 전체의 의견이라 볼 수 없는 부분이 있어 재일한국인 전체와는 조금 동떨어진 하나의 독립된 정치단체로 인식되는 경향에 기인할 것이다.

민단에 대한 대표적인 연구를 몇 개 꼽아보면 근래의 재일동포사회를 중심으로 민단을 비교 분석하는 지충남(2008, 2013, 2016 등)의 연구,[1] 민단계 재일조선인의 민주화운동을 다룬 조기은(2020)[2]과 민단

---

[1] 지충남(2008)「재일한인 사회단체 네트워크 연구: 민단, 조총련, 재일한인회를 중심으로」『세계지역연구논총』26-1, 한국세계지역학회, pp.57-93, 지충남(2013)「재일본대한민국민단과 대일본한국인연합회의 단체활동비교」, 전남대학교 세계한상문화연구단 국내학술회의(2013-8), 전남대학교 글로벌 디아스포라연구소, pp.19-48, 지충남 外 2명(2016)「재일민단과 재일한인회의 글로벌 네트워크 비교」『전남대학교 세계한상문화연구단 국제학술회』, pp.130-152.
[2] 조기은(2020)「민단계 재일조선인의 한국민주화운동-재일한국청년동맹을 중심

계 청년 학생 운동을 다룬 이진원(2019)의 연구,[3] 남북 평화의 무드에 발맞추어 민단의 새로운 역할에 주목한 정갑수(2000),[4] 조련과 민단, 총련의 형성과정을 다룬 김인덕(2016)[5] 등의 연구 등을 꼽을 수 있는데, 이중 민단과 대한민국 정부와의 관계성에 주목한 연구로 노기영(2009)과 김태영(2000)을 들 수 있다.

먼저 노기영(2009)[6]은 「민단의 본국지향노선과 한일교섭」에서 1950년대 초부터 1960년대 초까지 민단이 친정부적으로 되어가는 과정을 설명한 바 있는데, 이 안에서 정부의 지령을 받고 행해진 민단의 역할을 「재일공관과 협력한 재외국민사업 업무(주일대표 사무부의 사무를 수탁받은 보조기관)」, 「대한민국 국민 등록을 위한 등록 사무」 등의 행정 사무를 처리하였다고 말하였다. 김태기(2000)[7]는 주일한국대사에 따라 민단과 정부의 관계에 대해 다루며 민단의 협력과 갈등에 대해 자세히 조사한 바 있다. 이중 정부가 민단에 요구한 역할만 살펴보면, 정환범 대사 때에는 재외국민등록을 한국대표부가 민단에 위임하였는데, 이로 인하여 민단은 한국정부의 하부기관과 같은 역할을 시작하게 되었다고

으로,『한국학연구』59, 한국학연구소, pp.485-518, 조기은(2020)「민단계 재일조선인의 한국민주화운동-민단민주화운동세력과 김대중의 '연대'를 중심으로,『한국학연구』75, 고려대학교 한국학연구소, pp.115-151.

3) 이진원(2019)「전후 재일코리안 청년 학생 운동의 성격-민단계 청년 학생 운동을 중심으로-」『일본학』48, 동국대학교 일본학연구소, pp.85-100.

4) 정갑수(2000)「남북정상회담 이후 재외동포의 역할과 이산가족문제-정상회담 이후 재일동포사회의 화해,협력: 민단, 조총련간의 화해와 협력을 중심으로」『통일문제연구』12-1, 평화문제연구소, pp.25-40.

5) 김인덕(2016)「재일조선인 단체의 형성과정」『내일을 여는 역사』63, 내일을 여는 역사재단, pp.163-175.

6) 노기영(2009)「민단의 본국지향노선과 한일교섭」『일본공간』6, 국민대학교 일본학연구소, pp.130-161.

7) 김태기(2000)「한국정부와 민단의 협력과 갈등관계」『아시아태평양지역연구』3-1, 전남대학교 아시아태평양지역연구소, pp.60-97.

하였다. 그리고 박정희 정권에 들어서 도리어 일본 영주를 격려하는 입장을 취하며 구체적인 대책으로 민단강화를 꼽으며, 반공의 지도적 자치기관으로서 본국 및 한일 우호를 증진하는 선봉적 역할을 수행하길 바랐고, 박정희 정권에 들어 민단과 정부의 관계가 원만해졌다고 말했다.

본고는 앞선 연구들을 보충하는 의미로서, 동의대학교 동아시아연구소가 연구과제로 수집한 외무부 공개 자료 가운데, 1975년 이전 민단에 관련된 내용을 골라 분류하고 그 양상을 분석함으로서 구체적으로 당시 민단이 어떤 활동을 했는지 확인하여 민단의 역할을 분명히 하고자 한다. 이 작업은 당시 외교 기록 속에서 특정한 경향성을 찾고 이를 통해 당시 대한민국 정부가 갖고 있던 민단에 대한 인식을 명확히 하는데에 그 목적을 두고 있다.

2. 외교문서 속의 민단의 역할

1969년의 재일본민단강회대책회의 관련 문서철[8] 안에는 「민단의 지향」이라고 표제가 붙어 있는, 민단에서 작성한 것으로 보이는 문서가 들어 있다. 민단의 창단 경위와 족적, 그리고 조직의 현실과 장래에 대한 결의를 담은 이 문서에서, 민단은 자신들의 창단 경위에 대해 「해방을 맞이하여 일본지역의 잔류동포들은 조선인연맹(朝聯)이라는 단일단체로 규합되었으나 이 단체는 과격분자들이 일공(日共)과 제휴하여 재일한국인의 기본방향을 공산 노선에 합치하려고 하여, 이곳에서 나와

---

8) [3358] 재일본민단 강화 대책회의. 서울, 1969.8.6.-9 ([ ] 안의 숫자는 문서철의 청구번호, 동일 사료 반복시에는 청구번호만 기입하였다.

조선건국촉진동맹(建靑)과 신조선건설동맹(建同)을 세웠고, 이 두 단체가 재일조선인거류민단의 모체가 되었다.」고 말하고 있다. 그리고 스스로를 「일본 정부의 차별 속에서도 반공 투쟁을 감행하며 국위를 견지하고 정부 시책에 호응하고 협조한 결과로서, 민족 교육의 바탕을 마련하고 재류동포의 지위향상, 민생해결, 국제친선에 이바지하였다.」고 자평(自評)한다. 거꾸로 말하자면 「반공이념을 기본 정신으로 삼아 재일한국인을 위한 여러 활동」이 곧 민단이 생각하는 자신들의 올바른 역할로 풀이할 수 있을 것이다.

다른 나라의 민단의 경우는 어떠할까? 잠깐 시기를 거슬러 올라가 1959년에 작성된 문서9) 중에는 주미대사를 통해 쿠바를 비롯한 각국의 교민들에게 거류민단을 조직케 할 것을 지시하는 부분을 찾을 수 있는데, 당 문서를 보면 거류민단에 대해 「민단을 통하여 아국 정부와 상호연락, 간행물 등의 송부 및 그들의 실정을 들을 수 있는 길을 열도록 주선」할 것을 요구함을 알 수 있다. 민단을 대한민국 정부와 재외한국인들을 이어주는 연결고리 및 정부시책의 선전책 정도로만 생각하는 이 같은 지시는, 전술한 내용과 같이 재일거류민단이 자칭한 자신의 역할과는 큰 차이가 있어 보인다.

그렇다면 이 무렵 정부는 재일 민단을 어떤 식으로 바라보고 있었을까? 이를 확인하고자 본 장에서는 동의대학교 동아시아연구소 연구과제의 3년차 수집자료로서 재일한국인 관련 대한민국 외무부 공개 문서철 중 DB가 구축이 된 158점을 대상으로 민단이 등장하는 장면을 찾고자 한다.10)

---

9) [448] 재외국민보호
10) 해방이후 재일조선인 관련 외교문서의 수집 해제 및 DB구축(2020S1A5C2A02093140).

먼저 대사관 및 영사관과 민단과의 접촉빈도와 농도를 확인해 보자. 아래 표는 1974년도의 요코하마 총영사관의 활동이 기록된 공관활동보고[11]에서 민단과 연관된 업무를 뽑은 것인데, 재일공관이 민단을 언급한 수는 1년간 약 56회에 달하고 있다. 이를 크게 나눠보면 국경일 및 명절 관련 모임 참석이 10건, 각종 민단 현안 관련 미팅(연석회의, 민단 본부 정황 관련 회의, 교민실태의견 청취, 교육센터 건립, 민단 현안 논의, 8.15행사 논의, 간담회, 의견청취 등)이 19회, 일반행사(환영회, 리셉션, 시국강연회, 육영수여사 추도식 등)가 12회, 민단의 주요행사(정기회의, 정기간담회, 기축연, 재정위원회 등) 참석이 8회, 민단에게 협조를 받거나 협조를 줘서 민단의 업무를 처리한 것이 2회, 그 밖의 경우가 5회 정도에 달함을 알 수가 있다.

〈공관활동보고에 기입된 민단과의 관련 이벤트(공관활동보고－요꼬하마(橫浜, 일본) 총영사관)〉

일시	참석 행사	비고
73.1.6.	민단 쓰루미지부 신년회 참석	
1.7.	민단 외 공동주최 신년회 참석	유신 필요성 설명
1.10.	민단 요코스까지부 신년회 참석	긴급조치 필요성 설명
1.11.	민단 요코하마지부 신년회 참석	긴급조치 선포 경위 및 필요성 설명
1.13.	민단 가나가와현 교좌지부 합동 신년회 참석	긴급조치 선포 경위와 필요성 설명

본 연구과제는 재일조선인 사회와 문화가 다양한 변용 속에서도 꾸준히 유지되어 온 과정을 한국정부가 생산한 재일조선인 외교문서를 통해 통합적으로 분석하고 수집자료의 해제 및 DB를 구축하려고 한 것이다. 1단계 3년간은 해방 이후부터 1975년까지의 조선대학, 오무라 수용소, 북송, 강제퇴거, 유골봉환, 출입국관리법, 민단, 조총련 등이 그 키워드가 된다. 본고에서는 수집자료 중 재일한국인과 큰 연결고리가 없는 문서철은 조사대상에서 제외하였다.

11) [7718] 공관활동보고－요꼬하마(橫浜, 일본) 총영사관

일시	참석 행사	비고
1.15.	민단 시즈오카현 동부지부 신년회 및 성인식 참석	긴급조치 선포 불가피성과 정당성 설명
	민단 사가미하라 지부 신년회 참석	긴급조치 선포와 경위 설명
1.19.	민단 시즈오까현 민단 본부 주최 신년회 참석	긴급조치 필요성과 타당성 설명
1.20.	가나가와현 민단 상중지부 신년회 참석	긴급조치 내용과 필요성 설명
1.30.	-	민단 각지부 단장 본국 연수회에 적극 참석할 것을 권장
2.4.	민단 가나가와현 본부 단장의 영사관 방문	민단의 동향과 정기대회 개최에 대해 협의
2.23.	민단 가와자끼 지부 단장의 영사관 방문	연수회 결과 및 민단 역원 개선을 위한 정기대회 개최에 대해 협의
2.26.	민단 중앙본부 리셉숀 참석	주브라질 대사 송별 리셉숀
3.6.	민단 현본부 방문	서울사법사서회 호적 정리
3.20.	민단 본부단장 초치	민단 중앙본부 정기 대회 개최에 대한 전망
3.21.	민단 본부 단장 초치	민단 중앙본부 정기 대회 개최에 대한 의견 교환 및 대의원 동태 청취
4.5.	민단 지방본무 외 소집	조총련 활동에 대한 대책 협의
4.10.	민단 산하기관장 소집	민단 행사 대책 및 당해 사업 활동 계획 협의
4.26.	민단 지방 정기 대회 참석	민단 지도층 책임 강조
	구라이시 농림대신 리셉숀 참가	민단 중앙총본부 단장 당선 축하
4.27.	시즈오카 지방본부 정기 지방위원회참석	국내 정세 설명
5.1.	거류민단 3기관장 대동하여 검찰청 방문	상은에 대한 고발 사건 및 조총련 불순 의도 설명
5.9.	민단지방본부 등 방문	주일대사 초도순시 방문 기념
5.13.	민단 기관장 등과 협의	민단 지방본부 옥사 복원을 위한 소송 제기 문제
5.30.	민단 가나가와현 지방본부 산하 단장 및 사무부장 연석회의 참가	영사업무 개선을 위한 제반 사항 설명
6.27.	민단 가나가와현 지방본부 주최 환영회 참석	이총영사 부임
7.2.	민단 가나가와현 지방본부 부단장 영사관 방문	정기총회 이후 민단본부의 혼란수습대책 청취
7.10.	민단 가와사키 지부 단장 내방	인사

일시	참석 행사	비고
7.11.	민단 가나가와현 지방본부 방문	민단의 현황 및 교민 실태 의견 청취
7.16.	민단 가나가와현 지방본부 단장 등과 협의	종합교육센타 건립 및 조총련 동향
7.25.	시즈오카현 민단 본부 방문	순시 및 재정위원회 참석
7.26.	민단 시즈오까현 유지 간담회 참석	최근 국내 정세 및 민단 동향에 대한 의견 교환
7.29.	민단 교민 유지 간담회 참석	민단 현안에 대한 의견 교환
7.30.	이도선 국회의원 주최 시국강연회 참석	민단 간부 참석
8.2.	민단 가나가와현 지방본부단장 등 초대	민단 현안 및 8.15행사 관련 의견 청취
8.3.	민단 가나가와현 상남서부지부 유지 간담회 참석	민단 현안 및 국내외 정세에 대한 의견 교환
8.10.	민단 시즈오까현 하마쓰 지부 주최 8.15 기축연 참석	
8.14.	민단 가나가와현 지방본부 상임 고문, 부단장에게 의견 청취	민단 동향
8.15.	민단 가가나와현 지방본부 단장에게 의견 청취	광복절 행사 진행 상황 및 민단 지도 대책 관련 협의
8.19.	민단 주최 육영수 여사 추도식 참석	
8.23.	민단 가나가와현 본부 주최 각지부 사무부장 연수회 참석	국내외 정세 및 민단원 자세 및 영사사무 관련 강의
	민단 시즈오까현 본부의장 장례식 참석	
8.30.	민단 유지들과 만찬	현내 교민 육성 방안과 조직강화 관련 의견 교환
9.6.	가와사키시 천변수해 교민 세대 방문 및 민단에 금일봉 하사	
9.14.	민단 사가미하라 지부 역원 연수회 참석	국내외 정세 및 교포의 자세에 대한 지도 강연
9.24.	민단 가나가와현 국군의 날 행사 참관자에 대한 개발심사	지방본부 역원 동석
9.25.	민단 시즈오현 국군의 날 행사 참관자에 대한 개발심사	지방본부 역원 동석
10.1.	민단 본부 등에게 본부 지시 전달	적군파 움직임 설명 및 경비태세 지시
10.8.	민단 가나가와현 지방본부단장 초치	민단 현안에 관한 협의
10.16.	요꼬하마 민단 지부와 의견 교환	민단 현안에 관한 협의

일시	참석 행사	비고
10.17.	민단 요꼬하마 지부 가나가와 분단장 장녀 결혼식 참석	
10.23.	민단 가나가와현 본부 주최 한국인 무연고자 법요제 참석	
10.31.	(前) 민단 가와사끼 지부단장 장례식 참석	
11.5.	민단 가와사끼 지부단장 등 초치	수해 복구상황에 관한 의견 청취
11.11.	쓰루미 한국인 경로회 주최 간담회 참석	국내외 정세 및 민단원의 자세에 대한 의견 교환
12.8.	민단 3기관장 등의 주일대사 환영회에 참석	민단 현황 보고 및 현안 관련 간담
12.13.	가와사끼 지부 망년회 참석	감사장 수여 및 홍보활동 강화를 위한 영사기 증정

물론 지역에 따라, 혹은 시기적인 특징에 따라 그 접촉 횟수는 현저히 달라지겠지만, 이 해의 요코하마 영사관은 거의 매주에 걸쳐 민단에 대해 지도자적인 입장 혹은 지원자적인 입장에 서서, 그 현안을 나누고 동향을 살피며 민단의 내일에 대해 협의하는 등 깊숙한 관계를 맺고 있었다. 민단의 공식 업무에 대한 지도뿐만 아니라 중요 인물에 대한 조사나 경사와 같은 참석도 하나의 업무로 분류되는 모양새이다. 때문에 이처럼 잦은 접촉 속에서 본국으로 별도의 문서로 작성되어 전문보고된 사항은 불필요한 것들은 삭제한 그야말로 그 의미가 특별한 것들로 한정된다고 볼 수 있을 것이다.

(1) 행정의 대행 및 지원

한국과 일본이 국교를 회복하지 않은 초기 외교문서에서는 민단이 주일대표부의 행정업무를 대행하는 사례를 찾을 수 있다. 가장 대표적인 것으로는 「재외동포일제등록」을 한 것을 꼽을 수 있다.[12] 해방이

되고 얼마 지나지 않은 1953년 주일공사가 외무부장관 앞으로 보낸 문서(한일대 제5477호, 53.9.24.)에는 재외국민등록법과 재외국민등록시행령에 준거하여 국민등록실시에 대한 대책을 세워 보고하는데, 여기에서 등록 사무를 효과적으로 진행하는 구체적인 방법으로서 민단의 활용을 예정하는 장면이 등장한다. 최초 외무부는 민단이 아닌 촉탁채용을 통한 수속 절차를 진행시킬 것을 제안했는데, 주일대표부가 번잡함과 전국적으로 광범위하게 이루어지는 것을 이유로 민단을 통한 진행을 주장한 것이었다.

그 구체적인 방안으로서 재일거류민단 중앙 총본부를 통해 등록 수속에 필요한 신청 용지 및 선전 취지문 등을 각 지부로 보내면, 거류민단 각지부에서 현장을 맡아 등록신청서를 접수하고 검토하여, 국민등록신청자명부와 통계표를 작성한다. 그리고 이를 중앙 총본부에 돌려주면 중앙이 이를 받아 전국적인 통계표를 작성한다. 최종적으로 이를 바탕으로 주일대표부가 국민등록증을 발행하는 것으로 절차가 마무리된다.13) 실질적으로 주일대표부의 역할은 국민등록증의 발급 하나에 그치고, 나머지 행정적인 부분은 모두 민단이 일임하였음을 알 수 있다.

시기가 한참 지나 한국과 일본이 수교를 맺어 주일본대표부가 대사관으로 승격된 이후인 1966년도에도 협정영주권 신청을 촉진할 때에 재일거류민단 민단의 중견 간부 1명씩을 본국에 초치하여 약 2주에 달하는 교육을 실시하고, 이들을 다시 일본에 돌려보낸 후에 영주권 신청에

---

12) [450] 조총련 반한활동 동향
13) 일제등록에 이어 1967년의 협정영주권 허가신청에 있어서도 본래 민단이 촉진운동을 주도하였다가 각 공관이 주도적으로 촉진운동을 지휘하도록 바뀐다(2441, JAW-01415). 이는 민단 조직을 통한 국적조회가 쉽지 않았기 때문이었다(주일영 (1)725-1789). 그렇지만 국민등록 및 영주허가 신청 촉진을 위한 종합안내서는 민단을 통해 적극 활용케 할 계획을 밝힌다(주일영1-725-359).

있어 지도원적인 역할을 할 수 있도록 교육할 것을 계획한 적도 있다.[14]

이런 수동적인 업무 대행과 더불어 민단이 재일한국인의 넓은 정보 망을 이용한 케이스도 찾을 수 있다(주일정722-461).[15] 63년 7월 11일 에는 주일대표부가 북송선 탑승 인원을 조사하려 하자 신문지상에 보도되지 않은 예가 많아 집계가 곤란하다며, 니가타(新潟) 민단 본부에 서 정보를 제공 받는 케이스[16]가 이와 같은 예에 해당한다. 또 하나의 예로서 66년 8월 4일자 센다이 영사관의 공문(주센영75)을 보면, 이와 테현 민단 본부가 「이와테현에 거주하는 김제년(金祭年)의 장남 김순태 (金順泰)가 북송선을 타고 북한행을 희망한다.」고 연락을 해 온다. 이에 따라 센다이 영사관은 신속하게 동경대사관에 연락하고 법무성에도 연 락을 취해 대책을 세우도록 주문한다. 이 밖에도 미디어로는 좀처럼 찾 기 힘든 북송선을 환송한 인원들의 명단까지 찾아 보고한 일(주코영 720-872) 등도 찾을 수 있다.[17] 실상 영사관이나 대사관 입장에서는, 외 무성이나 법무성을 통해 문의를 하면 행정당국이 이에 대한 답신을 하 고 다시 외무성이나 법무성을 통해 이를 확인받는 과정을 거쳤을 테니, 북송선에 오르는 인원들의 조사와 같은 작업은 민단이 주변인들을 통 해 직접 수소문하는 게 빠를 수밖에 없었을 것이다. 덧붙여 북송을 희망 하였다가 저지당한 가족에 대해서는 계속하여 동향을 감사하도록 지시 를 내리기도 한다. 이 또한 민단의 정보력이 없다면 불가능한 일이었을 것이다(주나영 720-695).[18]

---

14) [2871] 재일한인의 법적지위협정 시행에 관한 양해사항 확인, 영주권 신청절차의 간소화 등, 1968
15) [1373] 일본·북한 간의 재일한인북한송환협정 연장
16) [2443] JAW-56362에 외무성 북동아 과장과의 면담을 보고하는데, 외무성 북동아 과장 역시 「민단측에서 북송에 관하여 파악해 줄 것」을 바라고 있다.
17) [2178] 일본·조 우호국민사절단 북한 방문, 1967.9.1-25

그러나 그렇다고 해서 민단이 단순하게 정보를 제공하는 선에서만 그치는 것은 아니었다. 조금 더 적극적으로 대사관을 지원하는 장면을 찾아볼 수 있는데, 이는 민단이 일반인을 연결해주는 다리 역할을 할 때를 그 예로 들 수 있다. 일례로 쓰시마에서 밀항자가 체포된 사건이 발생했는데, 쓰시마는 인근의 영사관이라고 하더라도 선박의 문제도 있고 거리가 너무 멀어, 바로 직원을 파견하기 쉽지 않았다. 그러자 쓰시마의 민단에서 먼저 밀항자와 면회를 신청하고 정보를 취합하며 밀항자를 설득한 일이 있었다(FUW-0301).[19] 다른 예로 복싱선수인 김귀하 선수가 억류되었을 때[20]에도 김선수의 부인이 일본 적십자사를 방문할 수 있도록 안내해 준 것도 민단이었다(JAW-12264). 그리고 부인이 신문기자들을 불러 기자회견을 여는데, 이 또한 민단중앙본부 선전국 차장의 주선에 의한 것이었다(JAW-12266).

68년도에 원폭피해자 손귀달이 밀항했을 때에도 오사카에 거주하던 손진춘에게 손귀달의 신병인수인이 되도록 설득을 하던 자리에도 오시카 민단장이 함께하였고(SIW-1008), 손귀달의 가방면에 대한 보증금 및 변호사 비용, 히로시마 원폭병원의 입원 비용 또한 민단본부에서 지불하였다(SIW-1012, 원폭피해자 손귀달 밀항건, 시영902). 또한 거처가 정해지지 않았던 손귀달을 위해 자신의 집을 내어준 것은 민단 산하 부인회의 회장이었다.[21]

---

18) [2443] 재일교민 북한송환, 1967
19) [2447] 재일한인 강제퇴거, 이 사건은 쓰시마에서 밀입국이 발각된 경우인데 대사관에서는 아예 관원을 보내지 않고 민단단장을 통해서만 정보를 수집했다.
20) [1996] 북송교포 김귀하 망명기도사건, 1966-67
21) [4104] 한국인원폭 피해자 구호

(2) 조총련의 대극(對極)으로서의 민단

그런데 위의 예들을 보아도 알 수 있듯이 민단 활동의 많은 부분이 순수하게 대민 지원의 단계를 넘어서 총련의 대극점으로서의 입장에 놓여진 것들이었다. 전술한 바와 같이 민단은 태생적으로 총련과는 대극적인 위치에 설 수밖에 없던 데에다가 나라가 반으로 갈라지고 동란 (動亂)이 터지는 와중에 평범한 일상에서조차 조총련과 얼굴을 맞대고 있는 민단이 조총련의 활동을 그냥 지켜볼 수만은 없었다. 휴전선에 가로막혀 실제로 북한 사람을 볼 기회가 전무하다시피 한 한국의 국내사정과는 달리, 재일한국인들은 누구보다도 총련의 세력에 민감할 수밖에 없었다.

반대로 총련 역시 민단을 경계하였다. 총련 후쿠오카 본부 제10기 18차 상임위원회(75.3.15. 조선회관)에서 조총련이 채택한 「충성의 혁신운동」 제2단계 추진계획 사달문의 2단계 기간에 수행해야 할 당면사업계획 중 민족 단합사업의 일환으로서 「동포 10만 호 방문 운동」이라는 것이 계획되어 있었다.[22] 이는 민단에 속한 세대를 방문하고 두세 명이 한 조가 되어 조총련에서 간행하는 잡지의 고정독자로 만들며 박정희 정권의 부조리를 폭로하는 것을 그 주된 방법으로 삼고 있었는데, 민단에 대한 경계책은 이미 하나의 정책적 지령으로 내려와 있었음을 보여준다. 이에 양측의 갈등은 실제로 물리적인 충돌로까지 이어졌는데, 아래 인용문과 같이 1975년에 작성된 조총련동향을 적은 문서에서 정부가 불법행위로 규정지은 사건은 15건에 달하고, 49년과 51, 51년에 총 4차례 민단과 총련이 물리적으로 부딪힌 바가 있었다.

---

22) [9005] 조총련 동향 1975

朝總聯(朝連包含)의 集團不法行爲事件[23]

1) 首相 官邸 데모 事件(生活權擁護人民大會)

   1946年 12月 20日 宮城前廣場에서 朝連系 約2,000名이 生活權 擁護人民大會를 開催 后 首相 官邸에 데모 進行, 警備警察隊와 衝突 大亂斗, 首謀者 15名 檢擧 當함

2) 4.24 阪神 教育事件 (朝鮮人學校問題)

   1948年 4月 23日~25日 사이에 大阪市 및 神戶市에서 朝鮮人學校 問題로서 朝連系 約 2,500名이 府縣廳 包圍 知事 以下 上級官吏 軟禁, 暴行脅迫과 器物毁棄行爲 檢擧者 1,800名

3) 宇部事件(犯人逮捕)

   1948年 12月 9日 小口縣宇部市民會館에서 朝連系 200名 參集, 生活圈擁護人民大會 開催中 受配中의 朝連縣本部 委員長을 警察隊가 逮捕하였는데, 大會參加者가 集團的으로 同被疑者를 奪還하려고 衝突

4) 國電 "스트라이크" 事件(業務妨害)

   1949年 6月 10日 千葉縣 國鐵千葉驛에서 乘務員의 交代制命令에 勞組側이 反對, 이에 朝連 및 其他 外部團員 約60名 應援, 朝連系 20名 檢擧

5) 平事件(警察署占據事件)

   1949年 6月 30日 福島縣 平市 警察署에서 日共地區委員會의 揭示板設置許可問題로서의 亂入, 署長以下軟禁 100餘名 檢擧

6) 鹽釜事件(民團 對 朝連의 分爭)

   1949年 7月 14日~30日 사이에 宮城縣 鹽釜市에서 民團縣本部 團長이 朝連員 刺殺에 따라 兩團系의 對立感情激化, 不穩對立

7) 下關事件(民團對朝連의 分爭)

   1949年 8月 18日 20日 사이에 山口縣 下關市에서 民團支部 事務所 및 團員私宅 19戶를 朝連系 約200名이 竹槍, 棍棒, 鎌 等으로 破壞

---

23) [9005] 조총련 동향 1975 중 연구논문: 「일본에 있어서의 '조총련' 및 북한의 '대남간접침략'의 양상과 이에 대한 규제 강화 문제」의 별첨 자료

8) 臺東會館事件(朝連財産接收)

1950年 3月 20日 東京都 臺東區에서 朝連財産으로서 臺東會館을 接收한 것을 舊朝連系 約400名이 이를 奪還實力抗爭, 警察隊와 亂斗, 舊朝連員 120名 檢擧

9) 王子事件(無屆集會)

1951年 3月 7日 東京都 北區에서 政令325號 違反容疑로서 朝鮮人學校를 搜索하였을 때 이에 反對하는 約1,700名이 無屆集會 投石戰 8名 檢擧

10) 大和事件(民團對朝連系粉爭)

1951年 神奈川縣 高座郡 大和町에서 民團 大和支部 結成 大會의 비라 貼付中 民團員을 毆打한데서 相互衝突, 30명 檢擧

11) 高砂事件(民團對朝連의 紛爭)

1952年 1月 3日~4日 兵庫縣 加古郡에 舊朝連系가 挑發, 民團員 70名, 舊朝連系 約200名이 衝突 30名 檢擧

12) 宮城前 騷擾事件(民메-데 데모隊의 公務執行妨害)

1952年 5月 1日 메데 大會에 參加한 데모대 一部가 宮城 앞으로 殺到, 警備隊와 亂斗中 約34~5十名의 舊朝連系(民戰, 祖方隊)를 先頭로 數萬의 데모隊가 合流, 雙方亂斗 激化

13) 吹田事件(六二五民記念斗爭)

1952年 6月 24~25日 大阪府 池田市, 吹田市, 豊中市에서 6.25 韓國動亂 前夜祭에 參集한 民戰, 祖防隊 等 約1,100名이 伊丹駐留軍宿舍를 襲擊하려다 警察側과 衝突, 113名 檢擧

14) 大須事件(無屆出集會)

1952年 7月 7日 愛知縣 名古屋市 大須球場에서 朝連, 中共을 訪問, 歸國한 帆足計, 宮腰喜助의 歡迎報告會終了后 日共煽動으로 舊朝連系를 包含한 約 1,000名의 左翼系가 無屆出 데모를 하여 警察隊와 衝突, 檢擧人員 261名(朝連系145名)

15) 第二神戶事件(生活權擁護斗爭)

1954年 11月 27日 神戶市 長田區에서 舊朝連系 約900名이 生活權 擁護 陳情次 參集, 棍棒을 所持, 데모 行進을 하려다 警察隊와 衝突 데모隊

一部가 長田區役所 長田稅務所에 殺到, 窓門破壞, 檢擧188名

16) 以上 朝連(民戰, 祖方委)의 運動方針에 對하여 組織內部에 批判勢力이 擡頭, 韓德銖가 主導權을 爭取하여 1955年 5月 26日 朝總聯으로 發足하자 上記와 같은 斗爭方法을 止揚하고 日本共産黨, 社會黨 및 其他 革新系 諸團體人士로서 "日朝協會"를 組織하여 裏面에서 宣傳 等을 通한 合法的 活動을 展開함. 基 主된 活動은 아래와 같음.

　가. 1958年 11月 第四回 全國大會에서 "韓日會談" 反對 方針 決定

　나. 1965年 6月 第10回 全國大會에서 "韓日會談" 分碎 決定, 宣傳活動 展開

　다. 1965年 12月 "韓日條約" 批准沮止 運動展開

　라. 1966年 2月 在日朝鮮人權利擁護斗爭 運動展開

　마. 1966年 5月 學校敎育法 改惡反對 活動展開

　바. 1967年 2月 民族敎育擁護斗爭活動展開

　사. 1969年~1971年度 出入國管理法案 反對運動展開

　아. 1970年~1971年度 永住權 申請妨害 運動을 積極的으로 展開. 이와 並行하여 國籍變更과 永住權 申請取消運動展開

　자. 1972年 9月 朝連系 內紛表面化

　배경이 이러하다 보니 민단은 자발적, 혹은 정부의 지시에 따라 수동적으로 총련의 움직임에 대응하게끔 되었다. 이 과정에서 일본 국회나 관료, 자치단체장, 신문사를 방문하여 민원을 넣거나, 항의문을 전달하거나 대규모로 가두시위를 진행하는 등 여러 가지 방법이 사용되었다.

　민단과 조총련의 대립의 큰 축을 이루어 온 것 중의 하나는 북한 송환 문제였다. 1958년 10월 조총련은 귀국신청서 접수를 마감하고 중앙상임위원 전원, 도내 지부장, 관동지방 각 현에서 임명된 인원으로 3일에 걸쳐 15차 중앙위원회(10.30.)를 개최하려 계획한다.24) 이곳에서 조

---

24) [450] 조총련 반한활동 동향

총련은 「귀국요청의 날 행사」로서 일본 국회와 정부 요로에 대해 「무조건 귀국, 귀국선 입항 허용, 승선 편의 보증」라는 내용으로 진정을 하기로 결정한다. 그러자 민단은 이에 맞서 10월 27일 중앙이사회의 결의를 얻어 조총련보다 하루 앞선 29일에 일본 국회에 조총련이 주장하는 귀국에 대한 부당성을 폭로하고자 결의하고(외정 제3938), 이듬해인 1959년 3월 1일에는 국제적십자사 총재에게 대표단을 파견하여 북송을 규탄케 한다.25) 1962년 7월 7일(내치안-80036)에는 북송 신청자가 점차 줄어들어 총련 측에서 궁여지책으로 전국 고아원에 산재되어 있는 고아를 북송할 계획을 꾸미고 있다는 이야기가 들리자, 민단 중 일부 인원이 이에 대한 대비책으로 이들 고아를 사전에 한국에서 받아줄 것을 요구하겠다는 계획마저 세운다.

송환문제와 더불어 또 하나 크게 문제가 되었던 것은 북한왕래촉진운동이었다. 북한왕래촉진운동이란 1962년부터 일어난 운동인데26) 이 운동은 1963년 1월초에 몇몇 지방 민중대회에서 제기되어, 같은 해 3월에 개최된 30차 조총련 중앙위원회에서 정책화된 것으로서 5월 중순부터 선전 삐라를 산포하다가 6월 중순에는 서명 날인에 들어갔고, 결국 각 도시를 중심으로 본격적으로 민중대회가 열리기 시작했다. 동경지구에는 조련계 학생들이 동원되었고 가나가와현과 요코하마시는 일본 공산당, 사회당 노조 등이 협력하여 삐라 살포와 서명 운동을 시작하였다. 오시카에서는 벽보와 포스터를 통해 이를 선전하며 6월 12일에는 시텐노 음악당에서 민중대회를 열었고, 미야기현 센다이시에서도 센다이시 공화당이 민중대회를 열고 가두 활동을 벌였다. 일본 공산당과 사

---

25) [1373] 일본 · 북한 간의 재일한인북한송환협정 연장
26) [1690] 조총련활동

회당 노조 등은 이에 적극 호응하였고 일본 사회당은 그 해 6월 15~16
일에 열린 38회 중앙위원회에서 「한일 회담 분쇄에 관한 결의안, 일본
과 북한과의 왕래에 대한 부당 □한 재거에 관한 결의」를 승인하여.
북한왕래촉진운동을 지원할 것이라 예상되었다. 당시 주일대표부는 이
들 움직임을 한일회담에 대한 조총련의 적극적인 저지책으로 간주하고,
민단 중총 간부들에게 제 4차 집행기관회의를 개최케 하여 이에 관해
논의하게끔 하였다. 이 자리에서 대책위원회를 구성하기로 합의를 보
고 활동 계획과 선전책을 수립하게 하는데,(JW－06189) 이 배후에 실
은 「민단 조직을 최대한 이용하여 조총련의 흉계를 저지하는 대항 운동
을 전개하라.」는 외무부 장관 명의의 문서가 있었다(협조전 p.6). 그리
하여 주일대표는 이 운동을 저지하는 선전운동을 전개할 계획을 신속
히 세우는데, 그 계획 가운데 민단에게는 십만 매의 삐라를 살포하는
일을 배정한다(JW-06247).[27]

간접적으로 조총련의 대극에 선 케이스를 하나 더 들어보고자 한다.
민단과 조총련의 대립 속에서 더 강한 힘을 얻기 위해서는 하나라도
더 아군을 만들어 놓는 것이 유리했다. 즉 그것은 현지 세력, 그중에서
도 일본 인사의 강력한 지원을 만들어 놓을 필요가 있음을 의미한다.
더군다나 혁신계 인사나, 사회당 인물 중에서 조총련 및 북한 측에 호의
적인 인사가 여럿 있었기에 그 반대 세력의 확보는 상당히 중요한 일이
라고 할 수 있었다.

삿포로 총영사관의 공관활동보고(1975)에는 이러한 사정이 자세히

---

27) 주일대사 앞으로 발송된 공문(725-저-071□6)를 보면 이는 예산상의 문제로 시행되
지 않으나, 공문의 말미에는 주일공보관이 대표부 및 민단 등과 협조하여 실시하도
록 지시하였다고 되어 있다. (□은 식별불가)

기록되어 있다. 1975년 4월13일과 4월 27일에 일본에서는 통일지방선거가 있었다. 삿포로 총영사관은 홋카이도 내 선거에서 보수계 후보들에 대한 민단 및 여러 루트를 통한 후원을 적극 추진할 계획을 세우는데 (삿총725, 75.4.1.), 그 구체적인 모습은 아래와 같다.28)

> 4.7. (월) 문 총영사는 관내 민단 도 본부에서 주관되어 북해도내 지사, 삿포로 시장 및 도의원 선거(4.13. 일)에 있어 한국을 지지하여 줄 수 있는 자민당계 의원, 시장 후보들을 후원하기 위해 4개 반으로 구분하여 민단 대표, 한국 유력 경제인, 북해도 일·한 친선협회 간부들로 구성된 후원단의 출발에 앞서 활동에 대해서 내용을 청취하고 이들을 격려함. (삿총725-16□, 75.4.11.)
> 4.17 (금) 문 총영사는 김영사, 북해도 거류민단 단장과 함께 재선된 "삿포로"시장을 방문하고 축하를 하는 한편 당관과의 긴밀한 관계 발전을 요청하여 확인받음. (삿총725-180, 75.4.18.)
> 5.2 (금) 문 총영사는 북해도 지사로부터 전번 선거시에서의 관내 한국인들이 적극 지지를 지시하여 줌으로서 압도적 승리를 거둔데 대해 감사의 말과 한·일 양국간의 친선을 위해 더욱 노력할 것이라는 서한을 보내왔음. (삿총725-, 1975.5.8.)

선거가 있기 전부터 삿포로 총영사는 한국에 우호적인 보수계 인사들의 당선을 위해 나선 민단을 위시한 후원단의 활동 계획에 대해 청취하고 이를 격려하였는데, 당선 이후 인사를 보면 흔히 삼반(三盤)이 필요하다고 일컬어지는 일본 선거에 있어 이 같은 후원들이 선거에 있어 그 나름의 유의미한 성과를 거뒀으리라 예상할 수 있다.

덧붙여 또 한 가지 주목할 점은 이 같은 조총련의 대극으로서의 민단

---

28) [8765] 공관활동보고-삿포로(札幌, 일본) 총영사관(1975)

의 역할은 실은 한국 측만 바라던 것은 아니었다는 것이다. 방희 공사가 일본 법무성 입국관리국을 방문하고 면담했을 때에 오가와 입국관리국 장은「북괴는 연 3억원 가량을 일본에 송금하여 조총련으로 하여금 강력한 조직 운동으로써 지방회의에서 동 문제를 통과시키는데 전력을 다하고 있는 것 같은데 이에 비하여 한국의 거류민단 운동은 약한 것 같으므로 더욱 적극적인 대항 운동이 전개되었으면 좋겠다.」고 말하며 민단이 세력을 좀더 키워 조총련을 저지할 수 있는 대항 운동을 전개해 줄 것을 원하는 모습이 등장하기 때문이다(JW-08309).29) 일본 측도 여러모로 문제를 일으킬 수 있는 조총련에 대해 힘 하나 들이지 않고 경계할 수 있으니 굳이 마다할 이유가 없었을 것이다.30)

(3) 민단의 활동에 대한 정부의 보상

이러한 민단의 활동에 대해서는 물론 그 나름의 당근이 주어졌다. 민단의 활동은 민단 속에서 적극적으로 활동을 한 자들이 특별한 상훈을 받을 수 있도록 주선하는 보상으로 연결이 된다.

1975년에 주일대사관이 외무부에 보낸 유공교포 정부 초청에 관련된 문서(일본(영)725-6150, 9.18.)31)에는 해외유공동포 6명을 초청하여 4박 5일간(9.30.-10.4.) 울산공업단지 등의 산업시찰을 시키는 프로그램이 기획되어 있는데, 이 계획에는 일본 3명 및 기타국 3명을 선발하는 것으로 되어 있었다. 기타국 3명의 후보는 각각 ① 미국의 소리 한국과 프로듀

---

29) [878] 북한의 일본 침투
30) 북송에 있어서도 외무성 노다 북동아과장은 조총련을 약하게 만들려면 민단이 강화해야 한다고 말한다. (2443, JAW-12123)
31) [8981] 해외유공동포 모국 방문, 1975.9.30-10.5

서, ② 가정주부, ③ 미국 담보보험 회사 부회장으로 언뜻 공통점을 찾기 어려운데, 일본에서 추천한 인사들은 그 경우가 조금 다르다. 첨부된 인원들의 공적조서(功績調書)를 보면 첫 번째 후보인 이천성은 「① 민단 창단 이래 민단의 제일선에서 맹활약한 자로 ② 25년간 분단장으로 솔선수범하여 ③ 관내 제1위적 분단의 성과를 거두고 있으며 육영수 여사 추도대회를 비롯한 각종 행사에 최고의 활동력을 보여 민단의 심볼이 되고 있다.」고 적혀 있고, 또 다른 후보인 윤치하에 대해서는 「① 1947년에 민단중앙본부의 초대 내무부장을 맡아 조총련과 투쟁하며 ② 민단에 조직이라는 개념을 도입하여 조직을 궤도에 올리고 ③ 도치기(栃木)현 단장에 취임한 후 중앙본부 부단장으로 지방중앙과 지방의 조직적 질서 성립에 공헌한 바가 큰 이론가로 민단의 산 표본」으로 적혀 있다. 마지막 후보인 이수성은 「6.25때에 비상대책위원회를 만들고 민족금융기관 창립에 앞장선 민단의 역사이자 모범」으로 적혀 있다. 일본에서 추천된 이들 세 명은 모두 민단의 핵심적 인물로서, 외무부는 여기에서 한 발 더 나아가 이들에게 대통령 표창장이나 국무총리 표창장을 수여할 수 있도록 추천하는 공문을 총무처 장관에게 보낸다(교일 725, 70-2345). 공관의 업무보고 때에 국군의 날과 같은 국가 경축일에 참가할 인원을 민단 지방본부의 역원들과 함께 결정하는 사실이 있었는데, 이 또한 크게 다를 바 없이 민단의 입김이 작용했을 가능성이 있다. 굳이 그렇지 않다고 하더라도 재일한국인 사회에서 민단이 끼치는 영향력을 고려한다면 충분한 당근이 필요했을 것이다.

민단원 본인뿐만 아니라 민단에 대해 우호적인 활동을 한 자들에 대해서도 특별한 배려가 주어졌다. 같은 해에 재일교포 지위 향상에 관련하여 총 2회의 유력 일본인 방한 초청계획이 세워졌다.[32]

첫 번째 계획(교일275-1)에서는 효고현 내 거주교포의 권익증진에 도움이 될 것이라 판단하여 효고현 지사인 사카이 도키타다가 대상자로 선정되었다(JAW-05681). 그는 「자민당의 거물급 친한파로서 선거시에도 민단교포들이 열렬한 지원을 한 바가 있었음」이 그 이유로 거론되고 있다.33) 삿포로 총영사관의 경우를 보면 민단에 대한 지원 및 호의, 혹은 반 조총련에 대한 태도가 선거에서의 지원으로 이어져, 결국 이것이 한국 초청으로 이어지는 루트에 있음을 알 수 있다.

두 번째 계획에는 다케무라 테루오, 쓰게모토 세이토쿠, 사와다 잇세이, 오오하시 마사오, 총 4명의 인사가 물망에 올랐다. 이중 다케무라 테루오는 법무성 입관국 차장으로서 직책상 재일교포 법적지위 문제에 중요한 권한을 행사할 수 있는 인물이었고, 쓰게모토 세이토쿠 역시 요꼬하마 입국관리 사무소장으로 다케무라와 마찬가지로 그 직책상 재일교포의 출입국 관리 및 재류자격 심사에 큰 영향력을 가진 인물이었다. 관료는 아니지만 오호하시 마사오는 와카야마 현지사로서 재일국민 법적 지위 향상에 기여하였으며 제주도와 자매결연을 추진중인 인물이었고, 사와다 잇세이는 참의원에서 재선을 한 구마모토현 지사로서, 「일한친선협회 고문으로서 한국 농업기술자의 방일 초청을 알선하고 민단활동에 적극적으로 협조」한 인물이었다.34) 이 네 명의 후보군 가운데 결국 와카야마현지사인 오오하시 마사오를 75.9.10.-9.12.까지 초청하기로 결정하게 된다. 이는 와카야마현이 제주도와 기후 풍토가 비슷하고 산업형태도 비슷하여 학술과 기술교류를 위한 협의차 초청하

---

32) [8166] 일본 주요인사 방한
33) 그러나 사카이 지사는 방한 초청에 대해 업무량이 늘어난 것을 이유로 삼아 거절하였다(KOW-0606).
34) 75년도 재일교포 지위 향상에 관련된 유력 일본인 방한 초청계획.

고자 결정한 것이있는데, 그 동기는 재일 제주도 친목회 이사이자 거류민단 감찰위원인 김서봉이 제주도를 방문하여 도로포장 공사비를 기탁하는 현장에서 오오하시 지사를 방한 초청할 것을 건의하였기 때문이었다(행전130-9088, 70-2502).

(4) 재일본민단 강화 대책회의

그러나 이 같은 보상만을 바라고 민단이 정부의 지시에 따른 것은 아니었다. 민단에 대한 평가는 시대와 평가자에 의해 각기 다르겠지만 최소한 외교문서 내에서 민단은 충실히 정부의 시책을 따르며 총련과 맞서 싸우고 재일한국인의 권익을 위한 주장을 해왔다고 생각한다. 그렇지만 외교문서에서는 조총련의 대항마로의 민단의 역할만이 강조되어 있고, 한국 정부와 일본 정부 사이에서 하나의 교섭의 과제로서 테이블에 올라갈 때를 제외한다면 민단이 주장했던 각종 요구들은 평소에 그렇게 크게 다루어지지 않는 느낌이 든다. 이는 지금까지 봐 온 바와 같이 민단이 지향하는 바와 정부가 민단에게 바라는 것에 대한 큰 어긋남이 있었기 때문이 아닐까?

양 측의 인식의 차이는 1974년에 있었던 「재일본민단확대간부회의 개최계획」에서 잘 드러난다.[35] 이 회의는 개최시기가 육영수 여사의 피살 사건에 맞물려서 결국 취소되긴 했지만, 1969년에 1차로 치뤄진 재일본민단강화대책회의에서 정기적으로 모임을 개최할 것을 약속한 바에 따라 계획된 것으로서 기본적으로 거류민단의 조직 강화를 위한 민단 간부와의 연석회의로 계획된 것이었다.

---

35) [7736] 재일본 민단 확대 간부회의 개최계획.

회의 개최에 앞서 민단중앙본부가 제시한 의제(일영 725-4035, 74. 6.20.)를 보면, 민단의 기본자세와 정부와의 관계, 사업(재일동포 상훈, 입단운동, 새마을운동, 간부연수문제, 단기대학 설립 및 모국유학제도, 교육 관련 사무추진, 재일2세청년육성지도문제, 경제교류문제, 인적교류문제, 해양박물관문제, 법적지위 및 대우문제, 공보선전활동문제, 중앙회관건설문제), 북괴와 조총련에 대한 정세 분석 및 대비책 순으로 되어 있다. 총 13항목에 이르는 사업 부분에는 민단이 바라는 희망과 현안이 구체적으로 적혀 있다.36)

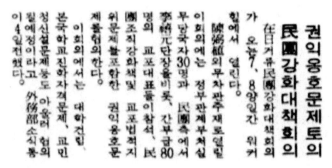

경향신문(69.8.4.)-외무부는 민단의 조직 개편에만 관심이 있었으나, 표면적으로는 권익옹호를 내세웠다.

반면에 최초에 계획을 세우던 단계였던 5월 21일에 외무부에서 작성된 기안(영민725)을 보면, 그 개최 목적은 북괴의 재일교포 사회 침투 봉쇄, 민단의 대조총련 투쟁력 함양, 재일교포의 사회, 경제적 지위 개선, 민단의 활동 및 조직점검 순으로 설정되어 있다. 조총련 경계의 수단으로서의 민단이 첫 번째와 두 번째 항목을 차지하고 있어, 당시 정부

36) 이는 민단의 공문(韓居中組発第36-23号, 1974.6.18.)를 유첨한 것이다.

의 민단 회의 개최 목적이 조총련의 대항마로서의 민단 만들기에 방점이 찍혀 있음을 쉽게 예상할 수 있다. 민단과 대한민국 정부의 개최 의도가 애당초 어긋나 있던 것이다.

1969년의 제1차 민단강화회의도 이와 크게 다를 바 없었다. 1차 회의가 열릴 것에 앞서 작성된 「민단의 기본방향과 요망사항」을 보면 민단은 자신들을 「1. 국시를 준수하고 2. 민족긍지와 생활권익의 옹호, 조직·문교·경제·민생 등에 관한 행정 사무 집행 4. 민생 등에 관한 행정 사무 집행」으로 바라보고 있었으나, 정부는 민단을 「교포의 친목과 권익 보호를 위한 자위단체임과 동시에, 조총련 등의 공산 세력과의 대결 투쟁을 위한 정치적 단체」로 보고 있었다.37) 국시(國是)가 반공이니 크게 그 뜻은 다르지 않으나38) 준수한다는 의미에는 엄연히 대결이나 투쟁을 위한 도구라는 뜻은 내포되어 있지 않다. 정부의 이 같은 입장은 결국 모국에 들어가 재일한국인들의 각종 요구를 어필할 중요한 자리가 시작부터 파국을 예고하고 있었음을 알 수 있다.

민단의 요망 사항에 대한 의견39)

1. 전반적인 의견
    가. 요망사항의 대부분이 종전부터 민단에서 상규적으로 되풀이하여 온 내용에 불과하여 별로 참신한 인상을 주지 못하며,

---

37) [3358] 재일본민단 강화 대책회의.
38) [8637] 일본창가학회(1975) 중 '日蓮正宗(創價學會)에 對한 現況과 對策(문화공보부 작성)」「反共을 國是로 하고 있는 韓國으로서는 共産主義와의 提携 乃至 共存은 容納될 수 없음을 警告하고 이 뜻을 全國 信徒들에게 周知 啓蒙토록 勸誘하는 한편...」(p.9).
39) 주일대사관 공문(일영(1)725.1-2798. 1969.7.28.).

나. 연구 검토의 심도가 그다지 깊지 못하여 논거가 희박한 면이 있으며 정부의 보충적인 검토의 여지가 많은 것으로 생각됨.

다. 민단 자체의 효율화 내지 정비에 관하여는 단지 외부적 피상적 요인만을 몇 가지 열거함에 끝이며 어떠한 부분에 있어서는 감정적인 어구마저 들어 있음이 보임.

라. 문제점을 전부 총망라한 요망사항이 아니고 어떠한 부면이 있어서는 전혀 도외시하고 있는 점이 엿보임.

2. 개별적인 의견

가. "제1부: 민단의 지향"의 내용에 관하여

1) 본 "제1부: 민단의 지향"의 내용은 대체로 재일교포 내지 민단의 지도 이념의 검토, 확립에 유익한 면이 많이 있음.

2) 민단의 기본 성격을 이번에 분명히 재확인하여 민단의 활동 방향과 그 한계(활동규범)를 조정함이 가함.

3) 정부와 민단과의 관계를 형식적이 아니고, 실질적, 유기적으로 유지케 하는 계기가 있어야 할 것으로 생각함.

4) 조총련계의 만단 내부 침투 공작의 일환책으로서 민단원을 가장하거나, 민단원이 이용당하여, 민단 내부를 교란시킨 자의 벌칙 내지 대비책을 강구할 필요가 있음.

5) 조직 개선의 몇 가지 필요점은 열거하였으나, 구체적인 방법론이 보이지 않으므로, 앞으로 그 실천책을 강구할 필요가 있다고 생각함.

6) 산하단체 육성강화는 새삼 논의할 필요 없이 중요한 문제임.

7) 본국 연락 사무소의 설치, 강화는 시급한 과제로 생각하며 장기간 외지에서 거주하다 본국에 들린 교포들의 지도, 안내의 역활은 물론 본국 내의 가족이나 친지의 문의, 연락처로서의 기능을 강화시키는 면에서 절실하다고 봄.

나. "제2부: 요망사항"에 관하여

1) 조직면

ㄱ) 교민청의 신설

민단에서 종전에 항상 요청한 사항이나, 그 요지는 정부의 교민정책을 일원적으로 다루워야 할 필요를 강조한 것으로 생각됨.

ㄴ) 국회 옵써버(교민대표) 제도의 부활

이 제도는 종전에 실행하여본 경험이 있는 것이나, 결론적으로 말하여 본 제도는 필요없는 것으로 생각됨. 그 이유로 첫째, 정부의 교민 시책은 행정부의 현지 기관인 대사관을 통하여 실현되어야 함에도 불구하고 입법부 옵써버를 통하여 정치적인 측면에서 다루는 경우에 도저히 교민들을 올바르게 지도할 수 없는 혼란에 빠지고, 둘째, 교민 대표라고 하나 투표권도 없이 국회에 대표라고 나가 있어봐도 "교포의 국회" 이용이 아니라, 반대로 국회의 교포 이용의도가 강하여 제반 불순한 폐단이 생길 가능성이 많다고 생각됨.

ㄷ) 주일각급 공관과 민단 조직과의 질서 체계화

주일 각급 공관이 정부 조직법에 의거한 관할권을 가지고 있으므로 동 관할 내의 여하한 단체나 개인에 대하여도 영사기능을 발휘할 수 있는 것이나, 민단이 일부국가 사무를 처리하고 있으며, 민단도 조직을 유지하여여야 하는 관계를 감안하여 주일 각급 공관과 민단 조직과의 사무한계(영사기능의 한계)를 구체적으로 명시할 필요가 있다고 생각함.

2) 경제면

ㄱ) 민단 육성 정책과도 관련시켜 교포 기관에 대한 일본 정부의 면세 조치를 하도록 조세협정에서의 반영 요망

이는 이미 종전부터 대일교섭을 하여 오던 것이고 새로운 것은 없으며 앞으로 교섭의 성과를 기대할 수밖에 없다고 생각함.

ㄴ) 상공회 육성책

상공인의 불규 진출시에 상공회 연합회의 추천을 부가하여 달라는 바, 민단에서는 이의 장점만을 열거하였으나 그에 수반되는 단점은 언급하지 아니하였음. 이는 좀 더 검토를 요하는 문제라고 생각됨. 본국 재산 반입시의 특혜조치는 필요하다고 봄.

ㄷ) 신용조합 육성책

민단에서 열거한 대리업무 확장, 교포 중소기업 육성자금 예치 이율 인하, 지역 개발을 위한 국채 소하안 등은 대체로 좋을 것으로 생각되나, 앞으로 그 장단점을 검토하여(특히 후 2자) 정책적으로 구현시키면 되리라고 봄.

3) 문교면

ㄱ) 요망사항의 하나로서 장학관실 독립, 확장안을 거시하였으나 기관과 행정의 일원화를 기하고 상호 협조를 더욱 이룩하기 위하여는 반드시는 이 안이 최상의 것이라고 할 수 없다고 생각됨.

ㄴ) 건의 사항에는 한국 고등학교 신설, 정부교육 보조금 증액, 한국 대학 분교 설치 등 세 가지를 거시하였으나 이 세 가지 모두가 그에 소요되는 막대한 예산의 학보 여부에 의존되리라고 생각됨.

ㄷ) 대일교섭 사항 세 가지는 현재도 적극적으로 추진하고 있는 종래부터의 현안이 되어 있는 것으로서 새로운 것은 없음.

4) 법적지위면

민단의 요망 사항에 관하여는 이미 보고한 일영(1)725-2410을 참고하여 주시기 바람.

3. 추가할 사항

가. 민단 조직의 효율화, 개편

상기 민단의 요망 사항 등에도 일부 보이기는 하나, 종합적인 면에서 민단 조직 내부의 불합리성을 제거할 필요가 있으며 이에 관하여는 이미 일영(1)725.1-1610호로 보고한 바 있으나, 그 내용을 기초로 하여 더욱 상세한 검토가 필요할 것으로 생각됨.

나. 거류 민단에 관한 입법조치(대통령령) 여부

민단의 자율적인 조직 강화에 병행하여, 타율적인 입법조치를 취하여 각급 공관의 관하 민단에 대한 지도 체계를 확립함이 가하다고 봄. 이에 관하여는 이미 1968.2.24 대사 귀국시에 직접 휴행한 보고사항 4항에 법령 제정 형식, 입법례 등을 거시한 바 있으므로 참고하여 주시기 바람.

다. 중앙회관 건립

민단에서 항구적인 기본재정 확보책의 하나로 중앙회관 건립을 위한 정부특별 보조금 지급 신청을 한 일이 있으며 이에 관하여는 이미 일영(1)725.4-2954(68.8.12.) 및 -06409(69.6.28.)로 보고한 바 있음.

라. 민단 건물의 명의 문제

일본 전국적으로 민단 현본부, 지부에 소속된 민단 건물 기타 부동산의 명의를 항구적인 존속을 보장케 하도록 적절한 대책을 수립할 필요가 있으며 이를 위한 진지한 토의가 요망됨.

마. 민단의 보완 대책

민단의 조총련 대책의 일환으로서 민단 조직 내부에서의 보안을 철저히 할 필요가 있으며 주일 각급 공관과의 유기적이고 적극적인 협조 체제를 이룩하기 위한 절대적인 전체조건이 되므로 이 문제를 구체적으로 논의할 필요가 있다고 생각됨.

바. 한국 신문의 육성

민단은 조총련에 비하여 일반적으로 선전 공세가 약하며 언론의 정비가 부족하므로 최소한도 민단의 기관지인 한국 신문의 육성만이라도 우선 제1차적으로 달성시킬 필요가 있음. 이에 관하여는 종전부터 누차 정부 지시와 보고가 왕래한 바 있음.

사. 법적 지위 문제의 보충

민단은 지금까지 교포 법적지위 협정 자체의 불비점 시정이 선

행되면 협정 영주권 신청을 촉구하지 않아도 자동적으로 해결
될 것이라는 견해를 가지고 있으며 따라서 언제나, 법적지위에
관한 시정 요구만 우선하였지 협정 영주권 신청 촉진에는 제2차
적인 관심 밖에 두지 아니 하였음. 정부 입장은 우선 협정 영주
권 신청 기간이 있으니 신청을 최대한으로 촉구하며 그와 병행
하여 그동안 생긴 문제점은 차례로 해결하여 나아가려는 입장
이고 더구나 현재 적극적으로 영주권 신청에 역점을 두고 있는
시기이므로 동 신청에 민단에 제1차적으로 적극적인 관심을 가
지고 운동을 전개하여 주도록 촉구토록 함.

아. 기타 문제

국민등록, 호적 정비, 여권 등 일반 영사행정 사무는 물론, 교포
나병환자나 이동양호시설에 대한 원호 문제, 원폭 피혜 관계,
재일 한국인 전후 유골처리 문제 등 기타 현안 문제에 관하여도
논의토록 함.

위 인용문은 강화회의가 열리기 전에 민단의 요망사항에 대해서 주
일대사가 그 의견을 적은 것인데, 민단의 요망사항에 대해 가.에서는
「상규적으로 되풀이하여 온 내용」으로 치부하고, 나.에서는 각각의 항
목을 들어 의견을 말하지만 어느 하나 긍정적으로 받아들이고 있지 않
다. 추가할 사항에 있어서도 민단 조직의 효율화, 민단 관련 입법 조치
여부 등의 문제만 거론하고 있어 민단회의는 처음부터 적신호가 들어
와 있었다고 봐야 했다. 이 회의는 민단의 요청은 공허한 울림으로 끝나
버리고 외무부와 정부는 민단의 효율화 방안에만 관심을 갖는 모습을
보이다가, 본회의에 들어서도 명쾌한 결론을 내리지 못한 채 회의는
종료되어 버린다.[40]

---

40) 본 건에 관해서는 이경규 외(2022)『해방이후 재일한인 외교문서 해제집』제2권
(1945~1969), 박문사, pp.323-327 참조.

3. 나가며

본고에서는 외교문서에 등장하는 민단의 활동내역을 확인하고 정부가 민단을 어떻게 인식했는지를 확인해 보고자 한 것이다. 이를 위해 동의대학교 연구과제로 수집된 외교부 공개 문서 가운데 DB 작업을 마친 158점을 대상으로 민단이 나오는 장면을 조사하였다.

민단은 해방 이후에는 정부의 역할을 대신하며 행정적으로 많은 지원을 했다. 이후에도 인력풀과 넓은 정보망을 이용하여 지방의 현황 파악, 북송자 명단 작성 등을 하였을 뿐만 아니라 대사관과 일반인을 연결시켜주는 다리 역할을 하기도 하고, 때로는 민원인을 돌보거나 대사관을 대신하여 경비를 지불하는 등 다양한 역할을 수행하였다.

다만 민단의 역할에 관해 양적으로 가장 많은 등장횟수를 보인 것은 총련의 대극점으로서 활동을 할 때였다. 민단의 탄생 경위도 그러하거니와 한국 국내 사정과는 달리 총련과 맞닿아 있는 입장에서 민단은 총련에 대해 민감하게 반응하고 기민하게 대처할 수밖에 없었다. 민단은 자발적으로, 혹은 정부의 지시를 받아 민단과 대척점에 섰다. 일본측 인사도 민단을 조총련의 세력을 억제하기 위한 수단으로 민단의 세력의 증대를 필요로 하고 있었다. 정부는 이 같은 민단의 활약에 대해 민단과 관련된 인사들이 특별한 혜택을 받을 수 있도록 배려하였다.

그러나 민단강화회의에서 드러난 바대로 민단이 줄기차게 요구하던 각종 요구사항들은 무시되거나 애초에 크게 다루어지질 않았다. 이는 정부가 총련의 대극점으로서의 역할을 무엇보다 중시했기 때문이었다. 정부의 이 같은 대민단 인식이 결국에는 기민정책이라는 불행한 종말을 맞이하게 하였다.

[附記]

본고는 「외교문서 속의 민단—1975년까지의 외교사료를 중심으로」(일본근대학연구, 제80집, 2023년)를 수정·가필하였음.

재일문학과 공진하는 북송 외교문서

김달수 「직함없는 남자」를 중심으로

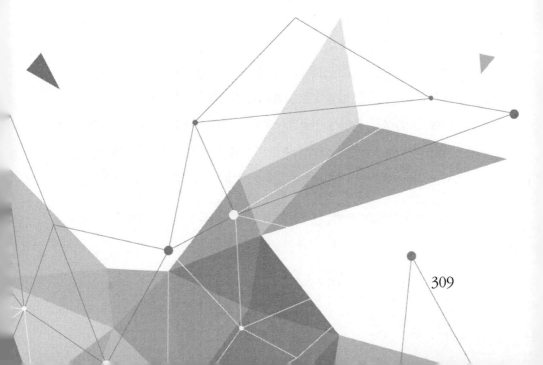

임상민

(동의대학교 인문사회과학대학 일본학과 조교수)

1. 들어가며

북한송환사업(일본에서는 「북조선귀국사업」, 북한 및 조총련에서는 「귀국운동」 또는 「귀환운동」이라고 부름. 이하, 「북송」으로 표기)이란 전후 일본에 거주하는 재일조선인들이 1959년 12월 14일부터 수차례의 중단과 반복을 거치면서 1984년까지 9만 3340명이 일본을 떠나 북한으로 향한 전후 최대의 집단이주이다(일본인 동반 가족은 6731명, 중국인 가족은 6명). 귀국자 중에는 약 1800명의 일본인 아내(日本人妻)도 포함되어 있었는데, 2002년에 일본 요미우리신문이 북한에서 귀국한 일본인 아내의 궁핍한 생활을 보도하면서 동 기사를 시작으로 일본에서는 송환사업을 재검토하는 많은 서적이 출판되었다. 이와 같은 이른바 송환사업 검증 현상은 당시 가장 정치적 문제로 화두가 되었던 「납치문제·핵 문제를 둘러싼 일본인의 북한 및 조총련에 대한 분노」[1]와도 연동되면서, 당시 송환사업을 지지했던 사회당과 공산당, 그리고 신문, 잡지, 지식인의 비난이 대대적으로 전개되었다.

물론, 재일조선인의 북송 이전에도 재외 한인의 모국 귀환 논의는 지속적으로 진행되고 있었다. 예를 들면, 사할린 한인의 경우에는 패전 직후인 1945년 12월에 일본의 미군정사령부를 통해 한국으로의 귀환을 요청했고, 1947년 10월에는 서울의 민간단체인 「사할린 한국인 조기 귀환 연맹」을 경유해서 미군정사령부에 귀환 청원을 전달하기도 했다. 또한, 1949년 4월에는 한국정부가 직접 전쟁 중에 강제 연행된 사할린 한국인의 귀환에 대해서 미 군정청을 통해 소련과의 협상을 중개해 줄

---

1) 高崎宗司(2005)「なぜ、いま帰国問題か」『帰国運動とは何だったのか』平凡社, p.6.

것을 요청하기도 했지만, 비공식 서한의 왕래로 그치며 큰 진전없이 끝나게 된다.[2] 이후, 1990년 12월에 한소 국교가 수립되면서 1992년부터 사할린 한인의 개별적·집단적 영주귀국이 시작되는데, 1959년도에 생산된 문서철 『국제적십자사를 통한 남북한소식 교환의 건』에는 당시 한국과 소련은 국교 수립이 체결되지 않은 상태라는 점을 강조하며, 일본이 적극적으로 나서서 일본으로의 송환을 추진해야 한다고 요구하고 있다. 특히 사할린 거주 한인의 경우에는 대부분 일본 제국주의의 침략전쟁으로 강제동원된 노동자들이기 때문에(소련 당국의 비협조로 정확한 사할린 한인 인구를 파악하기 힘들지만, 약 1만~2만 명으로 추정), 1956년에 소련과 국교를 정상화한 일본이 사할린 한인의 재일영주권 부여는 물론이고 일본 송환을 위해 모든 노력을 기울여야 하며, 동시에 국제적십자위원회(ICRC)에게도 정확한 소재 및 생활 환경, 그리고 송환을 희망하는 구체적인 인원을 파악하기 위해서 진상조사단을 파견해 줄 것을 요청하고 있다.

김달수는 북송이 전개되기 시작한 전후로 동 사업을 주제로 해서 일련의 소설을 집필하고 있는데, 예를 들면 한국에서 일본으로 밀항해 온 오성길(직업, 운송업 트럭 인부)이 불법으로 구입한 외국인등록증을 남긴 채 북한 귀국을 결심하는 내용의 『일본에 남기는 등록증(日本にのこす登録証)』(『別冊週刊朝日』1959년 1월 1일호), 일본인 가가와 요시에가 남편 류덕수(토목건설업 인부, 중간상인)의 북한 귀국 후, 전남편의 군인연금 때문에 니이가타에 머물러 있는 『일본인 아내(日本人妻)』(『別冊週刊朝日』1961년 5월 1일호), 조총련 소속 배우 정태웅(불량 청

---

2) 박찬용(2018) 「사할린 한인동포 귀환과 정착과제 연구」『재외한인연구』, 재외한인학회, pp.60-61.

년)이 북한 귀국을 결심하는 내용의 『고독한 그들(孤独な彼ら)』(『新日本文学』1962월 3월호) 등이 있다.

특히 김달수는 북송을 포함한 동시대 조선문제에 대해서도 적극적으로 코멘테이터 역할을 하기도 했는데, 예를 들면 첫 귀국선이 출항하기 하루 전날에 니이가타에 도착해서 조국으로의 귀국을 기다리는 재일조선인의 희망에 가슴 벅찬 모습들 및 무김치를 마련해 준 일본적십자센터의 배려, 전전의 「감시」에서 「보호」로 역할이 바뀐 경관, 식민지 관부연락선과는 대조적인 귀국선의 밝은 분위기, 그리고 북한적십자 이일경 단장의 사려 깊은 「조국의 손」 등을 생생하게 생중계하고 있다.[3]

또한, 김달수는 위의 기사 속에서 니이가타에서 우연히 알게 된 한미음(후쿠오카 모지, 규슈조선고등학교 3학년)과 김순옥(오사카, 양복점 근무)은 본인 작품의 「애독자」이며, 특히 한미음은 1956년에 출판된 본인의 작품 『고국 사람(故国の人)』을 읽고 조선인으로 태어난 사실에 대해서 「저주」에서 「기쁨」으로 사고의 전환을 하게 된 사례를 소개하는 등(이후, 그녀가 가엾고 대견스러워 백화점에 데리고 가서 책상 책꽂이를 선물), 김달수는 동시대 미디어를 통해 본인 작품의 계몽성과 조국 북한으로의 귀국의 정당성을 적극적으로 발신한 작가이기도 하다.

본고에서는 일본 문단 내의 재일조선인문학 장르의 개척자이며, 동시에 북송 당시에도 관련 소설 및 인터뷰 등을 통해 조선문제에 대해서 코멘테이터로서 적극적으로 발신해 온 재일조선인 작가 김달수의 단편 「직함없는 남자(肩書きのない男)」(『新日本文学』1964년 3월호)를 중심으로, 동시대 한국 정부의 북송 관련 외교문서와 상호 교섭적으로 살펴보면서 북한 표상에 대해서 탐색하는 것을 목적으로 한다.

---

3) 金達寿(1959.12.15) 「帰還船を見送って」『読売新聞』.

2. 냉전과 언어적 아이덴티티

먼저, 북송을 주제로 한 김달수의 단편소설 「직함없는 남자」의 줄거리를 소개하면 다음과 같다. 1961년 1월 5일, 「재일조선문학예술가동맹」의 일원이기도 한 재일 작가 「나」의 집에 정체불명의 남자 「조훈(趙訓)」이 찾아와, 한국 대통령에 입후보할 테니 도와달라고 요청한다. 그의 명함에는 〈조훈 한국·서울〉로만 인쇄되어 있을 뿐, 구체적인 직업 및 직함도 기입되어 있지 않다. 「나」는 미지의 방문자에게 당황하지만, 조훈은 「나」에게 조선 남북통일을 위해 일본에 있는 조선인 청년을 조직해 줄 것을 부탁하고, 10만 명이 모이면 한국으로 잠입한다는 등, 비현실적인 이야기를 늘어놓는다. 「나」는 이미 조총련의 「한 의장」을 만나고 왔다는 조훈에게 본인이 움직이기 위해서는 「재일조선문학예술가동맹」의 사무국장 「김만생」의 허가가 필요하다며 둘러댄다. 「2, 3일 후」, 김만생과의 이야기가 잘되지 않았다고 하며, 「나」를 다시 만나고 싶다고 전하지만, 「나」는 호통 대신에 이런저런 핑계를 대고 만남을 거절한다. 그로부터 「1, 2개월 후」, 「사회주의 조국 건설에 참여하기 위해」 귀국선을 타고 북한으로 돌아간다는 엽서 한 장이 도착하면서 이야기는 끝이 난다.

위에서 설명한 것과 같이, 주인공 「나」는 조훈으로부터의 〈조훈 한국·서울〉이라는 정체를 알 수 없는 범상치 않은 「명함」을 받으면서 이야기가 시작되는데, 이와 같은 설정 자체는 이후 소설 속 조훈의 비현실적인 정치적 주장을 단적이고 비유적으로 암시하고 있다고도 해석할 수 있다. 그리고 그렇게 생각하면, 소설의 첫 부분에서 주인공 「나」는 지인들과 주고받은 「편지」에 대해서 지금까지와는 전혀 다른 방식으로 정리하기 시작한다.

나는 조선인이나 일본인 상관없이 남에게 받은 편지나 명함 등을 잘
챙겨 두는 편이었지만, 재작년 경부터는 생각이 조금 바뀌었다. 편지는
특별한 것을 제외하고는 그해 연말에는 전부 태워버리기로 했다. 하지만
명함은 그렇게 부피를 차지하지 않기도 해서, 이것은 가능하면 챙겨 두기
로 했다. (중략) 그것은 우표 등과는 달리, 그곳에는 단적으로 그 사람이
표현되어 있기 때문인데, 만약 심심할 때는 쌓아둔 이들 수백 장의 명함을
꺼내어 꼼꼼히 읽어가면, 상당히 재미있다고 생각한다.[4]

소설 속 주인공 「나」는 「편지는 특별한 것을 제외하고는 그해 연말에
는 전부 태워버리기로 했다」고 말하고 있는데, 그 이유는 「명함은 그렇
게 부피를 차지하지 않기」 때문이라고 말하고 있는 점을 생각하면, 편지
를 소각하는 이유는 단순히 부피를 차지하기 때문이라고 해석할 수 있다.
하지만 주목해야 할 부분은 그 이전까지는 편지를 「잘 챙겨 두는 편」이
었는데, 왜 갑자기 「재작년」부터 편지를 소각하기 시작했는가이다.

이와 같은 소설 속 시간에 주목하면, 소설 「직함없는 남자」는 1964년
3월에 발표된 소설이지만, 작품 속 배경은 조훈이 주인공 「나」의 집을
찾아온 「1961년 1월」로 설정하고 있다. 앞서 설명한 북송과의 연관성
측면에서 보면, 작품이 발표된 1964년 역시 북한으로의 귀국은 매년
1년 연장의 형태로 지속적으로 전개되고 있었다는 점을 생각하면, 굳이
「1961년 1월」로 설정할 필연성은 없어 보인다. 그뿐만 아니라, 한국 여
권(번호, 2473)을 소지하고 있으며, 한국의 대통령 입후보 및 한국의
정치 개혁을 주장하던 조훈의 다음과 같은 소설 결말 부분의 예상치
못한 행보 역시 중요한 해독 포인트로 부각된다.

---

4) 金達寿(1980) 「肩書きのない男」『金達寿小説全集 第三巻』筑摩書房, p.64.

그로부터 1, 2개월이 지났을까. 나는 조훈으로부터 한 장의 엽서를 받았는데, 그것은 그가 니이가타에서 보낸 것이었다. 그리고 놀랍게도 그는 이제 곧 귀국선을 타고 북한으로 건너간다는 것이었다. 「나도 지금부터 사회주의 조국 건설에 참여하기 위해」라고 적혀 있었다. 나는 그 엽서를 손에 들고 「이런」이라고 나도 모르게 소리를 지르며 놀랐다. 그리고 나는 그 한 그릇의 떡국을 실로 맛있게 먹고 있었던 그의 얼굴을 생생히 떠올렸다. 왜, 그 때의 얼굴을 떠올렸는지는 모른다. 조훈은 그 후 북한으로 건너가서 어떻게 지내고 있는지는, 이것 역시 알지 못한다. 어딘가의 공장 수위라도 하고 있는 건 아닐까 생각하지만, 왜 수위냐고 하면 그것이 그에게는 가장 잘 어울린다고 나는 생각하기 때문이다.[5]

조훈이 「나」의 집에 찾아온 것은 「1961년 1월」이고, 니이가타에서 북한으로의 귀국선을 타기 직전에 보낸 조훈의 엽서가 도착한 것은 그로부터 「1, 2개월」이후라는 점을 생각하면, 시간적으로 1961년에 초점을 맞추고 있다. 또한 「나」는 정치적 인간으로서의 조훈은 귀국 후에는 「공장 수위」라는 특정 직업을 언급하며 「그것이 그에게는 가장 잘 어울린다」고 상상하는데, 소설이 집필된 1964년 현재로부터 1961년의 문맥에서는 위와 같은 설정이 어떠한 맥락 속에서 해석되는지에 대해서 살펴보도록 하자.

앞서 기술한 바와 같이, 코멘테이터로서의 김달수는 북송에 대해서는 동시대 미디어를 통해 본인 작품의 계몽성과 조국 북한으로의 귀국의 정당성을 적극적으로 발신한 작가이기도 한데, 작품 속 조훈의 북한으로의 귀국 결심과 귀국 이후의 북한 생활을 어떻게 상상하고 발신했는지에 대해서 주목해 보도록 하자.

1959년 12월 14일부터 시작된 북송은 1년 기한으로 이루어졌고, 이후 1960년 후반기에는 귀환협정 연장을 둘러싸고 일본과 한국, 그리고

---

5) 金達寿(1980) 앞의 책, p.64.

재일조선인 사이에서 첨예하게 대립하게 되는데, 김달수는 북송과 관련된 작품 및 언론 인터뷰뿐만 아니라 귀국 사업과 관련된 협정 연장 집회에도 적극적으로 참석한다. 예를 들면, 「재일조선인 북조선귀환협정 무수정 연장을 요구하는 재일조선인 총련의 결기 대회가 8일 오전 전국 130곳에서 약 12만 명(총련, 조사)이 참가해서 일제히 개최되었다. 도쿄에서는 작가 김달수 씨를 시작으로 아이들의 손을 이끌고 참석한 주부, 학생, 여학생 등 1500명의 조선인과 일조협회, 일본노동조합총평 (총평)의회, 일본부인단체연합회(부단련) 등 48개 단체의 유지가 오전 10시부터 일본적십자사와 외무성, 후생성에 데모 대열을 이끌며 열기를 올리며 결의문을 전달했다.[6]라고 전하고 있듯이, 당시 북한 및 조총련, 일조협회, 사회당, 공산당, 그리고 진보신문까지도 「낙원」으로의 귀환이라고 주장했던 북한 이미지 만들기에 적극적으로 참여했다.

특히 김달수의 경우, 북송은 단순히 북한으로 귀국하는 재일조선인의 문제이기 이전에 본인 가족의 문제이기도 했다. 예를 들면, 김달수 본인 역시 조만간 북한으로의 귀국을 계획하고 있고 형의 가족은 이미 북한으로 귀국한 상태라고 말하며, 본인이 아직 일본에 머물러 있는 이유에 대해서 다음과 같이 설명하고 있다.

재일조선인의 귀국에 대해서는 나는 많은 부분을 꽤 많은 신문과 잡지에 써왔다. (중략)하지만 나는 이러한 신문과 잡지에 재일조선인의 귀국에 대해 여러 가지를 써왔지만, 나 자신의 가족은 어떻게 할지에 대해서는 지금까지 쓰지 않았다. (중략) 머지않아 나도 형 가족의 뒤를 따라 고국에 귀국하겠지만, 나는 아직 일본에서 하지 않으면 안 되는 일이 남아 있기 때문이다. 나의 이러한 일에 대해서 사람들은 어떻게 생각할지 모르지만,

---

6) (1960.10.8) 「決起大会開く帰還協定延長/朝鮮総連」『読売新聞』.

나는 이것을 필요한 것이라고 생각한다. 나는 지금 이른바 작가라고 불리고 있지만, 나의 이러한 일은 이른바 이곳 일본에서 시작된 것이고 그리고 이곳 일본에 그 발상의 근원이 있다. (중략)나는 재일조선인 작가이기는 하지만 조선의 작가는 아니다. 그렇기 때문에 나는 조선에 돌아가게 되면 당연한 일이지만 한 사람의 작가로서 돌아갈 생각은 전혀 없다. 이에 대해서도 나는 이미 몇 년 전에 어딘가에 쓴 적이 있는데, 나는 귀국할 때는 한 사람의 노동자로서 돌아가고 싶다. 나의 작가로서의 일은 이곳 일본에서 끝이 나는 것이고, 또한 그렇게 하고 싶다.[7]

작가로서의 김달수는 일본으로의 이주 및 전후에도 계속해서 일본에 거주할 수밖에 없었던 재일조선인의 역사를 기록한 이후에는 형 가족의 뒤를 따라 귀국할 예정이고, 북한으로 귀국한 이후에는 작가로서가 아니라 「한 사람의 노동자」로 귀국할 생각이며, 또한 그렇게 해야 한다고 말한다. 즉, 김달수는 재일조선인 작가로서의 「발상의 근원」이 조국에서 형성된 것이 아니라는 점을 강조하며, 재일조선인의 아이덴티티 구축 과정과 귀국 이후의 삶과의 관계성에 대해서 명확하게 구분짓고 실천할 생각이라고 말하고 있다.

특히, 김달수가 말하는 「발상의 근원」에 주목하면, 당시 귀국사업에는 재일조선인뿐 아니라 많은 일본인 아내들도 포함되어 있다는 사실에는 주의할 필요가 있다. 예를 들면, 「「일본인 아내」들도 조선에 돌아가 머지않아 몇 년이 지나면 미즈키(水木) 씨와 같이 조선어를 자유롭게 말할 수 있을 것이다. 그리고 이러한 사람들은 이렇게 번역을 할 뿐 아니라 머지않아 조선어로 소설이나 시를 쓸지도 모른다. 그 도항의 내력은 전혀 다르지만 나는 지금 이렇게 일본어로 글을 쓰고 있듯이」[8]

---

7) 金達寿(1959.6)「わが家の帰国—在日朝鮮人の帰国によせて—」『鶏林』4号, p.2.
8) 金達寿(1959.2.19)「帰国する朝鮮人—「日本人」も朝鮮へ」『読売新聞』.

라고 말하고 있듯이, 귀국 후 조선어 학습을 통해서 조선어로 「소설이
나 시」를 쓸 수 있을지도 모른다고 낙관적으로 상상하고 있다. 즉, 조선
인인 김달수 자신이 일본에 와서 일본어로 소설을 쓰고 있듯이 일본인
아내들도 귀국 후 조선어로 「소설이나 시」를 쓸 수 있다고 말하면서
귀국을 고무시키고 있는데, 사실 김달수가 조선에서 태어나 일본으로
건너간 것은 10살 때인 1930년이다.

　　달리 말하자면, 김달수의 외국어로서의 일본어를 포함해서 작가로서
의 「발상의 근원」은 정체성이 형성되기 시작하는 소년기이지만, 북한
으로 귀국하는 일본인 아내는 이미 정체성이 형성된 이후이기 때문에
김달수의 아이덴티티 구축 및 작가로서의 「발상의 근원」의 형성 과정
을 일본인 아내들과 단락적으로 연결시키는 것은 비약적이라고 하지
않을 수 없다.[9)]

3. 북송과 한국 외교문서

　　다음으로, 본고에서 분석을 시도하고 있는 김달수의 「직함없는 남자」
의 배경이 되고 있는 해방 이후 재일조선인 북송과 관련된 외교문서를

---

9) 지금까지 김달수의 북한송환사업과 관련된 작품에 대한 연구는 일부 연구자에
　　의해 진행되어 왔는데, 예를 들면 이문호는 첫 귀국선 출항 1년 반 후인 1961년
　　5월에 발표된 『일본인 아내(日本人妻)』를 중심으로, 작품 속 「일본인 아내 가하라
　　요시에(加原芳江)의 「조국」 의식은 당시의 언설 상황에는 회수되지 않는, 민족이
　　부정당하는 「조국」으로서 북한을 표상하고 있었다는 사실」을 밝히면서 김달수가
　　문학작품과 소설을 통해서 표현하려고 했던 「조국 조선」의 환상이 텍스트 내부에
　　서 해체되는 프로세스를 분석하고 있다.(李文鎬(2012) 「帰国事業に於ける「楽園」
　　幻想の解体: 金達寿 『日本人妻』論」 『文学研究論集』30号)

살펴보도록 하자. 현재, 1950년대와 1960년대 사이에 한국 정부가 생산한 북송과 관련된 외교문서는 아래의 〈표1〉과 같다.

<표1> 북한송환사업 관련 한국 외교문서

분류 번호	문서철명	생산 년도
723.1	재일본한인 북한송환 및 한·일본 양국 억류자 상호 석방 관계철. 전9권 V.1 오무라(大村) 수용소에 수용중인 북송희망자의 석방문제	1958
723.1	재일본한인 북한송환 및 한·일본 양국 억류자 상호 석방 관계철. 전9권 V.2 재일본한인 북한송환	1959.1~8
791.25	일본적십자사와 북한적십자사간의 재일조선인귀환협정(Calcutta협정) 1959.8.13	1959
736.81	LRCS(국제적십자연맹) 이사회, 제25회. Athens, 1959.9.25-10.1	1959
723.1	재일본한인 북한송환 및 한·일본 양국 억류자 상호 석방 관계철. 전9권 V.3 재일본한인 북한송환	1959.9~1960.2
723.1	재일본한인 북한송환 및 한·일본 양국 억류자 상호 석방 관계철. 전9권 V.4 북송저지를 위한 Geneva 대표부의 활동	1959~1960
723.1	재일본한인 북한송환 및 한·일본 양국 억류자 상호 석방 관계철. 전9권 V.5 북송연장을 위한 일본적십자사와 북한적십자사간의 회담	1960
723.1	재일본한인 북한송환 및 한·일본 양국 억류자 상호 석방 관계철. 전9권 V.6 북송저지를 위한 홍보 및 주재국 반응	1959~1960
723.1	재일본한인 북한송환 및 한·일본 양국 억류자 상호 석방 관계철. 전9권 V.7 북송관계 참고자료	1955~1960
723.1	재일본한인 북한송환 및 한·일본 양국 억류자 상호 석방 관계철. 전9권 V.8 북송관계 신문기사	1959
723.1	재일본한인 북한송환 및 한·일본 양국 억류자 상호 석방 관계철. 전9권 V.9 오무라(大村) 수용소에 수용중인 일본 밀입국 한국인의 강제송환 및 나포 일어선 추방에 관한 건	1955~1960
791.25	일본·북한간의 재일한인북한송환협정 연장	1961~1964
791.25	일본·북한간의 재일본한인 북한송환협정연장 및 재일본한인 북 한송환	1965
791.25	재일본한인 북한 송환	1966
726.31	국제적십자사를 통한 남북한소식 교환의 건	1966~1967
791.25	재일본 교민 북한송환	1967
791.25	재일본교민 북한송환. 전2권 V.2 1968.1-6월	1968
791.25	재일본교민 북한송환. 전2권 V.2 1968.7-12월	1968
791.25	재일본교민 북한 송환	1969

위의 표에서 알 수 있듯이, 북송과 관련된 한국 정부의 외교문서는 문서철의 성격적인 측면에서 보면 북송 이전과 이후로 구분할 수 있는데, 예를 들면 북송 이전에는 북송 저지와 관련된 다양한 주제별 문서철이 생산되어 있고, 북송 이후에는 북송 연장 저지와 관련된 내용으로 구성되어 있다. 먼저, 북송 이전의 외교문서에 주목해 보면, 동 시기의 문서철은 북한으로의 첫 귀국선이 출항하기 1년 전인 1958년부터 본격적으로 생산되기 시작했고, V.1부터 V.9까지의 외교문서는 『재일본한인 북한송환 및 한·일본 양국 억류자 상호 석방 관계철』이라는 문서철 속에서 북송과 관련된 다양한 재일조선인 문제를 다루고 있다. 특히, 오무라수용소에 수감되어 있는 재일조선인의 북송 문제와 북송 반대를 위한 스위스 국제적십자위원회를 대상으로 하는 국제적 노력, 그리고 북송과 관련된 국외의 신문기사 보고 등이 주제별·시기별로 정리되어 있다.

특히, 동 문서철은 2008년에 국민대학교 일본학연구소에서 발간된 『평화선·북송·6차회담』(동북아역사재단)에서 북송 직전과 직후의 관련 외교문서 원문을 간략하게 요약·정리하는 형태로 해제를 해 놓은 상태이기 때문에, 이곳에서는 동 문서철에 대한 구체적인 해제는 생략하도록 한다. 다만, 주의할 점은 결과적으로 미결로 끝이 났지만, 당시 한국 정부는 재일조선인의 북송을 저지하기 위해서 적극적으로 한국으로의 송환도 추진했다는 사실이다. 당시 신문에 「한국 측은 한국으로 집단적으로 돌아가는 사람들에 대해서는 협정을 맺고 일본 정부가 「가능한 한 좋은 조건」을 부여할 것을 요구하고 있다」[10]고 보도하고 있듯이, 재일조선인의 한국으로의 귀국은 한일회담 본 회의 아래

---

10) (1959.11.3) 「はかどらぬ日韓会談」『朝日新聞』.

설치된 「재일한인 법적지위위원회」에서 구체적으로 논의되고 있었다. 그리고 위 기사에서는 한국이 추진하는 송환사업에 대해서 이를 북송을 저지하려는 작전이라고 하면서 「일본으로서는 한쪽만을 편애하는 요구에는 응하지 않겠다고 완강하게 거절하고 있다」라고 전하고 있지만, 동시대의 한국송환사업에 관련된 외교문서를 보면 사정은 많이 다름을 알 수 있다.

예를 들면, 당시 월터 다울링 주한 미국대사가 김동조 외무부차관에게 보낸 북송 의견서에는 「한국정부가 송환을 막을 수 없을 것임. (중략)만일 한국정부와 민단이 계속해서 반대한다면 결국 재일한인 대부분은 한국으로 귀환하는 것을 반대하게 될 것임. 따라서 한일회담을 재개하고 재일한인이 한국으로 송환될 수 있도록 지체없이 협정을 맺는 것이 유일한 해결책이 될 것임. (중략)미국정부는 일본 정부에게 재일한인들의 보상(일괄지불 방식으로)문제를 근간으로 하는 송환문제에 대해서 즉시 한국 정부와 협정을 맺도록 요청할 것임」[11]라고 제안하고 있듯이, 동시대 일본 신문 보도에서는 한국으로의 송환사업은 마치 북송을 저지하기 위한 한국의 비인도적인 조치라고 전하고 있지만, 실은 한국송환사업은 미국 측의 제안으로 추진된 것이며 한국이 자유의사에 따른 재일조선인의 송환을 받아들일 경우, 미국은 재일조선인의 전후 보상문제와 한국 정착금에 대해서도 재정적 도움을 줄 것을 약속하면서 이루어진 것이다.

물론, 이와 같은 협상은 주한 미국대사관 1등서기관 래나드가 「이번

---

11) 국민대학교 일본학연구소(2008.4) 「재일한인의 북한 송환을 가능하다면 막아보도록 하고, 아니면 최소화하는 문제(작성일: 1959년 7월 17일)」『평화선·북송·6차 회담』 동북아역사재단, p.112.

기회가 부산에 억류되어 있는 일본 어부를 석방할 수 있는 마지막 기회임을 강조함. 또한 한국 정부가 이번 기회를 놓친다면 국제적 입지가 좁아져 일본 측이 평화수역문제를 유엔 안건에 회부할 경우 불리한 입장이 될 수 있다고 지적함」12)이라고 말하고 있듯이, 한국 측은 북송 반대와 이승만라인의 국제적 승인을 이끌어 내는 데 목적이 있었고, 일본 측은 부산에 억류 중인 일본인 선원들의 석방을 전제로 추진된 것이었다.

하지만 미국의 중재로 타협점을 찾아가는 것처럼 보였던 한국송환사업은 1959년 12월 14일에 북한으로 첫 귀국선이 출항하자, 일본의 총보상액의 일시금 지불을 위해 자금 대출을 해 주겠다고 약속했던 미국 측은 「미국은 일본 측 확약을 받아내는 데 중재자 역할만 할 뿐이지 보상액을 대출해 줄 의사는 없다」13)고 갑자기 태도를 바꾸게 된다. 이에 대해 일본 측은 이 모든 책임은 미국에 있다고 말하며, 보상 문제에 대해서 한국이 미국과 협상해 볼 것을 제안하지만, 한국 측은 보상을 하는 것은 일본이기에 한국이 미국에 협조를 요청하는 것은 부적절하다고 거절한다.

이후, 미국 측의 제안으로 시작되어 미국 스스로의 약속 불이행으로 무산된 한국송환사업은 일본 측으로부터 「3만 톤의 한국 쌀 수입을 확정짓기에 앞서 상호 억류자들의 송환을 실행하자는 일본 측 제안을 받아들이고 1960년 3월 1일자로 억류자들의 송환을 이행하는 계획의 승인을 요청하는 공안」14)이라는 내용의 외교문서에서 알 수 있듯이, 일본

---

12) 국민대학교 일본학연구소(2008.4)「주한미대사관 1등서기관 래나드와의 화합 보고 요지(작성일: 1959년 12월 10일)」,『평화선・북송・6차회담』동북아역사재단, p.234.
13) 국민대학교 일본학연구소(2008.4)「보상 문제에 관한 건(작성일: 1959년 12월 28일)」『평화선・북송・6차회담』동북아역사재단, p.261.

측은 한국송환사업을 위한 차선의 방안을 모색하는 것조차 포기하고 한국 쌀 3만 톤을 수입하는 조건으로 부산에 억류되어 있는 일본인 선원을 송환하는 데 성공한다. 즉, 현재 미결로 끝난 한국송환사업에 대해서는 학계에서도 일반적으로 공유되고 있지 않은 사실이지만, 당시의 북송은 이와 같이 일본과 남북 관계뿐만 아니라 미국을 포함한 동북아시아를 둘러싼 각국의 이익이 복잡하게 교착하는 문제였다는 사실을 알 수 있다.

다음으로 앞서 언급한 바와 같이, 첫 귀국선이 출항한 이후의 북송 관련 외교문서는 북송 저지보다는 북송 연장 저지를 위한 전략적 노력에 방점이 찍혀 있고, 1961년부터 1964년까지 생산된 외교문서는 『일본·북한간의 재일한인북한송환협정 연장』이라는 문서철명으로 통합·정리되어 있다. 앞서 설명한 바와 같이, 소설 「직함없는 남자」는 1964년 3월에 발표되었지만, 소설 속 배경은 1961년을 배경으로 하고 있다는 점을 생각하면, 1961년부터 1964년까지 생산된 북송 관련 외교문서인 『일본·북한간의 재일한일북한송환협정 연장』과 시기적으로 일치한다. 그렇다면, 먼저 위의 북송 협정 연장과 관련된 외교문서 속에서 구체적으로 어떠한 사항들이 논의되고 있었는지에 대해서 살펴보도록 하자.

지난 7월 31일 일본은 적십자와 북한 괴뢰 적십자사사와의 전보 교환으로서 주일 교포 북송협정을 다시 1년간 연장하는데 합의하였으니 참고하시고 북송 문제에 대하여서도 우리 정부의 입장이 지지를 받도록 활동하십시오.(이 문제도 각 대사와의 회답시 언급되었음)

14) 국민대학교 일본학연구소(2008.4)「최근 일본의 제안과 관련한 한국 정부의 조치에 관한 권고(작성일: 1960년)」『평화선·북송·6차회담』동북아역사재단, p.271.

(1) 한일회담 재개를 앞두고 양국은 우호적인 분위기 조성 노력하여야 하는바 일본의 이러한 처사는 그러한 분위기 조성에 악영향을 줌
(2) 자유진영 국가의 하나인 일본이 자국 내에 거주하는 외국인을 공산지역에 계속 송환한다는 것은 일본 자체의 국제적 지위에 불리할 것임.
(3) 북한 괴뢰는 이 문제를 가지고 일본과 한국 사이를 이간 할려고 하는데 양국은 이 함정에 빠져서는 안 될 것임.
(4) 일본은 인도적이라는 미명하에 재일교포를 북송하고 있으나, 북송되어가는 사람의 대부분은 원래 이남 각도에서 도일한 자들이니 북한으로 보내는 것은 송환이 아니고 추방이라고 할 수 있음.
(5) 북송 희망자의 등록과 절차에 일정한 기한이 없이 계속 한국 교포를 공산지역에 강제 송환한다는 것은 역사적 유예가 없는 일일 뿐만 아니라 자유와 민주주의 원칙에 위배되는 처사임.[15]

위의 외교문서는 1961년 7월 31에 일본 적십자와 북한 적십자와의 재일조선인 북송 1년 연장이 결정된 이후, 한국 외무부에서 미국과 영국, 그리고 프랑스의 한국 대사에게 보낸 북송과 관련된 한국 정부의 입장 및 우리나라의 입장이 지지를 받을 수 있도록 국제적 노력을 요구하는 협조문이다. 한국 정부는 북송에 대해서 「자유진영」에서 「공산지역」으로의 송환은 「자유와 민주주의 원칙에 위배되는 처사」라고 하면서, 북한으로 송환하는 대부분의 사람들은 「원래 이남 각도에서 도일한 자들」임에도 불구하고 북한으로 보내는 것은 송환이 아니라 「추방」이라고 규정하고 있다. 물론 이와 같은 자유민주주의와 공산주의라는 냉전의 이념 논리 및 남쪽 고향이 아닌 북한 지역으로의 일방통행적 송환에 대해서는 첫 귀국선이 출발하기 이전부터 지속적으로 문제가 제기

---

15) 외교부(1961)「한일 국교 조정문제 및 재일교포 북송문제에 관한 건」(수신인: 주미, 주영, 주불 대사, 발신인: 외무부 장관).

되어 왔던 것도 사실이다.[16)]

하지만 주의할 점은 북송 시작 이전과 이후의 쟁점이 결정적으로 다른 점은 기존의 문제제기 이외에도 국교도 맺지 않은 공산진영으로 재일조선인을 송환한 일본의 「국제적 지위」를 비판하면서 한일회담의 주도권을 잡으려고 시도하고 있다는 것이다. 예를 들면, 1961년 8월에 이동환 주일공사는 일본 외무성의 이세끼 아세아국장을 방문하여 약 1시간 10분 정도 면담을 진행하면서 북송 협정 1년 연장에 대해서 「구두 항의」하고 있고, 일본 측에서는 「북송을 계속할 의사는 없고 가능한 한 북송을 스피드 업하여 조속히 인도할 생각으로 스피드 업의 방법을 구체적으로 관계 당국에서 연구」하고 있다고 설명하고 있다. 특히, 귀

---

16) 당시 북송 희망자의 귀국 본인 「의사 확인」에 대해서는 1959년 9월에 일본적십자에서 발행한 『귀환확인』을 통해서, 귀국하는 사람들의 안전을 지킨다는 이유로 귀국열차에 탄 후에는 면회금지 및 외출금지, 그리고 귀국 「의사 확인」을 두 번이나 실시하도록 되어 있었다. 이 때문에 조총련에서는 「의사 확인」은 자유를 속박하는 행위라고 단정하고 맹반발하면서 귀국 신청 등록을 일제히 보이콧하게 된다. 결국, 첫 귀국선이 출발하기 2개월 전인 1959년 10월 27일에 일본과 조총련은 극적으로 타협을 하게 되고, 환송과 면회는 자유, 그리고 「의사 확인」은 「귀환지 선택의 자유」라고 쓰인 문장을 귀환자에서 보여 주면서 「이것을 알고 있는가」라고 묻는 등 그 절차는 간소화된다. 물론, 이러한 조총련의 일련의 조직적인 행동에 대해서 한국 정부는 「이번 북한 송환이 자유 의지에 의한 것이 아니라는 사실은 귀환 등록 신청이 조총련의 지령에 따라 이루어지고 있다는 것을 봐도 확인하다」(「帰還問題で対立深まる」『朝日新聞』, 1959.11.16.)라고 비판하고 나선다. 이에 대해 당시 일본을 방문한 적십자 국제위원회 주일대표 단장 오토 레이나는 기자로부터 조총련의 지령에 따라 시작되는 등록 신청을 어떻게 생각하느냐는 질문에 대해서, 「그것은 정치문제가 될 수 있기 때문에 대답할 수 없다. 다만, 이번 귀환은 어디까지나 개인적인 것이며 단체적·정치적 귀환이 아니기 때문에, 만약 지령 하나로 움직인다고 한다면 원칙에 반한다고 생각하고 나는 이에 반대한다. 마지막으로 각각의 개인이 거주지를 자유롭게 선택한 이후의 행복한 생활을 바란다」(「日赤の業務は十分」『毎日新聞』, 1959.11.2.)라고 말하고 있듯이, 오토 레이나 단장은 「단체적·정치적 귀환」에 대해서는 반대한다고 말하면서 조총련의 일련의 보이콧과 동시 등록에 대해서는 정치적 문제가 될 수 있다고 하면서 말을 아낀다. 즉, 「의사 확인」을 둘러싼 일련의 대립은 궁극적으로는 「귀환지 선택의 자유」라고 하는 슬로건의 허구성과 폭력성을 노출시키는 문제라고 할 수 있다.

국 희망자 수가 감소하는 시점에서는 북한과 협의없이 일방적으로 중단할 계획이기 때문에, 일본의 1년 연장 결정에 대해서 「성의」가 없는 것은 아니라고 전하면서 구체적인 「스피드 업의 방법」에 대해서는 다음과 같이 보고하고 있다.

현재 추산으로는 앞으로 이미 등록한 자 약 1만 5천 명을 포함하여 약 3만 명의 북송 희망자가 있는 것 같다고 하며, 스피드 업의 구체적 방법으로는 예전에 승선을 연기하는 자는 한 두 번은 허락하고 그후에는 승선치 않을 경우에는 북송 자격을 박탈할 것 등을 고려하고 있다고 함. (중략)우리 측이 한일회담의 재개를 조급히 서두르고 있다는 인상을 주지 않기 위하여 오늘은 우리 측은 이에 대한 언급은 일체 피하고 상기한 바와 같은 북송문제, 평화선 침범 문제 등에 언급하면서 이 시기에는 한일 간의 좋은 분위기 조성에 노력하여야 할 것이라고 강조함에 이고 한일회담 재개 교섭에 앞서 일본 측이 성의 표시를 하여야 할 것을 암시 촉구하였음.17)

위의 외교문서를 통해 알 수 있듯이, 승선 연기자에 대한 북송 자격 박탈 등과 같은 구체적인 「스피드 업의 방법」에 대해서 언급하고 있는데, 당시 이동환 주일공사의 일본 아시아국장과의 면담에서는 북송 협정 1년 연장에 대한 「구두 항의」 이외에도 일어선의 평화선 침범 문제와 주한 일본 대표부 설치 문제, 경제 협력 문제 등에 대해서 논의를 진행했는데, 이와 같은 논의는 최종적으로는 위의 「한일회담 재개문제」로 수렴되어 간다.

특히, 한일회담 재개와 관련해서는 한국 측이 「조급히 서두르고 있다는 인상을 주지 않」는 것이 중요하기 때문에 우리 측에서 먼저 언급하는 것은 피하고 있고, 북송과 평화선 문제를 강조함으로써 일본 측의

---

17) 외교부(1961.8) 「착신전보 사본」(수신인: 외무부 장관, 발신인: 주일공사).

「성의 표시」를 우회적으로 이끌어내려는 외교적 전략을 확인할 수 있다.

또한, 1962년도 북송 관련 외교문서에서도 1년 재연장에 대한 일본 정부의 발표에 대해서 국교정상화라는 「대국적 견지」에서 「성의를 표시할 것을 강력히 요구」하고 있는데, 주의할 점은 이 시기부터 북한으로 귀환하는 귀국자 수가 급격하게 줄어들고 있다는 사실이다.

<표2> 연도별 재일조선인 북송 현황

1959년 12월	1960년	1961년	1962년	1963년
2,942명	49,036명	22,801명	3,497명	2,567명
1964년	1965년	1966년	1967년	1968년
1,822명	2,255명	1,860명	1,831명	중단
1969년	1970년	1971년	1972년	1973년
중단	중단	1,318명	1,003명	704명
1974년	1975년	1976년	1977년	1978년
479명	379명	256명	180명	150명
1979년	1980년	1981년	1982년	1983년
126명	40명	38명	26명	0명
1984년				
30명				

특히 북송 귀국자 수가 급감한 이유에 대해서 「북송된 이들 교포들이 북한 공산 폭정 하에서 모든 자유를 박탈당하고 비참한 생활을 하고 있다는 것은 본인들이나 목격자들의 수기를 통하여 충분히 밝혀졌으므로 최근에는 소위 송북 희망자의 수도 대폭 감소되었다. 이러한 사실은 일정 당국도 잘 알고 있을 것이다」[18]라고 보고하고 있듯이, 「본인들이나 목격자들의 수기」 즉 북한 귀국자에 의한 편지를 통해 북한송환사업

18) 외교부(1962.6.29) 「대한민국 외무부」(수신인: 주일대사).

의 허구성과 폭력성이 알려지기 시작하면서 귀국자 수는 급속히 감소하기 시작한다.

위의 연도별 북송 현황에서 알 수 있듯이, 1960년과 1961년에는 각각 4만 명대와 2만 명대를 기록하고 있지만, 1962년부터 갑자기 3천 명대로 급감하기 시작한다. 그리고 김달수의 「직함없는 남자」가 발표된 1964년도에는 천 명대로 줄어들게 되는데, 주목할 점은 이와 같은 귀국 희망자 수의 급감에는 「북한 공산 폭정 하에서 모든 자유를 박탈당하고 비참한 생활을 하고 있다는 것은 본인들이나 목격자들의 수기를 통하여 충분히 밝혀졌」다고 보고하고 있듯이, 「본인들이나 목격자들의 수기」가 출판되어 북한의 실상이 일본에 소개되면서 귀국을 유보하거나 포기하는 재일조선인은 빠르게 증가하기 시작한다.

4. 「낙원」으로서의 북송과 직업

그렇다면, 마지막으로 이와 같은 북송의 허구성과 폭력성을 일본에 거주하는 귀국 희망자들에게 알려 준 「본인들이나 목격자들의 수기」를 정리해서 1962년 3월에 출판된 『낙원의 꿈은 깨지고』를 경유하면서, 왜 소설 속 조훈은 귀국 이후에 북한에서 「공장 수위」라는 직업으로 상상되고 있는지에 대해서 살펴보도록 하자.

먼저 조훈이 한국에서 일본에 오게 된 이유 및 북한으로의 귀국을 결심하게 되는 과정을 살펴보면, 조훈은 처음부터 북한으로의 귀국을 계획하고 있었던 것은 아니라는 사실이다. 오히려 다시 한국으로 귀국하려고 시도하고 있었는데, 그것이 현실적으로 불가능한 이유에 대해서 다음과 같이 설명하고 있다.

결국, 그는 그렇게 해서 남조선 한국으로 돌아가려고 했지만, 돌아갈 수가 없었다. 왜였을까. 그럼에도 불구하고 나에게는 오히려 궁금한 것은 그 이전에 조훈은 어떻게 해서 이곳 도쿄에 올 수 있었을까라는 점이었다. 그것은 물론 일시적 망명도 아니었다. 그가 미국 대통령에게 보낸 「공개서한」에 의하면, 그는 여권(번호 2473) 부활을 요구하고 있다. 그렇게 생각하면, 그보다 그는 처음에는 정식으로 여권을 취득하여 이곳 도쿄에 왔지만, 결과적으로 그것을 「정부 관계자」에게 빼앗겨버린 것이다. 추측건대, 조훈은 그 「성명서」에도 나와 있듯이, 걸핏하면 「이승만 대통령에게 반성을 촉구」하거나, 또한 「우방 미국에게 협조를 요구」하거나, 대통령에 입후보하려 하거나, 그런가 하면 이번에는 또 「이승만 대통령에게 협력하는 것을 표명」하거나, 그 「구국방책의 일환인 한일국교정상화와 관련해서도 미국 측에게 건의하는 것을 소홀히」 하지 않았기 때문에, 그는 보기 좋게 남조선 한국으로부터 추방당해 온 것 같았다.[19]

화자인 「나」는 터무니없고 비현실적인 주장을 늘어놓는 조훈은 「식민지의 사생아」인 동시에 「현대의 영웅」이라고 평가하며, 이러한 논리에서는 「바보, 대통령, 매국노는 모두 종이 한 장 차이에 지나지 않는다」라고 설명한다. 즉, 「나」는 탈정치적이고 탈중립적인 정치적 인간으로서의 조훈을 재일조선인의 민족적 아이덴티티에서 단순 배제하지 않고, 오히려 일제강점기라고 하는 역사적 측면을 강조하며 유의미한 존재로 회수하려 한다.

다만, 소설의 방점은 이와 같은 정치적 인간으로서의 조훈의 민족적 아이덴티티 형성 과정을 추적하는 대신에, 「그가 배고파하는 사실을

---

19) 金達壽(1980) 앞의 책, p.60.

알고 나는 나도 모르게 이상한 감동을 느꼈지만, 그것이 이번에는 그대로 분노로 이어졌다. 배를 곯아가며 다니면서 무슨 바보 같은 짓을!」라고 설명하고 있듯이 한국 정부의 무책임과 무능력을 강조하고 있다는 사실이다.

> 모두가 자신의 재능과 희망에 따라 직업을 가질 수 있다. (중략) 중학교를 졸업한 학생은 그 희망에 따라 각각 해당하는 전문학교 및 대학교에 진학하고, 일반 학생과 같이 장학금을 받는다. (중략) 본인이 살고 싶은 곳에서 살며, 기술에 맞게 하고 싶은 일을 할 수 있다. 이것은 인민 스스로가 나라의 주인공이며, 인민 스스로가 자신의 운명과 행복을 개척해 나가는 정치사회제도의 우월성에서 출발하고 있다. 귀국하는 동포들의 자녀는 그러한 희망에 따라 조국의 각급학교와 외국 유학을 보장할 것이다.[20]

당시 조총련에서는 북한으로 귀국하게 되면 「모두가 자신의 재능과 희망에 따라 직업」을 가질 수 있는 직업 선택의 자유와 「희망에 따라 각각 해당하는 전문학교 및 대학교」「외국 유학」까지 보장하는 교육의 자유, 그리고 「본인이 살고 싶은 곳에서 살」 수 있는 거주지 선택의 자유를 보장한다고 대대적으로 선전했다. 이와 같은 문맥에서 생각하면, 한국의 정치 개혁과 이를 위한 재일조선인 청년 10만 동원, 그리고 한국 대통령 입후보를 말하는 정치적 인간으로서의 조훈이 북한으로 귀국한 뒤에 「공장 수위」를 하는 것은 그것이 조훈 스스로 희망하는 직업이라고 한다면 전혀 문제될 것이 없는 설정이다.

하지만 북송 「본인들이나 목격자들의 수기」를 정리해서 1962년 3월

---

20) 在日本朝鮮人総連合会中央常任委員会宣伝部編(1959.12) 「帰国問題に関連した質問に対する総連中央宣伝部の解答」『在日同胞の帰国実現のために―帰国問題に関する資料及び問答』在日本朝鮮人総連合会中央常任委員会宣伝部, p.55.

에 출판된『낙원의 꿈은 깨지고』를 경유하면서 조훈의「공장 수위」라는 직업을 생각하면, 전혀 다른 해석이 가능해진다. 예를 들면,『낙원의 꿈은 깨지고』에는 실명 공개로 인한「불의의 사고」를 예방하기 위해 발신인과 수신인의 이름이 익명 처리되어 소개하고 있는데, 북한 및 조총련이 강조했던 직업 선택의 자유와 관련된 편지를 살펴보면 다음과 같다.

> [발신자 함경남도, 수신자 아버지, 1960.12.16.] 누구든 지금 하고 있는 일을 스스로 확실히 할 수 있을 때까지 제대로 기술을 익혀서 오세요. 그렇지 않으면 농업이나 목재 운반, 또는 탄광 일을 해야 하고, (저의)형님도 기술이 없어서 현재 이렇다 할 직업이 정해지지 않았습니다. (중략)
> [발신자 북한 일개노동자, 수신자 지인, 날짜 미상] 조국의 큰길 대로변에는 멋진 벽돌 건물이 즐비하고 우리들은 귀국 후에 며칠 동안은 이곳에서 지냈습니다. 물론 쌀과 냄비, 밥솥까지 갖추어져 있었다. 그리고 곧 오지로 보내져 중노동을 해야 했는데, 몸이 튼튼하지 않으면 버텨낼 수 없다. 규슈에 있을 때처럼 아침부터 소주를 마시고, 조직으로부터 얼마 되진 않지만 수당을 받았을 때가 좋았다. 편지도 어딘가에서 검열하고 있을 테니 대놓고 나라 욕도 할 수 없다. 귀국할 때에는 메리야스 등을 가지고 오는 것이 좋다. 그리고 정말로 귀국할 생각이라면, 이쪽에서 중노동에 견뎌낼 수 있는지 어떤지를 충분히 생각하고 나서 결정하는 것이 신상에 좋다.[21]

당시 북송 귀국자들의 편지를 살펴보면, 제대로 된 기술이 없는 사람들은「농업이나 목재운반, 또는 탄광」과 같은 직종에 종사하게 되고, 또한「오지」로 보내져 중노동을 해야 하기 때문에, 북송 희망자에게

---

21) 関貴星(1962)「北朝鮮からの手紙」『楽園の夢破れて』全貌社, pp.205-218.

「이쪽에서 중노동에 견뎌낼 수 있는지 어떤지를 충분히 생각하고 나서 결정하는 것이 신상에 좋다」라는 편지 내용에 주목하면, 북한과 조총련이 선전했던 직업 선택의 자유란 「기술」이 없는 재일조선인 당사자에게는 처음부터 부여되지 않았다는 사실을 방증하고 있다. 참고로, 1955년 12월 기준 재일조선인 생활보호대상자는 13만 8972명이었고(전체인구 578,288명)[22], 전전에 광업・공업・토건 등의 산업에 종사하던 재일조선인은 전후 60% 가까이가 직업을 잃고 일용직 노무자로 생활하게 되는 구조적 문제를 함께 생각하면, 귀국자들의 편지에서 강조하는 「기술」을 가진 재일조선인은 압도적으로 적을 수밖에 없었다는 사실을 알 수 있다.

또한 「조총련 아무개현 지부」에 보낸 편지에는 「대부분이 시골을 싫어하고 대도시 희망이 집중하기 때문에, 조국의 계획에 지장이 생겨 어쩔 수 없이 희망하지 않았던 지역으로 이주해야 하는 사람들도 많았는데, 이러한 사람들은 불평불만이 많고 그 중에는 담당 관리자를 폭행하는 사람마저 존재한다」라고 직업 선택의 자유와 거주지 선택의 자유의 허구성을 폭로하고 있다.

특히, ① 조총련 간부나 그 가족・자녀, ② 북한에 고액의 금품을 헌상한 총련계 상공인, ③ 공작원 등의 특수 루트로 귀국한 자, ④ 북한 당국 입장에서 「이용 가치」가 있는 저명인 및 특수한 기술・기능을 가진 귀국자는 본인의 희망에 따라 거주지 선택이 가능했지만, 평양에 살 수 있었던 귀국자는 전체 5%에 지나지 않는다는 증언 역시 존재한다. 또한 북한 당국이 환영하는 직업은 「공업 분야의 기술자, 화학자, 의사 등이며, 역으로 기피당한 자는 정치, 경제, 법률 전공 지원자, 다음

---

22) 福田芳助(1956.4)「在日朝鮮人の生活保護とその現状」『生活と福祉』, p.7.

으로 환자, 일본인 아내, 노인이었다고 한다」[23]는 점을 생각하면, 귀국 초기의 거주지 선택의 자유와 직업 선택의 자유를 강조했던 북한 및 조총련의 선전과는 달리 북송의 허구성과 폭력성이 표면화하면서 귀국자 수가 감소했다는 사실을 알 수 있다.

즉, 소설 속 시간을 귀국자 수가 급격하게 감소하기 시작하는 1962년 이전의 1961년으로 설정하고, 1962년 「재작년」부터 편지를 소각하기 시작했으며, 한국의 정치 개혁과 부패를 비판하며 북한으로 귀국하는 정치인으로서의 조훈의 직업을 「공장 수위」로 설정함으로써, 소설은 북한 체제의 우위성은 물론이고 북송의 허구성과 폭력성을 은폐하는 동시에 그 정당성을 확보해 나가려 했다고 해석할 수 있다.

5. 나가며 – 1965년 한일협정 이후의 북송

1965년 한일협정 체결 이후, 1959년 이후 매년 1년 연장 방침을 견지해 오던 일본은 1965년에 한일국교정상화로 인해 일본 각의에서는 1965년 8월 23일에 「1. 협정을 11월 13일부터 1년 연장, 2. 연장은 금번에 한한다, 3. 협정 종료 후에는 북송 희망자에 대하여 편의를 제공한다」는 조건으로 1년 연장에 동의하지만, 1959년에 체결된 칼캇타 협정은 최종적으로 1967년 11월 12일에 만료된다.

특히, 1965년도에 생산된 외교문서를 보면, 1966년도의 북송 1년 연장에 대해서 한국 외교부는 주일대사에게 「한일협정의 비준을 앞둔 중

---

23) 菊池嘉晃(2009) 『北朝鮮帰国事業』 中央公論新社, p.211.

요한 시기임을 고려하여 일측에서 북괴 적십자의 이와 같은 연장 제의
를 거부하여 북송협정을 종료시키도록 교섭」할 것을 지시하지만, 일본
외무성 측은 「북송되는 자가 생활보호대상자이기 때문에 일본 정부에
부담을 덜어주고 있으며, 어디까지나 자유의사에 의하여 북송되는 것
이며, 북송을 중단하는 경우에는 국내 정치적으로 문제가 크며, 일본
정부는 사람의 왕래에 있어서 중공과 북한을 달리 취급하고 있음을 한
국 정부는 이해해 주기 바란다」고 말하고 있듯이, 1966년도 송환 연장
에는 일본 제국주의의 식민유산으로 남겨진 재일조선인 생활보호대상
자를 추방하려는 의도가 동시에 작동하고 있었음을 알 수 있다.

또한 1966년도에 생산된 외교문서를 보면, 협정 연장의 필요성은 앞
서 설명한 생활보호대상자의 일본 추방이라는 경제적 측면뿐만 아니라,
경찰 내부에서는 한국에서 일본으로 밀항한 한국인의 북한 강제 퇴거
및 재일조선인 「과격분자」의 북송을 위해서라도 협정 연장은 반드시
필요하다는 의견이 내부적으로 존재한다고 보고하고 있듯이, 정부(특
히 사회당은 북송 지지)와 외무성, 후생성, 그리고 법무성 및 경찰의
입장이 서로 충돌하면서 북송 협정은 1967년 11월 12일까지 추가적으
로 1년 연장된다.

그리고 1967년도의 외교문서에는 일본의 칼캇타 협정 종료 결정에
대한 북한의 항의 및 차선책에 대한 정치적 협상 과정이 주일대사를
통해서 보고되고 있다. 예를 들면, 북한은 북송 희망자의 격감 및 한일
국교정상화 이후에 한국 국적 취득자의 증가를 저지하기 위해 조총련
에 「특별지령」을 내리는 한편, 북한 귀국협력회는 사회당 의원과 외무
성 장관, 후생성 장관, 관방 부장관 등을 순차적으로 방문하면서 기존
협정안의 무수정 무기한 연장을 강력하게 요청한다. 하지만 일본적십

자사는「정부의 새로운 지시가 없는 한 더이상 관여하지 않을 것이라고 하고 있으며, 그간 일적이 북송협정에 관여한 것도 정부의 지시에 의하였던 것이라고 하고 있음」이라고 말하고 있듯이, 북송 초반의 일본적십자사 주도의 송환사업과는 달리 일적은 일본 정부를 포함한 각 부처와의 복잡성을 강조하며 책임을 회피하려 한다.

이에 대해 일본 정부는 ① 귀환 희망자 수의 급감, ② 재일조선인 생활보호대상자가 5% 미만으로 감소한 점, ③ 협정안의 수정이 필요하다는 이유로 협정 연장을 하지 않을 방침이라고 밝히며, 협정 종료 이후에는 귀국 희망자는「일반 외국인과 같은 수속」(일본정부의「배려」를 강조)을 통해 귀국하게 된다는 내용으로 4월 21일에 최종 각의 결정을 하게 된다. 이와 같은 일본 정부의 결정에 대해서 북한 외무성은 일방적인 협정 연장 종료는 인도주의 원칙을 공공연히 짓밟는 행위이며,「재일조선인의 귀국사업을 불순한 정치적 목적으로 파기하려는 일본정부의 범죄적 행동」으로 규정하고 동 협정을 일방적으로 파기할 어떠한 근거도 없다고 하며 강력히 규탄·항의한다.

다만, 칼캇타 협정 종료 후에도 협정 종결 전에 귀국 신청 상태에서 출국하지 못한 1만 7000여 명[24]이 남아있었기 때문에 일본적십자와 북한적십자는 일명「사후조치」,「잔무처리」를 위해 몇 차례에 걸쳐 회담을 갖게 되는데, 한국 정부의 외교적 활동을 통해 3년간 귀국사업은 완전히 중단되게 된다. 특히, 1969년에 작성된「재일 한인의 북송 저지 및 기타를 위한 국제적십자 및 일본 측과의 교섭」[25]이라는 보고서 속에는

---

24) 1969년 8월 13일자 조선일보(「北送會談의 再開를 注目」)에서는 귀국 신청 이후에 출국하지 못한 재일조선인의 수를「1만 5천명」으로 소개하고 있다.
25) 본 보고서는 1969년 5월 26일에 개최된 신동원 동북아주국장과 김용권 서기관이 다테 일본 외무성 북동아세아과장과 마에다 주한 일본 대사관 참사관과의「면담요

일본은 잔무처리 기간을 1970년 3월 말 또는 7월 말로 북한에 제안하고 있고(북한은 최소 「2, 3년」을 주장), 잔무처리 기간 이후에도 북송 희망자에 대해서는 일반 외국인 출국 방식에 의한 출국을 허용하겠다는 일본 입장을 전달하면서, 「아국으로서는 이의 지지를 위하여 일본 정부 양국과 일적 당국에 대한 외교적 압력을 계속함은 물론 국적 측의 북송 관여를 반대하는 입장에서 국적에 대한 외교적 압력을 계속하여여 할 것인 바. 그 방법에 있어서는 지금까지의 항의 위주 방식을 지양하고 새로운 교섭방안을 강구하여야 될 것임」이라고 보고하고 있듯이, 1965년에는 「한일 간의 재협정이 시행되고 비준을 기다리는 이 시기에 일측이 행한 전격적인 북송협정의 연장」을 반대했고, 1966년에는 「재일한인의 계속적인 북송이 양국 간의 기본관계에 관한 조약의 정신에 위배되며, 국교를 정상화한 취지에 반하는 동시 양국간 선린우호관계의 수립과 증진을 거래하는 것임을 일본정부에 지적하고 이의 중지를 촉구」했지만, 1969년도 외교문서에서는 기존의 「항의 위주 방식」으로는 북송을 저지할 수 없다고 판단하고 「새로운 교섭방안」의 필요성을 강조한다.

다만, 1970년 12월에 일본적십자와 북한적십자는 모스크바에서 회담을 갖기 시작했고, 1971년 2월 5일에 귀환 미완료자에 대한 합의서와 이후 새로운 귀국 희망자에 대한 회담요록에 조인한다. 이후, 1971년 5월 15일부터 합의서에 기초한 귀국이 재개되기 시작했고(8월에 출발하는 159차 귀국선부터는 소련선을 대체해서 북한의 만경봉호로 귀국), 한국 정부의 북송 저지를 둘러싼 외교적 노력에도 불구하고 같은 해

록」에 첨부된 별첨 보고서이며, 동 면담에서는 한일국교정상화 이후에 개최되기 시작한 제3차 한일정기각료회의 일정 조율 및 화태교포 귀환 문제, 그리고 북송 문제, 영양호 사건 등의 의제로 진행되었다.

12월 17일부터는 회담요록에 기초하여 귀국 희망자에 대한 귀국 역시 재개되기 시작한다.

본고에서는 일본 문단 내의 재일조선인문학 장르의 개척자이며, 동시에 북한송환사업 당시에도 관련 소설 및 인터뷰 등을 통해 조선문제에 대해서 코멘테이터로서 적극적으로 발신해 온 재일조선인 작가 김달수의 단편 「직함없는 남자」를 중심으로, 동시대 한국 정부의 외교문서와 상호 교섭적으로 살펴보면서 북한 표상에 대해서 탐색하는 것을 목적으로 했다.

특히, 조선문제의 코멘테이터로 활약했던 김달수가 발신한 북송 관련 글들과 소설 「직함없는 남자」를 비교·분석하면서, 다음과 같은 몇몇 의문점으로부터 출발했다. 첫째는 동 소설이 발표된 1964년에도 북송을 지속적으로 전개되고 있었음에도 불구하고, 왜 작품 속 배경을 1961년 1월로 설정했을까이다. 둘째는 소설 속에서는 왜 1962년 「재작년」부터 편지를 소각하기 시작했으며, 마지막으로 주인공 「나」는 북한으로 귀국한 조훈의 직업을 왜 「공장 수위」로 상상하고 있을까였다.

그 결과, 「직함없는 남자」의 작품 속 배경을 1961년으로 설정한 이유는 이 시기는 여전히 귀국자 수가 압도적으로 많았고, 또한 북한 귀국자들의 생생한 목소리를 담은 『낙원의 꿈은 깨지고』(1962년 3월 출판)를 통해 북송의 불편한 진실과 대면하지 않아도 되었기 때문이다. 하지만, 결과적으로 귀국자들의 편지를 통해 알 수 있듯이, 정치가로서의 조훈은 북한에서는 가장 경계하고 기피하는 인물로 분류되는 인물이었다. 그렇게 생각하면, 북한에서 「공장 수위」를 하고 있을 것이라고 하는 주인공 「나」의 상상 그 자체는 귀국 이후의 재일조선인이 직면하게 되는 일본과의 단절성은 물론이고, 북송의 허구성과 폭력성을 은폐하는 동시에 그 정당성을 확보해나가려는 시도였다고 해석할 수 있다.

[附記]
　본고는「북한송환사업과 한국 외교문서－김달수「직함없는 남자」를 중심으로－」(일본문화학보, 제92집, 2022년)를 수정·가필하였음.

참고문헌

어느 「재일 권투선수」의 선택과 1960년대 한국 외교 … 박미아

「대한민국 외교문서」(분류번호 743.73CA/JA 1966-67; 등록번호 96; 생산과 동북아
    주과; 생산년도 1967; 기능명칭: 북송교포 김귀하 망명기도 사건; 1966-67)
「국회회의록」, 1966년 12월 20일 제 49차 본회의
국제고려학회 일본지부 재일코리안사전 편찬위원회(2012)『재일코리안 사전』선인
가와사키 에이코 지음, 리소라 옮김(2021)『일본에서 북한으로 간 사람들의 이야기
    ─어느 북송 재일교포의 실화소설』다큐스토리
김동철·김채영(2019)『경계인』예랑출판사
김석향(2021)『조센징, 째포, 탈북민』선인
김창훈(2013)『한국 외교 어제와 오늘』한국학술정보
도노무라 마사루 저, 전영빈 역(2021)『차별과 싸우는 재일코리안』선인
이민호(2014)『민단은 대한민국과 하나이다─재일동포 모국공헌의 발자취』통일일보
재일제주인의 생활사를 기록하는 모임, 김경자 역(2015)『고향의 가족, 북의 가족
    재일제주인의 생활사 2』선인
테사 모리스 스즈키 지음, 한철호 옮김(2008)『북한행 엑소더스』책과 함께
하동현·김재웅·김재호·안소영(2018)『제2공화국 시기 일본 언론의 한국 인식』경
    인문화사
하야시 노리코 저, 정수윤 역(2020)『조선으로 간 일본인 아내』정은문고
황익구(2021)『재일코리안의 문화예술과 위상─기억을 위한 소묘』선인
(1965.1.12.)『경향신문』
(1966.3.17.)『경향신문』
(1966.5.9.)『경향신문』
(1967.1.13.)『경향신문』
(1967.7.6.)『경향신문』

(1966.11.25.) 『동아일보』

(1966.3.17.) 『조선일보』

(1966.3.24.) 『조선일보』

(1967.4.2.) 『조선일보』

(1966.12.19.) 『중앙일보』

(1967.1.25.) 『중앙일보』

(1969.3.17.) 『중앙일보』

(1969.3.24.) 『중앙일보』

(2015.12.) 『금수강산』

(2015.12.2.) 『통일뉴스』

(1965.12.) 『太陽』, pp.140~142

(1991.7.) 『月刊公論』, p.112

『朝日新聞』

『毎日新聞』

『読売新聞』

사할린 한인동포 귀환 관련 문제점과 외교문서 연구 … 박희영

김성종(2006) 「사할린 한인동포 귀환과 정착의 정책과제」『한국동북아논총』제40집,
    한국동북아학회

김성종(2009) 「사할린 한인동포 귀환의 정책의제화 과정 연구」『한국동북아논총』제
    50집, 한국동북아학회

이경규 외(2022) 「해방이후 재일한인 외교문서 해제집 1(1945~1969)」 박문사

이연식(2014) 「사할린 한인 귀환문제에 대한 전후 일본정부의 대응」『동북아역사논
    총』제46호, 동북아역사재단

한혜인(2011) 「사할린 한인 귀환을 둘러싼 배제와 포섭의 정치」『史學研究』제102
    호, 한국사학회

황선익(2012) 「사할린지역 한인 귀환교섭과 억류」『한국독립운동사연구』제43집, 한
    국독립운동사연구소

외교부(1949-59) 『대한민국 외교사료해제집』
외교부(1960-63) 『대한민국 외교사료해제집』
외교부(1964-65) 『대한민국 외교사료해제집』
외교부(1966-67) 『대한민국 외교사료해제집』
외교부(1968-69) 『대한민국 외교사료해제집』

외교문서(1968~1971)로 본 한국인 원폭피해자 문제 … 소명선

〈한국 문헌〉

오은정(2018) 「'제국의 신민'에서 '재한피폭자'로: 한국 원폭 피해자 운동에서 한일 시민연대의 사회문화적 토대와 그 변화」 『기억과 전망』(39), 민주화운동기념사업회

이은정(2021) 「원폭과 이주-한국 원폭피해자의 경험을 중심으로」 『민족문화논총』 77, 민족문화연구소

이지영(2012) 「연구노트: 한인원폭피해자문제 관련 연구와 자료 현황」 『일본공간』 12, 국민대학교 일본학연구소

이치바 준코, 이제수 역(2003) 『한국의 히로시마』 역사비평사

정용하(2019) 「일본의 한국인피폭자 차별과 책임: 피폭자들의 재판투쟁을 중심으로」 『한국민족문화』 72, 부산대학교 한국민족문화연구소

정근식 외(2016) 『검열의 제국: 문화의 통제와 재생산』 푸른역사

허광무(2004) 「한국인 원폭피해자에 대한 제연구와 문제점」 『한일민족문제연구』 6, 한일민족문제학회

곽귀훈 「광복 48주년 특별기고 한국인 피폭자 보상 길 연 곽귀훈씨의 40년 투쟁기」 https://shindonga.donga.com/3/all/13/102652/1(검색일자: 2022.11.1.)

대한적십자사 원폭피해자지원
   https://www.redcross.or.kr/business/atomicbomb_support.do(검색일자: 2022.11.25.)

한국국사편찬위원회 http://www.history.go.kr(검색일자: 2022.11.1.)

헌법재판소 2008헌마648-CaseNote, https://casenote.kr/(검색일자: 2022.11.30.)

2005년 8월 26일 국무조정실 보도자료 「한일회담 문서공개 후속대책 관련 민관공
　　동위원회 개최」

　　　https://www.opm.go.kr/flexer/view.do?ftype=hwp&attachNo=73036(검색
　　일자: 2022.11.30.)

〈일본 문헌〉

金鍾勳(2019) 「韓国被爆者に対する市民団体の援護活動: 孫振斗裁判と日本市民
　　団体の結成」 『地球社会統合科学研究』 11, 九州大学大学院地球社会統合科
　　学府バージョン

『生きて』 前広島市長平岡敬さん＜1＞~＜20＞

　　　https://www.hiroshimapeacemedia.jp/?m=2009&cat=127(검색일자:
　　2022.2.20.)

KAKKIN(核兵器廃絶・平和建設国民会議) http://www.kakkin.jp/(검색일자:
　　2022.11.1.)

外務省編(2002) 「平和条約の締結に関する調書Ⅴ 昭和26年2月~4月」 『平和条約の
　　締結に関する調書第2冊』 外務省

　　　https://www.mofa.go.jp/mofaj/annai/honsho/shiryo/archives/sk-2.html
　　(검색일자: 2022.11.30.)

在韓被爆者問題市民會議 http://www.asahi-net.or.jp/~hn3t-oikw/(검색일자:
　　2022.2.16.)

原爆裁判

　　　https://www.ne.jp/asahi/hidankyo/nihon/rn_page/menu_page/side_menu_
　　page/saiban_sosyou/lawsuit.htm(검색일자: 2022.2.19.)

「ヒロシマの記録1964 11月」 https://www.hiroshimapeacemedia.jp/?p=26210(검색
　　일자: 2022.11.1.)

「原爆被害者の会会則」 https://hiroshima-ibun.com/2018/05/07(검색일자:
　　2022.11.30.)

지상 옮김, 도노히라 요시히코(2021)『70년만의 귀향』후마니타스

외교부(1984.11)「"국제 민간 외교 협회"의 유골 봉환 청원 검토」아주국

외교부(1984.11.23.)「일본인 보관 무연골 봉환 문제 관련, 관계 실무자 회의」기안 책임자 동북아 1과 서형원, 수신 국가안전기획부, 보건사회부

외교부(1984.12)「유골 봉환 문제 및 대책」

외교부(1988.8)「일 후생성보관 태평양전쟁 한국인 전몰자 유골봉환관련 일측제의 에 대한 아측의 대처방안(안)」아주국

「笹の墓標」編集委員会編(1986)『笹の墓標』空知民衆史講座・朱鞠内ダム湖畔に 「生命の尊さにめざめ民族の和解と友好を願う像」建立委員会, pp.56-63.

朝鮮人強制連行実態調査報告書編集委員会(1999)『北海道と朝鮮人労働者-朝鮮 人強制連行実態調査報告書-』北海道保健福祉部保護課

成田守正(2018)『「人間の森」を撃つ-森村誠一作品とその時代』田畑書店

森村誠一(2000)「笹の墓標」『小説宝石』(1月号~5月号), 光文社

森村誠一(2003)『笹の墓標』光文社文庫

森村誠一(2009)『笹の墓標』小学館文庫

森村誠一(2009)『作家とは何か-小説道場・総論』角川oneテーマ21, 2009.4.10., p.62.

森村誠一(2000)『笹の墓標』カッパ・ノベルス

森村誠一(2019)『遠い昨日、近い昔』角川文庫

山前譲編(1998)『森村誠一読本』KSS出版, 1998.10.30., p.188.

김광열(2004)「전후 일본의 재일조선인 법적지위에 대한 정책」『한일민족문제연구』 제6호, 한일민족문제학회

김병묵(1987)「재일교포의 법적지위에 관한 연구」『경희법학』제22집, 경희법학연구소

김웅기(2015)「일본 출입국정책의 역사적 변천을 통해 보는 재일코리안의 위상」 『일본학보』제102집, 한국일본학회

손동주・신종대・이수진・이상수(2013)「재일한인의 커뮤니티 구축-『계간 삼천리』를 통하여 본 정책변화를 중심으로-」『동북아문화연구』제35집, 동북아시아문화학회

이경규(2022)「재일한국인의 법적지위협정 시행에 따른 영주권 문제 고찰」『일본근대학연구』제75집, 한국일본근대학회

임영언・김일태(2018)「재일동포정책의 회고와 전망 고찰」『민족연구』제72집, 한국민족연구원

장박진(2009)「한일회담에서의 재일한국인 법적지위 교섭의 문제점 검토」『민족학연구』제8호, 한국민족학회

정인섭(1990)「재일한국인 법적지위협정-그 운영 25년의 회고-」『재외한인연구』제1호, 재외한인학회

〈문서자료 및 신문자료〉

대비정 840-29「일본정부의 출입국관리법 개정 움직임에 관한 지시」, 1972년 3월 18일

민단「한국신문」, 1969년 2월~8월 발행분

외무부 제13750호「일본 출입국관리법안에 관한 문제」, 1969년 7월 30일

주일영(1) 425.1-723「일본국 출입국관리법 개정안」, 1969년 2월 26일

주일영(1) 725.1-940「일본의 출입국관리법」, 1969년 3월 17일

주일영(1) 725-1101「일본의 출입국관리법 송부」, 1971년 3월 18일

한교통신 제2367호, 1969년 5월 19일

JAW-05304, 1971년 5월 26일

JAW-05438, 1972년 6월 1일

일본 조선대학교 설립 및 인가 과정에서 보는 시대 상황과 사회 동향 … 이수경

조선대학교 공식 웹사이트. korea-u.ac.jp

조총련 공식 웹사이트. chongryon.com/k/edu/index.html

조총련 민족교육 관련 사이트. http://chongryon.com/k/edu/index.html

『조선신보』 2018년 10월 10일 인터넷판 https://chosonsinbo.com/2018/10/0011-12/
일본 출입국재류관리청 재류외국인통계사이트

  https://www.moj.go.jp/isa/policies/statistics/toukei_ichiran_touroku.html
北送사업 실체 밝힌 북한인권시민연합 보고서 「재일동포 북송사업은 강제이주이자
  현대판 인신매매」『월간조선』 2022년 2월호 인터넷판
  http://monthly.chosun.com/client/news/viw.asp?ctcd=h&nNewsNumb=2022
  02100021.
「북송 역사검증심포지엄, 12월 9일에 개최」『민단신문』
  https://www.mindan.org/news/mindan_news_view.php?cate=7&page=1&n
  umber=27939&keyfield=&keyfield1=&key=.

〈한국 논문 및 문헌〉
권오정(2019) 「조선학교 교과서에서 보는 체제 유용성 추구의 민족교육—고급부
  『현대조선력사』를 중심으로」 동의대학교 동아시아연구소편『동아시아연
  구총서 제6권 동아시아 마이너리티 사회와 타자 표상』박문사
권오정(2020) 「마이너리티가 다문화 공생 사회를 열어갈 때—재일코리안의 민족교
  육과 아이덴티티의 발달—」 동의대학교 동아시아연구소편『동아시아연구
  총서 제7권 재일동포의 민족교육과 생활사』박문사
이수경, 권오정, 김태기, 김웅기, 이민호 공저(2015)『재일동포 민족교육실태 심화
  조사 및 정책방향 제시』재외동포재단
이수경(2018) 「재일동포 기업가의 한국에서의 육영 장학사업 공헌에 대하여」『변화
  하는 아시아의 이민과 다문화』광주시 교육위원회 후원
이수경(2019) 「재일한인 독지가들의 모국에서의 교육·장학사업 공헌에 대하여」
  『学校法人金井学園秀林外語專門学校 創立30周年記念誌』학교법인 가나
  이학원
이수경(2019) 「재일한인과 민족교육 현황」 동의대학교 동아시아연구소편『동아시
  아연구총서 제6권 동아시아 마이너리티 사회와 타자표상』박문사
이수경(2020) 「단절된 역사의 표상 재일동포 와 한국학교·조선학교 교과서 및 교
  재 고찰」동의대학교 동아시아연구소편『동아시아연구 총서 제7권 재일동
  포의 민족교육과 생활사』박문사
이수경(2022) 「조선대학교 설립 및 인가, 그리고 인가후의 움직임, 1958~1969」 동의

대학교 동아시아연구소편 『해방이후 재일한인 외교문서 해제집 제1권(1945~ 1969)』 박문사

이민호(2008) 『모국을 향한 재일동포의 발자취100년』 재외동포재단

이민호(2015) 『신한은행을 설립한 자이니치리더』 통일일보사

〈일본 논문 및 문헌〉

재일본조선인중앙교육회(1968) [대음악무용서사시 《위대한 수령께 영광을 드립 니다》의 기념엽서 발행에 즈음하여], 도쿄, 조선신보사

『민족의 태양 김일성원수님』 도쿄, 학우서방, 1972

재일본조선인총련합회 중앙교육부 교과서편찬위원회편(1963) 『조선력사 고급 학교 제3학년용』 도쿄, 학우서방

金勇大(2017) 「在日朝鮮人の民族教育と朝鮮大学校―日本政府による弾圧の目 的と手法、その今日的様相―」朝鮮大学校朝鮮問題研究センター篇『朝鮮大学 校学報―』第27호

関貴星(1962) 『楽園の夢破れて―北朝鮮の真相』 도쿄, 全貌社.

関貴星(1963) 『真っ二つの祖国―続・楽園の夢破れて』 도쿄, 全貌社.

朴尚得(1984) 『増補・在日朝鮮人の民族教育』 도쿄, ありえす書房

鄭箕海 저, 鄭益友 번역(1995) 『帰国船―楽 園の夢破れて三十四年』 도쿄, 文芸春秋.

藤島宇内・小沢勇作(1966) 『民族教育―日韓条約と在日朝鮮人の教育問題―』 도쿄, 青木新書

藤原智子(2010) 「占領期在日朝鮮人教育史―山口県に着目して―」『教育史・比較教育論考』第20호

李修京(2007) 「金斗鎔の思想形成と反帝国主義社会運動」『日本語文学』38권, 일본어문학회

李修京(2009) 「Kim Dooyong & Takiji」『多喜二の視点から見た 身体 地域 教育』小樽、国立大学法人小樽商科大学出版会、紀伊国屋書店発売

長野慎 一郎(2010) 『韓国の経済発展と在日韓国企業人の役割』 도쿄, 岩波書店

河明生(2003) 『マイノリティの起業家精神―在日韓 国人事例研究』ITA

林永彦(2007) 「在日コリアン企業家の経営活動とネットワークの展望」『大原社会問題研究所雑誌』No.588

林永彦(2008) 「在日コリアン企業家の起業動機と企業類型化研究」『立命館国際地域研究』Vol.28)

〈외교사료〉

P-0001-791.55JA,1958(451) : 일본내의 [조선대학]설립문제,1958

P-0005-791.55JA,1967(2449) : 일본내의 [조선대학]인가문제,1967

P-0007-791.55JA,1969(3364) : 일본내의 [조선대학]인가문제,1969

외교문서로 보는 민단 … 이재훈

〈논문 및 서적〉

김인덕(2016)「재일조선인 단체의 형성과정」『내일을 여는 역사』63, 내일을 여는 역
　　사재단

김태기(2000)「한국정부와 민단의 협력과 갈등관계」『아시아태평양지역연구』3-1,
　　전남대학교 아시아태평양지역연구소

노기영(2009)「민단의 본국지향노선과 한일교섭」『일본공간』6, 국민대학교 일본학
　　연구소

이진원(2019)「전후 재일코리안 청년 학생 운동의 성격－민단계 청년 학생 운동을
　　중심으로－」『일본학』48, 동국대학교 일본학연구소

정갑수(2000)「남북정상회담 이후 재외동포의 역할과 이산가족문제－정상회담 이
　　후 재일동포사회의 화해, 협력: 민단, 조총련간의 화해와 협력을 중심으로」
　　『통일문제연구』12-1, 평화문제연구소

조기은(2020)「민단계 재일조선인의 한국민주화운동－재일한국청년동맹을 중심으
　　로」『한국학연구』59, 한국학연구소

조기은(2020)「민단계 재일조선인의 한국민주화운동－민단민주화운동세력과 김대
　　중의 '연대'를 중심으로」『한국학연구』75, 고려대학교 한국학연구소

지충남(2008)「재일한인 사회단체 네트워크 연구: 민단, 조총련, 재일한인회를 중심
　　으로」『세계지역연구논총』26-1, 한국세계지역학회

지충남(2013)「재일본대한민국민단과 대일본한국인연합회의 단체활동비교」, 전남
　　대학교 세계한상문화연구단 국내학술회의(2013-8), 전남대학교 글로벌 디
　　아스포라연구소

지충남 外 2명(2016)「재일민단과 재일한인회의 글로벌 네트워크 비교」『전남대학
　　교 세계한상문화연구단 국제학술회』

이경규 외(2022) 『해방이후 재일한인 외교문서 해제집』 제2권(1945~1969), 박문사

〈외교사료(청구번호 순)〉
(p-0001-02/448/791.31) 재외국민보호
(P-0001-04/450/791.52JA) 조총련 반한활동 동향
(D-0002-10/878/725.1JA) 북한의 일본 침투
(C₁-0004-13/1373/791.25) 일본・북한 간의 재일한인북한송환협정 연장
(P-0003-06/1690/791.56JA) 조총련활동
(K01/1996/743.73CA) 북송교포 김귀하 망명기도사건, 1966-67
(D-0005-13/2178/725.32JA) 일본・조 우호국민사절단 북한 방문,1967.9.1-25
(P09/2443/791.2) 재일교민 북한송환, 1967
(P21/2447/791.41) 재일한인 강제퇴거(송환), 1967
(P-0006-03/2871/791.22) 재일한인의 법적지위협정 시행에 관한 양해사항 확인-영
    주권 신청절차의 간소화등, 1968
(P-0007-07/3358/791.26) 재일본민단 강화 대책회의. 서울, 1969.8.6.-9
(C-0044-19/4104/722.1JA) 한국인 원폭피해자 구호(1968-71)
(O-0041-07/7718/773.1JA) 요꼬하마(橫浜, 일본) 총영사관
(P-0013-06/7736/791.251) 재일본 민단 확대 간부회의 개최계획(1974)
(C-0093-18/8166/724.62JA) 일본 주요인사 방한(1975)
(L-0013-16/8637/756.1JA) 일본 창가학회(1975)
(O-0045-03/8965/773.1JA] 공관활동보고-삿포로(札幌, 일본) 총영사관(1975)
(P-0015-02/8981/791.1) 해외유공동포 모국 방문, 1975.9.30-10.5
(P-0016-10/9005/791.76) 조총련 동향(1975)

재일문학과 공진하는 북송 외교문서 … 임상민

〈논문 및 서적〉
국민대학교 일본학연구소(2008) 「재일한인의 북한 송환을 가능하다면 막아보도록
    하고, 아니면 최소화하는 문제」『평화선・북송・6차회담』 동북아역사재단

박찬용(2018)「사할린 한인동포 귀환과 정착과제 연구」『재외한인연구』44, 재외한 인학회

외교부(2015)「재일본한인 북한송환 및 한·일본 양국 억류자 상호 석방 관계철. 전9권」『외교문서: 한일회담. 1948~1967, Re-3』마이크로자료

외교부(2015)「재일본한인 북한 송환, 1966」『외교문서. 1952~1974, Re-36』마이크 로자료

외교부(2015)「일본·북한간의 재일한인북한송환협정 연장」『외교문서: 영사·교 민. P-0002(1953~1964)』마이크로자료

임상민(2022)「북한송환사업과 한국 외교문서─김달수「직함없는 남자」를 중심으 로─」『일본문화학보』92, 한국일본문화학회

(1969.8.13)「北送會談의 再開를 注目」『조선일보』

菊池嘉晃(2009)『北朝鮮帰国事業』中央公論新社

金達寿(1959.2.19)「帰国する朝鮮人─「日本人」も朝鮮へ」『読売新聞』

金達寿(1959.6)「わが家の帰国─在日朝鮮人の帰国によせて─」『鶏林』4号

金達寿(1959.12.15)「帰還船を見送って」『読売新聞』

金達寿(1980)「肩書きのない男」『金達寿小説全集　第三巻』筑摩書房

在日本朝鮮人総連合会中央常任委員会宣伝部編(1959)『在日同胞の帰国実現のた めに─帰国問題に関する資料及び問答』在日本朝鮮人総連合会

関貴星(1962)『楽園の夢破れて』全貌社

高崎宗司(2005)『帰国運動とは何だったのか』平凡社

福田芳助(1956.4)「在日朝鮮人の生活保護とその現状」『生活と福祉』全国社会福祉 協議会

(1959.11.2)「日赤の業務は十分」『毎日新聞』

(1959.11.3)「はかどらぬ日韓会談」『朝日新聞』

(1959.11.16)「帰還問題で対立深まる」『朝日新聞』

(1960.10.8)「決起大会開く　帰還協定延長／朝鮮総連」『読売新聞』

찾아보기

(ㄱ)

가네다 모리오 15, 18, 19, 36
가라후토 51
강제노동 50, 98, 143, 144, 164
강제동원 52, 89, 94, 98, 99, 142, 143, 145, 146, 165, 311
강제동원피해자 99
강제송환 33, 34, 38, 39, 45, 177, 184
강제퇴거 175, 177, 178, 179, 180, 181, 184, 185, 191, 194, 195
개인청구권 156
건강수첩 94, 108, 110, 133, 134, 135, 136, 137
고등교육기관 228, 231, 271, 272
공명당 180, 185
공산당 24, 180, 185, 257, 260, 293, 310, 316
공산진영 325
공화국 43, 226, 227, 228, 230, 231, 233, 234, 235, 236, 238, 239, 242, 244, 245, 246, 247, 248, 252, 254, 264, 269, 270, 271, 272, 273
광복회 155
교육기본법 242
구식민지 174, 193

구호문제 93, 94, 100, 114, 115, 117, 118, 127, 128, 132, 139
구호운동 93, 94, 100, 115, 118, 120, 131, 134
국가보안법 227
국가주의 44, 238
국교정상화 56, 108, 158, 193, 194, 230, 256, 327
국민교육헌장 187
국적선택권 96
국적조항 12
국제적십자사 12, 15, 56, 61, 63, 69, 73, 78, 79, 293, 311
국제적십자위원회 63, 64, 311, 320
귀국사업 15, 38, 46, 317, 335
귀국선 237, 293, 312, 313, 315, 320, 322, 323, 324, 336
귀국운동 239, 310
귀화 63, 174
귀환 21, 27, 40, 41, 46, 48, 50, 54, 55, 56, 57, 60, 61, 62, 63, 64, 66, 67, 68, 69, 70, 71, 72, 73, 74, 75, 76, 77, 78, 79, 80, 81, 82, 84, 85, 88, 89, 90, 174, 310, 316, 321, 327, 335, 336

귀환문제 48, 49, 50, 54, 56, 57, 60, 61, 67, 68, 73, 80, 88, 89, 90
귀환선 21
귀환운동 60, 68, 310
기민 234, 238, 278, 307
김귀하 12, 14, 15, 16, 17, 18, 19, 20, 21, 22, 23, 24, 25, 26, 27, 28, 32, 33, 34, 35, 36, 37, 38, 39, 40, 41, 42, 43, 44, 45, 46, 288
김달수 311, 312, 313, 315, 316, 317, 318, 328, 337, 338
김일성 230, 232, 233, 235, 236, 242, 246, 248, 252, 269, 271, 273

(ㄴ)

나가사키 92, 108, 114, 123
난민인정법 193
남사할린 51

(ㄷ)

다코베야 147
대일강화조약 95
대일청구권 116, 156
대한민국 12, 15, 26, 27, 45, 49, 55, 57, 61, 149, 175, 176, 177, 189, 190, 195, 226, 230, 251, 253, 269, 278, 279, 280, 281, 301
대한적십자사 56, 69, 110, 138
도노히라 요시히코 147, 160, 165
도일치료 93, 115, 134, 135
동진회 159

동화정책 239

(ㄹ)

러시아 50, 51, 272
러일전쟁 51

(ㅁ)

마이너리티 228, 231
만경봉호 237, 336
모리무라 세이이치 142, 143, 144, 145, 165, 170
무국적자 55, 70, 82, 174, 179
문부성 228, 240, 242, 258, 260, 261, 262, 266, 272
미군정 54, 174, 175, 193, 310
미군정사령부 310
미쓰비시중공업 98, 110
미일안보체제 194
민단 110, 126, 127, 150, 151, 157, 164, 167, 189, 190, 191, 192, 268, 272, 278, 279, 280, 281, 282, 285, 286, 287, 288, 289, 292, 293, 294, 295, 296, 297, 298, 299, 300, 301, 302, 303, 304, 305, 306, 307, 321
민단강화회의 301, 307
민단회의 306
민족교육 224, 226, 228, 230, 231, 239, 240, 241, 242, 243, 248, 252, 253, 255, 259, 260, 261, 262, 263, 264, 265, 269, 270, 271, 273
민족교육권리옹호투쟁 254, 259, 263,

265

민족학급 243

밀항사건 123, 126, 128, 131, 132, 135,
136, 139

(ㅂ)

박노학 56, 60, 64, 67, 68, 74, 80, 81,
82, 85

박정희 60, 156, 193, 280, 289

반공단체 26, 35

배상청구권 99

범태평양동지회 151, 152, 153, 154,
155, 156, 157, 159

법무부 56, 154

법무성 56, 117, 157, 179, 180, 182,
183, 287, 296, 298, 334

법적지위 128, 175, 176, 177, 179, 180,
187, 188, 189, 190, 194, 195, 298,
300, 304, 305, 306, 321

법적지위위원회 188, 321

법적지위협정 175, 176, 177, 179, 180,
187, 194, 195

봉환 142, 143, 147, 148, 151, 152, 154,
156, 159, 160, 161, 163, 164, 165,
166, 167, 168, 169, 170

북선 226

북송문제 60, 71, 72, 73, 77, 78, 79,
128, 326

북송사업 27, 33, 235, 236, 238, 273

북송협정 323, 334, 335, 336

북조선 59, 226, 242, 310

북조선귀국사업 310

북조선귀환협정 316

북조선송환 59

북한 12, 13, 14, 15, 20, 21, 22, 23,
24, 25, 26, 33, 35, 36, 38, 39, 40,
41, 42, 43, 44, 45, 46, 59, 62, 63,
67, 78, 128, 150, 153, 160, 161, 162,
163, 164, 168, 169, 170, 175, 226,
227, 230, 249, 251, 287, 289, 292,
293, 294, 310, 311, 312, 313, 314,
315, 316, 317, 318, 320, 322, 323,
324, 326, 327, 328, 330, 331, 332,
333, 334, 335, 336, 337

북한송환사업 310, 319, 327, 337

북한왕래촉진운동 293, 294

북한해방통일촉진회 35

북한행 20, 21, 23, 38, 41, 45, 46, 287

(ㅅ)

사사노보효 142, 143, 144, 145, 146,
160, 163, 164, 165, 169, 170

사할린 48, 49, 50, 51, 52, 53, 54, 55,
56, 57, 60, 61, 67, 68, 73, 76, 78,
80, 88, 89, 90, 99, 310

사할린동포 48, 99

사회당 180, 183, 185, 192, 257, 259,
260, 261, 293, 294, 310, 316, 334

사회주의 12, 42, 43, 46, 234, 242, 245,
246, 247, 259, 265, 271, 273, 313,
315

샌프란시스코강화조약 95, 105, 107,

112

성명문 85, 88

성명서 155, 261, 329

소라치민중사강좌 142, 164, 165, 166, 169, 171

소련선 336

소설보석 142, 145

손귀달 120, 121, 122, 123, 125, 126, 127, 128, 130, 131, 132, 135, 136, 139, 288

손진두 136, 137, 139

송환 12, 34, 36, 40, 42, 44, 46, 49, 54, 64, 68, 69, 70, 71, 72, 77, 88, 149, 152, 153, 157, 158, 159, 160, 164, 174, 181, 185, 292, 293, 310, 311, 320, 321, 322, 323, 324, 325, 334, 335

수당재판 93

수첩재판 93, 139

수첩투쟁 136

순국선열유족회 151, 154, 155

시모다사건 107

시아누크 26, 28, 35, 40, 41, 44

식민유산 334

(ㅇ)

아이덴티티 231, 313, 317, 318, 329

연합국 95, 96, 104, 105, 174

연합국최고사령관총사령부 104

영주권 82, 175, 176, 177, 179, 180, 189, 191, 192, 193, 194, 195, 286,

306, 311

영주귀국 311

외교문서 15, 16, 21, 44, 48, 50, 57, 59, 61, 62, 63, 64, 67, 68, 73, 76, 78, 80, 84, 85, 89, 90, 94, 98, 100, 108, 112, 117, 121, 132, 142, 148, 160, 170, 175, 180, 183, 195, 224, 225, 226, 239, 249, 254, 265, 267, 270, 273, 280, 285, 299, 307, 312, 318, 319, 320, 321, 322, 323, 324, 326, 327, 333, 334, 336, 337

외국인등록 117, 174, 181, 193, 311

외국인등록령 174

외국인등록법 193

외국인등록증 174, 181, 311

외국인학교 257, 258, 259, 261, 263, 266, 272

외국인학교법 272

외무부 27, 56, 61, 67, 74, 76, 77, 80, 81, 100, 108, 113, 114, 116, 117, 119, 121, 123, 126, 127, 129, 130, 131, 149, 150, 151, 152, 153, 154, 155, 156, 157, 158, 159, 161, 164, 166, 167, 168, 169, 180, 182, 251, 280, 281, 286, 294, 296, 297, 300, 306, 321, 324

외무성 56, 118, 128, 149, 152, 182, 287, 316, 325, 334, 335

요시다 시게루 96

우익단체 144, 256

원폭병 92, 120, 122, 127, 133, 288

원폭상해조사위원회 105, 116
원폭위령비 106
원폭재판 107, 112
원폭증 94, 117, 121
원폭투하 100, 104, 106, 107, 123
원폭피해자 92, 93, 94, 95, 97, 98, 99,
    100, 104, 106, 107, 108, 109, 110,
    111, 112, 113, 114, 115, 116, 117,
    118, 119, 120, 122, 126, 127, 128,
    129, 130, 131, 132, 134, 135, 136,
    137, 138, 139, 288
원호수당 94
원호처 154, 155
위령탑 165, 167, 168, 169
유골봉환 142, 147, 148, 153, 154, 160,
    163, 164, 166, 167, 168, 169, 170
유골봉환위원회 153
이승만라인 322
이케다 하야토 151
인권 154, 183, 184, 188, 191, 235, 238
인도주의 27, 33, 34, 35, 44, 63, 71,
    72, 335
일본계 236
일본 국적 174
일본군위안부 99
일본부인단체연합회 316
일본원수폭협의회 132
일본인회 113
일본적십자사 56, 78, 79, 80, 316, 334,
    335
일본제국주의 187, 194, 241, 311, 334

일제강점기 49, 52, 174, 329
일조협회 157, 260, 316
일한친선협회 298

(ㅈ)

자유재량권 184, 191
자유진영 324
재류자격 181, 183, 184, 298
재외국민등록 279, 286
재외국민등록법 286
재외국민등록시행령 286
재외동포 50, 285
재외동포일제등록 285
재일교포 27, 72, 98, 116, 150, 233,
    278, 297, 298, 300, 302, 324
재일대만인 96
재일동포 21, 33, 37, 45, 60, 73, 154,
    190, 231, 232, 236, 248, 249, 252,
    253, 255, 271, 278, 300
재일민단 185, 187, 188, 191
재일본대한민국거류민단 73, 110
재일조선문학예술가동맹 313
재일조선인 13, 59, 95, 96, 97, 142,
    148, 175, 242, 247, 260, 261, 262,
    263, 264, 269, 271, 278, 281, 310,
    312, 316, 317, 318, 320, 321, 324,
    325, 327, 329, 330, 332, 334, 335,
    337
재일조선인문학 312, 337
재일조선인운동 247, 271
재일조선인총연합회 142

재일코리안 16, 45, 147, 231
재일한국인교육헌장 187, 188
재일한인 12, 13, 14, 59, 174, 175, 176,
    177, 178, 179, 180, 183, 184, 185,
    187, 188, 189, 190, 191, 192, 193,
    194, 224, 225, 231, 233, 234, 236,
    239, 240, 241, 243, 245, 249, 253,
    254, 255, 270, 273, 321, 323, 336
재한일본인 113
재한일본인상공회 113
재화한인 66, 67
적십자회담 162
제국주의 52, 187, 194, 241, 259, 311,
    334
조련계 36, 71, 192, 266, 293
조선대학교 224, 225, 226, 227, 228,
    229, 230, 231, 232, 233, 238, 239,
    244, 246, 247, 248, 249, 250, 251,
    252, 254, 255, 256, 257, 261, 262,
    263, 264, 265, 266, 267, 268, 269,
    270, 271, 272, 273
조선민주주의인민공화국   226, 227,
    228, 231, 236, 248, 269
조선인학교 239, 241, 243, 244, 258,
    263
조선적 174, 179, 230
조선학교 14, 22, 36, 42, 46, 228, 229,
    230, 231, 233, 235, 242, 243, 244,
    245, 248, 255, 256, 258, 259, 264,
    272, 273
조총련 16, 21, 126, 147, 148, 150, 157,
    177, 227, 228, 230, 231, 232, 233,
    234, 235, 236, 237, 238, 239, 244,
    245, 247, 248, 249, 252, 253, 254,
    255, 256, 257, 258, 259, 260, 262,
    263, 264, 268, 270, 271, 273, 289,
    292, 293, 294, 295, 296, 297, 298,
    299, 300, 301, 302, 305, 307, 310,
    311, 313, 316, 330, 331, 332, 333,
    334
조총련계 16, 177, 230, 231, 238, 244,
    247, 249, 253, 255, 256, 270, 302
종군위안부 238
좌경단체 126
주일대사관 117, 157, 159, 248, 296
주일대표부 67, 149, 150, 152, 249,
    251, 285, 286, 287, 294
준수사항 183, 184, 190, 191, 192
중일전쟁 52
직계비속 176
진상조사단 311
진정서 48, 56, 57, 64, 66, 67, 69, 70,
    71, 74, 75, 81, 82, 85, 88, 113, 119,
    137, 138, 154, 155, 156
집단송환 59
집단이주 310
징용 50, 63, 77, 94, 149, 150, 152, 156,
    163, 166
징용한국인 152

(ㅊ)

채만진 142, 147, 148

청원서 88, 114, 120, 152, 154, 155, 157, 266
총련계 22, 23, 36, 332
최고인민회의 227
추도법요회 164, 165, 169
출입국관리령 177, 178, 183, 184, 193
출입국관리법 175, 179, 180, 182, 187, 188, 189, 191, 193, 194, 195
출입국관리법안 176, 180, 182, 183, 184, 185, 188, 189, 190, 192
출입국관리특별법 177

(ㅋ)

카이로선언 54
캄보디아 12, 14, 25, 26, 27, 28, 29, 32, 33, 35, 37, 38, 39

(ㅌ)

탄원서 41, 74, 75, 81, 82, 85, 88, 111, 113, 114, 118, 149, 151, 154, 159, 189, 190
태평양전쟁 52, 166

(ㅍ)

평화선 154, 320, 326
평화조약 55, 95, 96, 105
프로파간다 236
피폭자건강수첩 102, 107, 110, 133
피폭자구원일한협의회 131

(ㅎ)

학교교육법 242, 250, 257, 258, 259, 260, 261, 262, 264, 265, 266, 272
학우서방 234, 235
한국부인회 26, 35
한국송환사업 321, 322, 323
한국원폭피해자원호협회 111, 113, 114, 116, 117, 118, 120, 129, 130, 131, 134
한국원폭피해자협회 100, 111, 132, 136, 137, 139
한국인피폭자 93, 110, 113
한국전쟁 95, 130, 139, 226, 254
한덕수 244, 263
한신교육투쟁 243
한인동포 48, 49, 50, 51, 52, 53, 54, 55, 56, 57, 59, 60, 61, 62, 64, 67, 68, 73, 80, 82, 88, 89, 90
한인전몰자명단 159
한일각료회의 159, 160
한일공동워크숍 143
한일국교정상화 60, 61, 255, 259, 266, 329, 333
한일기본조약 61, 98, 118, 175, 176, 193, 195
한일정상회담 93
한일청구권협정 98, 99, 135
한일협정 38, 60, 61, 67, 73, 93, 98, 99, 111, 112, 115, 192, 333
협정영주권 176, 177, 179, 192, 193, 194, 286

홋카이도 50, 142, 143, 144, 146, 147,
   163, 164, 165, 166, 169, 170, 295
홍익부인회 151, 152, 153
화태억류귀환한국인회 56, 64, 74, 80
화태억류자귀환동맹 60
화태한인동포 82, 88
회담요록 336, 337
후생성 56, 117, 133, 150, 152, 153,
   156, 159, 160, 161, 316, 334
히로시마 92, 98, 104, 105, 106, 107,
   108, 109, 110, 111, 112, 113, 115,
   122, 123, 31, 137, 156, 243, 288

(G)

GHQ 104, 224, 241, 242, 243, 245,
   273

(I)

ICRC 33, 34, 78, 79, 80, 311

(S)

SCAP 95, 241, 242, 243

〈재일한인 외교문서 연구총서 제1권〉

외교문서로 보는 재일한인의 귀환·송환·봉환

초판인쇄 2023년 05월 25일
초판발행 2023년 05월 31일

편 자 동의대학교 동아시아연구소
저 자 박미아·박희영·소명선·엄기권·이경규·이행화
       이수경·이재훈·임상민
발 행 인 윤석현
발 행 처 박문사
등록번호 제2009-11호
책임편집 최인노

우편주소 서울시 도봉구 우이천로 353 성주빌딩
대표전화 (02) 992-3253(대)
전 송 (02) 991-1285
전자우편 bakmunsa@hanmail.net
홈페이지 www.jncbms.co.kr

ⓒ 동의대학교 동아시아연구소 2023 Printed in KOREA

ISBN 979-11-92365-32-9 93340   **정가** 31,000원

* 저자 및 출판사의 허락 없이 이 책의 일부 또는 전부를 무단복제·전재·발췌할 수 없습니다.
* 잘못된 책은 교환해 드립니다.

이 저서는 2020년도 정부(교육부)의 재원으로 한국연구재단의 지원을 받아 수행된 연구임. (NRF-2020S1A5C2A02093140)